Ausführliches Verzeichnis der

Guttentag'schen Sammlung

Deutscher Reichs- und Preußischer Gesetze

— Text-Ausgaben mit Anmerkungen; Taschenformat —

welche alle wichtigeren Gesetze in unbedingt zuverlässigen Gesetzestexten und in mustergültiger Weise erläutert enthält, befindet sich hinter dem Sachregister.

Guttentag'sche Sammlung
Nr. 1. Preußischer Gesetze. Nr. 1.
Text-Ausgaben mit Anmerkungen.

Die

Verfassungs-Urkunde

für den Preußischen Staat.

Mit Einleitung, vollständigem Kommentar, Anlagen und Sachregister.

von

Dr. Adolf Arndt.

Sechste, gänzlich umgearbeitete und verbesserte Auflage.

Berlin 1907.
J. Guttentag, Verlagsbuchhandlung,
G. m. b. H.

Inhalt.

(Die in den Text oder die Anmerkungen vollständig oder unvollständig eingeflochtenen Gesetze und Verordnungen sind hier nicht aufgeführt.)

Abkürzungen.

AbgH. = Abgeordnetenhaus.
Abs. = Absatz.
AE. = Allerhöchster Erlaß.
AG. = Ausführungsgesetz.
ALR. = Allgemeines Landrecht für die Preußischen Staaten.
Anl. = Anlage.
Anm. = Anmerkung.
B. = Bekanntmachung.
betr. = betreffend.
BGB. = Bürgerliches Gesetzbuch.
BGBl. = Bundes-Gesetzblatt.
CPO. = Civilprozeßordnung.
CR. oder Cirk.-Reskr. = Cirkular-Reskript.
d. h. oder d. i. = das heißt oder das ist.
E. oder Entsch. = Entscheidungen des bezüglichen Gerichts.
E. oder Erk. = Erkenntnis.
EG. = Einführungsgesetz.
G. oder Ges. = Gesetz.
GA. = Goldtammer's Archiv.
GewO. = Gewerbeordnung.
GS. = preußische Gesetz-Sammlung.
GVG. = Gerichtsverfassungsgesetz.
HerrH. = Herrenhaus.
HGB. = Handelsgesetzbuch.
JMBl. = Justizministerialblatt.
Instr. = Instruktion.
JV. = Verfügung des Justizministers.
KG. = Kammergericht.
KO. oder KabO. = Kabinetsordre.
KommBer. = Kommissions-Berichte.

M. oder Mot. = Motive.
Min. = Minister.
MV. = Ministerial-Verfügung.
Nr. = Nummer.
OR. = Oppenhoff, Rechtsprechung des Ober-Tribunals.
OVG. = Oberverwaltungsgericht.
R. = Rechtsprechung des Reichsgerichts in Strafsachen.
RB. = Rekursbescheid.
RCBl. = Centralblatt für das Deutsche Reich.
Regl. = Reglement.
RG. = Reichsgericht.
RGBl. = Reichs-Gesetzblatt.
RMilG. = Reichsmilitärgesetz.
RMilStrGB. = Reichsmilitärstrafgesetzbuch.
ROHG. = Reichs-Oberhandelsgericht.
StGB. = Strafgesetzbuch.
Strieth. A. = Striethorst Archiv für Rechtsfälle.
StrPO. = Strafprozeßordnung.
V. = Verordnung.
Verf. = Verfügung.
vgl. = vergleiche.
VMBl. = Ministerialblatt für die gesamte innere Verwaltung.
z. B. = zum Beispiel.

I.

Einleitung.

v. Rönne, Preußisches Staatsrecht, 5. Auflage, neubearbeitet von Ph. Zorn; H. Schulze, Das Preußische Staatsrecht Bd. I § 32 a. a. O.; Bornhak, Das Preußische Staatsrecht; Arndt, Verordnungsrecht des Deutschen Reichs auf der Grundlage des Preußischen und unter Berücksichtigung des fremden Verordnungsrechts systematisch dargestellt, Berlin 1884 S. 61 ff.; ferner Arndt, Das selbständige Verordnungsrecht, Berlin 1902; Arndt, Der Anteil der Stände an der Gesetzgebung in Preußen von 1823 — 1848 im Arch. f. öff. R. 1902 S. 570 ff.; Hubrich in Hirth's Annalen 1904 S. 770 f., S. 801 f.; Arndt, das. 1905 S. 448 f.

Der preußische Staat entstand aus der Markgrafschaft Brandenburg, die im Jahre 1134 als Lehen des Deutschen Reichs begründet wurde. Von der Gründung bis 1320 blieb Brandenburg im Besitz der Anhaltiner, von da bis 1373 herrschten bayerische, von da bis 1415 luxemburgisch-böhmische Markgrafen. Am 3. April 1415 wurde Friedrich von Hohenzollern zum Markgrafen und Kurfürsten durch Kaiser Sigismund erhoben und am 18. April 1417 mit der Mark belehnt. Am 18. Jan. 1701 wurde Brandenburg-Preußen zum Königtum erhoben. Bis zur Auflösung des Deutschen Reichs 1806 besaß Preußen nur für die außerhalb des Reichs belegenen Teile die volle Souveränität, welche in Deutschland dem Reiche zugesprochen wurde, in Wahrheit jedoch ein bloßer Schein war.

Die Reformation wurde unter Kurfürst Joachim III. (1535—1571) eingeführt (1539).

Bis zum Jahre 1848 war Preußen eine ständische Monarchie. Die Entwicklung des Ständewesens entsprach im allgemeinen den sonst im Reiche herrschenden Verhältnissen. Die Macht der Stände wechselte. Unter Joachim II. durfte ohne ihren Beirat und ihre Bewilligung kaum etwas geschehen, namentlich durften ohne sie keine Steuern eingeführt oder geändert werden. Der Große Kurfürst (1640—1688) schränkte die Macht der Stände ein und verschmolz auch die mannigfachen, einst von einander unabhängigen Teile der Monarchie mehr und mehr zu einem einheitlichen Ganzen. Seine Nachfolger setzten dies Werk fort; insbesondere vernichteten sie mehr und mehr die Befugnisse der Stände.

So erklärte König Friedrich Wilhelm I. auf die Vorstellung der preußischen Stände 1717: „daß die Junckers ihre Autorität wird ruinirt werden. Ich aber stabilire die Souveraineté wie einen Rocher von Bronce". In der Instruktion an das Generaldirektorium vom 20. Dez. 1722 heißt es: „Wir sind doch Herr und König und können thun, was Wir wollen." Die Privilegien der Stände bezeichnete der König 1727 „als alte und längst vergessene Dinge".[1]) Soweit sie nicht in Wegfall oder sogar in Vergessenheit geraten waren, wurden sie noch zur Erbhuldigung des jedesmaligen Landesherrn berufen.

So wurde Preußen ein absoluter Staat. Alles, was sich auf den Willen des Königs zurückführte, war geltendes Recht. „Alle Rechte und Pflichten des Staats gegen seine Bürger und Schutzverwandten vereinigen sich in dem Oberhaupte desselben" (ALR. II Tit. 13 § 1). „Die vorzüglichste Pflicht des Oberhauptes im Staat ist, sowohl die äußere als innere Ruhe und Sicherheit zu erhalten, und einen Jeden bei dem Seinigen gegen Gewalt und Störungen zu schützen" (§ 2). „Ihm kommt es zu, für Anstalten zu sorgen, wodurch den Einwohnern Mittel und Gelegenheit verschafft werden, ihre Fähigkeiten und Kräfte auszubilden, und dieselben zur Beförderung ihres Wohlstandes anzuwenden" (§ 3). „Dem Oberhaupt im Staat gebühren daher alle Vorzüge und Rechte, welche zur Erreichung dieser Endzwecke erforderlich sind" (§ 4). „Die Vertheidigung des Staats gegen auswärtige Feinde anzuordnen; Kriege zu führen; Frieden zu schließen; Bündnisse und Verträge mit fremden Staaten zu errichten . . ." (§ 5). „. . . Gesetze und allgemeine Polizeiverordnungen[2]) zu geben, dieselben

---

[1]) Vgl. auch v. Lancizolle, Königtum und Landstände in Preußen S. 12 ff.

[2]) Ob den Gegensatz zu den Allgemeinen Polizeiverordnungen die „besonderen Polizeigesetze" oder Polizeiverordnungen der einzelnen „Orte" oder

wieder aufzuheben, und Erklärungen darüber mit gesetzlicher Kraft zu ertheilen . . ." (§ 6). „Privilegia als

„Distrikte" (ALR. I 8 § 82, Tit. 9, I § 325, II Tit. 8 § 424, Tit. 20 § 1540) oder die auf den Einzelfall bezüglichen Verfügungen bilden, ist streitig. Ersteres nehmen an: Gneist in v. Holtzendorffs Rechtslexikon, Roedenbeck, Das Polizeiverordnungsrecht S. 10 Anm. 13, letzteres Rosin, Polizeiverordnungsrecht 2. Aufl. S. 38, Bornhak Bd. 3 S. 153 Anm. 3. Erstere Ansicht ist die richtigere, was daraus erhellt, daß auch die Stadtgemeinden nach § 114 II Tit. 8 ALR. Statuten errichten konnten (und tatsächlich errichteten), „welche die innere Einrichtung und Polizei der Gemeine, oder gewisse Klassen derselben betreffen" und also Lokalpolizeiverordnungen waren. Allerdings bedurften diese der Bestätigung, in minder wichtigen Fällen der Kriegs- und Domänenkammern, in wichtigeren des Königs. „Bestätigen" ist aber nicht „erlassen". Nach der Verordnung wegen verbesserter Einrichtung der Provinzial-, Polizei- und Finanzbehörden vom 26. 12. 08 (GS. 1806—1810 S. 469) durften die Regierungen mit ministerieller Genehmigung für ihren Bezirk oder Teile desselben Polizeiverordnungen erlassen und darin keine härtere Strafe, als in den „Gesetzen" festgesetzt ist androhen. Die gleiche Vorschrift findet sich in den Geschäfts-Instruktionen für die Regierungen vom 26. 12. 08 und vom 23. 10. 17 (GS. 248). In letzteren ist ihnen ferner die Befugnis verliehen, Strafnormen für solche Verbote zu erlassen, die zwar an sich schon durch das „Gesetz" feststehen, für die aber die Strafe nicht ausdrücklich (im Gesetz) bestimmt ist; ferner Rheinisches Ressortreglement vom 20. 6. 18 bei Oppenhoff, Ressortgesetze S. 214 § 32 u. § 108 Abs. 3 der Rheinischen Gemeindeordnung vom 23. 7. 45 (GS. 523); siehe

Ausnahmen von dergleichen Gesetzen zu bewilligen, Standeserhöhungen, Staatsämter und Würden zu verleihen ..." (§ 7). „... Verbrechen zu verzeihen; Untersuchungen niederzuschlagen; Verbrecher ganz oder zum Theil zu begnadigen ..." (§ 9). „... Münzen, Maaß und Gewicht zu bestimmen ..." (§ 72). „Alle im Staat vorhandenen und entstehenden ... öffentlichen Anstalten sind der Aufsicht des Landesherrn ... unterworfen" (§ 13). „... die Personen, ihre Gewerbe, Producte oder Consumtion mit Abgaben zu belegen ..." (§ 15).

In einer wesentlichen Hinsicht hatten sich Preußens Könige selbst beschränkt, — dahin, daß „in den Gerichtshöfen die Gesetze sprechen und der Souverän schweigen muß", und daß in bürgerlichen Rechtsstreitigkeiten auch der Monarch Recht vor den ordentlichen Gerichten geben und nehmen muß.[1] Die Trennung der richterlichen Gewalt, die ein wesentliches Resultat der konstitutionellen

---

Oppenhoff l. c. S. 215. Daraus ergibt sich zugleich die Nichtidentität von „Gesetz" und „Rechtssatz" schon im absoluten Staate, da „Rechtssätze" doch auch u. a. die von den Regierungen erlassenen Polizeiverordnungen waren; d. h. nicht, daß die „Gesetze" keine Rechtssätze enthalten — welche Ansicht mir Hubrich l. c. imputiert und zu widerlegen versucht, sondern nur, daß nicht alle Rechtssätze Gesetze sind. Uebrigens beweist letzteres niemand besser als Hubrich selbst, da nach seinen zahlreichen Zitaten nur der König im absoluten Preußen „Gesetzgeber" war.

[1]) Ed. Loening, Verwaltungsarchiv II S. 258.

Theorie darstellt — war schon im absoluten Staate Preußen durchgeführt.

Allerdings genossen Justizministerialreskripte eine Zeitlang gesetzliches Ansehen (cf. Mathis, Allgemeine jurist. Monatsschrift IX S. 511, Arndt, Arch. f. öff. R. 1903 S. 184). Nach der KabO. v. 6. 9. 15 (GS. 198), s. noch KabO.s v. 17. 10. 37 (v. Kamptz, Jahrb. Bd. LXI S. 608) und v. 24. 8. 37 (GS. 143) sollte das Justizministerium nur noch befugt sein, in solchen Gegenständen der Justizpflege, welche nicht zu den Entscheidungen durch Urteil und Recht zählen, Anordnungen zu geben und die Gerichte über Fragen des Verfahrens zu belehren. Seit §§ 34 bis 38 der V. v. 21. 7. 46 (GS. 291) und § 35 V. v. 2. 1. 49 (GS. 1) — und heute — hat der Justizminister nur solche Beschwerden, welche die Disziplin, den Geschäftsbetrieb oder Verzögerungen betreffen, zu erledigen. Reskripte der Minister, Verordnungen der Regierungen u. dergl. hatten die Gerichte also schon im absoluten Staate nur insoweit anzuwenden, als sie dem „Gesetze" entsprachen und sich auf das „Gesetz" gründeten (Arndt, l. c. S. 184). Gesetz im Sinne des absoluten Staates war nach Vorstehendem nicht jede Rechtsnorm schlechthin, sondern nur die vom Könige erlassene. v. Daniels Allgem. Preuß. Privatrecht, 2. Bearbeitung, Berlin 1862, S. 43: „Gesetz in dem allgemeinen Wortsinn — ist — jede vom König ausgegangene Bestimmung"; ebenso System I S. 56. Ebenso Oesterr. Codex Theresianus II 127: Gesetz nur die vom Staatsoberhaupt gesetzte Vorschrift.

H. Simon, das preuß. Staatsr. Breslau 1849 LV. „Im preußischen Staate ist der König verfassungsmäßig der alleinige Gesetzgeber" LXIII. „Alle Gesetze, Verfügungen und Verwaltungsordnungen sind mithin, es mag auf neue oder auf Aufhebung oder Abänderung der vorhandenen ankommen, an die Genehmigung des Königs gebunden." Dr. K. J. Bergius, Ergänzungen zur Gesetzsammlung, Breslau 1841, Vorrede LV. Dernburg, Preuß. Privatr. I. Aufl. S. 30. Arndt, Selbst. Verordnungsrecht S. 39 ff. Ebenso trotz all seiner Polemik überall Hubrich l. c. S. 802, 804 a. a. O. Es ergibt sich die Nichtidentität von Gesetz und „Rechtsnorm" u. a. aus Vorschriften der V. v. 26. 12. 1808 (GS. 1806 – 1810 S. 469), Instruktion v. 23. 10. 17 (GS. 248), dem Rheinischen Ressortreglement v. 20. 6. 18, § 108 Abs. 3 der Rheinischen Gemeindeordnung v. 23. 7. 45 (GS. 523), wonach u. a. Polizeiverordnungen nicht mit „Gesetzen" in Widerspruch treten dürfen.

Durch die V. v. 20. 3. 17, betreffend die Einrichtung des Staatsrats, ward bestimmt, daß alle Gesetze, d. h. also nicht jedwede, sondern nur die vom Könige zu erlassenden Rechtsnormen, durch die Prüfung des Staatsrats an den König zur Sanktion gelangen sollten; jedes Gesetz sollte vom Präsidenten des Staatsrats kontrasigniert und vom Staatssekretär beglaubigt werden. Es wurden jedoch viele Gesetze gegeben, die nicht durch die Prüfung des

Staatsrats gegangen waren. Das einzig wesentliche Erfordernis ist die königliche Sanktion[1]).

Nach dem Frieden von Tilsit im Jahre 1807 wurden, hauptsächlich um den gefährdeten Staatskredit wieder herzustellen, die Stände, wo sie sich erhalten hatten (Ostpreußen), oder neugeschaffene Repräsentanten derselben (Schlesien) zur Beratung der Staatsangelegenheiten durch die KabO.s v. 27. 2. und 17. 12. 1808 herangezogen. Die Verordnung wegen verbesserter Einrichtung der Provinzial-, Polizei- und Finanzbehörden v. 26. 12. 1808 (GS. 1806—10 S. 464) schrieb vor (§§ 18 bis 20), daß bei jeder (Bezirks-)Regierung landständische Repräsentanten mit vollem Stimmrecht an den Geschäften teilnehmen sollten. Diese Vorschrift wurde indes durch die Verordnung wegen verbesserter Einrichtung der Provinzialbehörden v. 30. 4. 15 (GS. 85) nicht wiederholt und beseitigt.

Eine Nationalrepräsentation wurde zuerst in dem Edikte Friedrich Wilhelms III. über die Finanzen des Staates und die neuen Einrichtungen wegen der Abgaben v. 27. 10. 10 (GS. 31) verheißen, indem der König zum Schlusse desselben erklärte: Wir behalten Uns vor, „der Nation eine zweckmäßig eingerichtete Repräsentation, sowohl in den

[1]) Ebenso Hubrich l. c. S. 837, Ges. Rev.Vers. XII—XIV Mot. S. 1, die V. v. 20. 3. 17 war nur eine Soll-, keine Mußvorschrift; ebenso O. v. Manteuffel bei v. Poschinger I S. 7.

Provinzen als für das Ganze zu geben, deren Rath Wir gern benutzen und in der Wir — Unsern getreuen Unterthanen die Ueberzeugung fortwährend geben werden, daß der Zustand des Staats und der Finanzen sich bessere und daß die Opfer, welche zu dem Ende gebracht werden, nicht vergeblich sind". Eine ähnliche Verheißung erfolgte in dem Edikte über die Finanzen des Staats und das Abgabensystem v. 7. 9. 11 (GS. 262) § 14. Eine interimistische Repräsentation war bereits im Februar 1811 zu Berlin versammelt worden.

In der Verordnung, betreffend die zu bildende Repräsentation des Volks, v. 22. 5. 15 (GS. 103) bestimmte, „um der Preußischen Nation ein Pfand Unseres Vertrauens zu geben und damit der Nachkommenschaft die Grundsätze, nach welchen Unsere Vorfahren und Wir selbst die Regierung Unsers Reichs — geführt haben, treu überliefert und vermittelst einer schriftlichen Urkunde als Verfassung des Preußischen Reichs dauerhaft bewahrt werden", der König:

§ 1. „Es soll eine Repräsentation des Volks gebildet werden.

§ 2. Zu diesem Zwecke sind:

a) die Provinzialstände da, wo sie mit mehr oder minder Wirksamkeit noch vorhanden sind, herzustellen, und dem Bedürfnisse der Zeit gemäß einzurichten;

b) wo gegenwärtig keine Provinzialstände vorhanden sind, sie anzuordnen.

§ 3. Aus den Provinzialständen wird die Versammlung der Landesrepräsentanten gewählt, die in Berlin ihren Sitz haben soll.

§ 4. Die Wirksamkeit der Landesrepräsentanten erstreckt sich auf die Berathung über alle Gegenstände der Gesetzgebung, welche die persönlichen und Eigenthumsrechte der Staatsbürger, mit Einschluß der Besteuerung, betreffen."

Eine beschließende und entscheidende Mitwirkung der Volksvertretung ist hiernach nicht versprochen worden. Solches geschah erst in (und innerhalb der Grenzen) der Verordnung wegen der künftigen Behandlung des gesamten Staatsschuldenwesens v. 17. 1. 20 (GS. 9). In § II derselben heißt es nämlich: „Sollte der Staat künftighin zu seiner Erhaltung oder zur Förderung des allgemeinen Besten in die Nothwendigkeit kommen, zur Aufnahme eines neuen Darlehns zu schreiten, so kann solches nur mit Zuziehung und unter Mitgarantie der künftigen reichsständischen Versammlung geschehen." So weit — nicht weiter — war also den Ständen ein votum decisivum verheißen worden. Noch weniger erfolgte eine solche Verheißung durch die Gesetze des Deutschen Bundes: Art. 13 der deutschen Bundesakte v. 8. 6. 15 bestimmte hierüber nur: „In allen Bundesstaaten wird eine landständische Verfassung Statt finden."[1]) In Ansehung dieser Bestimmung verordnete die in Preußen

[1]) Preuß. GS. 1818 Anh. S. 143 ff.

als Landesgesetz publizierte **Wiener Schlußakte** v. 15. 5. 20 (GS. 113) Art. 55: „Den **souveränen Fürsten der Bundesstaaten bleibt überlassen**, diese **innere** Landes-Angelegenheit, mit Berücksichtigung sowohl der früherhin gesetzlich bestandenen ständischen Rechte, als der gegenwärtig obwaltenden Verhältnisse zu ordnen." Art. 57: „Da der deutsche Bund, mit Ausnahme der freien Städte, aus souveränen Fürsten besteht, so muß, dem hierdurch gegebenen Grundbegriffe zufolge, die gesammte Staatsgewalt in dem Oberhaupte des Staats vereinigt bleiben, und der Souverän kann durch eine landständische Verfassung nur in der Ausübung bestimmter Rechte an die Mitwirkung der Stände gebunden werden."

Art. 58. „Die im Bunde vereinten souveränen Fürsten dürfen durch keine landständische Verfassung in der Erfüllung ihrer bundesmäßigen Verpflichtungen gehindert oder beschränkt werden."

Die verheißene **Nationalrepräsentation** kam in Preußen nicht zu stande. Das allgemeine Gesetz wegen Anordnung der Provinzialstände v. 5. 6. 23 (GS. 129), durch welches Gesetz die Verheißung der V. v. 22. 5. 15 völlig erledigt war, ordnete die Errichtung von **Provinzialständen** „im Geiste der älteren deutschen Verfassung" an, erklärte das Grundeigentum zur Bedingung der Standschaft und die Provinzialstände für das gesetzmäßige Organ der verschiedenen Stände der Untertanen in jeder Provinz und bestimmte deren Wirkungskreis, wie folgt:

1. Den Provinzialständen sollen die Gesetzentwürfe zur Berathung vorgelegt werden, welche allein der Provinz angehen.
2. Solange keine allgemeinen ständischen Versammlungen stattfinden, sollen ihnen auch die Entwürfe solcher allgemeinen Gesetze, welche Veränderungen in Personen- und Eigenthumsrechten und in den Steuern zum Gegenstande haben, soweit sie die Provinz betreffen, zur Berathung vorgelegt werden.
3. Den Provinzialständen soll das Recht zustehen, Bitten und Beschwerden, welche auf das spezielle Wohl und Interesse der ganzen Provinz oder eines Theiles derselben Bezug haben, an den König gelangen zu lassen.
4. Ihren Beschlüssen, unter Vorbehalt' Königlicher Genehmigung und Aufsicht, sollen die Kommunalangelegenheiten der Provinz überlassen werden.

Am Schlusse des Gesetzes wurde gesagt: „Wenn eine Zusammenberufung der allgemeinen Landstände erforderlich sein wird, und wie sie dann aus den Provinzialständen hervorgehen sollen, darüber bleiben die weiteren Bestimmungen vorbehalten."

Die Provinzialstände — nicht die allgemeinen Landstände — wurden durch drei Gesetze v. 1. 7. 23 (GS. 130) und fünf Gesetze v. 27. 3. 24 (GS. 62 ff.) alsbald ins Leben gerufen.

Was die Vorlegung zum Zwecke der Beratung anlangt, so sollten alle nur auf eine Provinz bezüglichen Gesetze den Provinzialständen vorgelegt werden, auch solche, die keine Veränderungen in Personen- oder Eigentumsrechten und in den Steuern zum Gegenstande hatten (Arndt im Arch. f. öff. R. 1902 S. 576 ff.). Bezog sich das Gesetz nur auf einen Kreis, so begnügte man sich auch damit, sie den Kreisständen vorzulegen (Arndt l. c., Beispiele GS. 1841 S. 127, 1846 S. 485). Was die den ganzen Staat betreffenden Gesetze anlangt, so galten als „allgemeine Gesetze, welche Veränderungen in Personen- und Eigentumsrechten zum Gegenstande haben", mithin den Provinzialständen, soweit sie die Provinz betreffen, zur Begutachtung vorzulegen waren, u. a. nicht die bloß formellen, also Prozeßgesetze (Beispiele über Mandats-, Bagatell-, Exekutions-, Subhastationsprozeß, GS. 1833 S. 32, 1834 S. 31, 1834 S. 39, Eheprozeß, GS. 1844 S. 184, Strafprozeß, GS. 1846 S. 267), deshalb auch nicht Verjährungsgesetze (GS. 1838 S. 240, 252), ferner nicht Beamten-, Militärgesetze, auch nicht Kreis-, Stadt- oder Provinzialordnungen, überhaupt alle das sogenannte innere Staatsrecht betreffenden Gesetze (Beispiele GS. 1827 S. 87, 103, 109, 117, 131; 1841 S. 76, 136; 1843 S. 109, 125, 141, 351, 348, 349, das Militärstrafgesetzbuch und die Militärstrafprozeßordnung v. 3. 4. 45, GS. 287 ff., Disziplinargesetz v. 29. 3. 44 GS. 77), ferner nicht Spezialgesetze, wie für Aktiengesellschaften, Eisenbahnen (Beispiele GS. 1843 S. 341, 1838 S. 503, 1846 S. 20), auch nicht den Ständen „gleichgültige" Zivilgesetze, wie über Kündigung städtischer Wohnungen,

Analphabetentestamente, Legitimation unehelicher Kinder usw., sodann nicht bloße Deklarationen von Gesetzen und Gesetze über die Form (gerichtliche, notarielle, schriftliche) von Rechtsgeschäften, z. B. die Notariatsordnung v. 11. 6. 45; endlich nicht die Indigenatsgesetze (GS. 1843 S. 15). Als Steuern im Sinne des Gesetzes v. 5. 6. 23 galten nicht indirekte, z. B. Zuckersteuer, auch nicht Zölle und Zollverträge (Beispiele GS. 1841 S. 158, 1846 S. 353), endlich nicht Gebühren (Arndt im Verwaltungsarchiv 1903 S. 432 ff.). Die Ansicht von G. Anschütz in v. Holtzendorff's Enzykl. S. 595, daß Nr. 2 in der V. v. 5. 6. 23 den Begriff des Gesetzes bestimmen wolle, ist hierdurch widerlegt; ebenso Hubrich l. c. Gesetz also nicht gleich gesetzte Rechtsnorm, sondern gleich Königliche oder höchste Rechtsnorm! Die Notwendigkeit des Gesetzes bei Eingriffen in Person und Eigentum ist in Art. 5 u. 8 d. Verf. aufrecht erhalten.

Vorgelegt wurde u. a. das Allgemeine Strafgesetzbuch, die Allgemeine Gewerbeordnung v. 17. 1. 45, Gesetz über die Benutzung der Privatflüsse v. 28. 2. 43 (GS. 41), Gesetz über die Verpflichtung zur Armenpflege v. 31. 12. 42 (GS. 1843 S. 8), Gesetz über die Aufnahme neu anziehender Personen v. 31. 12. 42 (GS. 1843 S. 5), Feldpolizeiordnung v. 1. 11. 47 (GS. 376), Deichordnung v. 28. 1. 48 (GS. 54), Gesindebücher (GS. 1846 S. 467), Bau und Unterhaltung der Schul- und Küsterhäuser (GS. 1846 S. 392), Zerteilung von Grundstücken und Ansiedlungen (GS. 1845 S. 25),

Waldstreuberechtigung (GS. 1843 S. 105), Pensionierung von Lehrern (GS. 1846 S. 214) u. a. m.

Für die juristische Gültigkeit war die Anhörung der Stände, auch wo sie rechtswidrig unterblieben war, ohne Erheblichkeit; ebenso Hubrich S. 837, Ges. Rev.-Verf. XII—XIV Mot. S. 1. Wenn König Friedrich Wilhelm IV. in der Thronrede am 11. April 1847 dem Vereinigten Landtage erklärte, daß die Preußischen Stände „Deutsche Stände im althergebrachten Wortsinne", d. h. vor allem und wesentlich „Vertreter und Wahrer der eigenen Rechte" waren, so ist doch zu beachten, daß in der ausdrücklichen Vorschrift der Gesetze (z. B. in § 52 der V. v. 17. 3. 28 für Ost- und Westpreußen) gesagt wurde: „Die einzelnen Stände können ihren Abgeordneten keine bindenden Instruktionen ertheilen; es steht ihnen aber frei, sie zu beauftragen, Bitten und Beschwerden vorzutragen."

Am 21. Juni 1842 ergingen für jede der damaligen acht Provinzen Verordnungen über die Bildung von Ausschüssen der Stände (GS. 1842 S. 215, 218, 221, 224, 227, 230, 233, 235). Diese Ausschüsse sollten als ständische Organe, wenn die Provinziallandtage nicht versammelt waren, gutachtlich gehört werden. Demgemäß wurden die vereinigten Ausschüsse durch KabO. v. 19. 8. 42 (VMBl. 300) auf den 18. Okt. 1842 einberufen und haben über den bewilligten Steuererlaß, über eine umfassende Eisenbahnverbindung unter Beihilfe von Staatsmitteln und über das Gesetz wegen Benutzung der Privatflüsse beraten.

Hauptsächlich der Umstand, daß nach der V. v. 17. 1. 20 (GS. 9) Staatsanleihen „nur mit Zuziehung und unter Mitgarantie der reichsständischen Versammlung" aufgenommen werden sollten, veranlaßte — um eine Anleihe für Erbauung der Ostbahn abzuschließen — das Patent, die ständischen Einrichtungen betreffend, v. 3. 2. 47 (GS. 33). Dasselbe verordnete:

1. „So oft die Bedürfnisse des Staates entweder neue Anleihen, oder die Einführung neuer, oder eine Erhöhung der bestehenden Steuern erfordern möchten, werden Wir die Provinzialstände der Monarchie zu einem Vereinigten Landtage um Uns versammeln, um für Erstere die durch die Verordnung über das Staatsschuldenwesen vorgesehene ständische Mitwirkung in Anspruch zu nehmen und zu Letzterer Uns ihrer Zustimmung zu versichern."
2. „Den Vereinigten ständischen Ausschuß werden Wir fortan periodisch zusammenberufen."
3. „Dem Vereinigten Landtage und in dessen Vertretung dem Vereinigten ständischen Ausschusse übertragen Wir:
   a) in Bezug auf den ständischen Beirath bei der Gesetzgebung diejenige Mitwirkung, welche den Provinzialständen durch das Gesetz v. 5. Juni 1823 § III Nr. 2, so lange keine allgemeine ständische Versammlungen Statt finden, beigelegt war;
   b) die durch das Gesetz v. 17. Jan. 1820 vorgesehene ständische Mitwirkung bei der Ver-

zinsung und Tilgung der Staatsschulden, soweit solche nicht der ständischen Deputation für das Staatsschuldenwesen übertragen wird;

c) das Petitionsrecht über innere, nicht bloß provinzielle Angelegenheiten."

Der Vereinigte Landtag bestand nach einer V. v. 3. 2. 47 (GS. 34) aus der Vereinigung der acht Provinziallandtage zu Einer Versammlung. Er war in zwei Kurien eingeteilt: die Herrenkurie (Stand der Fürsten, Grafen und Herren, die auf den Provinziallandtagen Virilstimmen hatten, mit 80 Stimmen) und die Kurie der drei Stände (Abgeordnete der Ritterschaft mit 231, der Städte mit 182 und der Landgemeinden mit 124 Stimmen). Beide Kurien berieten und beschlossen teils abgesondert, teils in vereinigter Sitzung als Vereinigter Landtag.

Der Vereinigte Landtag trat am 11. April 1847 in Berlin zusammen, erbat in einer Adresse am 20. April eine Vermehrung seiner Rechte, namentlich die (im Patente nur seinem Ausschusse zugesicherte (Periodizität, erhielt darauf am 22. April einen abschläglichen Bescheid, nämlich dahin, daß die Gesetzgebung vom 3. Febr. 1847 in ihren Grundlagen unantastbar, aber nicht als abgeschlossen zu betrachten, sondern bildungsfähig sei, lehnte die Anleihe für die Ostbahn ab und wurde am 26. Juni geschlossen. (Auflösungsmöglichkeit fehlte!)

Dem am 17. Jan. 1848 zur Beratung des Strafgesetzbuchs nach Berlin wieder einberufenen Vereinigten Landtage wurde in der Schlußsitzung des Ausschusses durch Königl. Botschaft vom 6. März die Periodizität gewährt.

Am 18. März 1848 erging die Königl. Proklamation, betreffend die künftige Staatsverfassung (VMBl. 81). In derselben wird das Verlangen gestellt, daß Deutschland aus einem Staatenbund in einen Bundesstaat verwandelt werde, und in dieser Beziehung bemerkt: „Wir erkennen an, daß dies eine Reorganisation der Bundesverfassung voraussetzt, welche nur im Verein der Fürsten mit dem Volke ausgeführt werden kann. — Wir erkennen an, daß eine solche Bundesrepräsentation eine konstitutionelle Verfassung aller deutschen Länder notwendig erheische."

Die Proklamation hinderte den Ausbruch der Revolution noch am nämlichen Tage nicht. Diese endete trotz des Sieges der Truppen durch deren Zurückziehung aus Berlin kraft Königlichen Befehls. Der Aufruf König Friedrich Wilhelms IV. vom 21. März an das (Preußische) Volk und die Deutsche Nation (VMBl. 82) bezeichnete „die Einführung wahrer konstitutioneller Verfassungen, mit Verantwortlichkeit der Minister in allen Einzelstaaten, gleiche politische und bürgerliche Rechte für alle religiöse Glaubensbekenntnisse und eine wahrhaft volkstümliche, freisinnige Verwaltung" als die einzigen Mittel, welche imstande sind, „die sichere und innere Freiheit Deutschlands zu bewirken und zu befestigen".

Mit der (zwar politisch zur Wahrung der Rechtskontinuität, aber nicht staatsrechtlich bedeutsamen) Zustimmung des Vereinigten Landtages erging die V.

über einige Grundlagen der künftigen Verfassung v. 6. 4. 48 (GS. 87) und das Wahlgesetz v. 8. 4. 48 (GS. 89). Erstere bestimmte in § 6: „Den künftigen Vertretern des Volks soll jedenfalls die Zustimmung zu allen Gesetzen, sowie zur Festsetzung des Staatshaushalts-Etats und das Steuerbewilligungsrecht zustehen.“ Die staatsrechtliche Bedeutung dieses Gesetzes ist die einer bloßen Verheißung. Solange die versprochene Konstitution nicht zustande kam, blieb der König unumschränkter Gesetzgeber, welcher als solcher rechtlich nicht verhindert war, die V. v. 6. 3. 48 beliebig wieder aufzuheben.

Daß die Stände zu allen Gesetzen zugezogen werden sollten, bedeutete, daß ihnen auch bloß formelle, auch nur eine Provinz betreffende (vgl. StenBer. der II. Kammer 1849 S. 2097), ferner Militär-, Beamtengesetze, auch sonst das innere Staatsrecht, wie Städte-, Kreis-, Provinzialordnungen betreffende Gesetze vorgelegt werden sollten. Da ferner Gerichte nur dem Gesetze unterworfen waren (oben S. 6), so folgte aus diesem § 6, daß fortan die Richter bindende Anordnungen der Staatsgewalt nur noch unter Mitwirkung des Landtages ergehen dürfen (Arndt im Arch. f. öff. R. 1903 S. 180 ff., ferner unten zu Art. 86). An den Satz, daß Rechtsnormen irgendwelcher Art nur noch unter Zustimmung der Stände ergehen sollen, hat niemand damals gedacht, sonst hätte man ihn irgendwo ausgesprochen und nicht den Inhalt des § 6 spezialisiert (s. die v. Beckerath verfaßte Adresse des Vereinigten Landtages vom 4. April

1848, s. auch Arndt Selbst. VR. S. 53, ferner Sten. Ber. der II. K., 1849 S. 2097, v. Rönne, I. Aufl. S. 143). Schon deshalb ist es unmöglich, in § 6 für Gesetz „Rechtsnorm" zu substituieren, weil gerade im Jahre 1848 namentlich auch für die tonangebenden Rheinländer (s. hierzu R. Haym, Reden und Redner des Vereinigten Landtages S. 3) ebenso wie für die landrechtlichen Juristen Gesetz bezw. loi formelle Begriffe waren. Da das Grundlagegesetz nur ein Programm war und kein positives Recht darstellte, so wäre es selbst unerheblich, wenn dieses Gesetz in der Tat hätte sagen wollen, daß zu jeder Rechtsnorm die Zustimmung des Landtages nötig sein sollte.

Dies Grundlagegesetz schrieb vor, daß, wo ein Gesetz ergeht, welcher Art es auch sein mag, gleichviel, ob es das materielle oder formelle Recht, alle Bürger oder nur einzelne Klassen betrifft, die Zustimmung des Landtages nötig ist. Damit die Regierung sich nun nicht ohne Gesetz, etwa durch Anweisung an ihre Exekutivorgane, bloß sogenannte Dienst- oder (irrig sogenannte) Verwaltungsvorschriften ohne Zustimmung des Landtags, behelfen kann, bestimmt die Verfassung fort und fort, daß in den dort näher bezeichneten Fällen, z. B. bei Beschränkung der persönlichen, der Preß-, Vereins-, Versammlungsfreiheit, bei Strafnormen, Einführung von Steuern u. dergl. ein Gesetz notwendig ist.

Auch durch das Wahlgesetz v. 8. 4. 48 begab sich der König seiner Machtfülle noch nicht. Es heißt in demselben (§ 13):

„Die auf Grund des gegenwärtigen Gesetzes zusammentretende Versammlung ist dazu berufen:

a) die künftige Staatsverfassung durch Vereinbarung mit der Krone festzustellen und

b) die seitherigen reichsständischen Befugnisse namentlich in bezug auf die Bewilligung von Steuern und Staatsanleihen für die Dauer ihrer Versammlung interimistisch auszuüben."

Eine Verpflichtung, sich über die Veräußerung von Befugnissen zu „vereinbaren", ist politisch wichtig und wertvoll, andererseits liegt die Erfüllung einer solchen Verpflichtung insoweit im Willen des Verpflichteten, weil dieser nicht gezwungen ist, eine Übereinstimmung mit dem anderen Kontrahenten dadurch herbeizuführen, daß er sich dem Willen des andern Kontrahenten unterwirft, herbeizuführen. Rechtlich wäre die Verpflichtung gesichert, wenn etwa der König die Beschlüsse der Versammlung hätte akzeptieren müssen — wenn diese also statt zur Vereinbarung zur Konstituierung einer Verfassung ermächtigt worden wäre —, oder wenn etwa ein Dritter den mangelnden Konsens des Königs zu den Beschlüssen der Versammlung hätte ergänzen dürfen. Ohne die Zustimmung des Königs konnte also die auf Grund des Wahlgesetzes berufene Nationalversammlung keine Verfassung vereinbaren: bis zu einer solchen Vereinbarung aber blieb der König unumschränkter Gesetzgeber und konnte daher, ohne daß er rechtlich hieran gehindert war, beliebig das Wahlgesetz wieder aufheben und die Nationalversammlung vertagen, verlegen und auflösen.[1]) Anders waren die Ansichten des größten Teils der Nationalversammlung. Diese gemäß dem Wahlgesetz v. 8. 4. 48 auf Grund allgemeinen, gleichen und geheimen Stimmrechts mittelbar (durch Wahlmänner) gewählte Versammlung, welche am 22. Mai 1848 in Berlin zusammenberufen wurde, zählte bei 402 Mitgliedern vier Parteien. Die Linke (Waldeck) erklärte in ihrem Rechenschaftsbericht vom 25. Juni 1848 das Prinzip der Volkssouveränität mit allen seinen Konsequenzen als maßgebend und legte demgemäß der Nationalversammlung, als der Vertretung des souveränen Volks, das alleinige Recht der Feststellung der Verfassung bei. Das Programm des linken Zentrums (Rodbertus) vom 27. Mai forderte die konstitutionelle Monarchie mit demokratischer Grundlage und nur ein aufschiebendes Veto für die Krone; dasjenige des rechten Zentrums (von Unruh) vom 3. Juni erkannte zwar das Wahlgesetz vom 8. April, wonach die Verfassung nur durch Vereinbarung mit der Krone zustande gebracht

---

[1]) Ebenso Anschütz in v. Holtzendorffs Encykl. S. 494. In Ansehung des verfassungsberatenden Norddeutschen Reichstages ist von keiner Seite auch nur in Zweifel gezogen, daß die verbündeten Regierungen den Reichstag vertagen, verlegen und auflösen könnten, und daß dieser nicht einseitig eine Verfassung festsetzen dürfte.

werden sollte, als maßgebend an, stellte aber zugleich den Satz auf, daß die Krone nicht das Recht habe, die Nationalversammlung aufzulösen, und daß der ersteren nur ein aufschiebendes Veto einzuräumen sei; dasjenige endlich der Rechten (Milde, Grabow, P. Reichensperger) betonte die Notwendigkeit der erblichen konstitutionellen Monarchie, erklärte das Wahlgesetz vom 8. April als den Rechtsboden der Nationalversammlung und forderte die gemeinschaftliche Ausübung der Souveränitätsrechte durch König und Volk.[1]) Die drei erstgenannten Parteien verfügten allmählich über die Mehrheit, und unter ihnen erhielt unter dem Drucke aufrührerischer Volksmassen und der Fahnenflucht vieler Mitglieder der Rechten allmählich die Linke die Führung.

Mit der Königl. Botschaft v. 20. 5. 48 wurde der Entwurf eines Verfassungsgesetzes ohne Motive der Nationalversammlung zur Erklärung vorgelegt. (Verhandlungen der Nationalversammlung I S. 1 ff.) Die Versammlung übertrug am 15. Juni einer Kommission

---

[1]) Der Satz, daß in Zukunft Rechtsnormen jedweder Art nicht mehr allein von der Exekutive, sondern nur noch unter Zustimmung des Landtages sollten erlassen werden können, ist von niemandem damals aufgestellt und erst viel später von einer die Geschichte außer acht lassenden, das Staatsrecht konstruierenden Theorie, erfunden worden. Bedeutsam ist in den Parteiprogrammen, daß gesetzgebende und souveräne Gewalt als identische Begriffe gebraucht werden, wie im belgisch-französisch-englischen Recht.

von 24 Mitgliedern „die Umarbeitung des Regierungsentwurfs oder die Ausarbeitung eines neuen Entwurfs". Die Kommission, deren Vorsitzender der Ober-Tribunalsrat Waldeck war, überreichte am 26. Juli einen von ihr ausgearbeiteten Entwurf der Verfassungsurkunde nebst Motiven. (Protokolle der Kommission, herausgegeben von Rauer, Berlin 1849, Verhandlungen der Nationalversammlung I S. 630 f., 729 ff.) Das Plenum beriet und beschloß in der Zeit vom 12. bis 23. Oktober nur über den Eingang und die vier ersten Artikel des Kommissionsentwurfs. Am 9. November wurde die Versammlung mit Bezug auf die Bedrohungen und Einschüchterungen von seiten aufrührerischer Volkshaufen durch Königl. Botschaft vom 8. November (Ministerium Graf Brandenburg, Manteuffel (VMBl. 48 S. 308) nach Brandenburg verlegt und bis zum 22. November vertagt. Die Mehrheit beschloß nach Reden der früheren Minister Gierke und Bornemann mit 252 Stimmen, der Botschaft nicht Folge zu leisten, der Krone das Recht zur Vertagung, Verlegung und Auflösung bestreitend. Am 10. November rückten die in der Nacht zum 19. März nach siegreichem Kampfe aus Berlin abgezogenen Truppen dort ohne Schwertstreich unter Wrangel ein, worauf die Bürgerwehr widerstandslos aufgelöst und entwaffnet, der Belagerungszustand über Berlin verhängt und das Forttagen der Nationalversammlung mit Gewalt verhindert wurde, nachdem diese am 15. November noch beschlossen hatte: „Das Ministerium Brandenburg ist nicht berechtigt, über die

Staatsgelder zu verfügen und die Steuern zu erheben." — Durch Königl. V. v. 5. 12. 48 (GS. 371)[1]) erfolgte die Auflösung der Nationalversammlung. Am gleichen Tage verlieh der König die in der Gesetzsammlung als Gesetz veröffentlichte Verfassungsurkunde vom 5. Dez. 1848. Dieselbe heißt gewöhnlich die „oktroyierte", — weil sie nicht mit der Nationalversammlung vereinbart war —; sie ist aber nicht mehr und nicht weniger oktroyiert als alle anderen Gesetze, welche bis an jenen Tag in Preußen erlassen wurden; genau ebenso Anschütz, Encykl. S. 494. Äußerlich schloß sich diese Verfassung an die Arbeiten der Kommission der Nationalversammlung an; sie enthielt wenige aber sehr

[1]) Der in der GS. 48 S. 371 abgedruckte Bericht des Staatsministeriums an die Krone gibt als Grund der Auflösung an, „daß die Mehrzahl der Abgeordneten, ungeachtet der Vertagung und Verlegung der Versammlung, ihre Beratungen eigenmächtig in Berlin fortgesetzt und sich angemaßt habe, als eine souveräne Gewalt über Rechte der Krone zu entscheiden, insbesondere die Steuerverweigerung zu proklamieren und hierdurch die Brandfackel der Anarchie in das Land zu schleudern — daß hiernächst die Versammlung in Brandenburg nicht in beschlußfähiger Anzahl zusammengekommen sei, und daß die von der der Verlegung sich widersetzenden Partei späterhin dort eingetretenen Mitglieder dadurch, daß sie sich nach kurzer Frist wieder entfernt, die Versammlung abermals wieder beschlußunfähig gemacht —, daß somit die Majorität der Versammlung sich in offener Auflehnung gegen die Königl. Anordnungen befinde und auf einem Standpunkte verharre, der die Möglichkeit einer Vereinbarung mit der Krone ausschließe — —".

bedeutende Abweichungen von dem Entwurf dieser Kommission.

Die Rechtsgültigkeit der Verfassungsurkunde v. 5. 12. 48 ist vielfach bestritten worden (z. B. von den Abgeordneten der II. Kammer von Berg, Jacoby, Waldeck, von Unruh, Schneider [Schönebeck] am 19. und 20. März 1849).[1]) Das aus dem Wahlgesetz vom April 1848 für die Rechtsungültigkeit hergenommene Argument ist bereits widerlegt worden; das andere, viel stärker betonte, daß es „die natürliche Berechtigung jedes Volkes sei, bei allen Gesetzen mit entscheidender Stimme mitzuwirken",[2]) entbehrte damals de lege lata jeder recht-

---

[1]) Vgl. Verhandlungen der (aufgelösten) zweiten Kammer 1849 S. 152, 153, 155, 176, 182.

[2]) Der Abgeordnete von Bismarck-Schönhausen bemerkte am 22. März 1849 (Verhdl. der II. Kammer S. 233) den Oppositionsrednern gegenüber, sie täten so, „als ob das ganze Staatsrecht auf der Barrikade beruhe". Viele gingen damals von der Auffassung aus, als ob naturrechtlich der Volkswille die alleinige Rechtsquelle, die Nation und bezw. ihre Vertretung der einzige und wahre Souverän seien. Dies war, bestimmter und unbestimmter ausgesprochen, die Ansicht der Mehrheit der Nationalversammlung und der politischen Tagesschriftsteller (z. B. Rodbertus). Die Nationalversammlung hatte demgemäß am 12. Okt. 1848 mit 217 gegen 143 die Worte „von Gottes Gnaden" in der Einleitungsformel zur VerfUrk. gestrichen, nachdem Schultze-Delitzsch erklärt hatte: „Man pflegt, wenn ein Handlungshaus bankerott geworden ist, die Firma nicht in das neue Geschäft herüber zu nehmen. Nun glaube ich, daß in der Geschichte der Absolutismus mit der alten

lichen Grundlage. Am 6. Dez. 1848 erließ der König zwei Wahlgesetze (GS. 395 und 499); dasjenige für die zweite Kammer entspricht im wesentlichen dem vom 8. April (gleiches, allgemeines, geheimes, mittelbares Wahlrecht für alle selbständigen Preußen); das für die erste Kammer berief zu Wählern alle Preußen, die über 30 Jahr alt waren und wenigstens 8 Taler Klassensteuer im Jahre zahlten oder Grundbesitz im Werte von 5000 Taler oder ein jährliches Reineinkommen von 500 Talern nachwiesen. Beide Kammern (die zweite allerdings mit geringer Mehrheit) haben die Verfassung v. 5. 12. 48 „als das nunmehr gültige Grundgesetz des Preußischen Staates" ausdrücklich anerkannt.[1]) Dieses Anerkenntnis, auf welches von den Staatsrechtslehrern großer Wert gelegt wird, mag für das Ansehen der Verfassung wertvoll gewesen sein; vom Rechtsstandpunkte ist es dagegen ohne jede Bedeutung, daß die Kammern, welche erst auf Grund der vom Könige verliehenen Verfassung und der zu dieser Verfassung ergangenen Gesetze v. 6. 12. 48 (GS. 395) erwählt waren, welche also in dieser Verfassung erst die rechtliche Grundlage ihrer Existenz fanden, dieselbe als gültig anerkannten.

Durch die Verfassungsurkunde vom 5. Dez. 1848 ist Preußen in die Reihe der konstitutionellen Staaten eingetreten; ebenso

---

Firma „von Gottes Gnaden" vollständig bankerott gemacht habe. Ich rate daher, wir nehmen die alte bankerotte Firma nicht mit in das neue Geschäft hinüber."

[1]) BMBl. 1849 S. 35, 36.

Anschütz in v. Holtzendorffs Encykl. S. 494. Jedes andere bis dahin erlassene Gesetz konnte der König einseitig und beliebig widerrufen; durch die Verfassungsurkunde band der König kraft eigener Prärogative seinen so lange unumschränkten Willen für alle Zukunft dahin, daß er fortan nur noch nach Maßgabe dieser Verfassung Gesetze geben und zurücknehmen durfte. Soweit die Verfassung eine Beschränkung der Königlichen Macht nicht enthielt, war der König im Vollbesitze seiner Macht verblieben. Mag die Verfassung politisch eine Notwendigkeit gewesen sein, rechtlich ist sie ein Akt der freien Gnade gewesen; denn es gab keine Rechtsnorm, welche den König zwang oder zwingen konnte, überhaupt eine Verfassung zu geben, d. h. auf die Ausübung eines Teils seiner Königlichen Befugnisse zu verzichten.

Tritt man von diesen Gesichtspunkten in die Prüfung der staatsrechtlichen Bedeutung der Verfassung ein, so ergibt schon die Einleitung, daß die Verfassung nur eine vorläufige sein sollte; denn es war eine Revision derselben im ordentlichen Wege der Gesetzgebung vorbehalten worden.[1]) Von weit größerer rechtlicher und tatsächlicher Bedeutung ist aber Absatz 2 des Artikels 105, welcher lautet:

„Wenn die Kammern nicht versammelt sind, können in dringenden Fällen, unter Verantwortlichkeit des gesamten Staatsministeriums, Verord-

[1]) Die Kammern werden deshalb die „Revisionskammern" genannt.

nungen mit Gesetzeskraft erlassen werden, dieselben sind aber den Kammern bei ihrem nächsten Zusammentritt zur Genehmigung sofort vorzulegen."

Beachtet man, daß dieses Königliche Verordnungsrecht in Ansehung dieses Inhaltes unumschränkt war und insbesondere auch nicht einmal an der Verfassungsurkunde seine Grenze finden sollte, so kann man der Opposition vom juristischen Standpunkte aus kaum widersprechen, wenn sie durch die angezogene Vorschrift die ganze, im übrigen die Königlichen Rechte weit mehr als die heutige beschränkende Verfassung v. 5. 12. 48 als in Frage gestellt und zur Verfügung des Königs stehend erachtete. Unter Bezugnahme auf Art. 105 wurden bis zur Verfassungsurkunde v. 31. 1. 50 die wichtigsten Gesetze erlassen: über das Gerichtsverfahren in Straf- und Zivilsachen, die Gerichtsorganisation, den Belagerungszustand, die Presse, das Vereins- und Versammlungswesen, das Disziplinarrecht u. dgl. m.

Auf Grund des Art. 49 der Verfassung löste der König am 27. April 1849 die zweite Kammer auf [1]) und erließ in Ausführung der Art. 67 bis 74 und auf Grund

[1]) Die Auflösung erfolgte (BMBl. 1849 S. 57 ff.), weil in der II. Kammer keine feste Mehrheit bestanden, und weil die Kammer u. a. bei ihren Beschlüssen, wodurch die von der Deutschen Nationalversammlung in Frankfurt beschlossene Verfassung (ohne die Zustimmung des Königs) für verbindlich und die Fortdauer des über Berlin verhängten Belagerungszustandes für ungesetzlich erklärt wurden, sich nicht immer in den Schranken ihrer Befugnisse gehalten habe.

des Art. 105 am 30. Mai 1849 eine neue und zwar die noch heute gültige Wahlordnung für die zweite Kammer.[1]) Mit Unrecht ist die Gültigkeit dieser Wahlordnung bestritten worden.[2]) Wenn der Wortlaut des Abs. 2 Art. 105 in seiner Abweichung von den entsprechenden Vorschriften anderer Verfassungsurkunden und namentlich auch von Art. 63 der heutigen Preußischen Verfassungsurkunde berücksichtigt, wenn erwogen wird, daß Voraussetzung und Inhalt der in Art. 105 ausgedrückten Königlichen Oktroyierungsbefugnis ausschließlich und einzig in das Königliche Ermessen gestellt waren, wenn endlich der Inhalt und Gegenstand der übrigen, auf Grund derselben Vorschrift anstandslos vorgenommenen und von den Kammern gutgeheißenen Oktroyierungen in Betracht gezogen werden, so ist die Schlußfolgerung unabweislich, daß die Königliche Verordnung v. 30. 5. 49, betreffend die Wahl der Abgeordneten zur zweiten Kammer, rechtlich unanfechtbar wurde, sobald sie die in Art. 105 vorbehaltene nachträgliche Genehmigung der beiden Kammern erhielt. Und sie erhielt diese Genehmigung.[3]) Für die Legalität der Wahlen und der Kammern

[1]) GS. 1849 S. 205. S. auch die Proklamation v. 15. 5. und den Bericht des Staatsministeriums v. 29. 5. 49 (BMBl. S. 85 ff.).

[2]) S. v. Rönne 4. Aufl. I S. 44 Anm. 3.

[3]) Vgl. Verhdl. der I. Kammer S. 614 ff., der II. Kammer 1690, 1691. Insbesondere beschloß die II. Kammer ohne Diskussion auf den Antrag ihrer Kommission, der V. v. 30. 5. 49 die (von der Staatsregierung nachgesuchte) verfassungsmäßige Zustimmung vorbehaltlich der Revision zu erteilen.

war auch unerheblich, daß die Wahlen für die zweite Kammer von der Staatsregierung zu spät [1]) anberaumt und die Kammern zu spät [1]) einberufen wurden. Eine Regierung macht sich verantwortlich, wenn sie die verfassungsmäßig angeordneten Fristen für Neuwahlen und für das Zusammentreten des Landtages überschreitet; aber gleichwohl bleiben die verspäteten Wahlen gültig, und die Kammern verlieren ihre rechtliche Grundlage um deswegen nicht, weil sie nicht zur angeordneten Zeit zusammentreten. Überdies haben beide Kammern den Erlaß der Verordnung v. 30. 5. 49, „wodurch der Zusammentritt der Wähler und der Kammern über die durch Art. 49 der Verfassungsurkunde festgesetzten Termine hinaus verschoben worden, als durch die Umstände gerechtfertigt" erklärt. [2]) Aus der verspäteten Einberufung der Wähler und der Kammern läßt sich nur dann ein Argument gegen die Gesetzlichkeit der (Revisions-)Kammer entnehmen, wenn man in Umkehrung des geltenden Staatsrechts von der Fiktion ausgeht, daß der eigentliche Souverän in Preußen der Volkswille gewesen sei, und daß die Krone durch die Nichtinnehaltung der von ihr selbst gesetzten Fristen und Formen sich aller ihrer bisherigen Rechte zugunsten des wahren Souveräns verlustig gemacht habe.

---

[1]) Nämlich über die in Art. 49 der Verfass. v. 5. 12. 48 bestimmten Termine hinaus.

[2]) S. Verhdl. der I. Kammer 1849 S. 616 ff., der II. Kammer 1849 S. 1690, 1691.

Nach diesen Ausführungen sind die zum Zwecke der Revision der Verfassung v. 5. 12. 48 durch Königliche Verordnung v. 30. 5. 49 auf den 7. Aug. 1849 zusammenberufenen Kammern die dieser Verfassung entsprechende, die legitime Volksvertretung gewesen.

Da die Verfassung v. 5. 12. 48 Gesetz war, so blieben ihre Vorschriften in Kraft, soweit nicht im Wege der ordentlichen Gesetzgebung, d. h. unter Übereinstimmung der Krone und beider Kammern, Änderungen erfolgten. Über solche Änderungen wurde allerdings im großen Umfange eine Übereinstimmung erzielt; dieselben gingen im wesentlichen dahin, die Königliche Gewalt weiter auszudehnen, und die Beschränkung der Königlichen Prärogative enger zu ziehen, als dies durch die Verfassung v. 5. 12. 48 geschehen war. Nachdem die Kammern die von ihnen revidierten Abschnitte der Verfassung der Staatsregierung vorgelegt hatten, richtete die Allerhöchste Botschaft v. 7. 1. 50 [1]) an die Kammern 15 Propositionen, [2])

---

[1]) In den Verhdl. der I. Kammer S. 2215 ff., der II. Kammer S. 1875 ff.

[2]) Diese betrafen: 1. Streichung des damaligen Art. 26 (Straffreiheit vom Verleger, Drucker, Verteiler), 2. dem heutigen Art. 35 seine jetzige Fassung zu geben, 3. den damaligen Art. 35 von der Bürgerwehr, 4. den Art. 40 der Verfassung vom Jahre 1850 von Lehnen und Fideikommissen, 5. den heutigen Art. 44 bezüglich der Ministerverantwortlichkeit, 6. den heutigen Art. 51, Verlängerung des Termins der Wahlen und die Zusammenberufung der Kammern nach der Auflösung, 7. den heutigen Abs. 3 in Art. 62 über Vorrechte der II. Kammer

welche in den meisten und wesentlichsten Punkten von denselben angenommen wurden.[1]) Hierauf erklärte der König in der Botschaft v. 31. 1. 50:[2])

— — — — — — — — — — — — — — — —

„Die in der Verfassungsurkunde vom 5. Dezember 1848 vorbehaltene Revision derselben sehen Wir jetzt als beendigt an, haben die Verfassung mit sämmtlichen, von beiden Kammern übereinstimmend beschlossenen Zusätzen und Abänderungen vollzogen und deren Publikation durch die Gesetzsammlung angeordnet".

Die vom Könige am 31. Jan. 1850 vollzogene und publizierte Verfassung ist das rite und unanfechtbar zustande gekommene Staatsgrundgesetz des Königreichs Preußen. Das eidliche Gelöbnis des Königs erfolgte im Rittersaale des Königlichen Residenzschlosses zu Berlin vor beiden Kam-

---

bezüglich des Etatsgesetzes und der Finanzgesetze, 8. den damaligen Art. 62 (I. Kammer), 9. den damaligen Art. 66, jetzt Abgeordnetenhaus, 10. Bildung eines besonderen Staatsgerichtshofs, jetzigen Art. 93, 11. das Konfliktsverfahren, heutigen Art. 95, 12. Gemeinde-, Kreis-, Bezirks- und Provinzialverbände, heutigen Art. 105, 13. den heutigen Art. 106, 14. Verfassungseid, heutigen Art. 108, endlich 15. den heutigen Art. 115.

[1]) Abgelehnt wurden die Propositionen 4 und 5, die übrigen teils unverändert, teils mit einigen vom Könige gutgeheißenen Aenderungen angenommen.

[2]) In den Verhdl. der I. Kammer S. 2417, der II. Kammer S. 2279.

mern am 6. Febr. 1850. Aus der Ansprache Seiner Majestät des Königs [1]) sind folgende Bemerkungen für das Verständnis der Verfassung und den Sinn, in welchem sie von der Krone vollzogen wurde, von besonderer Bedeutung:

— — — — — — — — — — — — — —

„Das Werk, dem Ich heut Meine Bestätigung aufdrücken will, ist entstanden in einem Jahre, welches die Treue werdender Geschlechter wohl mit Thränen, aber vergebens wünschen wird aus unserer Geschichte herauszuringen. — In der Form, in der es Ihnen vorgelegt worden, ist es allerdings das Werk aufopfernder Treue von Männern, die diesen Thron gerettet haben, gegen die Meine Dankbarkeit nur mit meinem Leben erlöschen wird; aber es wurde so in den Tagen, in welchen, im buchstäblichen Sinne des Worts, das Dasein des Vaterlandes bedroht war. Es war das Werk des Augenblicks, und es trug den breiten Stempel seines Ursprungs. Die Frage ist gerechtfertigt, wie Ich, bei solcher Betrachtung, diesem Werke die Sanktion geben könne? Dennoch will Ich es, weil Ich es kann, und daß Ich es kann, verdank' Ich Ihnen allein. — Sie haben die bessernde Hand daran gelegt, Sie haben Bedenkliches daraus entfernt, Gutes hineingetragen und Mir durch Ihre treffliche Arbeit und die Aufnahme Meiner letzten Vorschläge ein Pfand gegeben, daß Sie die vor der Sanktion begonnene

[1]) Im Staatsanzeiger v. 6. Febr. 1850.

Arbeit der Vervollkommnung auch nachher nicht lassen wollen, und daß es unserm vereinten redlichen Streben auf verfassungsmäßigem Wege gelingen wird, es den Lebensbedingungen Preußens immer entsprechender zu machen. Ich darf dies Werk bestätigen, weil Ich es in Hoffnung kann. — —

Sie — müssen Mir helfen und die Landtage nach Ihnen — wider die, so die Königlich verliehene Freiheit zum Deckel der Bosheit machen und dieselbe gegen ihren Urheber kehren, gegen die von Gott eingesetzte Obrigkeit; wider die, welche diese Urkunde gleichsam als Ersatz der göttlichen Vorsehung, unserer Geschichte und der alten heiligen Treue betrachten möchten; alle guten Kräfte im Lande müssen sich vereinigen in Unterthanentreue, in Ehrfurcht gegen das Königthum und diesen Thron, der auf den Siegen unserer Heere ruht, in Beobachtung der Gesetze, in wahrhafter Erfüllung des Huldigungs-Eides, sowie des neuen Schwurs ‚der Treue und des Gehorsams gegen den König und des gewissenhaften Haltens der Verfassung', mit einem Worte: seine Lebensbedingung ist die, daß Mir das Regieren mit diesem Gesetze möglich gemacht werde; — denn in Preußen muß der König regieren, und Ich regiere nicht, weil es also mein Wohlgefallen ist, Gott weiß es! sondern weil es Gottes Ordnung ist; darum aber will Ich auch regieren: — Ein freies Volk unter einem freien Könige." — —

Was den Charakter der Preußischen Verfassungsurkunde v. 31. 1. 50 anlangt, so kommen zwei verschiedene Gesichtspunkte in Betracht: das Verhältnis des einzelnen zum Staat und das Verhältnis der Landesvertretung zur Krone. Das Verhältnis des einzelnen zum Staat ist unmittelbar geregelt durch die Vorschriften, welche von den Rechten der Preußen handeln,[1]) und mittelbar in den Vorschriften, welche von den Kammern handeln, letzteres, insoweit der einzelne oder die Gesamtheit der einzelnen ihren Willen in der Volksvertretung zum rechtlichen Ausdruck bringen kann.

Was die in der Preußischen Verfassungsurkunde gewährleisteten Individualrechte anlangt, so gilt in bezug auf sie das Wort Lassalles:[2]) „Es läßt sich vom Individuum kein Pflock in den Rechtsboden schlagen und sich mittelst desselben für selbstherrlich für alle Zeiten und gegen alle künftigen zwingenden oder prohibitiven Gesetze erklären." Souverän ist und bleibt der Staat, und daher kann er die Individualrechte, „die Rechte der Preußen", auch die der Agnaten, wieder aufheben. Die rechtliche Bedeutung haben die Verfassungsvorschriften, welche zum Schutze der Individualrechte gegeben sind, daß sie gegen Willkür der Exekutive

[1]) In dem Schutze des einzelnen gegenüber der Staatsgewalt sah die Nationalversammlung die erste und vornehmlichste Aufgabe der Verfassung, Verhdl. S. 813.

[2]) System der erworbenen Rechte S. 197.

schützen, und daß ferner je nach Vorschrift der Verfassung die Individualrechte nur durch Gesetz oder sogar nur in den Formen eines verfassungändernden Gesetzes beschränkt oder beseitigt werden können.[1])

Über das Verhältnis der Volksvertretung zur Krone bestehen drei Auffassungen; die erste: die Krone hat nur die Befugnisse, welche ihr ausdrücklich in der Verfassung übertragen, bezw. belassen sind; die zweite: weder die Befugnisse der Krone noch diejenigen der Volksvertretung sind erschöpfend in der Verfassung zusammengestellt; die dritte: die Krone hat alle Befugnisse, welche ihr durch die Verfassung nicht entzogen, die Volksvertretung nur diejenigen, welche ihr in der Verfassung übertragen worden sind.

Die erste Verfassung ist für die belgische Verfassung die richtige; denn diese beruht wie die französische auf dem Grundsatze der Souveränität des Volks, von welcher alle Gewalten, insbesondere auch diejenige der Krone, abgeleitet und beherrscht sind.[2]) Die zweite Auf-

---

[1]) Ueber die juristische Natur dieser Rechte s. Vorbemerkung zu Tit. II (Art. 3 ff. der Verfassung).

[2]) Art. 25 der constitution belge: „Tous les pouvoir émanent de la nation". — Art. 78: „Le roi n'a d'autres pouvoirs que ceux que lui attribuent formellement la constitution ou les lois portées en vertu de la constitution."

Praktisch zum gleichen Ergebnisse kommen für das deutsche Landesstaatsrecht diejenigen Staatsrechtslehrer, welche behaupten, daß es für den Erlaß sogenannter Rechtsverordnungen stets einer Ermächtigung von seiten

fassung wird oder wurde wenigstens in der herrschenden Theorie als die den neueren deutschen Verfassungen, insbesondere der preußischen, entsprechende angesehen.[1]) Die dritte Auffassung ist von mir in meinem Verordnungsrecht als die mit dem geltenden preußischen Staatsrechte und der Entstehung der preußischen Verfassungsurkunde übereinstimmende nachgewiesen worden.[2])

---

der Volksvertretung bedarf; H. Schulze, Lehrbuch des deutschen Staatsrechts, Leipzig 1886 I S. 530; G. Meyer, Lehrbuch des deutschen Staatsrechts, 6. Aufl. § 157. Der Irrtum, in dem diese befangen sind, entstand aus der tatsächlich unrichtigen Annahme, daß in Preußen „Rechtssatz" soviel wie „Gesetz" bedeutet habe, aus welcher Behauptung in Verbindung mit der Vorschrift in Art. 62 der preuß. Verfassung — wonach die gesetzgebende Gewalt nicht mehr allein von der Krone ausgeübt wird — gefolgert wird, daß die vollziehende Gewalt allein und aus eigenem Rechte keine Rechtssätze mehr aufstellen dürfe; s. unten zu Art. 62.

[1]) H. Schulze, Lehrbuch des preuß. Staatsrechts § 163, Kommissionsbericht des AbgH. 1865 über das Prisenreglement s. Arndt, Selbst. VR. S. 212 a. a. O.

[2]) S. auch Arndt in Hirths Annalen 1886 S. 321 ff. Inzwischen ist dieselbe Auffassung von Bornhak und von Stengel wiederholt und durch M. Seydel auch für das bayrische Staatsrecht aufgestellt und begründet worden und kann heute als die herrschende bezeichnet werden, trotzdem Schwartz S. 42 behauptet, ich hätte, um diesen Satz als richtig zu beweisen, dem unzweideutigen Ausdruck der Verfassungsurkunde Gewalt antuende „Interpretationskünste geleistet", „konzessionierte Brustkaramellen für verfassungsfeindliche Herzen" (Dahlmann). Es ist gewiß, daß die gleiche Auffassung neben

Indem ich auf die dort gemachten Ausführungen Bezug nehme, weise ich noch ferner hin auf die Zusammensetzung[1]) und die Arbeiten der Revisionskammern, auf den Geist, in welchem das Verfassungswerk von der Krone acceptiert und vollzogen wurde,[2]) und besonders

und sogar schon lange vor mir aufgestellt war (Arndt, Reichsverordnungsrecht S. 65). Begründet und nachgewiesen (aus der Geschichte, dem Vergleiche mit der belgischen Verfassung usw.) ist diese Ansicht allerdings zuerst von mir. Uebrigens pflegen die sonstigen Vertreter, worauf es doch für das Leben allein ankommen kann, keineswegs die Konsequenzen zu ziehen. So z. B. G. Meyer, v. Rönne, Löning präsumieren fast stets gegen die Krone und für den Landtag, z. B. wenn es sich um Veräußerung von Staatseigentum, um Gnadenerlasse auf dem Gebiete des Finanzwesens, um Verordnungen auf dem gesetzesfreien Gebiete usw. handelt. Anschütz, Die gegenwärtigen Theorien über den Begriff der gesetzgebenden Gewalt usw., widerspricht sich; zwar bekennt er sich zu dem Satze, daß die Krone Preußen alle ihre durch die Verfassung nicht entzogenen Rechte habe, andrerseits S. 49 Anm. 12 behauptet er, die Verfassung zähle auch die Kronrechte einzeln auf.

[1]) Die Wahlen zur zweiten Kammer wurden unter Wahlenthaltung der demokratischen Partei vollzogen. Beide Kammern hatten kein eifrigeres Bestreben, als „den Abgrund der Revolution zu schließen".

[2]) Vgl. die Worte der Königl. Ansprache vom 6. Febr. 1850, namentlich: „Sie haben die bessernde Hand daran gelegt, Bedenkliches daraus entfernt, Gutes hineingetragen und Mir — ein Pfand gegeben, daß Sie die vor der Sanktion begonnene Arbeit der Vervollkommnung auch nachher nicht lassen wollen —".

noch auf Art. 109, welcher „alle Bestimmungen der bestehenden Gesetzbücher, einzelnen Gesetze und Verordnungen", also auch alle im Allgemeinen Landrecht, namentlich Teil II Tit. 13, dem Staatsoberhaupte zugeschriebenen Befugnisse aufrecht erhält, „soweit dieselben der Verfassung nicht zuwiderlaufen". Die Richtigkeit meiner Auffassung erhellt insbesondere auch aus den Weglassungen der entsprechenden Vorschriften Art. 25 und 78 in der sonst vorbildlich gewesenen belgischen Verfassung, sowie aus den Beratungen der zweiten Kammer über die Rechte des Königs. Die Kommission hatte zu Art. 41 den Zusatz beantragt: „Der König ist das Oberhaupt des Staates." Hiergegen sprach sich im Plenum der Abgeordnete Falk am 19. Sept. 1849[1]) aus, weil dadurch die „Idee Platz greifen könnte, daß die Übertragung der Oberhauptswürde an Seine Majestät den König erst jetzt durch die Verfassung unsererseits festgesetzt würde; eine solche Übertragung habe in der belgischen Verfassung stattgefunden, könne es aber nicht in der preußischen; denn bei uns werde das Königtum nicht erst durch einen Vertrag eingesetzt; sondern wir haben es".

Ihm erwiderte als Redner der Majorität von Kleist-Retzow:[2]) — —

„Dieser Ausdruck ist von Wichtigkeit als Zeugnis gegen die im vorigen Jahre laut gewordene Lehre von

---

[1]) StenBer. S. 332 ff.

[2]) StenBer. S. 333.

der Volkssouveränität, als Anerkennung der Stellung Seiner Majestät des Königs auch in der konstitutionellen Monarchie und als **Ausdruck der Kontinuität in dem früheren und dem gegenwärtigen Verhältnisse Allerhöchstdesselben zum Staate.**"

Ihn unterstützte der Berichterstatter **Keller**, welcher anerkannte, daß der Satz, wie er damals beantragt wurde, „nicht einmal eine Definition, geschweige denn eine neue Attribution" der königlichen Macht erhalten sollte. [1]) Irgend eine auch nur im geringsten von den angeführten abweichende Auffassung über das Wesen und den Inhalt der königlichen Macht ist damals nicht einmal angedeutet worden, und es ist daher unzulässig und durch nichts begründet, etwa aus dem Geiste der aufgelösten Nationalversammlung Theorien in die preußische Verfassung hineinzutragen, welche letztere, was und wie sie ist, wurde durch das gemeinschaftliche Zusammenwirken der Krone und der Revisionskammern.

Zutreffend hat ein französischer Schriftsteller [2]) und besser als die meisten deutschen und preußischen den Gegensatz des deutschen Landes- zum belgischen Staatsrecht in folgender Weise dargestellt:

---

[1]) Schließlich unterblieb doch die Aufnahme des Satzes, weil es desselben nicht bedürfe und er der Idee Raum geben könnte, als ob die Uebertragung der Oberhauptwürde an den König erst jetzt vertragsmäßig festgesetzt würde (Verhdl. der I. Kammer 1849 S. 1214).

[2]) **Batbie**, Traité théorique et pratique du droit public et administratif, 2e éd. Paris 1885 III p. 127 sv.

„En Belgique, le pouvoir tirant son origine de la volonté nationale, les représentants de cette volonté ont tous les pouvoirs et le Roi n'a que des attributions déterminées. En Allemagne, le principe de la souveraineté populaire n'est pas admis; les souverains sont considérés comme ayant des droits propres, et c'est pour cela que le Chef de l'Etat a la pleine puissance, sauf les restrictions qui résultent des pouvoirs formellement attribués aux diètes."

Äußerlich lehnt sich die preußische Verfassungsurkunde vielfach an die belgische an. Durch Auslassung gewisser Artikel (z. B. der Art. 25 und 78 der belgischen Verfassung), Einschaltung anderer (z. B. des heutigen Art. 109, welchem durch die Hinübernahme aus den „Übergangsbestimmungen" des Kommissionsentwurfs der Nationalversammlung in die „allgemeinen Bestimmungen" [ebenso Anschütz in v. Holtzendorffs Encykl. S. 633 Anm. 1] eine ganz andere wie die ursprünglich beabsichtigte und schwerwiegende Bedeutung beigelegt wurde), vor allem dadurch, daß die wichtigsten Verfassungsschriften, z. B. Art. 61 von der Ministerverantwortlichkeit leges imperfectae blieben, wurde Inhalt und Charakter der preußischen Verfassung grundverschieden von der belgischen gestaltet. Die belgische Verfassung ist allein vom Congrès national gegeben, der Thron war leer. In Preußen war die Krone 1848, zumal Ende dieses Jahres, wieder eine reale Macht, die herrschende, der durch keine äußere Macht die Verfassung aufgezwungen werden konnte oder aufgezwungen wurde. Wenn

Schwartz S. 42 behauptet, der Satz, die Verfassung sei nur in demselben Sinne eine freiwillige Gabe der Krone gewesen, in welchem man auch beim Zwange noch von Bereitwilligkeit spricht — etsi non coactus noluisset, tamen coactus voluit —, so widerspricht dies durchaus den historischen Tatsachen. Was insbesondere die demokratische Partei anlangte, so hatte sie weder die Verfassung v. 5. 12. 48, noch die revidierte v. 31. 1. 50 anerkennen wollen. An den Wahlen auf Grund der Wahlordnung v. 30. 5. 49 hatte sie sich ebensowenig wie an dem Revisionswerk beteiligt. Der Verfassung v. 31. 1. 50 wurde von ihr nachgesagt, daß sie den an eine konstitutionelle Verfassung zu stellenden Anforderungen nicht genüge, daß sie das zum Begriffe einer jeden Konstitution notwendige Steuerbewilligungsrecht nicht enthalte, daß sie die Rechte der Krone nicht scharf abgrenze, die Gewaltenteilung nicht vollständig durchführe, noch weniger sichere (Art. 106), daß sie endlich die Reglementierungs-(Verordnungs-)Befugnis von der Gesetzgebung nicht genügend trenne, d. h. nicht den Satz aufstelle, Reglements, Ver- und Anordnungen müssen sich stets auf die Verfassung oder ein Gesetz gründen, d. h. nur unselbständige, Ausführungsverordnungen oder Notverordnungen sein.[1]) Man setzt sich mit sich selbst, den Tatsachen und der Wahrheit in Widerspruch, wenn man hinterher in der Verfassung als vermeintlich selbstver-

[1]) S. auch E. Lasker, Zur Verfassungsgeschichte Preußens S. 39.

ständlich alles dasjenige hierin interpretiert, über dessen Fehlen man sich einst so bitter beklagt hatte.[1])

Die belgische Verfassung ist demokratisch-konstitutionell, die preußische Verfassung ist monarchisch-konstitutionell. In Belgien wie in England besteht a parliamentary government, in Preußen „muß" nach den Worten, welche König Friedrich Wilhelm IV. seinem Eidschwur vorausschickte, „der König regieren". Das preußische Königtum ist zwar ein konstitutionelles, aber es ist kein parlamentarisches Königtum. Auch in England hat wie in Preußen die Krone eine Reihe von Prägorativen, sie beruhen aber dort nach den Worten eines britischen Staatsrechtslehrers im Parlament, und zwar im Unterhause.[2]) Das Haus der Commons

---

[1]) Niemals hätte oder hat Dr. Waldeck solches getan; so hat er im Verfassungskonflikte 1862—1866 nicht das Recht der Krone zur Heeres-Reorganisation als solcher, abgesehen vom Geldausgabenrechte, bestritten; s. Arndt, Selbst. VR. S. 231.

[2]) Henry S. Maine, Die volkstümliche Regierung, Berlin 1887 (deutsch v. P. Friedemann), bemerkt S. 6: „Es gibt kein Land, wo (wie in England) so vollständig nach der neuen Theorie (der Volkssouveränität) gehandelt wird, aber fast alle Ausdrücke und Formen der Gesetze und Verfassung sind den alten Vorstellungen über die Beziehungen zwischen Herrscher und Volk angepaßt worden." Die Könige Englands sind nicht entfernt so mächtig wie die Präsidenten der Vereinigten Staaten. „Die Berufungen auf England sind unser Unglück", v. Bismarck-Schönhausen am 24. September 1849 in der II. Kammer.

und die chambre des députés sind das primäre Element der Herrschaft in England wie in Belgien. Diese Herrschaft ist die Rechtsregel, die Beschränkung derselben die Ausnahme. In Preußen ist die Macht der Krone unumschränkt, sofern ihr, was allerdings im weiten Umfange geschehen ist, nicht in der Verfassung Schranken gezogen sind.

Jellinek, Gesetz und Verordnung S. 373 erkennt an, der Satz der belgischen Verfassung Art. 78, daß der Monarch nur die Rechte habe, welche ihm ausdrücklich übertragen sind, gelte nicht für das deutsche Landesstaatsrecht. Nichtsdestoweniger könne das Recht des Königs, so sagt er, „nur ein verfassungsmäßiges Recht sein, dessen Ausübung also intra legem steht, dessen Äußerungen (nur) kraft der es ausdrücklich oder stillschweigend anerkennenden lex gelten". Wenn mit diesem Satze gemeint sein soll, daß der König nur die in der Verfassung ihm zugesprochenen Rechte hat, so ist der Satz für das preußische, bayerische, österreichische usw. Staatsrecht falsch.

Andererseits ist es kein geringer Irrtum zu meinen, daß die preußische Verfassung nur eine Scheinkonstitution sei. Das Gegenteil erhellt schon aus dem Umstande, daß ohne Landtagszustimmung keine Ausgabe geleistet, ohne Zustimmung des Landtages kein Gesetz geändert oder erlassen werden kann, daß für ein selbständiges Verordnungsrecht nur noch geringer Raum frei geblieben ist, weil die Gerichte einem solchen nicht unterworfen sind (Arndt, Selbst. VR. S. 104 im Arch.

f. öff. R. 1903 S. 156f., Anschütz, Encykl. S. 608, weil die Verfassung fast überall ein Gesetz erfordert und weil, soweit die Grundrechte gehen, Eingriffe in diese, d. i. die persönliche Freiheit, in das Eigentum, die Vereins-, Religions-, Versammlungs-, Petitions-, Preßfreiheit usw., nur durch Gesetz oder nur auf Grund Gesetzes erfolgen dürfen. Dahingegen ist der König nicht bloß Vollstrecker der Beschlüsse der Nation, wie nach belgischem Recht. Er kann zwar nicht alles, was er will, zum geltenden Staatswillen erklären; es kann aber nichts ohne und nichts gegen seinen Willen geschehen; in seiner Person ist quoad jus, wenn auch nicht quoad exercituum, die gesamte Staatsgewalt vereinigt, und es gibt keine staatliche Funktion, die von dem Monarchen losgelöst ist.

Bei den Beratungen über die preußische Verfassung ist wiederholt zum Ausdruck gelangt, daß sie im wesentlichen die „Trennung der Gewalten" durchführen solle. Die Trennung der Justiz von der Verwaltung ist durch die Art. 5, 6, 7, 8, 49 Abs. 3, 86 und 89 zum Ausdruck gebracht, jedoch durch die Art. 96, 97 und 106 modifiziert.[1]) Man hatte nach dem Vorgange des belgischen Rechts

[1]) Die lange als beseitigt gegoltene Lehre der drei Gewalten, Arndt, Reichsverfassung S. 101, Reichsstaatsrecht S. 28, findet nunmehr wieder Anerkennung auch bei Otto Mayer, Deutsches Verwaltungsrecht I S. 68 ff., Anschütz, Encykl. S. 472, s. auch Drucks. I. Kammer 1852/3 IV, Nr. 27, V Nr. 349, II. Kammer Drucks. 1893/4 I Nr. 45, OVG. 47, 440.

(art. 107 const. belge) festgesetzt (Art. 86), daß die ordentlichen Gerichte nur den auf Grund Gesetzes ergangenen, nicht selbständigen Ver- oder Anordnungen unterworfen sein sollten.[1]) Während jedoch nach der konsequent durchgeführten Gewaltenteilung die vollziehende Gewalt (que le pouvoir arrête le pouvoir!) nur die Befugnis d'empêcher, d. h. nur ein sog. Suspensivveto, haben sollte, gibt ihr die preußische Verfassung einen vollen Anteil an der Gesetzgebung, das sog. absolute Veto. Auch hat in Preußen die Exekutive nicht bloß die Befugnis zur Ausführung der Gesetze, während die Gesetzgebung alle selbständigen Anordnungen zu treffen hat. Die der Gesetzgebung überwiesenen Gegenstände sind namentlich aufgeführt, freilich in einem Umfange, daß wenig für eine selbständige Regelung durch die Exekutive übrig bleibt.

Die Trennung der Gewalten ist auch darin zum Ausdruck gebracht, daß nach ihrer Theorie (Montesquieu, Blackstone) die Exekutive Beginn und Ende der Legislative festsetzt.

Die Preußische Verfassungsurkunde ist oft (bis jetzt durch 21 Gesetze) geändert, und zwar ausdrücklich, 1. durch Gesetz v. 30. 4. 51 (GS. 213), aber betr. Zahl der Abgeordneten (für Hohenzollern). 2. Gesetz, betr. die Änderung der Art. 94 und 95, v. 21. 5. 52 (GS. 349) (Beseitigung der Geschworenengerichte bei politischen und Preßvergehen, Einsetzung des Staats-

---

[1]) Arndt, im Arch. f. öff. R. 1903 S. 154 ff.

gerichtshofs). 3. Gesetz, betr. die Abänderung der Art. 40 und 41, v. 5. 6. 52 (GS. 319) (Lehen und Familienfideikommisse). 4. Gesetz wegen Bildung der Ersten Kammern, v. 7. 5. 53 (GS. 181). 5. Gesetz wegen Aufhebung des Art. 105, v. 24. 5. 53 (GS. 228). 6. Gesetz, betr. die Deklaration der Verfassungsurkunde (Art. 4) in bezug auf die Rechte der mittelbar gewordenen Reichsfürsten und Grafen, v. 10. 6. 54 (GS. 363). 7. Gesetz, betr. die Abänderung der Verfassungsurkunde in Ansehung der Benennung der Kammern und der Beschlußfähigkeit der Ersten Kammern, v. 30. 5. 55 (GS. 316). 8. Gesetz, betr. die Änderung des Art. 42 (freie Verfügung über Grundeigentum) und die Aufhebung des Art. 114 (Polizeiverwaltung), v. 14. 8. 56 (GS. 360). 9. Gesetz, betr. die Aufhebung des Art. 88, v. 30. 4. 86 (GS. 247). 10. Gesetz, betr. die Abänderung des Art. 76, v. 18. 5. 57 (GS. 369) (betrifft Zusammentreten des Landtages). 11. Gesetz, betr. die Abänderung des Art. 69 und des Art. 1 des Gesetzes v. 30. 4. 51 (Zahl der Abgeordneten sowie diejenigen Abänderungen der Verordnung über die Wahl der Abgeordneten v. 30. 5. 49, welche behufs Anwendung derselben in den mit der Monarchie neu verbundenen Landesteilen erforderlich werden) (GS. 1481). 12. Gesetz, betr. eine Zusatzbestimmung zum Art. 74 und zur Verordnung wegen Bildung der Ersten Kammern, v. 27. 3. 72 (GS. 143) (Mitglieder der Oberrechnungskammern dürfen nicht dem Landtage angehören). 13. Gesetz, betr. die Abänderung der

Art. 15 und 18, v. 5. 4. 73 (GS. 143) (Freiheit der Kirche vom Staate). 14. Gesetz über Aufhebung der Art. 15, 16 und 18, v. 18. 6. 75 (GS. 259) (Freiheit der Kirche vom Staate). 15. Gesetz, betr. die Vereinigung des Herzogtums Lauenburg mit der preußischen Monarchie, v. 23. 6. 76, § 2 (GS. 169) (Vermehrung der Zahl der Abgeordneten). 16. Gesetz, betr. eine Zusatzbestimmung zu den Art. 86 und 87, v. 19. 2. 79 (GS. 18) (Bildung gemeinschaftlicher Gerichte). 17. Gesetz, betr. die Anstellung und das Dienstverhältnis der Lehrer und Lehrerinnen an den öffentlichen Volksschulen im Gebiete der Provinzen Posen und Westpreußen, v. 15. 7. 86, Art. I § 3 (GS. 185) (zu Art. 112). 18. Gesetz, betr. die Abänderung des Art. 73, v. 27. 5. 88 (GS. 137) (Verlängerung der Legislaturperiode von 3 auf 5 Jahre). 19. Gesetz, betr. die Änderung des Wahlverfahrens, v. 24. 6. 91 § 2 (GS. 271). 20. Gesetz, betr. Änderung des Wahlverfahrens, v. 29. 6. 93, § 7 (GS. 103). 21. Gesetz, betr. die Abänderung des Art. 26 und die Aufhebung des Art. 112 der Verfassungsurkunde v 10. 7. 06 (GS. 333).

Die Gesetze zu 2, 3, 4, 5, 6, 7 und 8 stellen Änderungen der Verfassungen im reaktionären Sinne dar.

Die tiefgreifendste Änderung erfolgte zwar nicht ausdrücklich, aber doch in der Sache durch das Publikationspatent über die Verfassung des Norddeutschen Bundes v. 24. 6. 67 (BGBl. 817), oder noch genauer, durch die Annahme der Norddeutschen

Bundesverfassung. Diese, welche zwischen den verbündeten Regierungen und dem verfassungsberatenden Norddeutschen Reichstage vereinbart war, ist in Preußen in den Formen, welche die preußische Verfassungsurkunde (Art. 107) für Verfassungsänderungen vorgeschrieben hat, genehmigt und demnächst in der Preußischen Gesetz-Sammlung (1867 S. 817) abgedruckt worden.

Die Verfassung für den Norddeutschen Bund ist in Preußen auf Grund der preußischen Verfassungsurkunde v. 31. 1. 50 als rite beschlossenes und verkündetes preußisches Landesgesetz erlassen und ihr Inhalt hierdurch zur verbindlichen Landesnorm erklärt worden.[1]) Dieses Bundesgesetz hatte nicht bloß negativ zum Inhalt, daß die preußische Verfassung, soweit sie der Verfassung des Norddeutschen Bundes entgegensteht, außer Anwendung tritt; sondern es hatte auch positiv die Bundesverfassung selbst zum Inhalte und bedeutete somit die Übertragung (Delegation) von Landes-(Staats-)Hoheitsrechten an den Norddeutschen Bund.

Die Verfassung für den Norddeutschen Bund ist Folge von Staatsverträgen; sie selbst aber ist kein Staatsvertrag, sondern übereinstimmendes Landesgesetz;[2])

---

[1]) Arndt, Reichsstaatsrecht S. 30, Komm. zur Reichsverfass. 3. Aufl. S. 426.

[2]) Thronrede vom 10. Sept. 1867: „In allen Bundesstaaten ist die Verfassung des Norddeutschen Bundes auf verfassungsmäßigem Wege Gesetz geworden; s. auch Lasker vom 5. Dez. 1870 StenBer. d. RT. 1870 S. 86. — „Sie (die Verfassung des Nordd. Bundes) kam so zu stande, wie die gewöhnlichen Landesgesetze zu stande zu kommen pflegen.“

sie schuf kein bloß völkerrechtliches, sondern ein staatsrechtliches Rechtssubjekt.

Auf Grund der Norddeutschen Bundesverfassung und gemäß der dem Bunde in dieser übertragenen Befugnisse ist die Verfassung für das Deutsche Reich v. 16. 4. 71, materiell infolge der sog. Novemberverträge von 1870, formell und juristisch als Reichsgesetz, entstanden.[1])

Das Deutsche Reich ist ein Bundesstaat, kein Staatenbund.[2])

Für die Frage der Abgrenzung der Zuständigkeit des preußischen Staates von derjenigen des Deutschen Reichs ist zu beachten, daß das letztere nur nach Maßgabe des Inhalts „seiner Verfassung das Recht der Gesetzgebung ausübt",[3]) daß es somit nur diejenigen Befugnisse besitzt, welche ihm in der Verfassung übertragen oder auf Grund der Verfassung von ihm erworben sind. Oder anders ausgedrückt: die Rechtsvermutung spricht für die Zuständigkeit des Landes; diese ist nur dann als ausgeschlossen zu erachten, wenn die Zuständigkeit des Reichs — was allerdings in sehr weitem Umfange der Fall ist — durch eine besondere Norm begründet wird.[4])

[1]) Arndt, Komm. zur Reichsverfass. 3. Aufl. S. 52, ebenso Anschütz, Encykl. S. 510, G. Meyer S. 187, Hänel S. 54, Zorn S. 50.

[2]) Arndt, Reichsstaatsrecht S. 38, Komm. zur Reichsverfass. 3. Aufl. S. 59 und die herrschende Meinung.

[3]) S. Reichsverfass. Art. 2.

[4]) Arndt, Reichsstaatsrecht S. 163 f., S. 172 f.; Arndt, Komm. zur Reichsverfass., 3. Aufl. S. 58, 84 a. a. O.

Die Zuständigkeit des Reichs ist zuweilen eine ausschließliche,[1] zuweilen eine konkurrierende. Im ersteren Falle ist den Einzelstaaten das Recht der Gesetzgebung ganz,[2] im letzteren nur so weit entzogen, wie das Reich von dem ihm zustehenden Gesetzgebungsrechte Gebrauch gemacht hat. In beiden Fällen aber bleibt das in den Einzelstaaten geltende Landesrecht so lange in Kraft, bis eine bindende Norm vom Reiche ergangen ist.[3] Wo ein innerhalb der Zuständigkeit der Reichsgesetzgebung erlassenes Reichsgesetz besteht, hebt dasselbe das Landesrecht auf. Diese Aufhebung erstreckt sich entweder auf alle, den betreffenden Gegenstand behandelnden gesetzlichen Vorschriften, was dann geschieht, wenn das Reichsgesetz diesen Gegenstand vollständig erschöpfen wollte; oder die Aufhebung erstreckt sich nur so weit, wie das Reichsgesetz ausdrückliche Anordnungen trifft. In letzterem Falle behält das Landesrecht rücksichtlich der nicht durch das Reichsgesetz betroffenen Teile seine Wirksamkeit.

Die Aufhebung des Landesrechts durch Reichsgesetze erfolgt ohne weiteres, und ohne daß es der besonderen

---

[1]) S. besonders Reichsverfass. Art. 35, 48, 53, 54, 56; im übrigen Arndt, Reichsstaatsrecht S. 164 f.

[2]) S. Delbrück, Art. 40 der Reichsverfass. S. 24, Arndt, Reichs-Verordnungsrecht S. 95, 97, Arndt, Reichsstaatsrecht S. 164.

[3]) Dies ist ausdrücklich anerkannt im Schlußprotokoll mit Bayern v. 23. Nov. 1870 VI S. 24; s. auch Arndt, Komm. zu Art. 2 und 35 der Reichsverfassung.

Erwähnung bedarf.[1]) Ebenso wie die Reichsgesetze gehen auch die zur Ausführung und auf Grund von Reichsgesetzen erlassenen Reichs- und Landesverordnungen dem Landesrechte mit Einschluß der Landesverfassungen vor.[2])

Ist Preußen noch ein souveräner Staat? Gewiß nicht in dem Sinne, daß seine Macht nur durch sich selbst beschränkt ist; denn es kann im Bundesrat z. B. bei Gesetzesvorschlägen überstimmt werden, ist auch den ohne und gegen sein Votum rite zustande gekommenen Reichsgesetzen unterworfen und kann Reichsgesetze allein nicht wieder aufheben, wohl aber ist Preußen souverän in dem Sinne, daß es, soweit die Zuständigkeit des Reichs fehlt, die höchste selbsteigene, nicht übertragene Gewalt hat, daß es ferner an der höchsten Gewalt im Reiche, u. a. durch Führung des Präsidiums, durch seine Mitgliedschaft am Bundesrat, sein Veto bei Militär-, Zoll- und Steuergesetzen, beteiligt, und daß es in Ansehung aller dieser Gegenstände, z. B. seiner Abstimmungen im Bundesrat, keiner anderen Herrschaft unterworfen, also souverän ist. Aus diesen Gründen hat auch z. B. Fürst

---

[1]) Reichsverfass. Art. 2.

[2]) Arndt, Reichs-Verordnungsrecht S. 184 a. a. O., Komm. zur Reichsverfass. 3. Aufl. S. 86; Riedel, Die Reichsverfassungsurkunde S. 41; G. Meyer, Lehrb. des Staatsrechts § 167; Laband, Reichsstaatsrecht § 69; Seydel in Hirths Annalen 1874 S. 143f. und die herrschende Meinung.

Bismarck noch stets von der Souveränität sowohl des Deutschen Reichs als des preußischen Staats gesprochen.[1])

Zweifellos haben der König von Preußen wie alle übrigen Landesherren völker- und staatsrechtlich die persönliche Souveränität und alle damit verbundenen Staats- und völkerrechtlichen Ehren, Befugnisse und Vorrechte bewahrt.[2]).

---

[1]) S. Rosin in Hirths Annalen 1896 S. 124 f., Fürst Bismarck, StenBer. d. RT. 1871 S. 299 a. a. O.

[2]) So auch die herrschende Meinung und die unbestrittene Praxis.

II.

Verfassungs-Urkunde für den Preußischen Staat.

Vom 31. Januar 1850.

(GS. 17.)

Wir **Friedrich Wilhelm**, von Gottes Gnaden[1]), König von Preußen[2]) zc. zc.[3]) thun kund und fügen zu wissen, daß Wir, nachdem die von Uns unterm 5. Dezember 1848[4]) vorbehaltlich der Revision im ordentlichen Wege der Gesetzgebung[5]) verkündigte und von beiden Kammern Unseres Königreichs anerkannte[6]) Verfassung des preußischen Staats[7]) der darin angeordneten Revision[8]) unterworfen ist, die Verfassung in Uebereinstimmung mit beiden Kammern endgültig festgestellt haben.

Wir verkünden demnach dieselbe als Staatsgrundgesetz[9]), wie folgt:

1. Von Gottes Gnaden (dei gratia), welche Bezeichnung nur regierenden Fürsten, in Preußen allerdings auch dem Regenten (Art. 56 f.) zusteht, bedeutet nicht, daß der Fürst Gottes Stellvertreter oder von Gott

eingesetzt oder über dem Gesetze ist oder jure divino regiert, sondern drückt hier aus, daß die Königliche Macht nicht auf Uebertragung des Volks beruht, sondern selbständig und ursprünglich ist. Im Gegensatze hierzu steht die belgische Verfassung art. 25: „Tous les pouvoirs émanent de la nation“. S. auch Schulze, Preuß. Staatsr. I S. 164 Anm. 1; v. Rönne, Preuß. Staatsr. I § 37; C. A. Chr. (von Stockmar) in Aegidi's Zeitschr. für deutsches Staatsrecht I S. 172; Arndt, Reichs-Verordnungsrecht S. 63 ff.; Seydel, Bayr. Staatsr. I S. 353. Das Plenum der Nationalversammlung hatte die Worte „von Gottes Gnaden“ gestrichen (Verhdl. S. 1513).

2. Der König in Belgien heißt „König der Belgier“. Der Antrag „König der Preußen“ zu setzen, wurde schon in der Nationalversammlung abgelehnt. Dagegen ist in der Bezeichnung König von Preußen nicht der Satz zu finden, daß der Staat Preußen im Eigentum des Monarchen steht. Es handelt sich um imperium, nicht dominium.

3. Der Zusatz „rc. rc.“ war im Kommissionsentwurf der Nationalversammlung (Rauer S. 108) und vom Plenum derselben (Verhdl. 1513, 1602, 1810) gestrichen, weil das ganze Land Eine Verfassung erhalten soll (Rauer S. 120). Er hat nur insoweit Bedeutung, als er den Titel des Königs angeben soll (vgl. auch Seydel, Bayr. Staatsr. I S. 358). Vor der Erwerbung der polnischen Teile in Preußen hieß der König: „König in Preußen“.

4. GS. 1848 S. 375.

5. Vor dieser Verfass. v. 5. 12. 48 war Preußen eine absolute Monarchie. Ordentlicher Weg der Gesetzgebung war die Erklärung des Königs, es solle etwas Gesetz sein; s. auch Anm. 1 auf S. 8. Diese Erklärung lag in der Publikation durch die Gesetz-Sammlung oder bis zum Ges. v. 3. 4. 46 (GS. 161)

durch die Amtsblätter. Die Verfass. v. 5. 12. 48, welche die oktroyierte genannt wird, ist so wenig und so sehr oktroyiert wie alle anderen bis dahin erlassenen Gesetze; s. oben S. 25.

6. S. oben S. 28 f.

7. Die Verfass. v. 31. 1. 50 kennt nur einen preußischen Staat (s. Art. 1).

8. Verfass. v. 5. 12. 48 Art. 112. Die Revision erfolgte im Wege der ordentlichen Gesetzgebung, nämlich mit Uebereinstimmung der Krone und beider (Revisions-) Kammern.

9. Die Verfassung ist Staats-Grundgesetz; das bedeutet, daß alle Aeußerungen des Staatswillens nicht gegen den Inhalt der Verfassung sein dürfen (s. auch Art. 107). Soweit die Verfassung keine Normen aufstellt, gilt noch das alte Recht (Art. 26, 109, 110, 112); insbesondere auch ALR. II Tit. 13 §§ 1 ff. Es sind nicht bloß die im älteren Recht unmittelbar gegebenen Vorschriften, sondern auch die dort enthaltenen Ermächtigungen zum Erlasse von Vorschriften, z. B. von Strafnormen, über Regelung des Unterrichts, in Geltung gegeben, freilich nur soweit die Verfassung nicht entgegensteht; so auch die herrschende Meinung, s. Arndt im Arch. f. öff. R. 1886, S. 512 f. und unten zu Art. 109 und 112. In Belgien sind die Ermächtigungen in älteren vor der Konstitution gegebenen Gesetzen — wenigstens generell — nicht in Geltung geblieben. Die Exekutive hat nur die Befugnisse, die ihr auf Grund der Verfassung selbst oder der en vertu de la constitution gegebenen Gesetze (const. belg. art. 78) zustehen. Die Verfassung erschöpft daher in Preußen nicht das ganze Staatsrecht. Sie ist insbesondere nicht die rechtliche Grundlage der Königl. Gewalt. Nicht die Verfassung schuf in Preußen die Königl. Gewalt, sondern die Königl. Gewalt schuf die Verfassung; s. Arndt, unten zu Art. 43 und 53, ferner Reichs-Verordnungsrecht S. 63 ff.

Titel I.

Vom Staatsgebiete.

Art. 1. Alle Landestheile der Monarchie in ihrem gegenwärtigen Umfange bilden das preußische Staatsgebiet.

Alle Landesteile der Monarchie bilden in staatsrechtlicher Hinsicht eine Einheit. Die Monarchie ist eine „eine und unteilbare"; s. auch Zorn-v. Rönne, I § 11. Die ältere Bezeichnung „Preußische Staaten", wie sie z. B. noch im Allgemeinen Berggesetz v. 14. 6. 65 (GS. 705) gebraucht wird, ist hiernach nicht korrekt; s. Schulze, Preuß. Staatsr. I § 3, v. Rönne, Preuß. Staatsr. I §§ 32 ff., Schwartz S. 44. Aenderungen des Staatsgebiets sind nur im Wege der Gesetzgebung statthaft (Art. 2).

Art. 2. Die Grenzen dieses Staatsgebiets [1]) können nur durch ein Gesetz [2]) verändert [3]) werden [4]) [5]).

1. Art. 2 entspricht den Art. 3 und 68 Abs. 3 der const. belge art. 3: „Les limites de l'Etat, des provinces et des communes ne peuvent être changées ou rectifiées qu'en vertu d'une loi." Art. 68 Abs. 3: „Nulle cession, nul échange, nulle adjonction de territoire ne peut avoir lieu qu'en vertu d'une loi." (Moresnet ist weder Inland im Sinne der Art. 1, 2, noch Ausland, RG. v. 4. 12. 05, Strafs. XXXVIII 289. Dabei ist vorweg zu beachten, daß in Art. 2 der preuß. Verfass. die Provinzen, Kreise und Gemeinden nicht mit aufgenommen sind und daß die in Art. 68 Abs. 3 der const. belge ausgesprochenen Vorschriften in Preußen nicht für

Friedensschlüsse rezipiert sind; s. Art. 48. Die Monarchie ist für die allgemeine Staatsverwaltung z. Z. in 12 Provinzen, 35 Regierungsbezirke und 576 Kreise (und 4 hohenzollernsche Oberämter) geteilt. Die Stadt Berlin bildet daneben eine besondere Provinz; Ges. über die allgemeine Landesverwaltung v. 30. 7. 83 (GS. 197) § 1. Die preußische Nationalfarbe ist Schwarz-Weiß (KabO. v. 22. 5. 18 in v. Kamptz Ann. II 347 und v. 12. 3. 23, GS. 127). Die Provinzen (Regierungs-) Bezirke und Kreise sind in Art. 2 nicht erwähnt. Ein Antrag, sie dort einzufügen, wurde im Zentral-Ausschusse der I. Kammer abgelehnt (Verhandl. der I. Kammer 49 S. 642). Daß Aenderungen in den Grenzen der Provinzen, Regierungsbezirke und Kreise nur durch Gesetz erfolgen können, ist daher aus Art. 2 nicht zu folgern. Solches ist aber durch neuere Gesetze als Gesetzes- (nicht Verfassungs-) Recht besonders vorgeschrieben worden: für die Provinzen durch die Provinzialverordnung v. 29. 6. 75 (GS. 1881 S. 234) § 4 und für die Kreise durch die Kreisordnung v. 13. 12. 72 (GS. 1881 S. 180) § 3. Bevor diese Gesetze galten, und soweit sie noch nicht gelten (z. B. in Posen), war und ist die Aenderung durch Verordnung statthaft, erfolgte und erfolgt tatsächlich in dieser Weise (Persius am 2. Nov. 69 im AbgH., anderer Ansicht v. Rönne, Preuß. Staatsrecht §§ 178, 179, 181). Das Abgeordnetenhaus war am 23. April 1855 (StenBer. 1854/55 S. 808) der hier vertretenen Ansicht, welcher auch die Staatsregierung (vgl. noch VMBl. 1864 S. 267) und das Herrenhaus stets huldigten; am 22. Sept. 67 (StenBer. S. 1822 ff.) und am 2. Nov. 69 (StenBer. S. 242) sprach es sich de lege ferenda (Reden v. Miquel und v. Kardorff), nicht de lege lata, für die entgegengesetzte aus. S. auch unten Art. 105. Veränderungen solcher Gemeinde- oder Gutsbezirksgrenzen, welche zugleich Provinzial- oder Kreisgrenzen sind, ziehen, nach der ausdrücklichen Vorschrift der Provinzialordnungen 44 die Veränderung der letzteren ohne weiteres (ohne besonderes Gesetz) nach sich. Zur Aenderung der Regierungsbezirke bedarf es nach dem Vorstehenden keines Gesetzes; s. auch MR. v. 14. 7. 78 (BMBl. 1879 S. 3), ebenso v. Rönne-Zorn II, 324, a. Ansicht v. Rönne 4. Aufl. III 26, Schwartz S. 48. Zu Veränderungen der Gerichtsbezirke ist Gesetz nötig; s. zu Art. 89. Zu Veränderungen von Gemeinde- (auch Stadt-) bezirken bedurfte und bedarf es in Preußen nach der Verfassung keines Gesetzes, z. B. Landgemeindeordn. f. d. Prov. Westfalen v. 19. 3. 56 (GS. 265) § 3 Abs. 2 Landgemeindeordn. v. 3. 7. 91 (GS. 223) § 2, Städteordn. v. 30. 5. 53 (GS. 261) § 2, obwohl jede solche Veränderung tief in den Rechtsstand eingreift und eine Rechtsnorm darstellt — andere Abgaben, anderes Vermögen, andere Schulden, andere Obrigkeiten, andere Polizei- und Bau-Ordnungen u. dergl., anderer Anteil an den Wahlen usw., aus welchen Gründen und da chaque commune jouit de droits et de revenues qui lui sont propres! (Thonissen Nr. 5) das belgische Recht den Gesetzesweg fordert, s. auch unten Anm. 4; ferner v. Rönne-Zorn II, 336.

2. D. h. mit Zustimmung der Landesvertretung, s. Art. 62. Es ist fraglich, ob der bloße Konsensus zwischen der Krone und der Landesvertretung genügt, oder ob die Grenzveränderung auch noch in der Form des Gesetzes in der Gesetzsammlung bekannt zu machen ist. (Vgl. hierzu E. Meier über den Abschluß von Staatsverträgen, Leipzig 1874 S. 252—261, welcher sich für die letztere Alternative ausspricht.) Diese Ansicht hat den Wortlaut des Art. 2 für sich. Ihr ist die neuere Praxis gefolgt (vgl. indes auch Ber. d. Justiz-Komm. des HerrH. v. 23. Febr. 77, Anlagen zu StenBer. d. HerrH. 1877 S. 120 f., 131 ff. und Verhdl. des HerrH. v. 26. Febr. 77, StenBer. S. 157 f.); s. auch Zorn-v. Rönne, Preuß. Staatsr. I § 11.

3. Gebiete, welche der Landesherr zum völkerrechtlichen Eigentum erwirbt (en propriété et souveraineté), z. B. Lauenburg 1865, Schleswig-Holstein 1866, sind nicht ohne weiteres als eine für den Staat gemachte Erwerbung zu betrachten. Dies folgt u. a. daraus, daß eine solche Vorschrift zwar in anderen und älteren Verfassungen (bayr. Tl. III § 1, württ. § 2, hessen-darmst. § 8, sächs. § 16), nicht aber in der preuß. Verfassung enthalten ist. Anderer Ansicht sind Zorn-v. Rönne § 11, Schwartz S. 159. Man kann höchstens sagen, daß der König, wenn er mit den Mitteln des Staates ein Land erwirbt, die Verpflichtung habe, diesen Erwerb dem Staate zuzuführen. Andererseits hatte das Abgeordnetenhaus von 1864 bis 1866 die Erwerbung von Lauenburg und Schleswig-Holstein für den Staat Preußen nicht gewollt und würde sie damals, wenn die Regierung diese gemäß Art. 2 beantragt, pure abgelehnt haben. Auch hatte der Landtag keine Mittel für diese Erwerbungen bewilligt. Aus diesen Gründen und da dem Könige der Erwerb deutscher Staaten nicht verboten ist, war der Erwerb von Lauenburg im Gasteiner Vertrage 1865 für den König durchaus legal; s. unten zu Art. 55.

Veränderungen der Grenzen des Staatsgebiets sind durch Einverleibungen der nachstehenden Gebietsteile vorgekommen;

1. der Fürstentümer Hohenzollern-Hechingen und Hohenzollern-Sigmaringen durch Ges. v. 12. 3. 50 (GS. 289);
2. des Jadegebiets durch Patent v. 5. 11. 54 (GS. 593), Ges. v. 23. 3. 73 (GS. 119);
3. des Königreichs Hannover, des Kurfürstentums Hessen, des Herzogtums Nassau und der freien Stadt Frankfurt, Ges. v. 20. 9. 66 (GS. 555);
4. der Herzogtümer Holstein und Schleswig, Ges. v. 24. 12. 66 (GS. 875);

5. der ehemaligen bayrischen Gebietsteile:
   a) des Bezirksamts Gersfeld,
   b) des Landgerichtsbezirks Orb, ohne Aura,
   c) der zwischen Saalfeld und dem preußischen Landkreis Ziegenrück gelegenen Enklave Kaulsdorf, Ges. v. 24. 12. 66 (GS. 876);
6. der ehemaligen großherzoglich hessischen Gebietsteile:
   a) der Landgrafschaft Hessen-Homburg, einschließlich des Oberamtsbezirks Meisenheim, jedoch ausschließlich der Domanialgüter Hötensleben und Oebisfelde,
   b) des Kreises Biedenkopf,
   c) des Kreises Vöhl, einschließlich der Enklaven Eimelrod und Höringhausen,
   d) des nordwestlichen Teiles des Kreises Gießen, welcher die Orte Frankenbach, Krumbach, Königsberg, Fellingshausen, Bieber, Haina, Rodheim, Waldgirmes, Naunheim und Hermannstein mit ihren Gemarkungen umfaßt,
   e) des Ortsbezirks Rödelheim,
   f) des bisher unter großherzoglich hessischer Souveränität stehenden Teiles des Ortsbezirks Nieder-Ursel, Ges. v. 24. 12. 66 (GS. 876);
7. des Herzogtums Lauenburg, Ges. v. 23. 6. 76 (GS. 169);
8. der Insel Helgoland, Ges. v. 18. 2. 91 (GS. 11).

Austausch- und Grenzregulierungsverträge, die gleichfalls der Landtagsgenehmigung bedürfen, sind hier nicht mit aufgeführt.

4. In neuerworbenen Landesteilen gelten die bisherigen preußischen Gesetze und Verordnungen nur, wenn sie besonders eingeführt werden; sie gelten dagegen ohne weiteres in Gebieten, welche bei Grenzregulierungen oder Austauschverhandlungen dem Staate zufallen; s.

KabO., betr. die Anwendung der preußischen Gesetze in denjenigen Orten, welche bei Grenzregulierungen als Gebietsteile der Monarchie anerkannt oder infolge eines Austausches an dieselbe abgetreten worden sind, v. 29. 3. 37 (GS. 71). Demgemäß erkennt Reichsgericht Zivils. XXVIII 309 einen Rechtsgrundsatz, daß die dem Staatskörper neu hinzutretenden Landesteile unmittelbar infolge der Einverleibung an der gesamten Staatsverfassung und an allen öffentlichen Anstalten teilnehmen, nicht an; ebenso OVG. 3. 4. 06 Entsch. 48, 21 in den Gründen. Dagegen gelten bei Erweiterung eines Polizeibezirks die darin geltenden Verordnungen ohne weiteres für das hinzugeschlagene Gebiet OVG. VI 218, XXXVI 404, 48, 21; anderer Ansicht Rosin, Polizeiverordnungsrecht 2. Aufl. S. 212 und KG. Entsch. 27 C, 44, Kronecker DJZ. 1907 S. 414.

5. Preußen kann Teile seines Gebiets an andere Bundesstaaten ohne Reichsgesetz, an das Ausland dagegen nur unter Genehmigung eines Reichsgesetzes abtreten; Arndt, Reichsstaatsrecht S. 72, 73.

Titel II.

Von den Rechten der Preußen.

Der Tit. II, welcher nach dem Vorbilde u. a. der Billand Declaration of Rights and Liberties of Subjects 1689 und der von der französischen Revolution am 26. Aug. 1789 proklamierten „droits de l'homme et du citoyen" und der von der Frankfurter Nationalversammlung am 21. Dez. 1848 beschlossenen Grundrechte aufgestellt ist, handelt von den Rechten, welche jedem Preußen schon wegen dieser Eigenschaft dem Staate gegenüber zustehen. Titel II enthält die zum unmittelbaren Schutze der persönlichen Freiheit aufgestellten Rechtssätze. Nach der Ansicht u. a. v. Gerbers,

Grundzüge eines Systems des deutschen Staatsrechts § 11, P. Laband, Reichsstaatr. I S. 142, Seydel, Bayr. Staatsr. I S. 571, enthalten die Rechte solcher Art keine subjektiven Rechte, nur Reflexe objektiver Rechtsnormen. Andererseits erblicken Löning, Verwaltungsr. S. 13, G. Meyer, Staatsrecht § 217, Gierke u. a. in den Grundrechten subjektive Rechte. Letzterer Ansicht trete ich bei, namentlich weil und jedenfalls soweit zum Schutze dieser Rechte Rechtsbehelfe, z. B. das Petitionsrecht Art. 32, die Beschwerde im Beschluß-, die Klage im Verwaltungsstreitverfahren gegeben sind. Die Begründer der preuß. Verfass. legten gerade auf die Grundrechte, deren Bedeutung heute unterschätzt zu werden pflegt, den größten Wert. S. auch Jellinek, System der subjektiven öffentlichen Rechte S. 90 f., v. Rönne-Zorn II S. 149, Giese, Grundrechte 1905.

Die in II aufgeführten Rechtssätze bezogen sich nur auf die Preußen. Sie gelten auch heute unzweifelhaft nicht für Angehörige eines nicht zum Deutschen Reiche gehörigen Staates, doch genießen auch diese, so lange sie geduldet werden, im wesentlichen alle Grundrechte (Freiheit der Person, des Eigentums, Schutz gegen willkürliche Verhaftung usw.). Daß die Grundrechte ohne weiteres für alle Reichsangehörigen gelten, behauptet v. Cuny (StenBer. des AbgH. 1888 S. 1313); vgl. andererseits Seydel, Bayr. Staatsr. I S. 523, P. Laband, bei Marquardsen S. 34 a. a. O., Arndt, Komm. zur Reichsverfass. 3. Aufl. S. 93, vgl. ferner G. Meyer, Verwaltungsrecht I § 34, Zorn, Reichsstaatsr. I 351, v. Rönne-Zorn II 171, StenBer. d. HerrH. 1904 S. 494 f., S. 628 f., Drucks. des HerrH. Nr. 129 v. J. 1904. In Betracht kommt Reichsverfassung Art. 3: „Für ganz Deutschland besteht ein gemeinsames Indigenat mit der Wirkung, daß der Angehörige . . . eines jeden Bundesstaates in jedem anderen Bundesstaate als Inländer zu behandeln und demgemäß zum festen Wohnsitz, zum Gewerbebetriebe, zu öffentlichen Aemtern, zur Erwerbung von Grundstücken, zur Erlangung des Staatsbürgerrechtes und zum Genusse aller sonstigen bürgerlichen Rechte unter denselben Voraussetzungen wie der Einheimische zuzulassen . . . ist." Die Reichsverfassung sagt also nicht, daß jeder Reichsangehörige die preußische Staatsangehörigkeit besitzt, und daraus folgt, daß die Rechte, welche an die preußische Staatsangehörigkeit geknüpft sind, dem nichtpreußischen Reichsangehörigen juristisch nicht zustehen. Dieser kann sich auf Tit. II der Verfassung nicht beziehen. Allerdings stehen viele der hier aufgeführten Rechte schon deshalb auch dem Nichtpreußen zu, weil und soweit sie durch Reichsgesetze gegeben sind, z. B. die Preßfreiheit, Vereins- und Versammlungsfreiheit für Reichstagswahlzwecke, Schutz vor willkürlicher Verhaftung (Strafprozeßordnung), oder weil nach preuß. Rechte für Nichtpreußen oft dieselben Rechtssätze wie für Preußen gelten (z. B. Art. 8 bis 12). Tatsächlich möchten wohl alle in Tit. II vorgeschriebenen Rechte auch den nichtpreußischen Reichsangehörigen zugute kommen; s. auch oben S. 64.

Das gemeinsame (Reichs-)Indigenat bezieht sich weder auf die Aufnahme in den lokalen Gemeindeverband noch auf das Ausscheiden aus diesem (Entsch. des OVG. XXX S. 1 ff.); es bezieht sich auch nicht auf Landtagswahlen. In bezug auf das Strafrecht ist das Deutsche Reich erst durch das Reichsstrafgesetzbuch, in bezug auf die Zivil- und Strafprozeßgesetzgebung durch § 39 des Rechtshilfegesetzes vom 21. Juni 1869 (BGBl. 305) und durch die sog. Reichsjustizgesetze von 1877 als Inland erklärt worden. Das gemeinsame Indigenat gilt auch nur für physische, nicht für juristische Personen. Daher sind die landesrechtlichen Vorschriften, wonach juristische Personen des Auslandes nur mit besonderer Genehmigung Grundeigentum erwerben können, rücksichtlich der juristischen Personen der übrigen Bundesstaaten in Kraft geblieben (GS. 1882 S. 8, JMBl. 1898 S. 104). Im Sinne des BGB. ist Inländer jeder Reichsangehöriger; ausländische Vereine gelten im Sinne des BGB. als rechtsfähig, wenn ihre Rechtsfähigkeit durch Beschluß des Bundesrats anerkannt ist (Art. 10 EG. z. BGB.). Nach Art. 86 EG. z. BGB. sind die landesrechtlichen Vorschriften, welche den Erwerb von Rechten durch juristische Personen beschränken oder von staatlicher Genehmigung abhängig machen, durch das BGB. unberührt geblieben, soweit die Vorschriften Gegenstände im Werte von mehr als 5000 Mk. betreffen. In bezug auf die Armenversorgung sind — abgesehen von Bayern, Elsaß-Lothringen und Helgoland — alle Reichsangehörigen durch § 1 des Gesetzes über den Unterstützungswohnsitz v. 6. 6. 70 (BGBl. 360) gleichgestellt.

In den Schutzgebieten gelten weder die Preußische Verfassung noch die darin gegebenen Grundrechte; es besteht dort nicht der Satz, daß die persönliche Freiheit nur auf Grund Gesetzes beschränkt werden kann — es gilt dort weder Gewerbefreiheit noch Freizügigkeit (Eingeborene stehen zum Teile noch in persönlicher Abhängigkeit, Haussklaverei), noch Vereins-, Versammlungs-, Preßfreiheit usw.; s. Arndt, Komm. zur Reichsverfass. 3. Aufl. Anm. 8 zu Art. 4.

Bei den Grundrechten pflegt auch die Frage behandelt zu werden, wie weit der Widerstand gegen solche Akte der Staatsgewalt gerechtfertigt ist, die in die Grundrechte eingreifen. Selbst das belgische Recht nimmt hier an, daß der Widerstand gegen illegale Akte der Verwaltung nur legitim ist „quand elle (la résistance) ne dépasse pas les limites de la nécessité“ (Thonissen, nr. 53); denn „en thèse générale c'est aux tribunaux du pays et non à la force brutale que le citoyen lésé par les agents du pouvoir doit demander la réparation qui lui est due." Nach § 113 RStGB. ist strafbar der Angriff auf oder die Widerstandsleistung gegen Beamte „in der rechtmäßigen Ausübung" ihres Amtes. Die Rechtmäßigkeit liegt nur vor bei sachlicher und örtlicher Zuständigkeit und bei Beobachtung der wesentlichen Voraussetzungen und Förmlichkeiten, RGE. in Strafs. II 175, III 348, XXV 112, Ohlshausen, Komm. zu § 113 StGB. Die Zuständigkeit braucht nur in abstracto vorhanden zu sein, d. h. der Beamte muß überhaupt befugt sein, derartige Handlungen vorzunehmen; die Rechtmäßigkeit wird nicht ausgeschlossen, wenn ohne daß den Beamten Vorsatz oder Fahrlässigkeit treffen, im gegebenen Falle die Amtshandlung unzulässig war, RGE. Strafs. VI 400, XXVI 22, XXXVIII 1 u. a. m. Guter Glaube des Beamten an sich ist nicht ausreichend, RGE. Strafs. II 241, XXIX 200, XXX 348. Vgl. auch v. Rönne-Zorn II S. 85.

Art. 3. Die Verfassung und das Gesetz[1]) bestimmen, unter welchen Bedingungen die Eigenschaft eines Preußen und die staatsbürgerlichen Rechte[2]) erworben, ausgeübt und verloren werden.[3])

1. Vom Indigenatsrecht nahm man an, daß es keinen unmittelbaren Eingriff in die Personenfreiheit enthielt — im Unterschiede vom Gewerbe-, Freizügigkeits-, Niederlassungsrechte —, weshalb Vorschriften darüber durch Art. 5 der preuß. Verfassung nicht betroffen werden und vor 1848 den Ständen nicht vorgelegt wurden (GS. 1843 S. 15). Also bedurfte es einer besonderen Verfassungsvorschrift, um das Indigenatswesen dem Gesetzeswege zu unterstellen (Arndt, Selbst.VR. S. 5, 71 a. a. O.). In Belgien lautet art. 4 const, belge: „La qualité de Belge s'acquiert, se conserve et se perd d'après les règles déterminées par la loi civile"

und es ist zu jeder einzelnen (großen, d. i. vollständigen) Naturalisation ein besonderes Gesetz nötig, const. belge art. 5: „La naturalisation est accordée par le pouvoir législatif"; nach älterem Rechte erfolgte sie dort durch den König. Die preußische Nationalversammlung, von welcher die jetzige Fassung des Art. 3 herrührt, wollte ein neues Gesetz. Ein solches kam in Preußen nicht zustande; bis zur Regelung von Bundes wegen galt Gesetz v. 31. 12. 42 (GS. 15). Jetzt gilt das Gesetz über die Erwerbung und den Verlust der Bundes- und Staatsangehörigkeit v. 1. 6. 70 (BGBl. 355). Danach ist die Reichsangehörigkeit Folge der Staatsangehörigkeit. Seit Gesetz v. 15. 3. 88 (RGBl. 71) § 6 gibt es in den Schutzgebieten eine Reichs- ohne Staatsangehörigkeit; s. jetzt auch Schutzgebietsgesetz in der Fassung der Bek. v. 10. 9. 00 (RGBl. 813). Einen ferneren Fall einer Reichs- ohne Staatsangehörigkeit s. in § 1723 BGB. Ein Reichsangehöriger kann in mehreren Bundesstaaten die Staatsangehörigkeit haben. Die Staatsangehörigkeit ist ein Inbegriff von Rechten und Pflichten Gehorsam schulden den Staatsgesetzen Staatsangehörige wie Ausländer. Die besondere Pflicht der Treue haben nur Erstere. Der militärische Diensteid hat nur moralische Bedeutung; der militärische Gehorsam beruht auf den Reichsgesetzen, Arndt, Komm. zur Reichsverfass. 3. Aufl. S. 342; ebenso wie die Pflichten zur Beobachtung der Gesetze und der Verfassung weder von dem Beamten-, noch von irgend einem anderen Eide abhängig sind. Im wesentlichen bestimmt das Gesetz v. 1. 6. 70 folgendes:

Die Staatsangehörigkeit in einem Bundesstaat und damit die Reichsangehörigkeit wird erworben durch die Geburt, und zwar erwerben eheliche Kinder die Staatsangehörigkeit des Vaters, uneheliche Kinder de der Mutter. Unerheblich ist es, wo die Geburt erfolgt, in welchem Bundesstaate oder ob im Inlande oder im Auslande. Die Staatsangehörigkeit wird ferner durch Ehelichkeitserklärung erworben. Die Wirkungen der Ehelichkeitserklärungen erstrecken sich auch auf die Abkömmlinge des Kindes. Rückwirkende Kraft hat die Ehelichkeitserklärung indessen nicht. Die Adoption bewirkt keine Veränderung der Staatsangehörigkeit. Die Staatsangehörigkeit wird sodann durch Verheiratung erworben, und zwar begründet die Verheiratung mit einem Deutschen für die Ehefrau die Staatsangehörigkeit des Mannes. Nur die gültige Ehe hat diese Wirkung. Die Nichtigkeit der Ehe hebt die durch die Ehe erworbene Staatsangehörigkeit wieder auf. Die Scheidung ist ohne Einfluß auf die durch die Ehe erworbene Staatsangehörigkeit. Die Staatsangehörigkeit wird durch die Verheiratung auch nur für die Frau erworben; deren Kinder erwerben sie nur, wenn sie gleichzeitig legitimiert werden, also wenn sie von der Frau ihrem nunmehrigen Manne geboren, nicht wenn sie von einem anderen Manne gezeugt sind.

Ein Deutscher, welcher seine Staatsangehörigkeit verloren hat, ohne eine andere, ausländische Staatsangehörigkeit erworben zu haben, also staatsangehörigkeitslos ist, bewirkt durch die Verheiratung, daß auch seine Ehefrau und die in der Ehe erzeugten oder durch die Heirat legitimierten Kinder zu staatsangehörigkeitslosen Personen werden. Die Staatsangehörigkeit wird sodann erworben für Angehörige eines Bundesstaates durch Aufnahme (§ 7 des Gesetzes v. 1. 6. 70); diese erfolgt durch eine von der höheren Verwaltungsbehörde auszustellende Urkunde. Diese muß auf Nachsuchen erteilt werden, wenn der Nachsuchende nachweist: 1. die Angehörigkeit zu irgend einem anderen deutschen Bundesstaate oder die Landesangehörigkeit in

Elsaß-Lothringen,[1]) 2. seine Verfügungsfähigkeit bezw., wenn er nicht verfügungsfähig ist, den Konsens des Vaters, Vormundes usw., und 3. daß er in dem Bundesstaate, in welchem er die Aufnahme nachsucht, sich niedergelassen habe. Unter Niederlassung ist nichts anderes zu verstehen als der Besitz einer eigenen Wohnung oder eines Unterkommens mit der Absicht, seinen Aufenthalt daselbst zu nehmen; eigener Haushalt wird nicht gefordert. Als Unterkommen kann auch eine bloße Schlafstelle gelten. Auch Aftermiete genügt. Auch der Dienstbote in einem fremden Haushalt oder der Gehilfe in einem fremden Gewerbebetriebe haben eine Niederlassung[2]) und können die Aufnahme verlangen. Dagegen ist Niederlassung nicht gleichbedeutend mit Aufenthalt. Letzterer kann ein nur vorübergehender sein; unter einer Niederlassung versteht man die Begründung eines dauernden Aufenthalts.[3])

Die Landesregierungen sind nicht gehindert, wenn sie wollen, auch solchen reichsangehörigen Personen, welche die Niederlassung nicht verlangen können, welche z. B. noch keine Niederlassung haben, die Aufnahme zu gewähren.

Die Staatsangehörigkeit wird durch Naturalisation für Ausländer, d. h. Nichtreichsangehörige, erworben. Ein Recht auf Naturalisation ist niemandem gegeben, so daß jede Landesregierung berechtigt ist, einem Ausländer die Staatsangehörigkeit zu verweigern, auch wenn die in § 8 des Gesetzes vom 1. 6. 70 aufgezählten Voraussetzungen, welche nur als Minimum der zu

[1]) Gesetz, betr. die Vereinigung von Elsaß und Lothringen mit dem Deutschen Reiche, v. 9. 6. 71 (RGBl. 212).

[2]) Miquel, in den StenBer. des RT. 1871 I S. 260.

[3]) Erk. des OVG. v. 11. 11. 91, Entsch. XXII S. 394.

stellenden Anforderungen erscheinen, erfüllt sind. Nur die im Reichsdienste angestellten Ausländer haben ein Recht auf Naturalisation.[1]) Von den für die Naturalisation aufgestellten Voraussetzungen können die Landesbehörden nicht dispensieren. Wohl aber dürfen sie die Naturalisation in noch anderen Fällen ausschließen und an noch andere Voraussetzungen knüpfen. Die (von der höheren Verwaltungsbehörde auszustellende) Naturalisationsurkunde darf nur erteilt werden, wenn der zu Naturalisierende erstens nach den Gesetzen seiner bisherigen Heimat dispositionsfähig oder der Mangel der Dispositionsfähigkeit durch die Zustimmung des Vaters, des Vormundes oder des Kurators ergänzt ist, wenn er zweitens einen „unbescholtenen Lebenswandel" geführt hat, drittens an dem Orte, wo er sich niederlassen will, eine eigene Wohnung oder ein Unterkommen findet und viertens an diesem Orte nach den daselbst bestehenden Verhältnissen sich und seine Angehörigen zu ernähren im stande ist. Vor Erteilung der Naturalisationsurkunde ist die Gemeinde bezw. der Armenverband desjenigen Ortes, wo der Aufzunehmende sich niederlassen will, in Beziehung auf die Erfordernisse der Naturalisation zuhören.

Sowohl die Aufnahme wie die Naturalisation sind Akte der staatlichen Hoheit, Verfügungen der Staatsgewalt.[2]) Aufnahme wie Naturalisation dürfen weder auf Zeit noch unter Bedingungen erteilt werden.[3]) Ihre Erteilung und Zufertigung schließt jede fernere Prüfung darüber aus, ob die gesetzlichen Voraussetzungen erfüllt waren; sie können daher auch, wenn sich die Be-

---

[1]) § 9 Abs. 1 des Ges. v. 1. 6. 70 und Gesetz, betr. die Naturalisation von Ausländern, welche im Reichsdienst angestellt sind, v. 20. 12. 75 (RGBl. 324).

[2]) Erk. des OVG. v. 23. 6. 86; Entsch. XIII S. 414 und v. 1. 6. 94; Entsch. XXIX S. 413.

[3]) Vgl. die in Anm. 2 zit. Erk. des OVG.

hörde, welche sie ausstellt, in den Voraussetzungen geirrt hat, nicht mehr zurückgenommen werden.[1])

Stillschweigend erfolgen die Aufnahme wie die Naturalisation durch die Bestallung als Beamter, wenn diese von der Regierung oder von einer Zentral- oder höheren Verwaltungsbehörde eines Bundesstaates für den unmittelbaren[2]) oder mittelbaren Staats- oder Kirchen-,[3]) Schul- oder Kommunaldienst ausgestellt oder bestätigt ist.

Wird ein Angehöriger eines deutschen Bundesstaates im Reichsdienst angestellt, so behält er seine Staatsangehörigkeit, auch wenn er seinen Wohnsitz wechselt. Wird ein Ausländer im Reichsdienst angestellt, so erwirbt er, außer wenn er in den Schutzgebieten angestellt wird, dadurch allein noch nicht die Reichsangehörigkeit. Hat er indes seinen Wohnsitz in einem Bundesstaate, so erlangt er dadurch ipso iure die Staatsangehörigkeit. Hat er seinen dienstlichen Wohnsitz im Auslande, so kann er, wenn er ein Diensteinkommen aus der Reichskasse bezieht, von welchem Bundesstaat er will, die Erteilung der Naturalisationsurkunde fordern.[4])

---

[1]) Vgl. die in Anm. 2 zit. Erk. des OVG.

[2]) Auch der Dienst als Offizier, Fähnrich, Feldwebel usw. ist in diesem Sinne Staatsdienst, auch wenn es sich nur um den Beurlaubtenstand handelt. Dagegen ist die Erfüllung der allgemeinen Wehrpflicht ohne Einfluß auf die Staatsangehörigkeit, OVG. XXV 423, XXVIII 405; s. auch Arndt, Komm. zur Reichsverfass., 3. Aufl., S. 312.

[3]) Unter Kirche versteht man zwar im allgemeinen und nach preußischem Rechte nur eine Landeskirche, indes gilt als Kirche im Sinne des Ges. v. 1. 6. 70 auch jede anerkannte Religionsgesellschaft.

[4]) Gesetz, betr. die Naturalisation von Ausländern usw. v. 20. 12. 75 (RGBl. 324).

Weder die Aufnahme- noch die Naturalisations-urkunde haben rückwirkende Kraft. Ihre Wirksamkeit beginnt nicht mit der Ausfertigung, sondern mit ihrer Aushändigung.

Die Verleihung der Staatsangehörigkeit, in welcher Form sie auch erfolgt, erstreckt sich, sofern nicht in der sie aussprechenden Urkunde eine Ausnahme gemacht wird, zugleich auf die Ehefrau nnd auf diejenigen minderjährigen Kinder, deren gesetzliche Vertretung dem Aufgenommenen oder Naturalisierten kraft elterlicher Gewalt zusteht. Ausgenommen sind Töchter, die verheiratet sind oder verheiratet gewesen sind.[1])

Durch den bloßen Wohnsitz wird — abgesehen von dem Falle, daß ein Ausländer im Reichsdienst angestellt wird und seinen Wohnsitz im Inlande nimmt — für sich allein die Staatsangehörigkeit nicht begründet.

Die Angehörigkeit zu einem deutschen Bundesstaate geht nicht verloren durch Erwerb einer anderen deutschen Staatsangehörigkeit. Auch durch die Erwerbung einer fremdländischen Staatsangehörigkeit wird die deutsche Staatsangehörigkeit nicht aufgehoben.[2]) Doch ist der Erwerb einer fremdländischen Staatsangehörigkeit nicht ohne Einfluß auf den Verlust der Reichsangehörigkeit, wenn dazu ein längerer, mindestens fünfjähriger Aufenthalt getreten ist".[3]) Auf der anderen Seite hindert das Fortbestehen eines deutschen Indigenats nicht den Erwerb einer anderen deutschen Staatsangehörigkeit. Die Aufgabe der außerdeutschen Staatsangehörigkeit ist durch das Gesetz vom 1. 6. 70 nicht als Voraussetzung für die Erwerbung der Reichsangehörigkeit hingestellt. Doch steht nichts im Wege, daß Staatsverträge

---

[1]) Art. 41 des EG. z. BGB.

[2]) Erk. des RG. v. 22. 3. 92; Entsch. in Straff. XXIII S. 17.

[3]) § 21 Abs. 3 des Ges. v. 1. 6. 70.

oder die Landesregierungen die Erteilung der Naturalisationsurkunde nur zulassen, wenn zuvor die fremdländische Staatsangehörigkeit aufgehoben ist. Die Angehörigkeit zu einem deutschen Bundesstaate geht auch nicht verloren durch noch so langen Aufenthalt in einem anderen deutschen Bundesstaate oder in einem deutschen Schutzgebiete. Sie geht verloren erstens durch Entlassung auf Antrag. Der Antragsteller muß verfügungsfähig sein. Ist er es nicht, so ist die Zustimmung seines gesetzlichen Vertreters erforderlich. Die Entlassung eines Staatsangehörigen, der unter elterlicher Gewalt oder Vormundschaft steht, kann von dem gesetzlichen Vertreter nur mit Genehmigung des Vormundschaftsgerichts beantragt werden.[1]) Doch ist die Genehmigung des Vormundschaftsgerichts nicht erforderlich, wenn der Vater oder die Mutter die Entlassung für sich und zugleich kraft elterlicher Gewalt für ein Kind beantragt.[1]) Erstreckt sich der Wirkungskreis eines der Mutter bestellten Beistandes auf die Sorge für die Person des Kindes, so bedarf die Mutter in einem solchen Falle der Genehmigung des Beistandes zu dem Antrag auf Entlassung des Kindes.[2]) Die Entlassung des sie Nachsuchenden erfolgt durch die von der höheren Verwaltungsbehörde seines Heimatsstaates ausgestellte Entlassungsurkunde.

Bei der Entlassung wird unterschieden, ob der sie Nachsuchende Reichsangehöriger bleibt oder nicht. Ist ersteres erweislich der Fall, d. h. weist der zu Entlassende nach, daß er die Staatsangehörigkeit in einem anderen Bundesstaate erworben hat, oder daß er eine solche schon besitzt, so muß ihm die Entlassung unbedingt und kostenlos, ohne Rücksicht auf Militär- und Wehrverhältnisse erteilt werden. Kann er diesen Nachweis

---

[1]) Art. 41 des EG. z. BGB.
[2]) Arndt, Reichsstaatsr. S. 61.

nicht führen, so darf sie in den drei durch das Gesetz vom 1. 6. 70 aufgeführten Fällen, welche die Militärverhältnisse betreffen,[1]) nicht in anderen Fällen, z. B. nicht wegen rückständiger Steuern, versagt werden. Wird sie irrtümlich erteilt, so ist sie nicht ungültig; denn die Entlassung ist ebenso wie die Aufnahme und Naturalisation ein Formalakt, der definitiv den Eintritt des neuen Statuts nach außen hin konstatiert. Die Wirkung der Entlassungsurkunde besteht in dem Verluste der Staatsangehörigkeit und beginnt mit dem Zeitpunkte der Aushändigung. „Ipso iure“, ohne Erklärung und mit der Wirkung, als ob sie nie ausgestellt wäre, wird die Entlassung unwirksam, wenn der Entlassene nicht binnen sechs Monaten, vom Tage der Aushändigung der Entlassungsurkunde an, seinen Wohnsitz außerhalb des Bundesgebietes verlegt oder, wenn er nicht schon eine andere deutsche Staatsangehörigkeit besitzt, eine solche in einem anderen deutschen Bundesstaate erwirbt. Wohnsitz ist hier im juristischen Sinne aufzufassen. Nicht die Abmeldung, sondern die wirkliche Verlegung des Wohnortes mit der Absicht, sich im letzteren bleibend niederzulassen, ist erforderlich.

Die Entlassung erstreckt sich, sofern nicht dabei eine Ausnahme gemacht wird, zugleich auf die Ehefrau und auf diejenigen Kinder, deren gesetzliche Vertretung dem Entlassenen kraft elterlicher Gewalt zusteht.[2]) Doch findet diese Vorschrift keine Anwendung auf Töchter, die verheiratet sind oder verheiratet gewesen sind, sowie auf Kinder, die unter der elterlichen Gewalt der Mutter stehen, falls die Mutter zu dem Antrage auf Entlassung der Kinder der Genehmigung des Beistandes bedarf.[3])

---

[1]) Arndt, Reichsstaatsr. S. 61.

[2]) Gründe zum Erk. des OVG. v. 23. 6. 86; Entsch. XIII S. 417.

[3]) Art. 41 des EG. z. BGB.

Die Entlassung wirkt nur für den Staat, der sie erteilt. Sie hat also den Verlust der Staatsangehörigkeit in einem anderen deutschen Bundesstaate nicht zur Folge. Die Staatsangehörigkeit kann zweitens durch **Ausspruch der Behörde** verloren gehen. Im Falle eines Krieges oder Kriegsgefahr kann der Kaiser Deutsche, welche sich im Auslande aufhalten, zur Rückkehr auffordern. Solche Aufforderungen, Avokatorien, sind für das ganze Reichsgebiet anzuordnen. Wer einer solchen Aufforderung nicht innerhalb der gesetzten Frist Folge leistet, kann durch Beschluß der Zentralbehörde des Staates, in dem er eine Staatsangehörigkeit besitzt, dieser Staatsangehörigkeit verlustig erklärt werden.[1]) Ein solcher Beschluß wirkt nur für den Staat, der ihn erläßt, und hat keine Wirkung für ein Indigenat in einem anderen deutschen Bundesstaate. Der Verlust der Staatsangehörigkeit erstreckt sich in einem solchen Falle nicht mit auf die Ehefrau und die unter väterlicher Gewalt stehenden Kinder des Entlassenen.[2]) Die nach dem Indigenatsverluste geborenen Kinder sind dagegen Ausländer. Wenn Deutsche, die ohne Erlaubnis ihrer Regierung in den Dienst eines außerdeutschen Staates getreten sind, der an sie gerichteten Aufforderung zum Austritt nicht Folge leisten, so kann ihnen durch Beschluß der Zentralbehörde ihres Heimatsstaates die Angehörigkeit zu diesem Staate abgesprochen werden.[3])

Die Staatsangehörigkeit kann drittens durch bloßen **Aufenthalt im Auslande** verloren gehen.[4]) In

---

[1]) § 20 des Ges. v. 1. 6. 70.

[2]) **Arndt**, Reichsstaatsr. S. 64; a. Ansicht **Seydel** in Hirths Annalen 1876 S. 151.

[3]) § 22 des Ges. v. 1. 6. 70.

[4]) § 21 des Ges. v. 1. 6. 70.

diesem Sinne gelten die Schutzgebiete als Inland.[1]) Der Aufenthalt muß ununterbrochen zehn Jahre gedauert haben. Besitzt der Austretende ein Reisepapier oder einen Heimatsschein, so beginnt die Frist erst mit dem Zeitpunkte des Ablaufs dieser Papiere. Die Frist der zehn Jahre wird unterbrochen, wenn der Ausgewanderte auch nur vorübergehend im deutschen Reichsgebiete oder in einem zum Deutschen Reiche gehörigen Schutzgebiete seinen Wohnsitz nimmt.[2]) Die Frist wird ferner durch die Eintragung in die Matrikel eines Konsuls des Deutschen Reiches unterbrochen.[3]) Dagegen unterbricht die Ausstellung eines Passes nicht die zehnjährige Frist. Der Lauf der zehnjährigen Frist beginnt von neuem mit dem Tage, der auf die Löschung der Ausgewanderten in der Matrikel folgt. Der Verlust der Staatsangehörigkeit wegen Aufenthaltes im Auslande erfolgt von selbst, ohne Ausspruch der Behörde. „Der hiernach eingetretene Verlust der Staatsangehörigkeit erstreckt sich“, nach dem Wortlaute in Abs. 2 des § 21 des Gesetzes vom 1. 6. 70, „zugleich auf die Ehefrau und die unter väterlicher Gewalt stehenden minderjährigen Kinder, soweit sie sich bei dem Ehemann bezw. Vater befinden“. Art. 41 des EG. z. BGB. setzt an die Stelle des zitierten Abs. 2 in § 21 folgende Vorschriften:

---

[1]) § 6 des Gesetzes, betr. die Rechtsverhältnisse der deutschen Schutzgebiete, in der Fassung der Bek. v. 10. 9. 00 (RGBl. 813).

[2]) Nach Entsch. des RG. in Straff. IX 628, XXXVII 308, XXXVIII 321, wird die Abwesenheit und damit der Fristablauf durch einen selbst nur gelegentlichen, gleichviel aus welchem Anlaß und zu welchem Zweck genommenen Aufenthalt im Inlande unterbrochen.

[3]) Gesetz, betr. die Organisation der Bundeskonsulate, v. 8. 11. 67 (BGBl. 137) § 12.

„Der hiernach eintretende Verlust der Staatsangehörigkeit erstreckt sich zugleich auf die Ehefrau und diejenigen Kinder, deren gesetzliche Vertretung dem Ausgetretenen kraft elterlicher Gewalt zusteht, soweit sich die Ehefrau oder die Kinder bei dem Ausgetretenen befinden. Ausgenommen sind Töchter, die verheiratet oder verheiratet gewesen sind."

Selbstredend ist ein für den Ehemann oder Vater ausgestelltes Reisepapier auch für seine Ehefrau und Kinder maßgebend, so daß auch für diese die zehnjährige Frist erst mit dem Ablaufe des Papieres beginnt.[1] Das Gesetz v. 1. 6. 70 läßt zu, daß durch Staatsvertrag die zehnjährige Frist auf eine fünfjährige vermindert werden kann, wenn der Ausgewanderte ein fremdes Indigenat erworben hat. Dabei soll es keinen Unterschied machen, ob der Ausgewanderte sich im Besitze eines Reisepapieres befindet oder nicht. Solche (Bancroft-) Verträge sind mit den Vereinigten Staaten von Nordamerika abgeschlossen.[2] Ist zu dem ununterbrochenen fünfjährigen Aufenthalt der Erwerb der fremdländischen Staatsangehörigkeit hinzugetreten, so ist das deutsche Heimatsrecht endgültig erloschen[3]) und kann nur wieder durch Naturalisation von neuem erlangt werden.[4] Deutschen, welche ihre Staatsangehörigkeit durch zehnjährigen Aufenthalt im Auslande verloren haben, kann die Staatsangehörigkeit in dem früheren Bundesstaate wieder verliehen werden, ohne daß sie sich dort nieder-

---

[1] Erk. des RG. v. 5. 11. 97; Entsch. in Strafs. XXX S. 297.

[2] Zuerst am 22. 2. 68 (BGBl. 228); s. auch Erk. des OVG. v. 13. 10. 86; Entsch. XIV S. 388.

[3] Erk. des RG. v. 6. 2. 95; Entsch. in Strafs. XXIII S. 407; s. auch Entsch. in Strafs. XVIII S. 384.

[4] Vgl. Gründe zum Erk. des OVG. v. 13. 10. 86 in den Entsch. XIV S. 392 ff.

lassen.[1]) Dazu genügt nicht die bloße Erklärung der Behörde, es ist vielmehr eine förmliche Urkunde nötig.

„Deutsche, welche ihre Staatsangehörigkeit durch zehnjährigen Aufenthalt im Auslande verloren haben und demnächst in das Reichsgebiet zurückkehren, erwerben die Staatsangehörigkeit in demjenigen Bundesstaate, in welchem sie sich niedergelassen haben, durch eine von der höheren Verwaltungsbehörde ausgefertigte Aufnahmeurkunde, welche auf Nachsuchen ihnen ertheilt werden muß",[2])

indes nur, wenn sie inzwischen keine neue Staatsangehörigkeit erworben haben.[3]) Zweifellos besitzen Deutsche, welche durch fünfjährigen Aufenthalt im Auslande, verbunden mit dem Erwerb einer fremden Staatsangehörigkeit, die deutsche Staatsangehörigkeit verloren haben, nach Rückkehr in ihre Heimat keinen Rechtsanspruch auf Wiederaufnahme.[4])

Die Entlassung, mag sie ohne den Willen oder auf Antrag des Entlassenen erfolgen, ebenso wie die Renaturalisation und die Wiederaufnahme sind keine staatsrechtlichen Verträge, sondern Staatshoheitsakte. Sie sind sämtlich Formalakte. Jede Nachprüfung ihrer tatsächlichen und rechtlichen Voraussetzungen ist ausgeschlossen.[5])

---

[1]) Abs. 4 des § 21 des Ges. v. 1. 6. 70.

[2]) Abs. 5 (letzter) des § 21 des Ges. v. 1. 6. 70.

[3]) Erk. des OVG. v. 13. 10. 86; Entsch. XIV S. 388 und 3. 2. 94; Entsch. XXVII S. 376 ff.; Arndt, Reichsstaatsr. S. 66; und dagegen u. a. Seydel in Hirths Annalen 1876 S. 143 Anm. 7, Bayr. Staatsr. I S. 535 Anm. 9 u. a. m.

[4]) Arndt, Reichsstaatsr. S. 67; Seydel, Bayr. Staatsr. I S. 535 Anm. 9 u. a. m.

[5]) Vgl. Erk. des OVG. v. 23. 6. 86 und 1. 6. 94 in den Entsch. XIII S. 408 ff. und XXVII S. 410 ff.

Die Staatsangehörigkeit geht viertens verloren bei unehelichen Kindern durch Legitimation, wenn der Vater einem anderen Staate angehört,[1]) und fünftens, wenn eine Preußin einen Nichtpreußen heiratet.[2])

[1]) D. h. im Gegensatze von den reinen Privatrechten (welche einem Staatsbürger gegen den anderen zustehen, und welche der Staat nur schützt, und zwar auch, wenn es Rechte eines Fremden sind) diejenigen öffentlichen Rechte, welche der Staat seinen Untertanen gewährt. Sie zerfallen a) in die politischen Rechte (das aktive und passive Wahlrecht zu Staats- und Kommunalwahlen, die allgemeine Fähigkeit zur Bekleidung öffentlicher Aemter und zur Befugnis, Geschworener oder Schöffe zu werden), b) die übrigen öffentlichen Rechte (Vereins-, Versammlungs-, Preßfreiheit usw.).

[2]) Nach Art. 4 der Reichsverfassung unterliegen der Beaufsichtigung seitens des Reichs und der Gesetzgebung auch die Bestimmungen über das Staatsbürgerrecht. Hierzu ist im Schlußprotokoll zum Bündnisvertrage mit Bayern v. 23. 11. 70 (BGBl. 1871 S. 9 unter II) bemerkt, daß unter der Gesetzgebungsbefugnis des Bundes über Staatsbürgerrecht nur das Recht verstanden werden sollte, die Bundes- und Staatsangehörigkeit zu regeln und den Grundsatz der politischen Gleichberechtigung aller Konfessionen durchzuführen, daß sich im übrigen diese Legislative nicht auf die Fragen erstrecke, unter welchen Voraussetzungen jemand zur Ausübung politischer Rechte in einem einzelnen Staate befugt sei. Dieser Bemerkung ist von Lasker im Reichstage am 8. Dez. 1870 (StenBer. S. 147) — und mit Recht — widersprochen worden. In Ausübung des in Art. 4 eingeräumten Rechtes ergingen das Gesetz über die Er-

---

[1]) § 13 [4] des Ges. v. 1. 6. 70.
[2]) § 13 [5] des Ges. v. 1. 6. 70.

werbung und den Verlust der Bundes- und Staatsangehörigkeit v. 1. 6. 70 (BGBl. 355), das Gesetz, betr. die Gleichberechtigung der Konfessionen usw. v. 3. 7. 69 (BGBl. 292) — unten zu Art. 12. Auf das Staatsbürgerrecht (Wahlrecht auch für Staatswahlen) hat Einfluß das Reichsmilitärgesetz v. 2. 5. 74 (RGBl. 59) § 49 — unten zu Art. 70. Ferner sind von Einfluß auf die staatsbürgerlichen Rechte alle Vorschriften der Reichsgesetze, welche in betreff derartiger Rechte, insbesondere der in Tit. II der preuß. VerfassUrk. aufgeführten, ergangen und in den Anm. zu den bez. Art. unten aufgeführt sind.

Art. 4. Alle Preußen sind vor dem Gesetze gleich.[1]) Standesvorrechte[2]) finden nicht statt.[3]) Die öffentlichen Aemter sind, unter Einhaltung der von den Gesetzen festgestellten Bedingungen, für alle dazu Befähigten gleich zugänglich.

1. Art. 4 entspricht art. 6 const. b.: „Il n'y a dans l'Etat aucune distinction d'ordres. Les Belges sont égaux devant la loi; seuls ils sont admissibles aux emplois civils et militaires, sauf les exceptions qui peuvent être établies par une loi pour les cas particuliers"; — also kein Adels-, Ritterstand mehr, wie in Holland und dem Vereinigten Landtag in Preußen; keine Klassifizierung und Anwendung der Strafe je nach dem Stande der Personen — ferner admissibilité de tous les citoyens indistinctement aux emplois, absence de tout privilège en matière de jurisdiction und aller impositions publiques (Thonissen, no. 25—28). Gesetze (im weitesten Sinne auch Verordnungen) sog. Rechts- wie andere Verordnungen (s. hierzu wie über Art. 4 Arndt, Selbst. VR. S. 101 ff.) sind gegen jeden gleich anzuwenden; ebenso v. Rönne-Zorn II 4 f.

doch finden nicht notwendig die gleichen Gesetze auf jeden Anwendung; ebenso v. Rönne-Zorn II 5, StenBer. d. AbgH. 1855/6 S. 612 f., Schwarz, Komm. S. 50. Der Verfassung steht somit nicht entgegen, daß für die Besteuerung der Beamten und Militärpersonen verschiedene Rechtsnormen gelten, daß die Disziplinarverhältnisse der richterlichen Beamten von denjenigen der nichtrichterlichen verschieden sind, daß einzelne Klassen von Gewerbetreibenden einer Genehmigung zum Gewerbebetriebe bedürfen, andere Klassen nicht oder daß Militäranwärter eine Art Vorrecht für gewisse Anstellungen haben, wie daß bei neuen Ansiedelungen auf die Stärkung des deutschen Elements gesehen werden soll, Ges. v. 10. 8. 04, betr. die Gründung neuer Ansiedelungen 2c. (GS. 227) § 13b; s. auch StenBer. d. AbgH. 1902 S. 5463 f., 5766 f. usw. Wegen der Gleichheit in Ansehung der Konfessionen s. unten Art. 12. Auf Nichtpreußen erstreckt sich der Art. 4 an sich nicht; die dort ausgesprochene Gleichheit vor dem Gesetz gilt jedoch auf Grund reichsrechtlicher Normen, namentlich des Art. 3 der Reichsverfassung, in sehr wesentlichen Beziehungen auch für die nichtpreußischen Reichsangehörigen. Vorbemerkung zu Tit. II. Da Art. 4 nur auf Preußen Anwendung findet, braucht man Nichtpreußen nicht als preußische Staatsbeamte anzustellen (Arndt, Reichsstaatsr. S. 53, v. Rönne-Zorn II 8, BMBl. 1868 S. 197, JMBl. 1868 S. 262).

2. Darunter sind alle politischen Vorrechte zu verstehen, welche den einzelnen Mitgliedern gewisser Stände im öffentlichen oder im Privatrecht zustehen. Die Verpflichtung zur Ableistung des Homogialeides behufs Erwerbung von Rittergütern und anderen Gütern sowie behufs Ausübung von Provinzial-, Kommunal- und kreisständischen Rechten ist durch Ges. v. 28. 5. 74 (GS. 195) aufgehoben. Streitig war, ob das im ALR. Tl. II Tit. 1 §§ 30–33 enthaltene Eheverbot als Ausfluß

eines Standesvorrechts anzusehen und demgemäß durch Art. 4 aufgehoben sei. Der Streit ist erledigt durch Gesetz, betr. die Aufhebung der §§ 30—33 ALR. II 1 und der damit zusammenhängenden Bestimmungen, v. 22. 2. 69 (GS. 365). S. auch RG. v. 6. 2. 75 (RGBl. 23) § 39. Dem BGB. ist das alte Eheverbot gleichfalls fremd. Dies bezieht sich nicht auf Ehen von vormals Reichsunmittelbaren, s. unten S. 85, ferner Loening, Ueber Heilung notorischer Mißheiraten, Halle 1899.

Von besonderem Interesse sind: Reglement v. 6. 8. 08 wegen Besetzung der Stellen der Porte-Epée-Fähnriche und Offiziere (GS. 1806/1810 S. 403): „Einen Anspruch auf Offizierstellen sollen von nun an in Friedenszeiten nur Kenntnisse und Bildung gewähren, in Kriegszeiten ausgezeichnete Tapferkeit und Ueberblick. — Aller bisher stattgehabte Vorzug des Standes hört beim Militär ganz auf, und jeder ohne Rücksicht auf seine Herkunft hat gleiche Rechte und Pflichten", und Publikandum, betr. die Verfassung der obersten Staatsbehörden, V. v. 16. 12. 1808 bei Rabe IX 383: „— Dem ausgezeichneten Talent in jedem Stande und Verhältnis wird Gelegenheit eröffnet, davon zum allgemeinen Besten Gebrauch zu machen."

3. Die Nationalversammlung (Verhdl. S. 1888) hatte den Zusatz beschlossen: „Der Adel ist abgeschafft." Die Verfassungs-Urkunde begnügte sich mit der Abschaffung der Standesvorrechte. Auch diese sind für das königliche und das fürstliche hohenzollernsche Haus und den hohen Adel aufrecht erhalten bezw. wieder eingeführt worden:

A. Zum königlichen Hause gehören die Königin, die ebenbürtigen königlichen Witwen, die Prinzen und Prinzessinnen, welche von dem ersten Erwerber der Krone durch anerkannte, ebenbürtige, rechtmäßige Ehe in männlicher Linie abstammen (die Prinzessinnen treten aus dem königlichen Hause, sobald sie sich mit einem Prinzen aus einem fremden Hause vermählen), die ebenbürtigen Gemahlinnen, der preußischen Prinzen und ihre ebenbürtigen Witwen während des Witwenstandes. Freiwilliger Austritt aus dem königlichen Hause ist statthaft, Rehm, Fürstenrecht S. 274 f., v. Rönne-Zorn II 22. In streitigen Rechtssachen haben sie den Gerichtsstand vor dem mit dem Kammergericht verbundenen Geheimen Justizrat und in letzter Instanz vor dem Reichsgericht (EG. § 5 zum GVG. und Preuß. Ausführungsgesetz v. 24. 4. 78 [GS. 230] § 18). Für vermögensrechtliche Ansprüche darf jedoch die Zulässigkeit des Rechtswegs nicht von der Einwilligung des Landesherrn abhängig gemacht werden (§ 5 Satz 2 EG. z. ZPO.). Wegen der Portofreiheit s. D. S. ferner H. Schulze § 121, Seydel, Bayr. Staatr. I S. 425 f., v. Rönne-Zorn II 23 f., Schwartz S. 51. Nach Art. 57 EG. z. BGB. finden in Ansehung der Landesherren und der Mitglieder der landesherrlichen Familien sowie der Mitglieder der fürstlichen Familie Hohenzollern die Vorschriften des BGB. nur insoweit Anwendung, als nicht besondere Vorschriften der Hausverfassungen oder der Landesgesetze abweichende Bestimmungen enthalten. Das gleiche gilt in Ansehung der Mitglieder des vormaligen, hannoverschen Königshauses, des vormaligen kurhessischen des vormaligen herzoglich nassauischen Fürstenhauses und gemäß Ges. v. 25. 3. 04 (RGBl. 149) und Ges. v. 27. 4. 05 (GS. 219) des holsteinischen Fürstenhauses.

Die Mitglieder des königlichen Hauses sind befreit von den staatlichen Personal-(auch Stempel-)Steuern; und ebenso wie die der fürstlich hohenzollernschen Familie (nicht aber z. B. die i. J. 1866 entthronten Herrscherhäuser), von der kommunalen Einkommensteuer, von kommunalen Naturaldiensten nur, soweit sie nicht auf den

Grundstücken lasten (Kommunalabgabengeſ. v. 14. 7. 93 § 40 Nr. 5, § 68 GS. 152). Von der Kommunalgrundbesitzsteuer sind nach § 24 nur die königlichen Schlösser nebst den zugehörigen Nebengebäuden, Hofräumen und Gärten befreit. Bezüglich der Verbrauchssteuern bestehen keine Befreiungen. Von der Kreissteuer sind auch die Mitglieder des königlichen Hauses nicht befreit, OVG. 47, 76.

B. Die Mitglieder des fürstl. hohenzollernschen Hauses haben dieselben Rechte wie das königliche Haus, s. AErl. v. 14. 8. 52 (GS. 771) und die Zitate in A und D. Familienoberhaupt, ohne Familiengewalt, ist das Haupt des fürstlichen Hauses (Rehm, Fürstenrecht S. 90); caput familiae ist schon nach dem Pactum gentilicium von 1695 bezw. 1707 der König von Preußen; s. auch Bismarck, Gedanken und Erinnerungen II 82. Einen besonderen strafrechtlichen Schutz genießen dagegen die Mitglieder der fürstl. hohenzollernschen Familie nicht, auch nicht Portofreiheit.

C. Zum hohen Adel gehören die vormals unmittelbaren deutschen Reichsstände. Die Deutsche Bundesakte (Art. XIV), die Wiener Kongreßakte (Art. 23 und 43) und andere Bundesgesetze sicherten den vormals unmittelbaren deutschen Reichsständen bestimmte Rechte zu: a) Zugehörigkeit zum hohen Adel und Ebenbürtigkeit mit den regierenden Häusern, b) daß sie und ihre Familien die privilegierteste Klasse, insbesondere in Ansehung der Besteuerung, bilden, c) daß ihnen alle aus ihrem Eigentum und dessen ungestörtem Genuß herrührenden Rechte bleiben, welche nicht zu der Staatsgewalt und den höheren Regierungsrechten gehören. Zur Ausführung der Bundesgesetze ergingen in Preußen die V. v. 21. 6. 15 (GS. 103), welche Art. XIV der Bundesakte wiederholt und nähere Angaben über die Privilegien macht, und die Instruktion zu dieser V. v. 30. 5. 20 (GS. 81). Die Standesherren haben den

Huldigungseid zu leisten und sind den allgemeinen Landesgesetzen unterworfen; sie haben Rechte auf Titel und Wappen („Wir"), Kirchengebet, öffentliche Trauer, Ehrenwache; sie mit ihren Familiengliedern sind befreit von „aller Militärpflicht", Grund- und Personalsteuern, aber nicht von indirekten Steuern. Vom Erbschaftsstempel sind sie bei Sukzessionen in der Standesherrschaft, welche innerhalb der Familie stattfinden, unbedingt bei anderen Erbschaften und Vermächtnissen aber nur insoweit befreit, als diese innerhalb der Standesherrschaft ihnen zufallen. Sie sollten Privilegien für sich und ihre Familienangehörigen in Ansehung der streitigen und nichtstreitigen Gerichtsbarkeit genießen; ihnen bleibt in ihren standesherrlichen Bezirken „die Benutzung jeder Art der Jagd- und Fischereigerechtigkeit, der Bergwerke — soweit sie ihnen bereits zusteht"; sie hatten eigene, standesherrliche Gerichtsbarkeit, Exemtion von Landespolizeibehörden, die Kirchen- und Schulaufsicht.

Alle diese Vorrechte hat die Verfassungsurkunde durch Art. 4 beseitigen wollen. Dabei blieb, ebenso wie von Ernst Müller, Hat der Staat das Recht, die Standesherren zur Einkommensteuer heranzuziehen? Leipzig 1892, unbeachtet, daß die Rechte der vormals Reichsunmittelbaren auf Bundesgesetzen beruhten, welche den Landesgesetzen vorgingen und durch preuß. Gesetze, auch durch die preuß. Verfass., nicht aufgehoben werden konnten; s. auch StenBer. d. HerrH. 1853/4 I Nr. 18, Nr. 61, IV Nr. 235 und d. AbgH. v. 6. 1. 64 S. 590, ferner StenBer. d. AbgH. 1895 S. 1915 (zugleich über die Frage, ob die preuß. Verfass. bezw. das weiter unten angezogene Ges. v. 10. 6. 54 [GS. 363] über das deutsche Bundesrecht hinausgeht). Erst nach der Beseitigung des Bundes i. J. 1866 können die Landesgesetze — und zwar ohne Zustimmung der vormals Reichsunmittelbaren — deren Privilegien einseitig aufheben (Arndt, ReichsstaatsR. S. 32, Nr. 54

des Staatsanzeigers 1873, Drucks. des Bundesrats 1873 Nr. 30; s. auch RG. v. 7. 5. 80, Entsch. in Zivils. II 145).

In bezug auf Art. 4 der preuß. Verfass. erging die nachfolgende Deklaration:

Gesetz, betr. die Deklaration der Verfass.-Urk. v. 31. 1. 50, in Bezug auf die Rechte der mittelbar gewordenen Deutschen Reichsfürsten und Grafen, v. 10. 6. 54 (GS. S. 363).

„Die Bestimmungen der Verfassungs-Urkunde vom 31. Januar 1850 stehen einer Wiederherstellung derjenigen durch die Gesetzgebung seit dem 1. Januar 1848 verletzten Rechte und Vorzüge nicht entgegen, welche den mittelbar gewordenen Deutschen Reichsfürsten und Grafen, deren Besitzungen in den Jahren 1815 und 1850 der Preußischen Monarchie einverleibt oder wieder einverleibt wurden, auf Grund ihrer früheren staatsrechtlichen Stellung im Reiche und der von ihnen besessenen Landeshoheit zustehen, und namentlich durch den Artikel XIV der Deutschen Bundesakte vom 8. Juni 1815 und durch die Artikel 23 und 43 der Wiener Kongreßakte vom 9. Juni 1815, sowie durch die spätere Bundesgesetzgebung zugesichert worden sind, sofern die Betheiligten sie nicht ausdrücklich durch rechtsbeständige Verträge aufgegeben haben. Diese Wiederherstellung erfolgt durch Königliche Verordnung."

Nach Müller S. 51 bezieht sich die Deklaration v. 10. 6. 54 nicht auf die 1866 subjizierten Reichsunmittelbaren; dies ist unrichtig, weil die Deklaration nur authentisch feststellte, daß die preuß. Verfass. die Rechte der Reichsunmittelbaren, wie solche auf Bundesrecht beruhten, nicht ändern wollte noch konnte.

Auf Grund des vorstehenden Gesetzes ergingen zwei V. v. 12. 11. 55. Die eine (GS. 1855 S. 686) stellt den durch die Gesetzgebung seit 1. Jan. 1848 aufgehobenen privilegierten Gerichtsstand (Instruktion v. 30. 5. 20

§§ 14 ff.) mit geringen Abweichungen wieder her. Die zweite (GS. 1855 S. 688) erklärte für wiederhergestellt diejenigen durch die Gesetzgebung seit dem 1. Jan. 1848 verletzten Rechte und Vorzüge, welche den mittelbar gewordenen deutschen Reichsfürsten und Grafen — auf Grund ihrer früheren staatsrechtlichen Stellung im Reiche und der von ihnen besessenen Landeshoheit — zustehen und von den Beteiligten nicht durch rechtsbeständige Verträge ausdrücklich aufgegeben worden sind. Behufs Feststellung des Umfangs dieser Rechte und Regulierung der zur Herstellung des verletzten Rechtszustandes erforderlichen Maßregeln fanden Verhandlungen statt, welche mit der Mehrzahl der Beteiligten zu Rezessen führten, in denen die Rechte der Standesherren einzeln aufgeführt, ihnen auch für nicht wiederherzustellende Rechte Geldentschädigungen zugesprochen wurden. Wegen dieser Entschädigung bedurfte die Staatsregierung der Zustimmung des Landtages (Art. 99 der VerfassUrk.). Das AbgH. bestritt die Gültigkeit der Rezesse, weil die Staatsregierung den Standesherren in denselben mehr Rechte eingeräumt habe, als die Bundesgesetzgebung und das Gesetz v. 10. 6. 54 verlangen und zulassen, und weil die Wiederherstellung entgegen dem Gesetz v. 10. 6. 54 nicht im Wege der königl. Verordnung, sondern in dem des Vertrages erfolgt sei. Beide Gründe gegen die Gültigkeit sind nicht stichhaltig; der erste nicht, da es Zweck des Gesetzes v. 10. 6. 54 war, den alten Zustand, wie er in Preußen auf Grund namentlich der Instruktion v. 30. 5. 20 war, wiederherzustellen, der zweite nicht, da, wenn der Gesetzgeber einen Gegenstand der königl. Verordnung überweist, er damit nur die Mitwirkung des Landtages ausschließen will, und ein Vertrag also zugleich Verordnung sein kann, weil staatsrechtlich alles, was der Form des Gesetzes entbehrt, Verordnung ist; ebenso v. Rönne-Zorn II 43; vgl. auch Beschl. des AbgH. v. 9. 5. 65, ferner StenBer. des Abg.H. 1864/5

Bd. 4 S. 581 ff. Gleichwohl mußte sich die Staatsregierung, da sie wegen der Geldbewilligung die Mitwirkung des Landtages nicht entbehren konnte, dazu verstehen, das Gesetz v. 15. 3. 69, betr. die Ordnung der Rechtsverhältnisse der mittelbaren deutschen Reichsfürsten und Grafen (GS. 490) anzunehmen, in welchem der Landtag die Gelder zur Leistung der Entschädigungen bewilligte, andererseits aber bestimmt wurde, daß in Zukunft die Wiederherstellung der verletzten Rechte und Vorzüge nur noch durch die Gesetzgebung erfolgen dürfe. Solche Gesetze ergingen (zwei) am 25. 10. 78 (GS. 305, 311).

Die Rezesse und die Gesetze v. 25. 10. 78 stellen die Rechte im allgemeinen in dem Umfange wieder her, welcher dem oben entwickelten Inhalte der Instruktion v. 30. 5. 20 entspricht.

Weder die Instruktion v. 30. 5. 20 noch das Gesetz v. 10. 6. 54 finden Anwendung auf die Standesherren in den 1866 erworbenen Provinzen; für diese kommen die alten Bundesgesetze und die auf Grund derselben ergangenen landesherrlichen Gesetze, Verordnungen und Rezesse zur Anwendung; für die Herzöge von Arenberg-Meppen erging das Gesetz v. 24. 6. 75 (GS. 327). Letztere sind zum Teil von der Grund- und Gebäude-, nicht von Personal- und indirekten Steuern befreit. Im übrigen besteht für die Standesherren in den 1866 erworbenen Provinzen nicht (oder nur sehr beschränkt) Steuerbefreiung. (Näheres hierüber bei v. Rönne §§ 150, 152.) Die Mitglieder der Familien des hannoverschen Königshauses, des kurhessischen und herzoglich nassauischen Fürstenhauses sind von der staatlichen Einkommen- und Ergänzungssteuer frei, auch sind die im Besitze derselben befindlichen Gebäude im bisherigen Umfange der Gebäudesteuer nicht unterworfen; vgl. die beiden V. v.

28. 4. 67 (GS. 536 nud 541) § 8 und die V. v. 11. 5. 67 (GS. 597) § 9. Nach dem Einkommensteuergesetz und dem Ergänzungssteuergesetz (Fassung v. 19. 6. 06, GS. 250 und 294) sind von der Einkommen- und Ergänzungssteuer befreit: 1. die Mitglieder des königlichen Hauses und des hohenzollernschen Fürstenhauses; 2. die Mitglieder des hannoverschen, kurhessischen, nassauischen und s. auch Gesetz v. 27. 4. 05 (GS. 219) des holsteinischen Fürstenhauses.

Nach dem Gesetz v. 18. 6. 76 (GS. 245), der hannoverschen KrO. v. 6. 5. 84 § 53, der hessen-nassauischen v. 7. 6. 85 § 54, der westfälischen v. 31. 6. 86 § 99 und der rheinischen v. 30. 5. 87 § 99 steht einzelnen Mediatisierten das Recht zu, sich durch Stellvertreter an Kreistagswahlen zu beteiligen und bei Bestellung von Amtsvorstehern, Bürgermeistern usw. gehört zu werden. Wegen der Mitgliedschaft am Herrenhause s. unten zu Art. 65 ff.

Die Steuervorrechte der Standesherren sind durch die sogenannte Miquelsche Steuerreform in Preußen eingeschränkt. Das Recht auf Befreiung von ordentlichen Personalsteuern oder auf Bevorzugung der vormals Reichsunmittelbaren ist vom 1. April 1893 ab (gegen Entschädigung) aufgehoben (Ges. v. 18. 7. 92, GS. 210); ebenso die Befreiung von der kommunalen Grund- und Gebäudesteuer (Kommunalabgabenges. v. 14. 7. 93 §§ 24, 96, GS. 152). Befreit sind die vormals Reichsunmittelbaren im bisherigen Umfange mit ihren Familien von der Gemeindeeinkommensteuer, desgleichen von kommunalen Naturaldiensten, soweit diese letzteren nicht auf den ihnen gehörigen Grundstücken lasten (§§ 40 und 68 des Kommunalabgabenges.). Die Mitglieder des vormaligen hannoverschen Königshauses, des vormaligen kurhessischen, des vormaligen nassauischen und des holsteinischen Fürstenhauses sind von der staatlichen Einkommensteuer befreit (Einkommensteuerges. v.

24. 6. 91, GS. 175 § 3, Ges. v. 27. 4. 05, GS. 219). Bezüglich der Kommunalabgaben s. Kommunalabgabengeſ. v. 14. 7. 93 §§ 40 u. 68.

Das Recht der Standesherren für ihre Person und Familie aus der Verbindung mit der Gemeinde zu scheiden (Reſkript v. 30. 5. 20 § 32), besteht noch fort.

D. Da Reichsrecht dem Landesrecht vorgeht, so sind die Privilegien des preußischen Staatsrechts aufgehoben auf allen Gebieten, wo eine reichsrechtliche Regelung stattgefunden hat, ohne daß ein solches Privileg wiederholt wurde.

Gemäß Art. 2 und 35 der Reichsverfassung sind betreffs der Reichssteuern alle landesrechtlichen Privilegien mit Einschluß derjenigen des königlichen Hauses aufgehoben, so daß gegenüber den Zöllen, Tabaksteuern usw. keine Steuerbefreiungen mehr bestehen. Dagegen sind die Mitglieder der regierenden Häuser der Einzelstaaten des Reichs und die Mitglieder der mediatisierten, vormals reichsständischen und derjenigen Häuser, welchen die Befreiung von der Wehrpflicht durch Verträge zugesichert ist oder auf Grund besonderen Rechtstitels zusteht, von der Wehrpflicht befreit (§ 1 des Ges. v. 9. 11. 67, BGBl. 131).

Befreit sind ferner die Mitglieder des königlichen Hauses (nicht von den Kriegsleistungen, Ges. v. 13. 6. 73 [RGBl. 129] § 5) von der Einquartierungslast im Frieden bezüglich der ihnen gehörigen Wohngebäude, Ges. v. 25. 6. 68 (BGBl. 523) § 4, und hinsichtlich der Vorspannleistungen bezüglich der für ihren Hofhalt bestimmten Pferde, Ges. v. 13. 2. 75 (RGBl. 52) § 3. Befreiung von Porto- und Telegraphengebühren steht nach § 1 des Ges. v. 5. 6. 69 (BGBl. 141) und V. v. 2. 6. 77 (RGBl. 524) nur noch den regierenden Fürsten des Deutschen Reichs, deren Gemahlinnen und Witwen zu. Das Gerichtsverfassungsgesetz erkennt den privilegierten Gerichtsstand für die mittelbar gewordenen deutschen Reichsfürsten und Grafen in Streit- und Strafsachen nicht an, hält indes das landesgesetzlich (auch in gesetzlichen Verordnungen) den (Häuptern der) standesherrlichen Familien (vor Inkrafttreten des GVG. bereits) gewährte Recht auf Austräge EG. § 7 zu GVG.) aufrecht. Da GVG. nur die streitige Gerichtsbarkeit betrifft (EG. § 2), so sind die Bestimmungen über die nichtstreitige Gerichtsbarkeit der königlichen Familie, der hannoverschen rc. Familien, sowie der standesherrlichen Familien in Geltung geblieben, Preuß. AG. z. GVG. v. 24. 4. 78 (GS. 230) § 27. EG. z. GVG. § 5, Grundbuchordn. v. 24. 3. 97 (RGBl. 490), Gesetz über die freiwillige Gerichtsbarkeit v. 17. 5. 98 (RGBl. 771) § 189, Gesetz über die Beurkundung des Personenstandes v. 6. 2. 75 (RGBl. 23) § 6.

Art. 58 EG. z. BGB. bestimmt: „In Ansehung der Familienverhältnisse und der Güter derjenigen Häuser, welche vormals reichsständisch gewesen und seit 1806 mittelbar geworden sind, oder welche diesen Häusern bezüglich der Familienverhältnisse und der Güter durch Beschluß der vormaligen deutschen Bundesversammlung oder vor dem Inkrafttreten des Bürgerlichen Gesetzbuchs durch Landesgesetz gleichgestellt worden sind, bleiben die Vorschriften der Landesgesetze und nach Maßgabe der Landesgesetze die Vorschriften der Hausverfassung unberührt.

Das Gleiche gilt zu Gunsten des vormaligen Reichsadels und derjenigen Familien des landsässigen Adels, welche vor dem Inkrafttreten des Bürgerlichen Gesetzbuchs dem vormaligen Reichsadel durch Landesgesetz gleichgestellt worden sind."

Es gelten also z. B. noch die Vorschriften über Ebenbürtigkeit, Mißheiraten und deren Folgen.

Art. 5.[1]) Die persönliche Freiheit ist gewährleistet.[2]) Die Bedingungen und Formen, unter

welchen eine Beschränkung derselben, insbesondere eine Verhaftung zulässig ist, werden durch das Gesetz[3]) bestimmt.[4])

1. Art. 5 kann im Falle des Belagerungszustandes außer Kraft gesetzt werden; s. Art. 111; s. ferner Art. 39 bezüglich des Heeres. Art. 5 entspricht art. 7 der const. belge: „La liberté individuelle est garantie. Nul ne peut être poursuivi que dans les cas prévus dans la loi, et dans la forme qu'elle prescrit. Hors le cas de flagrant délit, nul ne peut être arrêté qu'en vertu de l'ordonnance motivée du juge, qui doit être signifiée au moment de l'arrestation, ou au plus tard dans les vingt-quatre heures.“ Mit Recht sieht das belgisch-französische Recht (Thonissen Nr. 32) in der Garantierung der Freiheit der Person das oberste Grundrecht, aus dem sich die übrigen als bloße Folgen ergeben. Die liberté individuelle umfaßt (Batbie II. nr. 79 suiv.) la liberté d'aller et de venir (Freizügigkeit), du commerce et de l'industrie (Gewerbefreiheit), überhaupt de faire „tout ce que la loi n'a pas défendu aux citoyens“ (Dalloz, repertoire s. m. loi), wie denn schon Montesquieu (l'esprit des lois, l. XI chap. III) definiert hat: „la liberté n'est autre chose que le droit de faire tout ce que les lois permettent“; s. auch déclaration des droits de l'homme et du citoyen nr. 5. Ebenso Blackstone, commentaries I p. 128: „This personal liberty consists in the power of locomotion, of changing situation, or moving one's person to whatsoever place one's own inclination may direct.“

2. Art. 5 gewährleistet die persönliche Freiheit gegen alle nicht auf Gesetz beruhenden Einschränkungen. Die Ansicht von G. Anschütz, die konstitutionelle Theorie usw. S. 113, Art. 5 gewähre lediglich das Grundrecht der Freiheit von der willkürlichen Verhaftung, übersieht u. a. die Worte „insbesondere“ und „Beschränkungen“.

Bereits in seiner I. Auflage konstatiert v. Rönne, Preuß. Staatsr. S. 294 f., daß durch Art. 5 die Freizügigkeit und die Gewerbefreiheit garantiert sind (ebenso Zachariä I S. 461, v. Mohl, Württ. Staatsr. I S. 461, v. Rönne-Zorn II S. 203, J. J. Thonissen zu art. 7 const. belge, Batbie, Précis d'un cours nr. 79), wie denn bereits die beiden Gesetze über das Armenwesen und die Freizügigkeit v. 31. 12. 42 (GS. 8 u. 5) — weil unmittelbare Eingriffe in die Personenrechte darstellend — den Ständen vorgelegt waren; s. Arndt, Selbst. VR. S. 70 ff. Art. 5 bestimmt, ebenso wie art. 7 const. belge, daß unmittelbare Eingriffe in die Freiheit der Person nur durch Gesetz bezw. nur in Gemäßheit des Gesetzes erfolgen dürfen. Einen unmittelbaren Eingriff enthalten Schulzwang und die Militärpflicht. Die Art und die Gegenstände des Schulunterrichts und die Art des Militärdienstes, ob Linie, Reserve, Landwehr, sind durch Art. 5 der Bestimmungen der Exekutive nicht entzogen, wie dies seinerzeit sogar besonders anerkannt wurde. Gegen nur mittelbare Eingriffe, z. B. Veränderung von Gemeinde-, Kreisgrenzen, Auferlegung von Gebühren und gegen die weiteren mittelbaren Folgen einer gesetzlichen Pflicht, z. B. der Militärpflicht, also z. B. Befolgung der Militär-, Disziplinar-, Vollstreckungs-, Beschwerdevorschriften usw. schützt Art. 5 nicht. Es geht nicht an, diesem Art. die Bedeutung beizulegen, daß er auch gegen jeden bloß mittelbaren Eingriff Schutz gewährt — die Bestimmung, solchen Schutz gegen nur mittelbare Eingriffe zu gewähren, haben viele andere Artikel der Verfass. — sonst müßte man mit Virchow (1863) fordern, daß zum Abschluß einer Militärkonvention (also jeder Allianz) ein Gesetz erforderlich sei, weil solche Abmachungen dazu führen können, daß Reservisten eingezogen und also in ihrer persönlichen Freiheit beschränkt werden (Arndt, Selbst. VR. S. 265).

Aus diesem Art. 5 läßt sich ferner folgern, daß Sklaverei, Leibeigenschaft und Hörigkeit mit der Verfassung nicht vereinbar sind, sodann daß die gerichtliche Verhaftung und die Festnahme zum Zwecke der gerichtlichen Verhaftung nicht von dem arbiträren Ermessen der Justiz- oder Polizeibehörden, sondern nach gesetzlichen Normen erfolgen soll. Daher schließt Art. 5 ferner aus, daß die Verwaltungsbehörden zur Durchführung ihrer Aufgaben außer auf Grund Gesetzes Zwangsmittel gegen die Person anwenden; s. Arndt in Hirths Annalen 1886 S. 313; ferner Erk. d. OTr. v. 25. 3. und 20. 6. 70, GA. XVIII 435 und 286; Erk. d. RG. v. 23. 3. 80 und 24. 9. 80, Entsch. in Strafs. I 33, II 262. Die Sistierung und die Verhaftung als polizeiliche Exekutivmittel sind insoweit bestehen geblieben; s. u. a. Reskr. d. Min. d. Innern v. 7. 7. 50, betr. das polizeiliche Verfahren gegen die der Prostitution ergebenen Frauenzimmer, und v. 20. 1. 54, betr. die Zulässigkeit der polizeilichen Exekutivhaft (VMBl. 1850 S. 247, 1854 S. 10). Art. 5 steht auch nicht im Wege, daß anstößig werdenden Konkubinaten durch Zwang gegen die Person polizeilich entgegengetreten wird, OVG. v. 16. 3. 81, E. VII 370; s. auch Erk. d. OVG. v. 11. 10. 84 und 19. 11. 84, E. XI 382, 389. In dem gleichen Umfange sind auch Polizeiverordnungen statthaft, selbst wenn sie die persönliche Handlungsfreiheit beschränken; s. auch OVG. v. 9. 1. 84, E. IX 365. Dies alles gilt jedoch nach dem in Anm. 1 Ausgeführten nur, soweit sich diese Eingriffe auf konstitutionelles oder vorkonstitutionelles Gesetz stützen: s. auch Anm. 3.

3. Ges. zum Schutze der persönlichen Freiheit v. 12. 2. 50 (GS. 45). Dasselbe erging zur Ausführung der Art. 5 und 6 der Verfass. und ist, soweit Zwecke der gerichtlichen Strafverfolgung, gerichtlichen Verhaftung, vorläufigen Festnahme zum Zwecke gerichtlicher Ver-

haftung und Haussuchungen zur Vorbereitung gerichtlicher Untersuchungen in Frage stehen, durch Abschnitt 8 und 9 der StPO. beseitigt worden. Danach sind nur die §§ 6—10 in Kraft geblieben; s. auch RG. v. 7. 11. 98, E. in Strafs. XXXI 307. Das Ges. v. 12. 2. 50 bezieht sich nicht auf Sistierungen, Verwahrungen und Verhaftungen als rein polizeiliche Zwangsmaßregeln; s. Anm. 2, ferner StenBer. der II. Kammer 1849 S. 577 ff.

4. Auch die polizeilichen Beschränkungen der persönlichen Freiheit dürfen sich nur auf konstitutionelle oder vorkonstitutionelle Gesetze gründen; s. auch P. Reichensperger am 3. 10. 49, StenBer. der II. Kammer S. 518; z. B. auf die einheitlich im ganzen Staate geltende (OVG. XX 395) Vorschrift in § 10 II 17 ALR.: „Die nötigen Anstalten zur Erhaltung der öffentlichen Ruhe, Sicherheit und Ordnung und zur Abwendung der dem Publiko, oder einzelnen Mitgliedern desselben bevorstehenden Gefahr zu treffen, ist das Amt der Polizei." Hieraus ergibt sich das Recht der polizeilichen Internierung Cholera- und Pockenkranker oder dieser Krankheit verdächtiger Personen, der Untersuchung und Internierung von Prostituierten und deren Zuhälter, der sog. Bertillonschen Messungen und der Photographierung Inhaftierter, der Feuerlöschordnungen; vgl. auch OVG. I 347, VI 382, XVI 387, XXIII 399, XXXII 199, Entsch. des KG. XIX 351, XXII C. 87; s. auch Anm. 1 zu Art. 9. In Uebereinstimmung mit Art. 5 s. oben Anm. 1, bestimmt § 132 des Gesetzes über die allgemeine Landesverwaltung v. 30. 7. 83, GS. 197, daß die fr. Behörden berechtigt sind, die von ihnen in Ausübung der obrigkeitlichen Gewalt getroffenen, durch ihre gesetzlichen Befugnisse gerechtfertigten Anordnungen durch Anwendung von (gesetzlich bestimmten und begrenzten) Zwangsmitteln durchzusetzen. Gesetzliche Befugnisse sind nicht nur die in Spezialgesetzen erteilten, sondern

auch die aus der allgemeinen gesetzlichen Zuständigkeit der Behörden folgenden; s. auch OVG. XV 423. Zu den allgemeinen gesetzlichen Befugnissen der Behörden gehört auch, strafbaren Handlungen vorzubeugen und (selbst unter Eingriff in die persönliche Freiheit) den durch das verbotene Handeln oder Unterlassen herbeigeführten ordnungswidrigen Zustand zu beseitigen; vgl. OVG. V 278, IV 275, XXXIII 384.

Es ist endlich zu bemerken, daß, wenn die herrschende Theorie (Seydel, Dyroff, Anschütz) meint, Gebote und Verbote, die in die Rechtssphäre des Individuums eingreifen, müssen sich stets auf ein Gesetz gründen, so ist dieser Satz durchaus richtig, vorausgesetzt, daß man darunter nicht jeden nur mittelbaren Eingriff in die Personenrechte versteht. Dieser Satz folgt jedoch nicht aus dem Gesetzesbegriff oder aus dem viel weiteren Rechtsnormbegriff, sondern für das preuß. Recht aus Art. 5, für das bayrische aus der Vorschrift in VII § 2 der bayr. Verfassung usw.; ebenso wie man diesen auch im französisch-belgischen, z. B. Batbie nr. 79 und im englischen Recht (Blackstone, Commentaries I p. 128) geltenden Satz nicht aus dem Art. 26 der belg. Verfass., oder aus den Worten „loi“ oder „pouvoir legislatif“, noch aus dem Begriffe „legislative power“, sondern aus den Grundrechten, namentlich der Freiheit der Person (z. B. art. 7 const. belge), ableitet.

Art. 6.[1]) Die Wohnung ist unverletzlich. Das Eindringen[2]) in dieselbe und Haussuchungen,[2]) sowie die Beschlagnahme von Briefen[3]) und Papieren[3]) sind nur in den gesetzlich bestimmten Fällen und Formen gestattet.[4])

1. Art. 6 kann im Falle des Belagerungszustandes außer Kraft gesetzt werden, Art. 111; s. ferner für das

Heer Art. 39. Art. 6 entspricht art. 10 const. belge: „Le domicile est inviolable“.

2. Dieselben sind statthaft nach StPO. §§ 102 bis 110, ferner nach ZPO. § 578 (für Gerichtsvollzieher); außerdem sofern in Reichs- bezw. Bundes- oder Vereins-zoll-Gesetzen dieselben gestattet sind; s. Arndt in der Zeitschrift f. d. gesamte Strafrechtswissenschaft 1885 S. 277. Die landesrechtlichen Vorschriften hierüber sind durch die vorzitierten Bestimmungen des Reichsrechts aufgehoben worden. Es bestehen noch die Vorschriften in den §§ 7 bis 10 des Ges. zum Schutze der bürgerlichen Freiheit v. 12. 2. 50 (GS. 45) fort. Ferner galten noch gemäß § 6 des EG. zur StPO. diejenigen, welche das Verfahren wegen Zuwiderhandlungen gegen die Zoll- und Steuergesetze betreffen, also z. B. die preuß. Steuerordnung v. 8. 2. 12 (GS. 102) § 54, V. v. 17. 5. 67 (GS. 633) § 45 und Gesetz wegen Untersuchung und Bestrafung der Zollvergehen v. 23. 1. 38 (GS. 78) §§ 28 ff. Diese Vorschriften waren, soweit nicht die §§ 453 bis 455, 459 bis 463 StPO. abweichende Bestimmungen enthalten, in Kraft geblieben. Jetzt gilt Gesetz, betr. das Verwaltungszwangsverfahren bei Zuwiderhandlungen gegen die Zollgesetze und die sonstigen Vorschriften über indirekte Reichs- und Landesabgaben usw. v. 26. 7. 97 (GS. 237).

3. StrPO. §§ 99 bis 111, Reichs-Konkurs-Ordn. § 121; das Briefgeheimnis ist auch reichsrechtlich gewährleistet durch § 5 des Gesetzes über das Postwesen des Deutschen Reichs v. 28. 10. 71 (RGBl. 347), desgleichen das Telegraphengeheimnis durch Gesetz über das Telegraphenwesen des Deutschen Reichs v. 6. 4. 92 (RGBl. 467).

4. Art. 6 steht nicht im Wege, daß in ein Haus, dessen Beschaffenheit gefahrdrohend ist, oder in eine Wohnung, in welcher unbefugt ein Gewerbe betrieben, oder eine konzessionspflichtige, aber nicht konzessionierte

Anlage sich befindet, oder in welcher durch Unzucht, Konkubinat usw. Aergernis erregt wird, aus polizeilichen, in einem konstitutionellen Reichs- oder Landesgesetze z. B. der Reichs-Gewerbeordnung, oder vorkonstitutionellen Landesgesetze, z. B. ALR. II 17 § 10 vorgesehenen Gründen eingedrungen, zu niedrige oder nicht polizeimäßige Wohnungen geräumt, die bez. Anlagen inhibiert, die Aergernis gebenden Personen polizeilich entfernt werden usw.; s. Anm. 1 u. 4 zu Art. 5, OVG. v. 21. 3. 87 und 15. 11. 89, ferner OVG. III 333, XXII 406.

Art. 7.[1]) Niemand darf seinem gesetzlichen Richter entzogen werden. Ausnahmegerichte und außerordentliche Kommissionen sind unstatthaft.[2])

1. Art. 7 entspricht Art. 8 const. belge: „Nul ne peut être distrait, contre son gré, du juge que la loi lui assigne", s. darüber noch Arndt, Selbst. VR. S. 75 und ist jetzt ersetzt durch GVG. § 16:

„Ausnahmegerichte sind unstatthaft. Niemand darf seinem gesetzlichen*) Richter entzogen werden. Die gesetzlichen Bestimmungen über Kriegsgerichte und Standrechte werden hiervon nicht berührt."

2. Gemäß Art. 111, Reichsverfass. Art. 68, Preuß. Ges. v. 4. 6. 51 (GS. 451) kann der Art. 7 zeit- und distriktsweise außer Kraft gesetzt werden; s. Arndt, Komm. zu Art. 68 der Reichsverfass., Arndt, Reichsstaatsr. S. 473.

---

*) Daraus folgt, daß der Gerichtsstand nur durch Gesetz, durch Verordnung also nur, wenn dieselbe auf Grund ausdrücklicher gesetzlicher Ermächtigung („délégation expresse du législateur" s. Block, Dict. de l'Admin. franç. s. m. décret nr. 13 und unten zu Art. 45 und 86) erlassen ist, begründet und verändert werden kann.

Art. 8. Strafen[1]) können nur in Gemäßheit des Gesetzes[2]) angedroht[3]) oder verhängt werden.

1. Art. 8 entspricht art. 9 const. belge: „Nulle peine ne peut être établie ni appliquée qu'en vertu de la loi". „Cette disposition", sagt J. J. Thonissen Nr. 47 „est une conséquence manifesté du principe de la compétence exclusive de la loi pour déterminer le caractère légal des actions" und eine fernere Folgerung des Grundrechts: „aucune peine ... ne peuvent être établies par décret. Il faut une délégation expresse du législateur" (Block, Dict. de l'Admin. franç. s. m. décret nr. 13). Wenn Art. 8 der preuß. Verfass. gewöhnlich nur auf gerichtliche Strafen bezogen wird, so ist doch ganz selbstverständlich, daß die Verwaltungsbehörden erst recht keine Strafen ohne Gesetz androhen oder verhängen dürfen. Denn auch von Polizei- und anderen Verwaltungsbehörden dürfen nur auf Grund Gesetzes irgendwelche Zwangsmaßregeln, wie Exekutiv-, Ordnungs-, Disziplinarstrafen usw., angedroht oder verhängt werden; dies folgt schon aus Art. 5 der Verfass. Der Ausdruck „peine" ist übrigens so allgemein wie möglich, s. Dict. de l'Acad. franç., ferner Littré, endlich la Grande Encyclopédie s. mot „peine", (im Grundrecht heißt es sogar aucune peine), ist jedes Uebel, „ce qu'on fait subir pour quelque chose jugée appréhensible ou coupable", jede expiation, oder rançon oder „châtiment infligé à ceux qui ont contrevenu aus lois qui régissent la société". Auch Ordnungsstrafen und Disziplinarstrafen dürfen deshalb nicht arbiträr, sondern nur auf Grund und nach Maßgabe des Gesetzes verhängt werden. Strafe in diesem Sinne ist z. B. auch die Entziehung des Titels Kommerzienrat, Graf, Baron, Doktor, Sanitätsrat, Professor usw. und die Entziehung des Titels, der Rechte und der Eigenschaft eines Privat-

dozenten; jedenfalls stellen diese einen unmittelbaren Eingriff in die Rechte der Person (Art. 5) dar; solche Eingriffe in die Person, die liberté individuelle, können also wegen Art. 8 bezw. Art. 5 nur auf Grund Gesetzes bezw. in Gemäßheit eines Gesetzes erfolgen. Mit Recht behauptet Hinschius im ZBl. f. d. ges. Unterrichtswesen in Preußen 1895 S. 753 f., daß der Staat Disziplinarstrafgewalt auch gegenüber Nichtbeamten (z. B. Rechtsanwälten, Referendarien) hat; er übersieht, aber, daß diese Gewalt, wie in den erwähnten Fällen, nur auf Grund Gesetzes besteht. Ein solches Gesetz fehlte bezüglich der Privatdozenten bis zum Ges. v. 17. 6. 98 (GS. 125). In der Gegenäußerung der 53 Berliner Ordinarien ist demgegenüber auf den korporativen Charakter der Universitäten hingewiesen, der allerdings vorhanden ist, aber, wie z. B. das Beispiel der Kommunalbeamten zeigt, eine Disziplinarstrafgewalt des Staates nicht ausschließt. Der entscheidende, von beiden Seiten damals m. E. übersehene Umstand ist, daß zur Entziehung des Titels und der Eigenschaft eines Privatdozenten, da sie eine Strafe im Sinne des Art. 8 der Verfass. darstellt, Gesetz nötig ist. Das gleiche gilt allgemein für die Entziehung oder Wiederentziehung von Orden, Titeln, Adelsbezeichnungen, Aemtern. Ebenso Laband in der DJZ. 1907 S. 201 und Arndt ebendort S. 343. Selbst wenn man in diesen Entziehungen keine Strafe im Sinne des Art. 8 sehen möchte, so bleibt das Ergebnis das gleiche, d. h. es ist wegen Art. 5 Gesetz nötig, weil das Verbot, sich des Titels und der Tätigkeit eines Privatdozenten, oder der Führung des Adels, Ordens usw. zu enthalten, bezw. das Gebot, eine Ordnungs-, Administrativ-, Disziplinarstrafe zu zahlen oder zu dulden, einen unmittelbaren Eingriff in die persönliche Freiheit darstellt, wie denn auch das (unbefugte) Zuwiderhandeln gegen die (zu Recht erfolgte) Entziehung des Titels, Amtes, des Ordens usw. strafbar ist (StGB.

§ 360 Ziff. 8). Auch das Betteln, Sich-verkleiden, Tragen von Waffen u. dergl. können nur in Gemäßheit des Gesetzes verboten werden, z. B. ALR. II 17 § 10, bezw. Ges. über die Polizeiverwaltung v. 11. 3. 50 (GS. 265), RG. in Strafs. XX 43.

Auch Kommunen und andere Korporationen haben kein eigenes, sondern nur ein vom Staate abgeleitetes Strafrecht; sie dürfen daher nur Strafen androhen, soweit das Staatsgesetz dies ausdrücklich zuläßt (Art. 8).

Die Kirchen und andere Religionsgesellschaften haben aus eigenem Rechte nur ein Strafrecht in foro interno; überdies ist ihre Strafgewalt begrenzt durch Gesetz über die Grenzen des Rechts zum Gebrauche kirchlicher Straf- und Zuchtmittel v. 13. 5. 73 (GS. 205), Art. 12 G. v. 21. 5. 86 (GS. 147).

Man nimmt in der Regel an, daß unter Art. 8 nicht administrative Exekutivstrafen fallen, weil sie überhaupt keine Strafen, sondern nur Zwangsmaßregeln sind, die ohne weiteres in Fortfall kommen, wenn der Zustand, der dadurch erzwungen werden soll, hergestellt ist oder an der Herstellung dieses Zustandes kein Interesse mehr vorhanden ist, OVG. II 382, 414, VII 347; anderer Ansicht ist P. Reichensperger in den StenBer. des AbgH. 1862, Anl. Bd. II Aktenstück Nr. 126 S. 1106, Oppenhoff, Ressortgesetze S. 182. Trotzdem dürfen, wie bereits nachgewiesen, schon wegen Art. 5 der Verfass. (s. auch § 132 des Ges. über die allgemeine Landesverwaltung v. 30. 7. 83, GS. 197) polizeiliche und Exekutivstrafen nur auf Grund oder in Gemäßheit des konstitutionellen oder vorkonstitutionellen Gesetzes angedroht und verhängt werden; s. auch Rosin, Polizeiverordnungsrecht S. 21 ff. und im Verwaltungsarchiv III S. 293. Die viel erörterte Streitfrage ist somit vom staatsrechtlichen Standpunkt belanglos.

2. Das will sagen, daß Strafen fortan nicht mehr

vom Könige allein, sondern nur noch mit Uebereinstimmung des Landtags, d. i. im Wege der Gesetzgebung, angedroht oder verhängt werden können. Dem Gesetze gleich steht die „in Gemäßheit des Gesetzes“, d. i. auf Grund gesetzlicher Ermächtigung — wie eine solche z. B. das Gesetz über die Polizeiverwaltung v. 11. 3. 50 (GS. 265) enthält — erlassene Verordnung. Art. 8 ist nicht identisch mit StGB. § 2: „eine Handlung kann nur dann mit einer Strafe belegt werden, wenn die Strafe gesetzlich bestimmt war, bevor die Handlung begangen wurde.“ Denn dieser § 2 läßt dahingestellt, wie landesgesetzlich Strafnormen zustande kommen und bedeutet nur, daß Strafnormen nicht auf Gewohnheit oder Analogie, sondern auf ausdrücklicher Gesetzesvorschrift beruhen müssen, und daß sie keine rückwirkende Kraft haben, auch daß die Strafen nicht völlig in das richterliche Ermessen zu stellen sind. Art. 8 drückt dagegen eine Beschränkung der königlichen Gewalt aus, insofern er vorschreibt, daß der König bezw. die vollziehende Gewalt nicht mehr allein, sondern nur noch auf Grund und in Gemäßheit des Gesetzes Strafen androhen und verhängen lassen darf. S. über diesen gewöhnlich mißverstandenen Art. 8 Arndt, Reichs-Verordnungsr. S. 157 bis 169 und im Arch. f. öff. R. 1900 (Juliheft), ferner Arndt, in der Zeitschr. f. d. ges. Strafrechtswissenschaft 1901 S. 252, vgl. dagegen auch Binding, Handbuch S. 205.

3. Da Art. 8 nicht bloß durch Gesetze, sondern auch „in Gemäßheit des Gesetzes“ angedrohte Strafen zuläßt, so enthalten die Gesetze, in welchen die Befugnis, Strafnormen zu erlassen, delegiert ist, z. B. das Gesetz über die Polizeiverwaltung v. 11. 3. 50 (GS. 265) keine Verfassungsänderung; s. auch Kommissionsbericht der I. Kammer zu § 5 des Ges. v. 11. 3. 50 in der Bearbeitung bei v. Rönne S. 406, StenBer. der I. Kammer 1849/50 S. 2327. So sagt Thonissen Nr. 47: „Il

emporte de remarquer que la Constitution n'exige pas que la peine soit prononcée par la loi elle-même, il suffit qu'elle soit établie en vertu de la loi; s. auch Arndt, Reichs-Verordnungsrecht S. 157 f. und Selbst. VR. S. 76.

Art. 9. Das Eigenthum ist unverletzlich.[1]) Es kann nur aus Gründen des öffentlichen Wohles gegen vorgängige in dringenden Fällen wenigstens vorläufig festzustellende Entschädigung[2]) nach Maaßgabe des Gesetzes[3]) entzogen oder beschränkt werden.

1. Art. 9 ist durch Zusammenziehung zweier Grundrechte entstanden, deren erstes lautet: „Das Eigentum ist unverletzlich" und deren zweites den übrigen Inhalt des Art. 9 enthält, s. Arndt, Selbst. VR. S. 77 f.

Satz 2 in Art. 9 entspricht art. 11 const. belge: „Nul ne peut être privé de sa propriété que pour cause d'utilité publique, dans les cas et de la manière établie par la loi, et moyennant une juste et préalable indémnité." Art. 9 Satz 1 schützt gegen jeden unmittelbaren Eingriff in das Eigentum, s. Arndt, Selbst. VR. S. 76 ff., ein solcher Eingriff darf nur auf Gesetz beruhen. Art. 9 Satz 2 bezieht sich nur auf Expropriationen des Eigentums auf Grund einer speziellen Anordnung der Staatsgewalt zu allgemeinen Zwecken, er betrifft nicht die aus dem Nachbarrecht herrührenden Beschränkungen des Grundeigentums, und steht nicht entgegen, daß durch polizeiliche Verfügungen oder Verordnungen das Eigentum beschränkt oder verletzt, z. B. Klärbassins für die Ausflüsse von Fabriken und Bergwerken, Beleuchtung der Treppen, Anbringung hinreichender Abortgruben, Beseitigung von Ofenklappen, Errichtung von Notausgängen (bei Theatern), massive Treppen (bei feuergefährlichen Fabriken), Funkenfänger (bei Schornsteinen) aufgegeben werden; s. Arndt in Hirths Ann. 1866 S. 315; OVG. v. 9. 1. 84, E. X 315, Kammergericht v. 3. 10. und 10. 11. 81, E. III 301, IV 307, ferner XII 397, RG. 15. 3. 84 in Gruchots Beiträgen 1884 Beilageheft S. 975, RG. 19. 4. 81, E. in Strafs. IV 106, Erk. des OVG. v. 5. 5. 86, Entsch. XIII 272, 414 sowie Entsch. des OVG. XXIV 399, s. auch VIII 327, XI 367, XXI 411. Art. 9 hindert auch die Schulverwaltung nicht, mit Kosten verknüpfte neue Unterrichtsgegenstände einzuführen, die Bildung neuer Schulklassen anzuordnen, die Einkommen- und Pensionsverhältnisse der Volksschullehrer zu regeln und die Kosten hierfür im Verwaltungswege beizutreiben.

Die Polizei darf aber wegen Art. 9 nur in den gesetzlich zugelassenen Fällen und also nur dann in das Eigentum eingreifen, wenn Gefahr in polizeilicher Hinsicht vorliegt (wie dies z. B. das Allgem. Bergges. v. 24. 6. 65, GS. 705 §§ 198, 199 besonders ausspricht) und wenn (beides nach dem vernünftigen Ermessen der Polizeibehörde) die Gefahr nicht in anderer Weise beseitigt werden kann. Um ein Denkmal von allen Seiten sichtbar zu erhalten, kann sie also nicht einschreiten, OVG. IX 354. Der Eingriff ist (möglichst) gegen das Eigentum dessen zu richten, der die Gefahr hervorgerufen hat, oder der ihr vorzubeugen verpflichtet ist; gegen das Eigentum eines anderen nur, wenn einerseits die Gefahr in anderer Weise nicht anwendbar ist und (wiederum nach dem Ermessen der Polizeibehörde) der zugefügte Schaden zurücktritt gegen den dem gemeinen Wohl dadurch gebotenen Vorteil; vgl. hierzu die im allgemeinen übereinstimmenden Ausführungen in den Entsch. d. OVG. Bd. XII S. 397 ff., 401 ff., XXIV 406. Mit Rücksicht auf Art. 9 muß die Polizei, wenn mehrere Mittel der Abhilfe zu Gebote stehen, das wählen, was möglichst wenig in das Privateigentum und privatrechtliche Streitigkeiten eingreift, vgl.

OVG. XXXVIII 447. Für bloße Wohlfahrts- oder Schönheitszwecke darf die Polizei nicht in Privateigentum eingreifen, OVG. XXXIX 278, 415, Schultzenstein in der DJZ. 1902 Nr. 2; daher war Spezialgesetz (v. 2. 6. 02, GS. 159) nötig, um die Polizei zu ermächtigen, eine landschaftlich hervorragende Gegend vor Verunstaltung zu schützen. Eingriffe in das Eigentum lassen auch zu Ges. v. 12. 8. 05 (GS. 335) und 16. 8. 05 (GS. 342), welche die Verhütung von Hochwassergefahren bezwecken, ferner Ges. v. 10. 8. 04 (GS. 217), welches die Stärkung des Deutschtums gegenüber dem Polentum bezweckt.

2. Eine solche Entschädigung ist durch Art. 9 nur für Expropriationen, nicht aber für die in Anm. 1 erwähnten sonstigen Eigentumsbeschränkungen gegeben. Sie findet für letztere nur dann und nur so weit statt, wie sie in einem Spezialgesetze, z. B. RG. v. 20. 12. 99 (RGBl. 715 Art. 4), Ges. v. 18. 7. 92 (GS. 210), besonders vorgeschrieben ist, oder wo die polizeiliche Beschränkung des Eigentums nicht unmittelbar durch Rechtssatz, z. B. Gesetz oder allgemeine Polizeiverordnung, herbeigeführt (vgl. RG. Zivils. XIX 353, XXVI 338, XXXV 150, XLV 251 f., LX 326, LXXIV 294 und bei Gruchot XXXV 117, XXXIV 929, sondern deren Eintritt von einem im konkreten Fall auf Grund der besonderen Verhältnisse desselben sich ergebenden freien Willensentschlusses der Verwaltung abhängig gemacht ist, vgl. Rosin, Polizeiverordnungsrecht, 2. Aufl. S. 149, Stölzel, Rechtsweg und Kompetenzkonflikte S. 220 ff., Strieth, Rechtsfälle Bd. 53 S. 31, Bd. 86 S. 81, RG. Zivils. VI 289, XXVIII 275, XXXVI 277, Meyer-Anschütz, Lehrb. d. Deutsch. Staatsrechts S. 815. Dagegen E. Löning, Verwaltungsrecht S. 254 ff., Leuthold in Hirths Annalen 1884 S. 265, Anschütz im Verwaltungsarchiv V 1 ff., v. Stengel in Hirths Annalen 1901 S. 490 f., 561 f. u. a. vertreten die Ansicht, daß auch in Fällen der letzteren Art keine Entschädigung zu zahlen ist, während O. Mayer, VR. II. 345 f. (abgesehen von polizeilichen Maßregeln), Dernburg, Pandekten § 72, Regelsberger, Pandekten § 113 Nr. VII und O. Gierke, Deutsches Privatr. I S. 195, in allen Fällen, die einen Eingriff in das Eigentum enthalten, einen Entschädigungsanspruch annehmen. Je nach den Umständen ist der Entschädigungsanspruch gegen den Staat oder den Privaten zu richten, zu dessen Gunsten der Eingriff erfolgte.

3. Dieses Gesetz über die Enteignung von Grundeigentum ist am 11. 6. 74 (GS. 221) ergangen. Neben diesem Gesetz sind gemäß § 54 desselben unter anderem die Vorschriften über die Entziehung und Beschränkung des Grundeigentums im Interesse der Landeskultur, des Bergbaues (s. hierfür Allgem. Berggeſ. v. 24. 5. 65, GS. 705, §§ 135 ff.), der Landestriangulation in Geltung geblieben. Auch gibt es nicht wenige reichsrechtliche Vorschriften über Expropriation, z. B. im Ges. v. 7. 4. 69, betr. Maßregeln gegen die Rinderpest (BGBl. 105), betr. Abwehr 2c. von Viehseuchen v. 23. 6. 80 (RGBl. 153), über die Kriegsleistungen v. 13. 6. 73 (RGBl. 129) und über die Naturalleistungen 2c. v. 13. 2. 75 (RGBl. 52), Ges. betr. die Beschränkungen des Grundeigentums in der Umgebung von Festungen v. 21. 12. 71 (RGBl. 150).

Wegen Art. 9 konnte die Beschlagnahme des Vermögens des Königs von Hannover nur durch Gesetz erfolgen, Ges. v. 2. 3. 68 (GS. 166). Wegen Art. 9 können u. a. das Wege- und Wasserrecht nur durch Gesetz geregelt werden, da dazu unmittelbare Eingriffe in das Eigentum nötig sind, s. Arndt, Selbst. VR. S. 78.

Art. 10. Der bürgerliche Tod und die Strafe[1]) der Vermögenseinziehung[2]) finden nicht statt.[3]) [3])

1. Die Strafen sind jetzt in der Hauptsache nach dem StGB. zu bemessen; für landesgesetzliche Strafen s. § 5 des EG. z. StGB. Art. 10 entspricht der const. belge art. 12: „La peine de la confiscation des biens ne peut être établie"; art. 13: „La mort civile est abolie, elle ne peut être rétablie".

2. Die Vermögensbeschlagnahme findet statt auf Grund reichsrechtlicher Normen in den Fällen StGB. § 93 (Hoch- und Landesverrat) und § 140 (Verletzung der Wehrpflicht). Das Verfahren s. StPO. §§ 480 bezw. 425, 426; s. auch § 340.

Die Einziehung (Konfiskation) einzelner Vermögensgegenstände als Strafe ist durch Art. 10 nicht ausgeschlossen; s. z. B. StGB. §§ 40, 42, 152, 295, 360, 367, 369, Feld- und Forstpolizeiges. v. 1. 4. 80 (GS. 230) § 23. Selbstverständlich ist, daß Art. 10 der reichsrechtlich normierten Konfiskation einzelner Gegenstände nicht entgegensteht (z. B. Vereinszollges. v. 1. 7. 69, BGBl. 317 §§ 134, 135).

3. Die Bestimmungen der §§ 1199 bis 1203 Tl. II Tit. 11 ALR., wonach Mönche und Nonnen nach abgelegtem Klostergelübde in Ansehung aller weltlichen Geschäfte als verstorben angesehen werden sollen, sind nicht durch Art. 10, der den bürgerlichen Tod nur als Strafmittel betrifft (RG. in Zivils. XLI 311; s. auch v. Rönne-Zorn II 205 Anm. 2, OTr. 4. 2. 61 in Striethorst Arch. 40, 230), wohl aber durch das BGB. bezw. Preuß. Ausführ.-Ges. v. 20. 9. 99 GS. 177 Art. 89, soweit sie sich auf das bürgerliche Recht beziehen (vgl. Art. 55 EG. z. BGB.), aufgehoben. Dagegen bleiben nach Art. 87 EG. z. BGB. die landesgesetzlichen Vorschriften, welche die Wirksamkeit von Schenkungen an Mitglieder religiöser Orden oder ordensähnlicher Kongregationen von staatlicher Genehmigung abhängig machen, unberührt; desgleichen die landesgesetzlichen Vorschriften, nach welchen Mitglieder religiöser Orden oder ordensähnlicher Kongregationen nur mit staatlicher Genehmigung von Todes wegen erwerben können. Mitglieder solcher religiöser Orden oder ordensähnlicher Kongregationen, bei denen Gelübde auf Lebenszeit oder auf unbestimmte Zeit nicht abgelegt werden, unterliegen nicht den vorangeführten Vorschriften.

Art. 11.[1]) Die Freiheit der Auswanderung kann von Staatswegen[2]) nur in Bezug auf die Wehrpflicht[3]) beschränkt werden.

Abzugsgelder dürfen nicht erhoben werden.[4])

I. Nach Art. 3 Ziffer 1 der Reichsverfassung unterliegt die Auswanderung nach außerdeutschen Ländern der Beaufsichtigung seitens des Reichs und der Gesetzgebung desselben. Die Auswanderung ist nur in bezug auf Militärverhältnisse durch die §§ 15 und 17 des Ges. über die Erwerbung und den Verlust der Bundes- und Staatsangehörigkeit v. 1. 6. 70 (BGBl. 355) beschränkt. Aus anderen öffentlichrechtlichen, abgesehen von strafgerichtlichen Gründen, z. B. wegen rückständiger Steuern, darf sie nicht beschränkt werden (Entsch. des OVG. XV 405). Die Zulassung und Ueberwachung der Auswanderungsunternehmer und Auswanderungsagenten fallen nicht unter die Reichs-Gewerbeordnung, s. § 6 derselben, unterstehen also nicht der Gewerbefreiheit. In Preußen galt namentlich Ges., betr. die Beförderung von Auswanderern, v. 7. 5. 53 (GS. 729). Jetzt gilt RG. über das Auswanderungswesen v. 9. 6. 97 (RGBl. 463); s. hierzu Bek. v. 14. 3. 98, RGBl. 39, über Auswandererschiffe, dazu Bek. v. 1. 3. 04 (RGBl. 138). Nunmehr bestellt das Reich Aufsichtskommissare, deren Tätigkeit im wesentlichen eine beaufsichtigende ist.

Kein Reichsangehöriger darf des Landes verwiesen, s. § 2 des Ges. über die Freizügigkeit v. 1. 11. 67

(BGBl. 55), oder einer fremden Regierung zum Zwecke strafgerichtlicher Untersuchung ausgeliefert werden (§ 9 RStGB.).

2. Privatrechtliche Beschränkungen, z. B. aus dem ehelichen Rechte, der väterlichen und vormundschaftlichen Gewalt, sind hierdurch nicht berührt. Ebensowenig hat jemand ein Recht, sich durch Auswanderung einer Untersuchungs- oder Strafhaft zu entziehen (vgl. auch Mot. zum § 17 des Ges. v. 1. 6. 70, Anl. z. d. StenBer. des Reichstages 1870 S. 159).

3. S. jetzt StGB. §§ 140 und 360 Nr. 3; ferner Reichsmilitärges. v. 2. 5. 74 (RGBl. 45) §§ 57 bis 59, 61, 69 Nr. 6, Ges. v. 6. 5. 80 (RGBl. 103) Art. I § 3; Ges. v. 11. 2. 88 (RGBl. 11), v. 3. 8. 93 (RGBl. 234), v. 25. 3. 99 (RGBl. 214), ferner Ges. v. 1. 6. 70 (BGBl. 351) §§ 15 und 17.

4. Auch nicht im Wege der Retorsion, s. z. B. Abkommen mit Dänemark v. 5. 2. 91 (RGBl. 346).

Art. 12. Die Freiheit des religiösen Bekenntnisses,[1]) der Vereinigung zu Religionsgesellschaften (Art. 30 und 31)[2]) und der gemeinsamen häuslichen und öffentlichen Religionsübung wird gewährleistet.[3]) Der Genuß der bürgerlichen und staatsbürgerlichen Rechte ist unabhängig von dem religiösen Bekenntnisse.[4]) Den bürgerlichen und staatsbürgerlichen Pflichten darf durch die Ausübung der Religionsfreiheit kein Abbruch geschehen.[5])[6])

1. Art. 12 entspricht art. 14 u. 15 const. belge; art. 14: „La liberté des cultes, celle de leur exercise public, ainsi que la liberté de manifester ses opinions en toute manière sont garanties, sauf la repression

des délits commis à l'occasion de l'usage de ces libertés.“ Art. 15: „Nul ne peut être contraint de concourir d'une manière quelconque aux actes et aux cérémonies d'un culte, ni d'en observer les jours de repos“. Art. 16 (Abs. 1): „L'État n'a le droit d'intervenir ni dans la nomination ni dans l'installation des ministres d'un culte quelconque, ni de défendre à ceux-ci de correspondre avec leurs supérieurs, et de publier leurs actes, sauf, en ce dernier cas, la responsabilité ordinaire en matière de presse et de publication“, worin das belgische Recht (Thonissen Nr. 72) nur eine unmittelbare Folge du principe constitutionel de la liberté individuelle sieht. Schon das ALR. II Tit. 11 §§ 1 ff. gewährleistete die Gewissens- und Glaubensfreiheit. Alle Religionsgesellschaften sollten sich in allen Angelegenheiten, welche sie mit anderen bürgerlichen Gesellschaften gemein haben, nach den Gesetzen des Staates richten. Die Privat- und öffentliche Religionsübung einer jeden Kirchengesellschaft war dem Oberaufsichtsrechte des Staates unterworfen, der auch berechtigt war, von dem, was in der Versammlung der Kirchengesellschaft gelehrt und verhandelt wird, Kenntnis zu nehmen. Geduldeten Religions- und Kirchengesellschaften war die freie Ausübung des Privatgottesdienstes gestattet. Um die Rechte einer geduldeten Kirchengesellschaft zu erlangen, waren die Meldung und der Nachweis erforderlich, daß Ehrfurcht gegen die Gottheit, Gehorsam gegen die Gesetze, Treue gegen den Staat und sittlich gute Gesinnungen gegen die Mitbürger nicht mißachtet werden. Der Uebergang aus einer Religionsgesellschaft zu einer anderen war gestattet. Das Patent, betr. die Bildung neuer Religionsgesellschaften v. 30. 3. 47 (GS. 121), wiederholt im wesentlichen die Grundsätze des Landrechts und stellt die Anhänger der sog. kleinen christlichen Religionsgesellschaften sowie die Juden (diese unter Ausschluß von gewissen

Aemtern) den historischen Religionsparteien annähernd gleich. Die staatliche Genehmigung zur Religionsübung, welche ALR. Tl. II Tit. 11 § 10 vorschrieb, ist fortgefallen durch Art. 12, s. auch Erk. d. OVG. v. 3. 12. 87, Entsch. XVI 387.

Die öffentliche Religionsübung bedeutet nicht das Recht, an öffentlichen Orten, wo dies nicht hergebracht, außer mit besonderer obrigkeitlicher Erlaubnis, Prozessionen, Wallfahrten u. dgl. zu veranstalten, Thonissen Nr. 83, Preuß. Vereinsges. v. 11. 3. 50 (GS. 277) §§ 9, 10; selbst wo diese hergebracht, sind aus polizeilichen Gründen Beschränkungen zum Schutze anderer Religionsgesellschaften statthaft, OVG. XXIII 409. Auch sind die Vorschriften (ALR. II Tit. 11 § 176), wonach zur Errichtung von Kirchengebäuden staatliche Genehmigung erforderlich ist, nicht aufgehoben, vgl. OVG. XXXVII 439; zur Errichtung von Gebäuden anderer Religionsgesellschaften ist solche Genehmigung nicht erforderlich, OVG. l. c.

Die Religionsübung ist geschützt durch §§ 166, 167 StGB., die auch nicht mit Korporationsrechten versehene Religionsgesellschaften, z. B. die Heilsarmee, schützen, RG. v. 5. 10. 00, GA. Bd. 47 S. 435.

2. Die Bezugnahme auf Art. 30 u. 31 ergibt, daß auch für die religiösen Vereine prinzipaliter die allgemeinen Normen über das Vereins- und Versammlungsrecht anwendbar sind; OR. XVII 14, GA. XXIV 675, Johow V 273, ferner VMBl. 1850 S. 250. Haben religiöse und kirchliche Vereine keine Korporationsrechte, so gelten sie als solche, welche eine Einwirkung auf öffentliche Angelegenheiten bezwecken und ihre Versammlungen als solche, in denen öffentliche Angelegenheiten erörtert werden, d. h. sie müssen Statuten und Mitgliederverzeichnis der Ortspolizeibehörde zur Kenntnisnahme einreichen und von ihren Versammlungen dieser vorher Anzeige machen; Ges. v. 11. 3. 50 (GS. 277) § 2.

3. Das Ges., betr. den Austritt aus der Kirche v. 14. 5. 73 (GS. 207) gestattet den Austritt aus einer Kirche mit bürgerlicher Wirkung durch eine in Person (OVG. XII 238) vor dem Richter abzugebende Erklärung. So lange der Ausgetretene keinem andern Schulverbande zugewiesen ist, wird er von den Schullasten für die Schule seiner alten Konfession nicht befreit, OVG. XIX 192, auch wenn er z. B. von der evangelischen Kirche zu den Altlutheranern übergetreten ist, OVG. XIX 210. Die Altkatholiken gelten bis zum Austritt gemäß dem Ges. v. 14. 5. 73 als Glieder der katholischen Kirche, OVG. XIX 210; s. auch G. v. 4. 7. 75 GS. 333.

Mit der Freiheit der Religionsübung ist auch die des Religionsunterrichts gewährleistet. Letztere unterliegt daher nicht den Art. 20 und 22, sondern dem Art. 12 der VerfassUrk. Auch die Religionsgesellschaften, welche Korporationsrechte nicht besitzen, können über die im Vereinsges. v. 11. 3. 50 gezogenen Schranken hinaus präventiv nicht gehindert werden, in ihren Versammlungen und als Teil der gemeinsamen Religionsübung durch ihre Vorsteher, Prediger, Sprecher, auch die Belehrung, den Unterricht über religiöse Meinungen und Lehren an Erwachsene oder an Kinder jeden Alters erteilen zu lassen; repressiv finden auf solche Unterweisungen die allgemeinen Gesetze Anwendung, OVG. 21. 11. 91, XXII 396 ff.

4. Dieser Satz ist nicht übereinstimmend ausgelegt worden (vgl. v. Rönne § 142 II S. 170). Jetzt gilt (Reichs-)Ges., betr. die Gleichberechtigung der Konfessionen in bürgerlicher und staatsbürgerlicher Beziehung v. 3. 7. 69 (BGBl. 292): „**Alle noch bestehenden, aus der Verschiedenheit des religiösen Bekenntnisses hergeleiteten Beschränkungen der bürgerlichen und staatsbürgerlichen Rechte werden hierdurch aufgehoben. Insbesondere soll die Befähigung zur Teilnahme an der Gemeinde- und Landesvertretung und zur Bekleidung öffentlicher Aemter**

vom religiösen Bekenntnisse unabhängig sein." Dieses Gesetz bezieht sich nicht auf Ausländer, Erk. des RG. v. 22. 12. 85, Entsch. in Strafs. XIII 207.

5. Die Mot. in der Denkschrift des Ministers von Ladenberg v. 15. 12. 48 S. 7 bemerken hierzu: „Sollte also z. B. künftig eine Religionsgemeinschaft zum Verderben des heranwachsenden Geschlechtes unsittliche Lehren verbreiten, sollte sie unter dem Scheine der Religion die Verfassung des Staates angreifen oder sollte sie die neben ihr stehenden Gemeinschaften in ihrem verfassungsmäßigen Rechte kränken oder unter dem Vorwande der Religionsübung den öffentlichen Frieden stören, so würde sie sich vergeblich gegen die repressiven Maßregeln der Staatsgewalt auf die Freiheit berufen, weil eine Religion, welche sich ein solches Ziel setzt, keinen Anspruch auf den öffentlichen Schutz hat, und weil in der Gewissensfreiheit das Recht, gewissenlos zu handeln, nicht enthalten ist." In den §§ 13 und 27 ALR. II 11 ist vorgeschrieben, daß jede Religionsgesellschaft ihren Mitgliedern Ehrfurcht gegen die Gottheit, Gehorsam gegen die Gesetze, Treue gegen den Staat und sittlich gute Gesinnung gegen ihre Mitglieder einflößen soll, und daß sich sowohl öffentlich aufgenommene als bloß geduldete Religions- und Kirchengesellschaften in allen Angelegenheiten, die sie mit anderen bürgerlichen Gesellschaften gemein haben, nach den Gesetzen des Staates richten müssen.

6. Die Freiheit der Religionsübung und des Gottesdienstes schließt das Recht der Polizeibehörde nicht aus, gemäß § 10 ALR. II 17 Vorkehrungen zum Schutze des Publikums zu treffen, also z. B. wegen Ueberfüllung, welche das Leben gefährdet, Vermeidung von Feuersgefahr, mit Bezug auf ansteckende Epidemien, das Erforderliche vorzuschreiben, vgl. die Anm. 2, 3 und 4 zu Art. 5, Erk. des OVG. v. 26. 6. 80 und 3. 12. 87, Entsch. VI 371 und XVI 387.

Der Schutz der äußerlichen kirchlichen Ordnung der anerkannten Religionsgesellschaften bildet einen Teil der Landes- nicht der Ortspolizei; Erl. des OVG. v. 10. 12. 84 (BMBl. 85 S. 22), OVG. XX 422, XXXI 420. Die Verordnung der Landespolizeibehörde (Regierung), die das Halten von Leichenreden durch Laien auf den unter Aufsicht und Verwaltung einer Kirche stehenden Totenhöfen ohne zuvorige Genehmigung des zuständigen Pfarrers untersagt, steht (da sie den Schutz der äußerlichen kirchlichen Ordnung bezweckt) nicht in Widerspruch mit Art. 12, RG. v. 15. 6. 87 III 307.

Art. 13.[1]) Die Religionsgesellschaften,[2]) so wie die geistlichen Gesellschaften,[3]) welche keine Korporationsrechte haben, können diese Rechte nur durch besondere Gesetze[4]) erlangen.

1. Die im Staate öffentlich aufgenommenen Kirchengesellschaften haben gemäß § 17 ALR. II 11 die Rechte privilegierter (öffentlicher, s. indes Schön, Preuß. Kirchenrecht I 172 und Kahl, Lehrsystem I 332 f.) Korporationen. Nur die ihnen gehörenden gottesdienstlichen Gebäude werden „Kirchen“ genannt und haben als solche die Vorrechte der öffentlichen Gebäude des Staats (ALR. II 11 § 18; s. auch §§ 19, 96, 97, 160 f., bes. 174, 774 bis 776); sie sind im Sinne des Ges. v. 24. 2. 50 (GS. 67) Kirchen und Kapellen und andere dem öffentlichen Gottesdienste gewidmete Gebäude, OVG. XIX 92; s. auch OVG. XXXVIII 75 u. Bd. 43, 64, wonach die in den 1866 einverleibten Provinzen vorkommenden Religionsgesellschaften nicht die Rechte der „Kirchen“ haben. Oeffentlich aufgenommen oder, wie das Patent v. 30. 3. 47 (GS. 121) sagt, „geschichtlich und nach Staatsverträgen bevorrechtigt“ sind nur die katholische Kirche (Religionsedikt v. 9. 7. 1788 in Rabe, Samml. preuß. Ges. I Abt. 7 S. 726) (als welche auch die altkatholische gilt,

Ges. v. 4. 7. 75 (GS. 333), und die aus der lutherischen und reformierten vereinigte evangelische Landeskirche (KabO. v. 27. 9. 17, betr. die Vereinigung der lutherischen und reformierten Kirche, in v. Kamptz Ann. I 1 S. 64 und KabO. v. 3. 4. 21 in v. Kamptz Ann. V S. 341 (wo die Bezeichnung evangelisch statt der im ALR. II 11 § 39 gebrauchten vorgeschrieben wird), s. auch KabO. v. 30. 4. 30, GS. 84). Die Kirchen sind frei von direkten Staats- wie Kommunalsteuern, OVG. XXXIX 142. S. auch unter Anm. 2 zum Schluß.

Korporationsrechte haben außerdem nachstehende, nicht bevorrechtigte Religionsgesellschaften:

a) die von der Gemeinschaft der evangelischen Landeskirche sich getrennt haltenden Lutheraner, die sich nicht „ev. lutherisch“ nennen dürfen, OVG. XXXVIII 435, Generalkonzession v. 23. 7. 45 (GS. 516 Nr. 3) und die Reformierte Niederländische Konfession, Generalkonzession v. 24. 11. 49 (BMBl. 1854 S. 7);

b) die Herrenhuter und Böhmischen Brüder, Generalkonzession v. 7. 5. 46 und 18. 7. 63;

c) die Synagogengemeinden nach Maßgabe des Ges. v. 23. 6. 47 (GS. 263) § 37, s. auch § 6 des Ges. v. 28. 7. 76, betreffend den Austritt aus den jüdischen Synagogengemeinden (GS. 353);

d) die Mennonitengemeinden nach Maßgabe des Ges. v. 12. 7. 74 (GS. 238) §§ 1, 2;

e) die Baptistengemeinden nach Maßgabe des Ges. v. 7. 7. 75 (GS. 374) §§ 1, 2.

Religionsgesellschaften ohne Korporationsrechte sind namentlich (Schwartz S. 77) Irwingianer, Nazarener, freie Gemeinden, Deutsch-Katholiken, Philipponen, diese sind reine Privatgesellschaften, s. Anm. 2.

Die dem Gottesdienste gewidmeten Gebäude der zu a bis e genannten Gemeinden haben weder den Namen noch die Rechte der Kirchen (ALR. II 11 § 18), Patent, die Bildung neuer Religionsgesellschaften betr., 30. 3. 47 (GS. 121), bedürfen jedoch keiner staatlichen Genehmigung, OVG. XXXVII 439, oben Anm. 1 zu Art. 12.

2. Unter Religionsgesellschaft war (im Sinne des ALR.) nicht die Gesamtkorporation, sondern nur die einzelne Gemeindeverbindung zu verstehen (s. v. Kamptz Ann. II S. 73). Jetzt besitzen juristische Persönlichkeit u. a. die Evangelische Einzelgemeinde, die Kreis-, die Provinzialgemeinde, endlich die evangelische Landeskirche und die katholische Kirche als solche, s. auch OVG. 43, 167 und die Bulle de Salute animarum GS. 1822 S. 113, OVG. 43, 167.

Nach Art. 86 EG. z. BGB. bleiben die landesgesetzlichen Vorschriften unberührt, welche den Erwerb von Rechten durch juristische Personen beschränken oder von staatlicher Genehmigung abhängig machen, also auch das Ges. v. 23. 2. 70 (GS. 118), soweit diese Vorschriften Gegenstände im Werte von mehr als 5000 M. betreffen.

Als Geistliche im Sinne der Steuerprivilegien gelten u. a. nicht die Rabbiner, OVG. 10. 7. 97 PrVBl. XIX 82, noch die Religionsdiener der nicht aufgenommenen Konfessionen, z. B. Altlutheraner, Mennoniten, OVG. XXXIII 29, XXXVI 21. Im Sinne des § 12 des Reichs-Erbschaftssteuerges. v. 3. 6. 06 (RGBl. 620), s. Arndt, Komm. z. Reichsverfass., 3. Aufl., S. 375 ff. sind unter Kirchen und kirchlichen Zwecken alle inländischen zugelassenen Religionsgesellschaften, denen die Rechte juristischer Personen zustehen, sowie die Zwecke dieser Religionsgesellschaften zu verstehen.

3. Geistliche Gesellschaften sind (ALR. II 11 §§ 939 ff.) nur die vom Staate aufgenommenen Stifte, Klöster und Orden: die katholischen Domstifte und Kapitel, die Kollegialstifte, Klostergesellschaften, die geistlichen Ritterorden, die protestantischen Stifte, Klöster und Ritterorden. Das Ges. v. 4. 7. 72 (RGBl. 252) schließt den Orden Jesu und die ihm verwandten Orden und ordens-

ähnlichen Kongregationen vom Gebiete des Deutschen Reichs aus, verbietet jede Ordenstätigkeit, OVG. XXXVII 430, untersagt die Errichtung neuer und verfügt die Aufhebung bestehender Niederlassungen. S. hierzu Bek. v. 5. 7. 72 und 20. 5. 73 (RGBl. 1872 S. 254, 1873 S. 109). Als verwandte Orden sind die Redemptoristen und die Priester vom heiligen Geist nicht (mehr) anzusehen; Bek. v. 18. 7. 94 (RGBl. 503). Das Ges. v. 31. 5. 75 (GS. 217) erklärte „alle Orden und ordensähnlichen Kongregationen der katholischen Kirche" vom Gebiete der preußischen Monarchie für ausgeschlossen, mit Ausnahme der ausschließlich der Krankenpflege gewidmeten, Art. 5 des Ges. v. 29. 4. 87 (GS. 127) läßt diejenigen wieder zu, welche sich a) der Aushilfe in der Seelsorge, b) der Uebung der christlichen Nächstenliebe, c) dem Unterricht und der Erziehung der weiblichen Jugend in höheren Mädchenschulen und gleichartigen Erziehungsanstalten widmen, und d) deren Mitglieder ein beschauliches Leben führen. Das Ges., betr. die Verleihung von Korporationsrechten an Niederlassungen geistlicher Orden und ordensähnlicher Kongregationen der katholischen Kirche v. 22. 5. 88 (GS. 113) hat einer Anzahl Niederlassungen von Orden und Kongregationen Korporationsrechte verliehen.

4. Damit ist der Verordnungsweg ausgeschlossen. Solche Gesetze, deren Erlaß auch vor Emanation des in Art. 31 vorgesehenen allgemeinen Gesetzes über Korporationen statthaft ist, sind die vorzitierten Ges. v. 12. 6. 74 (GS. 231) und v. 7. 7. 75 (GS. 374).

Art. 14. Die christliche Religion wird bei denjenigen Einrichtungen des Staats, welche mit der Religionsübung im Zusammenhange stehen, unbeschadet der im Art. 12 gewährleisteten Religionsfreiheit, zum Grunde gelegt.

Art. 14 ist neu bei der Revision in die VerfassUrk. eingefügt worden. Er bezieht sich nach Wortlaut und Entstehung nur auf die mit der Religionsübung im Zusammenhange stehenden Einrichtungen, z. B. was öffentliche Feiertage sind, welchen Charakter die öffentlichen Schulen haben, was für theologische Lehrstühle an den Hochschulen zu errichten sind (s. Rede Stahls in den StenBer. der I. Kammer 1849/50 S. 978). Hiernach und mit Bezug auf den konfessionellen Charakter der Volksschulen wird der Staat als christlicher bezeichnet, ebenso Rieker, Die Stellung des modernen Staates zu Religion und Kirche, Dresden 1895; dagegen Kahl, Lehrsystem I S. 271 f., 301 f. und Meyer-Anschütz S. 850.

Ueber kirchliche Simultanverhältnisse vgl. Sehling im Arch. f. öff. Recht Bd. 7 S. 1. ff.

Die Art. 15,[1] 16[1]) und 18[1]) sind durch folgendes Ges. v. 18. Juni 1875 (GS. 259) aufgehoben.[2]) [3]).

„Die Art. 15, 16 und 18 der VerfassUrk. v. 31. 1. 50. sind aufgehoben."

v. Rönne § 162. S. auch Mot. z. Ges. v. 18. 6. 75 in den StenBer. des AbgH. 1875, Anl. Bd. II S. 1513.

1. Dieselben lauteten:

Art. 15: „Die evangelische und die römisch-katholische Kirche, sowie jede andere Religionsgesellschaft, ordnet und verwaltet ihre Angelegenheiten selbständig und bleibt im Besitz und Genuß der für ihre Kultus-, Unterrichts- und Wohlthätigkeitszwecke bestimmten Anstalten, Stiftungen und Fonds."

Art. 16: „Der Verkehr der Religionsgesellschaften mit ihren Oberen ist ungehindert. Die Bekanntmachung kirchlicher Anordnungen ist nur denjenigen Beschränkungen unterworfen, welchen alle übrigen Veröffentlichungen unterliegen."

Art. 18: „Das Ernennungs-, Vorschlags-, Wahl- und Bestätigungsrecht bei Besetzung kirchlicher Stellen ist, soweit es dem Staate zusteht, und nicht auf dem Patronat oder besonderen Rechtstiteln beruht, aufgehoben.

Auf die Anstellung von Geistlichen beim Militair und an öffentlichen Anstalten findet diese Bestimmung keine Anwendung."

2. Nach dem bis zur Verfassung in Preußen bestandenen Rechte (ALR. II 11) hatte der Staat ein ausgedehntes weltliches Oberaufsichtsrecht über alle Kirchengesellschaften, wonach u. a. jede Religionsübung der Oberaufsicht des Staates unterlag (s. Anm. 1 zu Art. 12). Demgegenüber sanktionierten die Art. 15, 16 und 18, welche dem art. 16 der const. belge entsprechen (l'État n'a le droit d'intervenir ni dans la nomination des ministres d'un culte quelconque, ni de défendre à ceux-ci de correspondre avec leurs supérieurs et de publier leurs actes, sauf, en ce dernier cas, la responsabilité ordinaire en matière de presse et de publication), die Unabhängigkeit der Kirche vom Staate, mit der auch eine staatliche Disziplin über Kirchendiener unvereinbar ist. Da diese Artikel dem Erlasse kirchenpolitischer Gesetze entgegenstanden, erfolgte deren Aufhebung. Vor der Aufhebung der Art. 15, 16 und 18 hatte das Ges. v. 5. 4. 73 (GS. 143) die Art. 15 und 18 in nachstehender Weise verändert:

Art. 15: „Die evangelische und die römisch-katholische Kirche, sowie jede andere Religionsgesellschaft ordnet und verwaltet ihre Angelegenheiten selbständig, bleibt aber den Staatsgesetzen und der gesetzlich geordneten Aufsicht des Staates unterworfen.

Mit der gleichen Maßgabe bleibt jede Religionsgesellschaft im Besitz und Genuß der für ihre Kultus-,

Unterrichts- und Wohltätigkeitszwecke bestimmten Anstalten, Stiftungen und Fonds."

Art. 18: „Das Ernennungs-, Vorschlags-, Wahl- und Bestätigungsrecht bei Besetzung kirchlicher Stellen ist, soweit es dem Staat zusteht und nicht auf dem Patronat oder besonderen Rechtstiteln beruht, aufgehoben.

Auf Anstellung von Geistlichen beim Militair und an öffentlichen Anstalten findet diese Bestimmung keine Anwendung.

Im Uebrigen regelt das Gesetz die Befugnisse des Staates hinsichtlich der Vorbildung, Anstellung und Entlassung der Geistlichen und Religonsdiener und stellt die Grenzen der kirchlichen Disziplinargewalt fest."

3. Die Aufhebung der Art. 15, 16 und 18 hat keine rückwirkende Kraft. Soweit diese Artikel frühere, vor Erlaß der VerfassUrk. bestandene Vorschriften, z. B. das placetum regium (ALR. II 11 §§ 117, 118), beseitigt haben, sind diese durch die Aufhebung der Artikel nicht wieder in Kraft getreten. Vgl. auch RG. in Strafs. VI 91, XXII 118, Bierling, Arch. f. öff. R. Bd. 7 S. 2196; s. auch Meyer-Anschütz S. 838. Der recursus ab abusu bezw. appel comme d'abus hat in Preußen nach der Verfassung nicht bestanden, durch Ges. v. 12. 5. 73 (GS. 198) (§§ 10—23, 32—34) auf vielen Gebieten eingeführt, besteht er zur Zeit nur noch in Fällen der Entlassung eines Kirchenvorstehers oder Gemeindevertreters in Form einer Beschwerde an den Kultusminister gemäß Art. 9, 10 Ges. v. 21. 5. 86 (GS. 147). Die Kirchenbeamten (Geistliche, Superintendenten) sind nicht einmal mittelbare Beamte mehr, OVG. XIX 44, die Konsistorien und der Oberkirchenrat keine staatlichen, vielmehr kirchenregimentliche Behörden; doch haben ihre Mitglieder regelwidrig die Rechte und Pflichten der

Staatsbeamten, z. B. in bezug auf Disziplinarrecht, Steuern, Konfliktverfahren, OVG. XXXV 447. Die angezogenen Ges. v. 5. 4. 73 und 18. 6. 75 beziehen sich nur auf die kirchlichen Angelegenheiten, nicht z. B. auf die Kirchenbuchführung als staatliche Einrichtung, RG. in Straff. XXII 118. Die Rechte und Pflichten, welche dem Staat als Patron, ferner aus dem Breve quod de fidelium oder Re sacra usw. oder der Bulle de salute animarum v. 23. 8. 21 (GS. 113) zustehen in bezug auf die Zirkumskription der Bischofsdiözesen oder Bischofswahlen, Besetzung von Domkapitelstellen usw. sind in Kraft geblieben; s. auch Stutz in v. Holtzendorffs Encykl. S. 948 f. Ferner sind nach Art. 134 EG. z. BGB. die landesgesetzlichen Vorschriften über die religiöse Erziehung der Kinder unberührt geblieben, s. auch Art. 89 preuß. AG. z. BGB. v. 20. 9. 99 (GS. 177) Ziff. 1, insbesondere die Deklaration v. 21. 11. 1803, durch KabO. v. 17. 8. 25 (GS. 221) auch auf Rheinland u. Westfalen ausgedehnt, s. auch Johow, Jahrb. II 355 (Kurhessen), V 307 (Hannover), XIII 413 u. XIV 434 (Nassau), s. a. ALR. II 2 §§ 77, 78, 81—84.

Art. 17. Ueber das Kirchenpatronat und die Bedingungen, unter welchen dasselbe aufgehoben werden kann, wird ein besonderes Gesetz ergehen.

Das in Art. 17 verheißene besondere Gesetz ist noch nicht ergangen, vgl. auch v. Rönne § 162 (Bd. II S. 385 f.). Es gelten noch ALR. Tl. II Tit. 11 Abschn. 8 „von Kirchenpatronen“ u. Ges. v. 8. 5. 37 (GS. 99); s. auch RG. Zivils. XLIII 361. Das Patronat ist öffentlich-rechtlicher Natur. Ausgaben aus dem Patronat sind öffentliche, OVG. im PrVerwBl. X, 267.

Art. 18 ist aufgehoben, Ges. v. 18. Juni 1875 (GS. 259), s. oben S. 119.

Art. 19. Die Einführung der Civilehe erfolgt nach Maßgabe eines besonderen Gesetzes, was auch die Führung der Civilstandsregister regelt.

Dieses Gesetz erging am 9. 3. 74 über die Beurkundung des Personenstandes und die Form der Eheschließung (GS. 95). Dasselbe ist ersetzt durch das Reichsgesetz über die Beurkundung des Personenstandes und die Eheschließung v. 6. 2. 75 (RGBl. 23); s. auch Art. 46 EG. z. BGB. In dem art. 6 Abs. 2 der const. belge heißt es noch: „Le mariage civil devra toujours précéder la bénédiction nuptiale, sauf les exemptions établies par la loi, s'il y a lieu."

Vorbemerkung zu den Art. 20 bis 26. Arndt im Arch. f. öff. R. III S. 512 ff.

Nach dem unter die Uebergangsbestimmungen gestellten Art. 112 sollte es bis zum Erlaß des in Art. 26 vorgesehenen Unterrichtsgesetzes hinsichtlich des Schulwesens bei den jetzt geltenden gesetzlichen Bestimmungen bewenden. v. Rönne (§ 167 II S. 451/52), Schulze (Preuß. Staatsr. II S. 456) und früher das Abgeordnetenhaus (StenBer. 1864 S. 592 ff.) nahmen an, daß durch Art. 112 die Art. 20 bis 25 der Verfassung nur so weit suspendiert seien, wie sie zu ihrer Verwirklichung noch des Erlasses des im Art. 26 verheißenen Unterrichtsgesetzes bedürfen. Bierling (Die konfessionelle Schule in Preußen, Gotha 1875 S. 12 ff., 109 ff.) erachten dafür, daß die Art. 20 bis 25, soweit sie mit den bisherigen gesetzlichen Bestimmungen nicht in Widerspruch stehen, „als oberste Verwaltungsmaximen ansehen und als solche für alle weiteren Verwaltungsanordnungen auf dem Unterrichtsgebiete so lange bindend sind, als sie nicht im Wege der Verfassungsänderung beseitigt oder durch neue Gesetze unausführbar gemacht sind". Gneist (Die konfessionelle Schule rc., Berlin

1869 S. 12) erklärte die Art. 20 bis 25 als „Zukunftsrecht". Er erachtete somit dieselben als gänzlich suspendiert, ebenso G. Meyer, Verwaltungsrecht I S. 222, und E. Löning, Verwaltungsrecht S. 738, 752. Die letzte Auffassung ist die richtige; denn Art. 112 war durch Stiehl (anscheinend im Auftrage der Unterrichtsverwaltung) gerade zu dem Zwecke beantragt und von den Revisionskammern angenommen worden, damit die genannte Verwaltung an die Art. 20 bis 25 bis zum Erlasse des in Aussicht gestellten Unterrichtsgesetzes nicht gebunden sei (s. Arndt in der Zeitschr. f. öff. R. 1886 S. 512 ff.). Hiermit stimmt die Judikatur überein: Erk. d. OTr. v. 12. 10. 74 und 14. 6. 77 in Entsch. Bd. 73 S. 406 ff., Bd. 80 S. 377; s. auch OR. XV 655 und XVII 10, ebenso Schwartz S. 84. Die Art. 20 bis 25 haben hiernach nur die aktuelle Bedeutung, daß sie bei dem zukünftigen Unterrichtsgesetz dem Gesetzgeber als Richtschnur dienen. Andererseits verbot Art. 112 nicht gerade die Art. 20 bis 25, so daß die Unterrichtsverwaltung, wenn auch nicht verpflichtet, so doch berechtigt ist, die Art. 20 bis 25, soweit Gesetze nicht entgegenstehen, schon jetzt anzuwenden.

Art. 112 ist nunmehr durch § 2 Ges. v. 10. 6. 06 (GS. 333) aufgehoben und die konfessionellen Verhältnisse wie die Unterhaltung, Beaufsichtigung u. a. sind bezüglich der Volksschulen durch Ges. betreffend die Unterhaltung der öffentlichen Volksschulen vom 28. 7. 06 (GS. 335) geregelt.

Art. 20. Die Wissenschaft und ihre Lehre ist frei.

Diese Freiheit schließt nicht aus, daß (repressiv) das StGB. und alle Strafgesetze auch auf die Wissenschaft und ihre Lehre Anwendung finden, und ebensowenig (präventiv), daß, um Unterricht gewerbsmäßig zu erteilen, staatliche Genehmigung erforderlich ist (s. Art. 22).

Mit dem in Art. 20 ausgesprochenen Satze soll die Verwaltung die Direktive erhalten, die Wissenschaft nicht einseitig zu beeinflussen, bestimmte Lehrmeinungen nicht vorzuziehen, die Vorlesungen der Professoren nicht zu überwachen rc., entgegengesetzt dem Beschlusse des Deutschen Bundes v. 20. 9. 19, welcher gemäß der Bekanntmachung v. 18. 10. 19 (GS. 218) in Preußen als Gesetz publiziert wurde. Weiter als das preuß. Recht geht das belgische, art. 17 const. belge: „L'enseignement est libre; toute mesure préventive est interdite; la répression des délits n'est reglée que par la loi." Der belgischen Verfassung kam es vor allem darauf an, der Exekutive jede selbständige Verfügung über Art und Inhalt des öffentlichen Unterrichts zu entziehen (Thonissen Nr. 99 suiv.); deshalb lautet Art. 17 (Abs. 2): „L'instruction publique donnée aux frais de l'État est également réglée par la loi."

Art. 21. Für die Bildung der Jugend soll durch öffentliche Schulen genügend gesorgt werden.[1])

Eltern und deren Stellvertreter dürfen ihre Kinder oder Pflegebefohlenen nicht ohne den Unterricht lassen,[2]) welcher für die öffentlichen Volksschulen[3]) vorgeschrieben ist.[4])

1. Nach der Vorbemerkung zu dem Art. 20 stellt Abs. 1 des Art. 21 vorerst keinen (erzwingbaren) Rechtssatz auf. Nach belgischem Rechte ist nicht jede Schule Staatsanstalt; es brauchen, wo genügend Privat-, z. B. Klosterschulen bestehen, überhaupt keine öffentlichen (nicht einmal Gemeinde-) Schulen errichtet oder fortgehalten zu werden (Thonissen Nr. 103).

2. Es gilt das ältere Recht: im ALR. II 2 § 75, 12 §§ 7, 43 bis 48, ausgedehnt auf die nicht land-

rechtlichen Provinzen durch KabO. v. 24. 5. 25 (GS. 149); s. auch KabO. v. 20. 6. 35 (GS. 131). Die in den Provinzen Ost- und Westpreußen, in Schlesien und der Grafschaft Glatz bestandenen besonderen provinzialrechtlichen Vorschriften wegen der Höhe der Strafe sind durch Ges. v. 6. 5. 86 (GS. 144) aufgehoben. Es gilt auch in diesen Provinzen hierüber ALR. II 12 § 48. Für Hannover gilt Ges. v. 26. 5. 45 (GS. für Hannover S. 465) §§ 3 bis 5, für Nassau s. VerordnSammL. Bd. III S. 294, für Schleswig-Holstein die Chronol. Samml. der Verordn. 1814 S. 112 (v. Rönne, § 171 II S. 470). Die angedrohten Strafen sind sog. Kriminalstrafen, d. h. nur das Gericht kann wegen begangener Nichtbefolgung die Eltern bestrafen, und es ist, soweit es sich um begangene Nichtbefolgung handelt, die Exekutivstrafe ausgeschlossen; s. Erk. des Ger. z. Entsch. der Kompetenzkonflikte v. 14. 3. 63 (JMBl. 126) und des OVG. v. 12. 2. 81, Entsch. Bd. VII S. 215, Johow, Jahrb. der Entsch. d. KG. V 390, 396, OVG. XXXIV 232. Der Schulpflicht ist auf einer preußischen Volksschule zu genügen, Erk. d. Kammerger. v. 12. 4. 92, Zentralbl. der Unterrichtsverwaltung 1883 S. 152; der Besuch einer außerpreußischen Schule genügt nur, wenn er mit Erlaubnis der Schulaufsichtsbehörde erfolgt (Johow, Jahrb. der Entsch. d. KG. XI 315, dagegen V 390).

Es fehlt ein einheitliches Gesetz und damit die gleichmäßige Festsetzung des Beginns und Endes der Schulpflicht. Polizeiverordnungen, welche die Schulpflicht allgemein über das 14. Lebensjahr ausdehnen, sind ungültig, Entsch. d. KG. V 377.

Der Schulzwang bezieht sich nicht auf die Kinder der in Preußen wohnenden Nichtpreußen, Johow, Entsch. d. KG. XII 255. Zwischen den verschiedenen deutschen Staaten sind Abmachungen getroffen, Inhalts deren Kinder anderer Bundesstaaten dort, wo sie sich aufhalten, die öffentlichen Schulen besuchen dürfen und müssen; s. VMBl. 1876 S. 272, Schwartz S. 87 ff.

Der regelmäßige Schulbesuch kann auch polizeilich erzwungen werden, Johow, Jahrb. VIII 229.

3. Damit sind die sog. „gemeinen", „Elementar- und Volksschulen" verstanden, Erk. des OVG. v. 11. 3. 85, Entsch. XII 97, v. 15. 2. 89, Entsch. XVII 160.

4. Bezüglich des Religionsunterrichts gilt § 11 ALR. II 12: „Kinder, die in einer anderen Religion" (als des Vaters, §§ 74, 75 ALR. II 2, s. auch Deklaration v. 21. 11. 1803, GS. 1825 S. 221), „als welche in der öffentlichen Schule gelehrt wird, nach den Gesetzen des Staates erzogen werden sollen, können dem Religionsunterricht beizuwohnen nicht angehalten werden." Der Vater, auch wenn er einer staatlich anerkannten Religionsgesellschaft nicht angehört, muß seine Kinder, wenn er für deren religiösen Unterricht nicht in einer der Schulaufsichtsbehörde genügenden Weise sorgt, an dem Religionsunterricht in den öffentlichen Volksschulen teilnehmen lassen (allgemeine Verf. des Kultusministers v. 16. 1. 92 im ZentrBl. f. die ges. Unterrichtsverwaltung S. 435, Johow, Jahrb. VI 291, Schwartz S. 93 ff.), s. auch Schwartz S. 94.

Art. 22. Unterricht zu ertheilen und Unterrichtsanstalten zu gründen und zu leiten, steht Jedem frei, wenn er seine sittliche, wissenschaftliche und technische Befähigung den betreffenden Staatsbehörden nachgewiesen hat.

Die GewO. (§ 6) findet im allgemeinen auf das Unterrichtswesen keine Anwendung, ausgenommen auf die Erteilung von Tanz-, Turn- und Schwimmunterricht (GewO. § 35). Daraus, sowie in Verbindung mit der Vorbemerkung zu Art. 20 folgt, daß das preußische

Landesrecht in Kraft geblieben ist. Es gelten insbesondere ALR. II 12 §§ 3 bis 8, KabO. v. 10. 6. 34, betr. die Aufsicht des Staats über Privatanstalten und Privatpersonen, die sich mit dem Unterrichte und der Erziehung der Jugend beschäftigen (GS. 135), und dazu Staatsministerialbeschl. v. 31. 12. 39, VMBl. 1840 S. 94, gemäß V. v. 18. 2. 87 gültig für den ganzen Staat, LBl. f. die ges. Unterrichtsverwaltung 1887 S. 396. Hiernach bedürfen Privatunterrichts- und Erziehungsanstalten, desgl. (gewerbsmäßige) Privatlehrer, Hauslehrer, Erzieher und Erzieherinnen der staatlichen (widerruflichen), von der Regierung zu erteilenden Genehmigung. Vgl. auch Anm. 3 zu Art. 12. S. auch v. Stengel, Preuß. Staatsrecht S. 527 ff., Schwartz S. 97.

Diese Vorschriften beziehen sich indes nur auf den Unterricht der Jugend; Privatunterricht Erwachsenen zu erteilen, ist frei, Reskr. v. 27. 2. 62 (VMBl. 114). S. auch v. Rönne § 169. Um Schulen selbst nur für Erwachsene und nicht mehr Schulpflichtige zu halten, z. B. Mädchengymnasien, ist jedoch die staatliche Genehmigung nötig (KabO. v. 10. 6. 34 GS. 135 usw.).

Zum Einschreiten wegen unbefugten Erteilens von Unterricht sind nicht die Polizei-, sondern die Unterrichtsbehörden befugt, s. OVG. XXII 396, PrVerwBl. 1899 S. 267, s. auch OVG. XXVI 409, ferner oben Anm. 3 zu Art. 12. Anordnungen der Schulbehörden, durch die einer bestimmten Person bei Strafe verboten wird, Unterricht zu erteilen, unterliegen nicht der Anfechtung im Verwaltungsstreitverfahren, OVG. 26. 6. 96, PrVerwBl. XVIII 282.

Art. 23.[1]) Alle öffentlichen und Privat-Unterrichts- und Erziehungsanstalten[2]) stehen unter der Aufsicht vom Staate ernannter Behörden.[3])

Die öffentlichen Lehrer haben die Rechte und Pflichten der Staatsdiener.[4])

1. Art. 23 ist durch Art. 112 suspendiert (Vorbem. zu Art. 20). Es gilt daher das ältere Recht, insbes. ALR. II 12. Dieses ältere Recht ist, soweit es die öffentliche Aufsicht betrifft, durch das „in Ausführung des Art. 23 der Verf." ergangene Ges., betr. die Beaufsichtigung des Unterrichts- und Erziehungswesens, v. 11. 3. 72 (GS. 183) nur klarer gestellt:

„§ 1. Unter Aufhebung aller in einzelnen Landestheilen entgegenstehenden Bestimmungen steht die Aufsicht über alle öffentlichen und Privat-Unterrichts- und Erziehungs-Anstalten dem Staate zu.

Demgemäß handeln alle mit dieser Aufsicht betrauten Behörden und Beamten im Auftrage des Staates.

§ 2. Die Ernennung der Lokal- und Kreisschulinspektoren und die Abgrenzung ihrer Aufsichtsbezirke gebührt dem Staate allein.

Der vom Staate den Inspektoren der Volksschule ertheilte Auftrag ist, sofern sie dies Amt als Neben- oder Ehrenamt verwalten, jederzeit widerruflich.

Alle entgegenstehenden Bestimmungen sind aufgehoben.

§ 3. Unberührt durch dieses Gesetz bleibt die den Gemeinden und deren Organen zustehende Theilnahme an der Schulaufsicht, sowie der Artikel 24 der Verfassungs-Urkunde vom 31. Januar 1850.

§ 4. Der Minister der geistlichen, Unterrichts- und Medizinalangelegenheiten wird mit der Ausführung dieses Gesetzes beauftragt."

2. Nach ALR. II 12 § 1 sind Volksschulen, welchen religiösen Charakter sie auch haben, auch jüdische, Veranstaltungen des Staates (OVG. XXVIII 169), und

sind auch die Lehrer an jüdischen Volksschulen Staatsbeamte und haben deren Steuerprivilegien, OVG. XXXIV 168 ff., XXXVII 118. Israelitische Religionslehrer sind nicht Elementarschullehrer in Bezug auf Steuerbefreiung, OVG. v. 29. 5. 96, PrVBl. XVIII 156. Lehrer an städtischen Gemeindeschulen, sofern diese Elementarschulen, sind frei von direkten Kommunalauflagen, andere können wie Staatsbeamte nur von der Hälfte ihres Diensteinkommens zu den Kommunalsteuern herangezogen werden, OVG. XVII 157. Gemeindebeamte sind Lehrer an Gemeindeschulen nicht, ebensowenig sind dies Aufsichtsbeamte oder Rendanten an solchen, auch fallen sie nicht unter das Kommunalbeamtengesetz v. 30. 7. 99, GS. 141; s. auch Preuß, Städtisches Amtsrecht S. 258, OVG. IV 379, XIV 75, XXXVIII 371, RG. in Zivils. XXXVII 299. Nach § 43 G. v. 28. 7. 06 wird für die Verwaltung der den Gemeinden zustehenden Angelegenheiten der Volksschule eine Schuldeputation gebildet, welche Organ des Gemeindevorstandes ist und die nach d. G. v. 11. 3. 72 den Gemeinden und ihren Organen vorbehaltene Teilnahme an der Schulaufsicht ausübt. Sie handelt dabei als Organ der Schulaufsichtsbehörde und ist verpflichtet, insofern ihren Anforderungen Folge zu leisten.

3. Die Zentralbehörde der Unterrichtsverwaltung war früher der Minister des Innern, jetzt der Unterrichtsminister (AE. v. 3. 11. 17, GS. 289, und für die neuen Provinzen V. v. 13. 5. 67, GS. 667). Die Befugnisse des Ministers in Schulangelegenheiten regeln sich nach der V. v. 27. 11. 10 (GS. 3) und begreifen das Recht in sich, soweit Gesetze nicht entgegenstehen, Prüfungsvorschriften für Lehrer und Schüler zu erlassen, die Unterrichtsgegenstände zu bestimmen usw.; s. auch OVG. v. 29. 9. und 2. 12. 76, E. I 173 ff., 205 ff. Als Provinzialinstanz fungieren für die höheren Schulen einschließlich der Lehrerseminare die Provinzialschulkollegien, s. Dienstinstr. für die Provinzialkonsistorien v.

23. 10. 17 (GS. 237) §§ 6 bis 8, 10 bis 15, KabO. v. v. 31. 12. 25 (GS. 1826 S. 5) B I 9, AE. v. 26. 8. 59 (GS. 535), und für die neuen Provinzen V. v. 22. 9. 67 (GS. 1570), Lauenburg Gef. v. 23. 6. 76 (GS. 169) § 5; für Elementar-, Bürger- und Privatschulen die Regierung, Abt. für Kirchen- und Schulwesen, RegInstr. v. 23. 10. 17 (GS. 237) § 2 Nr. 6, § 18, KabO. v. 31. 12. 25 (GS. 1826 S. 5) D II 2. Die obere Leitung in wissenschaftlicher Hinsicht steht auch in Ansehung dieser Schulen den Provinzialschulkollegien zu. Den Regierungen, nicht den gewöhnlichen Polizeibehörden, steht nach § 18d der RegInstr. v. 23. 10. 17 bezw. §§ 3, 4, 9 II 12 ALR. und KabO. v. 10. 6. 34 (GS. 135) das Recht zu, Schulzucht, Gang des Unterrichts, Wahl der Hilfslehrer, Zahl der Schüler, Zahl und Tüchtigkeit der Lehrer, Bedingungen ihrer Anstellung und Pensionierung zu regeln und die Genehmigung zurückzuziehen, falls ihren Anforderungen nicht mehr entsprochen wird, OVG. XXIII 87; der ordentliche wie der Verwaltungsrechtsweg sind hierbei überall ausgeschlossen. Die Reichsschulkommission hat nur die Aufgabe, Gutachten darüber abzugeben, ob und unter welchen Bedingungen Lehranstalten die Berechtigung zum Einjährig-Freiwilligendienst erteilen dürfen, Arndt, Reichsstaatsr. S. 521.

4. Entspricht dem älteren Recht; Diensteid gemäß V. v. 6. 5. 67 (GS. 715), s. auch ZMBl. 1874 S. 11. Auch die durch die Gemeinde ausgeübte Schulaufsicht ist Staatsaufsicht, die sie ausübenden Beamten sind Staatsbeamte, RG. 17. 11. 96, Entsch. in Zivils. XXXVIII 371. Schullehrer sind Lehrer an gemeinen Schulen, OVG. XX 120.

Art. 24.[1]) **Bei der Einrichtung**[2]) **der öffentlichen Volksschulen sind die konfessionellen Verhältnisse möglichst zu berücksichtigen.**[3])

Den religiösen Unterricht in der Volksschule leiten die betreffenden Religionsgesellschaften.[4])

Die Leitung der äußeren Angelegenheiten der Volksschule steht der Gemeinde zu.[5]) Der Staat stellt unter gesetzlich geordneter Betheiligung der Gemeinden,[5]) aus der Zahl der Befähigten[6]) die Lehrer der öffentlichen Volksschulen an.

1. Es galt (Vorbemerkung zu Art. 20) das ältere Recht. Nach diesem hatte z. B. noch die Exekutive die Einrichtung der Schule zu bestimmen (vgl. auch OVG. v. 29. 9. 76, Entsch. I 179). Ueber die konfessionellen Verhältnisse bestimmen jetzt die §§ 33 bis 42 des Ges. betr. die Unterhaltung der öffentlichen Volksschulen v. 28. 7. 06 (GS. 335, in Kraft mit 1. 4. 08). Darnach (§ 33) sind die öffentlichen Volksschulen in der Regel so einzurichten, daß der Unterricht evangelischer Kinder durch evangelische Lehrkräfte, katholischer Kinder durch katholische Lehrkräfte erteilt wird. Nach § 34 darf lediglich wegen des Religionsbekenntnisses keinem Kinde die Aufnahme in die öffentliche Volksschule seines Wohnortes versagt werden. Nach § 35 soll an Volksschulen, die mit einer Lehrkraft besetzt sind, stets eine evangelische oder eine katholische Lehrkraft angestellt werden, je nachdem die angestellte Lehrkraft oder die zuletzt angestellt gewesene Lehrkraft evangelisch oder katholisch war (Aenderungen, wenn wenigstens zwei Drittel der einheimischen Schulkinder andere (evangelische oder katholische) Konfession als die letzte Lehrkraft haben). Nach § 36 behält es (Simultanschule) an einer Volksschule, an der nach ihrer besonderen Verfassung bisher gleichzeitig evangelische und katholische Lehrkräfte angestellt waren, dabei auch in Zukunft sein Bewenden; in einem Schulverband, in dem lediglich Volksschulen der vorbezeichneten Art bestehen, können neue Volksschulen nur auf derselben Grundlage errichtet werden. Nach § 37 soll,

wenn mindestens 12 evangelische oder katholische einheimische Schulkinder sind, tunlichst ein besonderer Religionsunterricht für diese eingerichtet werden. Im allgemeinen (§ 38) sind an öffentlichen Volksschulen, die mit mehreren Lehrkräften besetzt sind, nur evangelische oder nur katholische Lehrkräfte anzustellen (konfessionelle Schule!) Für jüdische Kinder bestimmt § 40. Auf den lediglich technischen Unterricht (Zeichnen, Turnen, Handarbeit, Handfertigkeit, Hauswirtschaft) finden die §§ 33 bis 40 keine Anwendung. Im ehemaligen Herzogtum Nassau bewendet es (§ 42) bei den bisherigen Vorschriften (Simultanschule). Auf die Provinzen Westpreußen und Posen findet das Gesetz keine Anwendung, § 70.

2. Es gilt die allgemeine Verfügung des Unterrichtsministers über Einrichtung, Aufgabe und Ziel der preußischen Volksschule v. 15. 10. 72 (BMBl. 273). Nach dem Ges., betr. die Feststellung von Anforderungen an Volksschulen, v. 26. 5. 87 (GS. 175) ist bei Anforderungen, welche durch neue oder erhöhte Leistungen der zur Unterhaltung der Schule Verpflichteten zu gewähren sind, in Ermangelung des Einverständnisses der Verpflichteten bei Landschulen der Beschluß des Kreisausschusses, bei Stadtschulen der Beschluß des Bezirksausschusses maßgebend mit Beschwerde an den endgültig entscheidenden Provinzialrat.

3. Man unterscheidet die kirchliche, die konfessionelle, die Simultan- oder paritätische und die konfessionslose Schule. In der ersteren ist das ganze Unterrichtswesen, bei welchem der Religionsunterricht vorherrscht, von konfessionell-kirchlichem Geiste durchdrungen. Die Schule ist Annex der Kirche und steht unter deren Leitung. Bei der konfessionellen Schule wird Religionsunterricht nur in einer bestimmten Konfession, nicht als der, wohl aber als einer der Hauptgegenstände erteilt. Die Lehrer gehören regelmäßig dieser Konfession an; es steht aber die Schule unter Leitung des Staates als Staatsschule. Die Simultanschule ist für Kinder verschiedener Konfessionen berechnet; der Religionsunterricht wird für die verschiedenen Konfessionen besonders erteilt, die Lehrer werden ohne Rücksicht auf eine bestimmte Konfession angestellt. In der konfessionslosen Schule wird Religionsunterricht nicht erteilt und auf die Konfession der Lehrer keine Rücksicht genommen. Die Schule des ALR. II 12 §§ 11 ff. (s. auch schles. Schulreglement v. 18. 5. 1801, Korns Ediktensamml. VII 206 usw.) ist die Konfessionsschule: nicht die kirchliche, noch paritätische oder die Simultanschule. Die Schulverwaltung hat freie Hand, die konfessionelle oder die paritätische Schule zu gestatten. Die konfessionslose Schule ist nicht zulässig, s. auch Hinschius, Kirchenrecht IV § 238, OVG. XXVIII 169. Die Simultan- oder paritätische Schule ist nur im Bedürfnisfalle zu gestatten (ZR. des Unterrichtsmin. v. 16. 6. 76, ZBl. der UnterrVerw. 495). In der Theorie behauptet Gneist (Die konfessionslose Schule. Ihre Unzulässigkeit nach preuß. Landrecht, Berlin 1869): „Die gesetzmäßige preußische Volksschule ist die, in welcher die Religion konfessionell gelehrt werden muß, die Wissenschaft nicht konfessionell gelehrt werden darf, die Staatsaufsicht in diesem Sinne gehandhabt werden soll." Ihm sind Schulze II S. 568, v. Rönne u. a. gefolgt. Bierling, „Die konfessionelle Schule in Preußen", Gotha 1885, behauptet, daß die Konfessionsschule dem Preuß. Recht entspricht, ebenso v. Stengel S. 533. Im wesentlichen gilt jetzt das in Anm. 1 zitierte Ges. v. 28. 7. 06.

4. Art. 24 Abs. 2 gibt den Religionsgesellschaften noch kein aktuelles Recht, Vorbem. zu Art. 20, s. auch OTr. v. 12. 4. 74 und 14. 6. 77, ZR. XV 655, E. 80 S. 377, OR. XVIII 415. Nach dem Erl. des KultMin. v. 18. 2. 76 (BMBl. 68) ist der schulplanmäßige Religionsunterricht in der Volksschule den an derselben angestellten Lehrern und Lehrerinnen, unabhängig von der missio canonica,

zu übertragen als staatliches Amt; vgl. auch ZBl. der UntVerw. 1880 S. 228. Die Generalsuperintendenten haben die religiöse Seite des höheren Unterrichts zu beaufsichtigen, v. Kamptz, Ann. XIII 279, ZBl. f. d. höh. Unterrichtsverw. 1869 S. 49. Für jüdische Kinder können bei vorhandenem Bedürfnis ausnahmsweise öffentliche jüdische Schulen eingerichtet werden; Ges. v. 23. 7. 47 (GS. 275) §§ 60 bis 67.

5. Da das ältere Recht gilt (Vorbem. zu Art. 20), kommen zur Anwendung ALR. II 12 §§ 22 bis 25, anerkannt v. OT. 26. 2. 64, Strieth Arch. Bd. 58 S. 11, in Ost- und Westpreußen Schulordn. v. 11. 12. 45 (GS. 1846 S. 1) §§ 6 ff., 37, Schlesien KabO. v. 30. 9. 12 (GS. 185). Nach Ges., betr. die Anstellung ꝛc. der Lehrer und Lehrerinnen im Gebiete der Prov. Posen und Westpreußen (für welche das in Anm. 1 zitierte Ges. v. 28. 7. 06 nicht gilt) v. 15. 7. 86 (GS. 185), sollen Magistrat, ev. Schuldeputation, Gemeinde-(Guts-)(Schul-)Vorstand vorher gutachtlich gehört werden. Gemeinde ist die politische, nicht die Schulgemeinde (Schulsozietät). Bei Besetzung der mit kirchlichen Bedienungen verbundenen Lehrerstellen ist Einverständnis der Kirchenbehörde erforderlich, VMBl. 1865 S. 156, 177. S. jetzt auch G. v. 28. 7. 06 „Fünfter Abschnitt. Verwaltung der Volksschulangelegenheiten und Lehreranstellung“.

6. S. Prüfungsordnung für Volksschullehrer, Lehrer an Mittelschulen und Rektoren v. 15. 10. 72 (VMBl. 292), für Lehrerinnen und Schulvorsteherinnen v. 24. 4. 74, InstrBl. f. d. ges. UnterrVerw. S. 234, für Lehrerinnen der englischen Sprache, Zeichnen und Handarbeitslehrerinnen ebendort 608, 635, 733. Vorschriften über Aufnahmeprüfung an den Kgl. Schullehrerseminarien v. 15. 10. 72 (VMBl. 283), Lehrordnung und Lehrplan für die Kgl. Schullehrerseminare v. 15. 10. 72 (VMBl. 286), Bestimmungen v. 1. Juli 1901 über die Ausbildung der Volksschullehrer in den Preuß. Jahrb. 1901 S. 244 ff., Ordnung der Reifeprüfung an den neunstufigen höheren

Schulen v. 27. 10. 01, ZBl. f. d. UnterrVerw. S. 933 u. a. Vorschriften.

Art. 25.[1]) Die Mittel zur Errichtung, Unterhaltung und Erweiterung der öffentlichen Volksschule werden von den Gemeinden, und im Falle des nachgewiesenen Unvermögens, ergänzungsweise vom Staate[2]) aufgebracht. Die auf besonderen Rechtstiteln beruhenden Verpflichtungen Dritter bleiben bestehen.

Der Staat gewährleistet demnach den Volksschullehrern ein festes, den Lokalverhältnissen angemessenes Einkommen.

In der öffentlichen Volksschule wird der Unterricht unentgeltlich ertheilt.[3])

1. Da nach der Vorbem. zu Art. 20 der Art. 25 bis auf weiteres suspendiert war, galt auch hier das ältere Recht (ALR. II 12 §§ 20 bis 38). Hiernach trug die Kosten der Schule, soweit das Schulvermögen und das von den Regierungen, Abt. für Kirchen- und Schulwesen, zu regulierende (Instr. v. 23. 10. 17 § 18) Schulgeld nicht hinreichen, die Schulgemeinde, d. h. die Hausväter des Ortes bezw. der Konfession. Hausväter sind alle wirtschaftlich selbständigen physischen, männliche wie weibliche, Personen (OVG. v. 30. 9. 82, E. IX 123), die ein Einkommen haben, auch Dienstboten, PrVerwBl. XXII 56. Soweit die Schulgemeinde (Sozietät) hierzu außerstande war, mußte der Gutsherr eintreten, ALR. II § 33, OVG. v. 21. 5. 83, E. X 126; dagegen war der Gutsherr in seiner Gemeinde auch als Besitzer von bäuerlichen Grundstücken von den Schullasten befreit. OVG. v. 11. 10. 82, E. IX 132. Vor dem ALR. kamen, soweit sie Bestimmungen enthalten, auch die Provinzialgesetze zur Anwendung; z. B. Rhein. GemOrdn. v. 23. 7. 45 (GS. 523)

§ 8. **Endlich konnten unter Genehmigung der Aufsichtsbehörden Abweichungen beschlossen werden, sodaß die politische (und nicht die Schul-)Gemeinde die Schullast trägt,** OVG. v. 28. 11. 77 III 125. **Das Schulpatronat** mit den daraus fließenden öffentlich-**rechtlichen** Lasten war bestehen geblieben, PrVerwBl. X 267; **das Bestehen** eines allgemeinen Schulpatronats auf **Grund** ALR. II § 533 wird nicht angenommen, PrVerwBl. X 267.

Im wesentlichen gilt seit 1. April 1908 das in Anm. 1 zu Art. 24 zitierte Ges. v. 28. 7. 06. Darnach (§ 1) liegt die Errichtung und Unterhaltung der öffentlichen Volksschulen, vorbehaltlich der besonderen Vorschriften dieses Gesetzes, insbesondere der darin geordneten Beteiligung des Staates an der Aufbringung der Kosten nicht mehr den Schulsozietäten, sondern den bürgerlichen Gemeinden und selbständigen Gutsbezirken ob; Städte bilden in der Regel einen eigenen Schulverband (§ 2). In den Gemeinden werden die Schullasten als Gemeindelasten aufgebracht. Die Verpflichtung der nach § 40 Abs. 1 Nr. 1 und Abs. 3, sowie § 41 des Kommunalabgabenges. v. 14. 7. 93 von der Gemeindeeinkommensteuer befreiten Personen, zu den Volksschullasten beizutragen, wird durch Gesetz geregelt. In den Gutsbezirken (§ 8) werden die Schullasten in der Regel vom Gutsbesitzer getragen. Es können aus mehreren Gemeinden bezw. Gutsbezirken Schulverbände gebildet werden. Die Schulsozietäten sind aufgehoben (§ 24), ihr Vermögen geht als Ganzes an den Schulverband über (§ 1).

Die bisher auf allgemeiner Rechtsnorm (Gesetz, Gewohnheit 2c.) beruhenden Verpflichtungen (also z. B. des Gutsherrn, Patrons) für die Zwecke der Volksschule kommen, soweit sie nicht durch dieses Gesetz aufrecht erhalten sind, in Fortfall; dies gilt auch von den laufenden Verpflichtungen, welche die nach allgemeiner Rechtsnorm für Schulzwecke Verpflichteten mit Rücksicht auf diese Verpflichtung über das durch die Norm gegebene Maß freiwillig übernommen haben. Dagegen bleiben die auf besonderen Rechtstiteln beruhenden Verpflichtungen Dritter für die Zwecke der Volksschule bestehen. Soweit die Verpflichtungen des Fiskus nicht auf einem guts- oder grundherrlichen oder Dominialverhältnisse beruhen, gilt die Vermutung, daß sie auf besonderen Titeln beruhen (also bestehen bleiben). Für Westpreußen und Posen gilt das Gesetz jedoch nicht.

2. Nach dem Ges., betr. die Erleichterung der Volksschullasten, v. 14. 6. 88 (GS. 240) bezw. 31. 3. 89 (GS. 64) zahlt der Staat (auch ohne Nachweis des Unvermögens der Gemeinde) in allen Fällen jährliche Beiträge zu dem Diensteinkommen der an öffentlichen Volksschulen angestellten Lehrer und Lehrerinnen. Diese Beiträge belaufen sich nach § 27 des Ges. v. 3. 3. 97 (GS. 25) für die Stelle eines alleinstehenden Lehrers sowie eines ersten Lehrers auf 500, eines andern Lehrers auf 300, einer Lehrerin auf 150 M. für höchstens 25 Schulstellen in derselben politischen Gemeinde. Gemeinden (mit mehr als 25 Schulstellen), die wegen der Beschränkung des Staatszuschusses auf 25 Stellen einen Ausfall an Staatsbeiträgen gegenüber den Ges. v. 14. 6. 88 und 31. 3. 89 erleiden, wird dieser nach Maßgabe Königlicher Verordnung (Ges. v. 3. 9. 97 VI Abs. 4) vergütet, so z. B. V. v. 8. 11. 98 (GS. 298). Die Gemeinden können nur zur Errichtung von Elementarschulen, nicht von Mittelschulen, höheren Töchterschulen usw. gezwungen werden, OVG. XII 197, s. auch PrVerwBl. XI 214.

Die Verfassung wollte übrigens dem Staate nicht v e r b i e t e n, ohne nachgewiesenes Unvermögen der Gemeinde, Schullasten zu tragen, sondern ihm nur im Interesse der „Rechte der Preußen" g e b i e t e n, im Falle des nachgewiesenen Unvermögens der Gemeinden die Schullasten aufzubringen. Nach § 26 des Ges. v. 6. 7. 85 (GS. 298) wird die Pension der Volksschullehrer bis zur Höhe von 600 M. aus der Staatskasse getragen;

s. auch Ges. v. 26. 4. 90 (GS. 89) und Ges. v. 23. 7. 93 (GS. 194).

Das Diensteinkommen der endgültig angestellten Lehrer und Lehrerinnen an öffentlichen Volksschulen ist nach Ges. v. 3. 3. 97 (GS. 25) ein festes, nach den örtlichen Verhältnissen und der besonderen Amtsstellung angemessenes und besteht (§ 2) aus Grundgehalt (nicht weniger als 900 M. für Lehrer, 700 für Lehrerinnen), Alterszulagen und Wohnung (ev. Mietsentschädigung), ferner aus Umzugskosten und Gnadenquartal. Witwen und Waisen der seit 1. April 1900 gestorbenen Lehrer oder pensionierten Lehrer an öffentlichen Volksschulen bekommen gemäß dem sog. Lehrer-Relikten-Ges. v. 4. 12. 99 (GS. 587, 656) nach gleichen Grundsätzen wie bei Beamten Versorgung, Witwen 40 Prozent der Pension, mindestens 216 und höchstens 2000 M., Halbwaisen 1/5, Vollwaisen 1/3 der Witwenpension. Das Witwengeld wird — außer bei Berliner Volksschulen — bis 420, bei Halbwaisen bis 84 und bei Vollwaisen bis 140 M. jährlich aus der Staatskasse getragen. (Erhöhung steht bevor).

Die Geltung der in dieser Anm. zitierten Gesetze wird durch das Ges. v. 28. 7. 06 nach dessen § 64 nur insoweit berührt, als an die Stelle der bisher verpflichteten Schulsozietäten rc. die nach diesem Gesetz gebildeten Schulverbände treten. Nach §§ 17 ff. des Ges. v. 28. 7. 06 erstattet der Staat den Schulverbänden mit nicht mehr als 7 Schulklassen ein Drittel von Grunderwerbs- und Baukosten, gewährt auch (§ 18) im Falle des nachgewiesenen Unvermögens Ergänzungszuschüsse (auf die jedoch weder im ordentlichen noch im Verwaltungsrechtswege geklagt werden kann). Zur Unterstützung von Schulverbänden mit 25 oder weniger Schulstellen sollen durch den Staatshaushaltsetat Beträge bereitgestellt werden. Die selbständigen Schulstiftungen bleiben bestehen (§ 28). Unberührt bleiben die Rechte Dritter

(Kirchengemeinden) an den gleichzeitig Schul- und kirchlichen Zwecken dienenden Stücken.

3. Abs. 3 ist teilweise geltendes Recht geworden schon durch Ges. v. 14. 6. 88 (GS. 240) § 4. Die Erhebung eines Schulgeldes bei Volksschulen findet fortan nicht statt. Ausnahmen sind nur gestattet:

1. für solche Kinder, welche innerhalb des Bezirks der von ihnen besuchten Schule nicht einheimisch sind;
2. so weit, als das gegenwärtig bestehende Schulgeld durch den Staatsbeitrag nicht gedeckt wird „und anderenfalls eine erhebliche Vermehrung der Kommunal- oder Schulabgaben eintreten müßte" — und zwar bei Stadtschulen mit Genehmigung des Bezirksausschusses, bei Landschulen mit Genehmigung des Kreisausschusses (s. auch Art. II Ges. v. 31. 3. 89, GS. 64).

Jetzt bestimmt allgemein das Ges. v. 28. 7. 06, § 6, daß für den Besuch der Schule durch nicht einheimische Kinder ein Fremdenschulgeld erhoben werden kann.

Art. 26. Das Schul- und Unterrichtswesen ist durch Gesetz zu regeln. Bis zu anderweiter gesetzlicher Regelung verbleibt es hinsichtlich des Schul- und Unterrichtswesens bei dem geltenden Rechte.

Diese Fassung beruht auf Ges. v. 10. 7. 06 (GS. 333), s. hierzu StenBer. des AbgH. 1905/06 S. 4130, 4251, 4268, 5375, des HerrH. 370, 466. Früher lautete Art. 26: „Ein besonderes Gesetz regelt das ganze Unterrichtswesen." Dieses Gesetz ist noch nicht ergangen. Auch Art. 26 in der alten Fassung schloß den Erlaß von Spezialgesetzen nicht aus; Arndt, Zeitschr. f. öff. Recht 1886 S. 512 f., ebenso Hubrich, Hirths Ann. 1907 Heft 1 und 2. Art. II § 3 des für Posen und Westpreußen erlassenen Ges., betr. die Anstellung der Lehrer 2c., v. 15. 7. 86 (GS. 185), wonach Art. 112 der VerfassUrk., insoweit er den Bestimmungen dieses Gesetzes entgegensteht, aufgehoben wurde, war daher überflüssig. Bis zum Erlaß des in Art. 25 bezw. 112 verheißenen Unterrichtsgesetzes kann die Exekutive in Preußen die erforderlichen Vorschriften über Art und Inhalt des Unterrichts noch allein aufstellen, nicht in Belgien wegen art. 17 c. d. Abs. 2, Thonissen Nr. 102, da sie dort nur die in der Verfassung oder in den auf Grund der Verfassung gegebenen Gesetzen erteilten Befugnisse besitzt; s. hierzu Arndt, Die Stellung der Krone Preußens zu den Universitäten, Königsberg 1902, ferner Arndt, Selbst. VR. S. 141, vgl. auch StenBer. des AbgH. 1860 S. 1119 f., 1215 f.

Art. 27.[1]) Jeder Preuße hat das Recht, durch Wort, Schrift, Druck und bildliche Darstellung seine Meinung frei zu äußern.[2])

Die Censur darf nicht eingeführt werden;[3]) jede andere Beschränkung der Preßfreiheit nur im Wege der Gesetzgebung.[4])

1. Art. 27 entspricht art. 18 const. belge: „La presse est libre; la censure ne pourra jamais être établie; il ne peut être exigé de cautionnement des écrivains, éditeurs ou imprimeurs. Lorsque l'auteur est connu et domicilié en Belgique, l'éditeur, l'imprimeur ou le distributeur ne peut être poursuivi" und untersagt Präventivmaßregeln. Repressiv unterliegt die Presse den allgemeinen Gesetzen. Gemäß Art. 4 Nr. 16 der Reichsverfass. unterliegen die Bestimmungen über die Presse der Gesetzgebung des Reichs. Auf Grund dieser Vorschrift erging das Ges. über die Presse v. 7. 5. 74 (RGBl. 65). Gemäß § 30 Abs. 2 und 3 dieses Gesetzes sind aufrecht erhalten: §§ 6, 9, 10 und 41 des Ges. über die Presse v. 12. 5. 51 (GS. 273), Entsch. des RG. II 242, XIII 250, OVG. V 413, welches letztere Gesetz im ganzen preußischen Staate gilt (V. v. 25. 6. 67, GS.

921). Ein präventives polizeiliches Einschreiten gegen gewerbliche Ankündigungen in Druckschriften verstößt gegen Art. 27, OVG. XXXIV 482, XXIII 276, XXVIII 326, XXXV 431.

2. Art. 27 und 28 können im Falle des Belagerungszustandes zeit- und distriktweise außer Kraft gesetzt werden; s. Art. 111 und § 30 Abs. 2 Ges. über die Presse v. 7. 5. 74 (RGBl. 65). Die Preßfreiheit betrifft neue Erzeugnisse der Buchdruckerpresse und andere, durch mechanische oder chemische Mittel bewirkte, zur Verbreitung bestimmte Vervielfältigungen von Schriften, bildlichen Darstellungen, Photographien (OVG. XL 295) und Musikalien, nicht die öffentliche Aufführung eines Schauspiels; OVG. XXIV 311, XXIX 429. Polizeiverordnungen, die aus Gründen der öffentlichen Ordnung (ALR. II 17 § 10, Ges. v. 11. 3. 50 GS. 265) vorschreiben, daß vor Veranstaltung einer öffentlichen Theatervorstellung die Erlaubnis der zuständigen Verwaltungsbehörde unter Beifügung des aufzuführenden Stückes eingeholt werden muß, und daß diese Genehmigung auch bei wiederholter Aufführung desselben Stückes erforderlich ist, sofern Veränderungen vorgenommen werden sollen, sind sonach nicht unzulässig, OVG. XXIV 311; § 1 der Gewerbeordnung steht nicht entgegen, da er nur die Zulassung, nicht die Ausübung des Gewerbebetriebes betrifft und freigibt; s. hierzu Opet, Deutsches Theaterrecht 1897 S. 130 f., 150 f., v. Bar, DJZ. 1903 Nr. 9 hält die Theaterzensur, soweit sie präventiv-polizeilich ausgeübt wird, für unstatthaft. Jedenfalls kommt Art. 27 nicht in Betracht, und jedenfalls kann die Polizei wider die gegen die Sittlichkeit oder die öffentliche Ordnung verstoßenden, diese unmittelbar bedrohenden Theaterstücke einschreiten, s. auch OVG. IX 350; XIV 433; demonstrative Entfaltung roter oder dänischer Farben fällt als Meinungsäußerung nicht unter Art. 27 OVG. XLI 432 und ist

unstatthaft nach Erk. d. KG. v. 5. 3. 85 (Johow, Jahrb. V 367), dagegen statthaft nach OVG. v. 18. 6. 91, Entsch. XXI 400, und daher nach OVG. nur aus ALR. II 17 § 10 (s. oben Art. 5) zu verbieten, wenn dadurch z. B. bei öffentlichen Aufzügen unmittelbare Gefahr für die Ordnung entsteht, s. auch KG. XVIII 274.

3. S. OVG. v. 1. 12. 92, Entsch. XXIV 311, in Anm. 2.

4. Damit sollte der Verordnungsweg, nicht die Notverordnung auf Grund des Art. 63 ausgeschlossen sein. Daß durch Notverordnung Beschränkungen der Preßfreiheit eingeführt werden können, hat bei Beratung des Art. 27 der Abgeordnete Simson ausdrücklich anerkannt. Die erste Notverordnung, welche auf Grund des Art. 63 erging, v. 5. 6. 50 (GS. 329) enthielt einschneidende Beschränkungen der Preßfreiheit, z. B. der Kautionszwang. Gleichwohl ist damals die Gültigkeit derselben, soweit ihr Inhalt in Frage kam, nicht bemängelt worden. Am 19. Nov. 1863 hat das AbgH. dagegen die Erklärung beschlossen, daß das Gebiet der Preßfreiheit dem Notverordnungsrecht entgegen sei. Ueber diese seit der reichsrechtlichen Regelung gegenstandslos gewordene Frage s. Anm. 2 zu Art. 63 und Arndt im Arch. f. öff. R. Bd. IV S. 438 f.

Art. 28.[1]) Vergehen, welche durch Wort, Schrift, Druck oder bildliche Darstellung begangen werden, sind nach den allgemeinen Strafgesetzen[2]) zu bestrafen.[3])

1. S. Anm. 1 und 2 zu Art. 27. Für Belgien kommt hier art. 98 const. zur Anwendung: „Le jury est établi en toutes manières criminelles et pour délits politiques et de presse."

2. Hierdurch ist nicht ausgeschlossen, daß für die Preßfreiheit, außer durch die allgemeinen Strafgesetze,

auch noch durch besondere, die Staatsbürger als solche nicht betreffende rechtliche Beziehungen, in die jemand eintritt, Schranken gezogen sein können, z. B. für Beamte, Erk. des OVG. v. 20. 12. 86, Entsch. XIV 404, anderer Ansicht Schwartz S. 107 a. a. O.

3. An Stelle Art. 28 gilt jetzt:

Ges. über die Presse v. 7. 5. 74 (RGBl. 65):

§ 20. „Die Verantwortlichkeit für Handlungen, deren Strafbarkeit durch den Inhalt einer Druckschrift begründet wird, bestimmt sich nach den bestehenden allgemeinen Strafgesetzen.

Ist die Druckschrift eine periodische, so ist der verantwortliche Redakteur als Thäter zu bestrafen, wenn nicht durch besondere Umstände die Annahme seiner Thäterschaft ausgeschlossen wird."

Der fliegende Gerichtsstand der Presse ist durch Ges. v. 13. 6. 02 (RGBl. 227) — § 7 Abs. 2 StPO. — beseitigt.

Art. 29.[1]) Alle Preußen sind berechtigt, sich ohne vorgängige obrigkeitliche Erlaubniß friedlich und ohne Waffen[1a]) in geschlossenen Räumen[2]) zu versammeln.[3])[4])

Diese Bestimmung bezieht sich nicht auf Versammlungen unter freiem Himmel,[5]) welche auch in Bezug auf vorgängige obrigkeitliche Erlaubniß der Verfügung des Gesetzes[6]) unterworfen sind.[7])

1. Art. 29 entspricht art. 19 const. belge: „Les Belges ont le droit de s'assembler paisiblement et sans armes, en se conformant aux lois qui peuvent régler l'exercise de ce droit, sans néanmoins le soumettre à une autorisation préalable. Cette disposition ne s'applique point aux rassemblements en plein air, qui restent entièrement soumis aux lois de

police." Die in Art. 29 gewährleistete Versammlungsfreiheit bedeutet lediglich die Freiheit von Präventivmaßregeln; was in den Versammlungen geschieht, unterliegt repressiv den allgemeinen Strafgesetzen. Gemäß Abs. 2 in Art. 30 soll „ein Gesetz" (die V. v. 11. 3. 50, GS. 277) „insbesondere zur Aufrechterhaltung der öffentlichen Sicherheit" die Versammlungs- (wie die Vereins-)freiheit regeln. Art. 29 kann gemäß Art. 111 zeit- und distriktweise außer Kraft gesetzt werden. Für das Heer s. Art. 38, 39. Art. 29 gilt nur für Preußen; indes gibt es z. B. kein Gesetz, welches Versammlungen von Nichtpreußen oder die Teilnahme von Nichtpreußen an Versammlungen verbietet. Die Art. 29 und 30 beziehen sich nur auf physische Personen, nicht z. B. auf ein Gewerkschaftskartell, das Mitglied eines Vereins ist, OVG. XXIX 425, XXXIX 426.

1. a) Ehrendegen, studentische Rappiere gelten hierbei nicht stets als Waffen, OR. IV 433, RG. Straff. I 445, V 115. Für Kriegervereine s. KabO. v. 22. 2. 42, BMBl. 97 u. OVG. 11. 12. 78, BMBl. 1879 S. 73, wonach militärische Ausrüstung bei Begräbnissen 2c. statthaft ist.

2. D. s. Räume, welche in Länge, Breite und Höhe geschlossen sind; s. auch Anm. 5.

3. Diese Versammlungen (bloße Augenblicksverbände, OVG. XXXIV 439) sind frei von Präventivmaßregeln; die Polizei hat sie aus politischen Gründen nicht zu verbieten oder zu erlauben, auch nicht wegen politischer Gefahren, OVG. v. 30. 1. 03 E. XLII 419. Polizeiliche Maßregeln auf Grund ALR. II 17 § 10 zum Schutze des Publikums sind statthaft. (OVG. v. 26. 9. 76, 26. 6. 80, 11. 10. 84, 3. 12. 87, E. I 347, VI 382, XVI 387, XLII 411, XXXII 393, XXXV 426, XI 384, Anm. 6 zu Art. 12, Anm. 2 und 3 zu Art. 5; ebenso v. Rönne-Zorn II 280, Caspar (1894) S. 52 f.). Daher kann die Veranstaltung öffentlicher Lustbarkeiten

an polizeiliche Genehmigung geknüpft, auch für solche Lustbarkeiten eine Polizeistunde vorgeschrieben werden, OVG. XVIII 422, XLI 414; ebenso können aus Rücksichten der äußeren Heilighaltung des Sonntags gemäß KabO. v. 7. 2. 37 (GS. 19) Beschränkungen getroffen werden, OVG. XXXV 424, XLI 403. Die Polizei darf und muß daher z. B. bei ansteckenden Epidemien oder lebensgefährlicher Ueberfüllung einschreiten. Was in den Versammlungen gesagt oder getan wird, unterliegt den allgemeinen Strafgesetzen, OVG. v. 9. 7. 92, E. XXIII 399, auch dem Gebot der Polizeistunde, OR. XV 43, GA. XX 56, OVG. VI 373, XI 382, XXIII 399, Einsammeln v. Geld. KG. XI 196, XXII 39. KG. XXII C. 60 nahm an, daß außerhalb des Vereinsges. v. 11. 3. 50 liegende polizeiliche Beschränkungen aller Art unzulässig sind; zu Unrecht, da das Vereinsges. nur die politische Seite erschöpfend regelt, zwar Befreiung von politischen Hemmnissen, nicht aber ein sonstiges Vorrecht erteilen wollte; ebenso dagegen OVG. v. 18. 2. 02 E. XLI 404; auch hat KG. seine Ansicht aufgegeben.

4. Auch Frauen haben Versammlungsfreiheit, OVG. XXXIV 441. Verbot der polnischen Sprache in Versammlungen ist unzulässig, außer, wenn deren Gebrauch lediglich auf Verhinderung der Kenntnis des Gesprochenen abzielt, OVG. XXXII 395, PrVerwBl. XXI 260, 360, OVG. v. 20. 3. 03 E. XLIII 432, dagegen mit beachtenswerten Gründen Zorn, Die deutsche Staatssprache, v. Rönne-Zorn II 294, s. auch StenBer. d. AbgH. 1902 S. 5398 f., Delius u. a., dafür Hubrich, Der Sprachenstreit. Für die letztere Ansicht spricht die Erwägung, daß Einschränkungen der in Art. 29 bezw. Art. 5 gewährleisteten Freiheit ausdrücklich nur durch Gesetz angeordnet werden dürfen; s. auch Art. 30 Abs. 2. Zu beachten bleibt andererseits, daß die preuß. Verfass. den art. 23 const. belge: „L'emploi des languages usitées en Belgique est facultatif; il ne peut être

réglé que par la loi, et seulement pour les actes de l'autorité publique et pour les affaires judiciaires" (nicht zufällig) nicht rezipiert hat.

5. Denen öffentliche Aufzüge gleichgestellt sind; s. § 10 d. V. v. 11. 3. 50 (GS. 277). Ob Versammlung unter freiem Himmel, ist Tatfrage, OVG. VI 370, XI 382.

6. Dies bedeutet, daß das Ges., nämlich die V. v. 11. 3. 50 (GS. 277), im Rahmen der Verfassung Versammlungen unter freiem Himmel auch von der vorgängigen obrigkeitlichen Erlaubnis oder von anderen Beschränkungen abhängig machen oder auch ganz verbieten kann; s. Anm. 7.

7. Nach § 9 des Ges. v. 11. 3. 50 bedürfen öffentliche Versammlungen unter freiem Himmel der vorgängigen schriftlichen Genehmigung der Ortspolizeibehörde. Die Genehmigung ist mindestens 48 Stunden vorher nachzusuchen und darf nur versagt werden, wenn aus Abhaltung der Versammlung (unmittelbare) Gefahr für die öffentliche Sicherheit oder Ordnung zu befürchten ist. Ob letzteres der Fall, hat nicht der ordentliche Richter zu prüfen und bestimmt — unbeschadet der Nachprüfung durch das Verwaltungsgericht — die Polizeibehörde, OR. XIV 339, OVG. XXXI 420. Den Versammlungen unter freiem Himmel werden öffentliche Aufzüge in Städten und Ortschaften oder auf öffentlichen Straßen (nicht Wasserstraßen, OTr. 24. 5. 66, OR. VII 310) gleichgestellt. Gewöhnliche Leichenbegängnisse (bei denen es nicht auf politische Demonstrationen ankommt), wobei Abwesenheit von Geistlichen nicht entscheidend, OR. XVIII 468, XX 106, OVG. XVI 386, XXXI 418, XXXII 451, RG. Entsch. X 253, Hochzeitszüge, Wallfahrten und Bittgänge, wenn sie in der fr. Gegend hergebracht sind (OR. XVI 234, I 287, III 19, 48, 513, MBl. 78 S. 231), bedürfen weder

der Anzeige noch der Genehmigung. Aus allgemeinen sicherheitspolizeilichen Gründen, ALR. II 17 § 10, Ges. über die Polizeiverwaltung v. 11. 3. 50 (GS. 265) (Epidemien, Störung des Verkehrs) kann die Polizei stets einschreiten, BMBl. 74 S. 201, Arndt in Hirths Ann. 1886 S. 314, aber nicht auf bloß entfernte Möglichkeiten hin, OVG. XI 382, XXIII 412, auch nicht generell für die Zukunft, OVG. XXXI 402. Innerhalb zweier Meilen von der jedesmaligen Residenz des Königs oder vom Sitze des Landtages (während der Sitzungsperiode) dürfen Volksversammlungen unter freiem Himmel nicht gestattet werden, V. v. 11. 3. 50 § 11.

Art. 30.[1]) **Alle Preußen**[2]) **haben das Recht, sich zu solchen Zwecken, welche den Strafgesetzen nicht zuwiderlaufen,**[3]) **in Gesellschaften zu vereinigen.**

Das Gesetz[4]) **regelt, insbesondere zur Aufrechthaltung der öffentlichen Sicherheit, die Ausübung des in diesem und in dem vorstehenden Artikel (29) gewährleisteten Rechts.**[5])

Politische Vereine[6]) **können Beschränkungen**[7]) **und vorübergehenden**[8]) **Verboten im Wege der Gesetzgebung**[9]) **unterworfen werden.**[10])

1. Art. 30 entspricht art. 20 const. belge: „Les Belges ont le droit de s'associer; ce droit ne peut être soumis à aucune mesure préalable" und betrifft nur die Freiheit von Präventivmaßregeln. Art. 30 kann gemäß Art. 111 zeit- oder distriktweise außer Kraft gesetzt werden. Für das Heer s. Art. 38, 39. Nach Art. 4 Nr. 16 der Reichsverfass. unterliegt das Vereinswesen der Beaufsichtigung seitens des Reichs und der Gesetzgebung desselben. Ein Reichsgesetz über das

Vereinswesen fehlt. Es gibt nur einzelne reichsrechtliche Vorschriften z. B. für das Heer (s. zu Art. 38, 39 der preuß. Verfass.), ferner Ges. v. 11. 12. 99 in Anm. 7, Wahlg. v. 31. 5. 69 § 17 in Anm. 4.

2. Nichtpreußen können sich auf Art. 30 nicht berufen; Vorbem. zu Art. 3. Andererseits gibt es kein Gesetz, welches Vereine von Nichtpreußen oder die Teilnahme von Nichtpreußen an Vereinen mit Strafe bedroht. Art. 30 bezieht sich nur auf physische Personen, OVG. XXIX 425, XXXIX 426. Die Art. 29, 30 beziehen sich auch auf an sich erlaubte Vereine, auch auf solche findet das in Abs. 2 angekündigte Ges. v. 11. 3. 50 (GS. 277) Anwendung, OVG. XXXV 177.

3. Solche Strafgesetze s. StGB. §§ 128, 129.

4. Das Gesetz ist die ursprünglich als Notverordnung erlassene Verordnung über die Verhütung eines die gesetzliche Freiheit und Ordnung gefährdenden Mißbrauches des Versammlungs- und Vereinigungsrechtes v. 11. 3. 50 (GS. 277); gültig jetzt für den ganzen Umfang der Monarchie V. v. 5. 6. 67 (GS. 921) Art. II und (für Lauenburg) Ges. v. 23. 6. 76 (GS. 172) § 10. Dieses Gesetz bestimmt: § 1. Von allen Versammlungen (in geschlossenen Räumen), in welchen öffentliche Angelegenheiten (solche, welche über den Rechtskreis der betreffenden Personen hinausgehen, OR. VIII 290, GA. XV 489) verhandelt werden, hat der Unternehmer mindestens 24 Stunden vor dem Beginn unter Angabe des Ortes und der Zeit Anzeige bei der Ortspolizeibehörde zu machen. Die Behörde hat darüber (sofort und selbst an Sonn- und Feiertagen) eine Bescheinigung zu erteilen. Sie und ihre vorgesetzte Behörde sind befugt (§ 4), in jede solche Versammlung 1 oder 2 Personen als Abgeordnete zu senden, denen ein angemessener Platz und auf Erfordern vom Vorsitzenden Auskunft über die Person der Redner zu geben ist. Die Abgeordneten dürfen jede Versammlung auflösen, wenn die Bescheinigung der erfolgten Anzeige nicht vorgelegt werden kann, oder wenn Anträge oder Vorschläge erörtert werden, die eine Aufforderung oder Anreizung zu strafbaren Handlungen enthalten, oder wenn Bewaffnete auf Aufforderung nicht entfernt bleiben. Auch aus allgemeinen polizeilichen Gründen (lebensgefährliche Ueberfüllung) kann die Auflösung erfolgen, OVG. I 347, XI 382, nicht wegen Gebrauchs von fremden Sprachen, Anm. 4 zu Art. 29. Nach Auflösung, auch wenn sie ohne gesetzlichen Grund erfolgte, müssen sich alle Anwesenden sofort entfernen, § 6 OR. IX 726. Vereine, welche eine Einwirkung auf öffentliche Angelegenheiten bezwecken, müssen Statuten und Mitgliederverzeichnis (sowie Aenderungen) binnen 3 Tagen der Ortspolizeibehörde einreichen (§ 2). Politische Vereine dürfen (§ 8) keine Frauenspersonen, Schüler und Lehrlinge als Mitglieder aufnehmen. Seit dem Ges. v. 11. 12. 99 (RGBl. 699) dürfen sie auch mit anderen Vereinen gleicher Art in Verbindung treten. Wahlvereine (die in Bezug auf anstehende Wahlen wirken) unterliegen nicht dem § 8 (§ 21 Abs. 2). § 17 des Reichstags-Wahlges. v. 31. 5. 69 (BGBl. 145) gibt Versammlungs- und Vereinsfreiheit den Wahlvereinen, läßt aber die Bestimmungen der Landesgesetze über Anzeige und Ueberwachung der Versammlungen unberührt. Frauen dürfen politischen Vereinen nicht angehören, so nach OVG. XLIV 434. Verein, definiert OVG. XXXIV 439, XLII 407, ist ein auf einem Vertrage beruhendes Rechtsverhältnis, durch das eine Mehrheit von Personen behufs Unterordnung unter eine organisierte Willensmacht nach außen hin, zu einer Einheit zusammengeschlossen wird.

5. Abs. 2 in Art. 30 steht nicht im Wege, daß die Polizeiverordnungen über Polizeistunde gleichfalls für Versammlungen gelten, OVG. XXXIII 399, und daß Polizeiverordnungen über äußere Heilighaltung des Sonntags zur Anwendung kommen, OVG. XXXV 424; s. im allgemeinen Anm. 2 zu Art. 29.

6. D. s. solche, welche auf den Staat im weitesten Sinne, seine Gesetzgebung, Verwaltung und seine Einrichtungen einwirken wollen; s. BMBl. 1864 S. 209, AG. I 380, XXIV 66, OR. VII 353, XVII 79, Erk. des RG. v. 10. 11. 87, Entsch. in Straff. XVI 383; s. auch v. Rönne-Zorn II 278, Caspar S. 29 f., DJZ. 1903 S. 57. Das OVG. XX 435 und XXXIV definiert: Politische Vereine sind die, welche bezwecken, politische Gegenstände in Versammlungen zu erörtern, gleichviel, ob sie sich zugleich auch die Aufgabe einer Einwirkung auf öffentliche Angelegenheiten stellen oder nicht. Beabsichtigt ein gewerblicher Verband, der sich auf Grund § 152 der Gewerbeordnung gebildet hat, aus dem Bereiche wirtschaftlicher Interessen seiner Mitglieder heraustretend, auf öffentliche Angelegenheiten einzuwirken oder sonst politische Gegenstände in Versammlungen zu erörtern, so fällt er unter das Vereinsgesetz, auch wenn er zugleich für seine Mitglieder bessere Lohn- oder Arbeitsbedingungen erreichen will, OVG. XXXVIII 405. Ein Verein für Feuerbestattung ist ein politischer, Goldt. Arch. XLVIII 379, s. auch OVG. v. 13. 12. 04. Singen politischer Lieder ist noch kein politischer Gegenstand, OVG. in Goldt. Arch. XLVII 471. Verein kann auch eine lose Verbindung sein, OVG. XXVII 42, XXIX 425, 429, XXXIV 444; auch eine nicht geschlossene Gesellschaft ist immer ein Verein, XXXIV 445.

7. Auch dauernden, wohingegen die Verbote nur vorübergehend sein sollen. Die Beschränkungen sind in § 8 der V. v. 11. 3. 50 (GS. 277) enthalten. Jedoch dürfen auch politische Vereine seit dem Ges. v. 11. 12. 99 (RGBl. 699) mit anderen Vereinen gleicher Art zu gemeinsamen Zwecken in Verbindung treten.

8. Vgl. Anm. 7; s. auch StenBer. der I. (Revisions-) Kammer 1849/50 Bd. III S. 1279.

9. Der Verordnungsweg ist also ausgeschlossen, nicht die Notverordnung auf Grund des Art. 63; ebenso

v. Rönne-Zorn II 278. Die Gesetzgebung liegt in der Anm. 4 zitierten V. v. 11. 3. 50 (GS. 277).

10. Vereine, welche Versicherungsgesellschaften darstellen, d. h. solche, welche einen Rechtsanspruch dem Versicherten geben, sind dem Ges. v. 17. 5. 53 (GS. 293) aus polizeilichen Zwecken unterstellt. Ein von der Polizeigewalt verschiedenes Aufsichtsrecht über erlaubte Privatgesellschaften besteht nicht, OVG. v. 19. 11. 88, E. XVII 403 ff. Nichtpolitische Vereine, die eine Einwirkung auf öffentliche Angelegenheiten nicht bezwecken, unterliegen nicht dem Vereinsges. v. 11. 3. 50, dessen §§ 1 und 2 auf kirchliche und religiöse Vereine und deren Versammlungen, wenn die Vereine Korporationsrechte haben, nicht Anwendung finden; s. oben Anm. 2 zu Art. 12.

Art. 31. Die Bedingungen, unter welchen Korporationsrechte [1]) ertheilt oder verweigert werden, bestimmt das Gesetz. [2]) [3])

1. Das bedeutet, daß Vereine unter Kollektivnamen Petitionen stellen dürfen (Art. 32), daß sie als solche Vermögen (auch Schulden) haben können; s. ALR. II 6 §§ 70 f., 81 f., 91 f. BGB. §§ 21 bis 89; vgl. auch über die Kriterien der juristischen Persönlichkeit, OVG. VII 31.

2. Mit Art. 31 sollte festgestellt werden, daß Gesellschaften nicht ohne weiteres, sondern nur durch einen staatlichen Akt Korporationsrechte erlangen, und daß solche Akte von der Exekutivgewalt nicht nach Willkür, sondern nach Maßgabe eines Gesetzes vorgenommen werden sollten (StenBer. der I. Kammer 1849/50 Bd. II S. 775, v. Rönne § 145, II S. 203).

3. Da dieses Gesetz noch nicht erlassen ist, gelten gemäß Art. 109 die bisherigen Vorschriften; s. auch OHG.

v. 13. 4. 75, E. XVII 80 (für Religionsgesellschaften gilt Art. 13 der VerfassUrk.).

In einigen Fällen sind durch die Reichs- oder Landesgesetzgebung Korporationsrechte generell erteilt worden: so den Aktiengesellschaften, den Versicherungsanstalten, zur Durchführung der Invalidenversicherung, Ges. v. 12. 6. 99 (RGBl. 463), den Unfallversicherungsberufsgenossenschaften, den Kranken- und Knappschaftskassen (Ges. v. 10. 4. 92, RGBl. 407 § 25, v. 30. 6. 00, RGBl. 573 § 28, Preuß. Berggef. v. 24. 6. 65, GS. 705 § 165), ferner Stadt- und Dorfgemeinden, s. ALR. II 8 § 108, II 7 § 19, den religiösen und kirchlichen Gesellschaften (s. Anm. 1 zu Art. 13 der Verfass.), Universitäten, Gymnasien, den höheren Schulen (ALR. II 12 §§ 54, 67) und den gehörig organisierten Schulsozietäten, Plenarbeschl. des OT. v. 20. 6. 53 in den Entsch. Bd. 25 S. 301. In diesen Fällen bedarf es einer besonderen Erteilung der Korporationsrechte nicht. Im übrigen galt für Preußen ALR. II 6. Unrichtig ist, (was v. Rönne § 146, II S. 205 behauptet), daß die Erteilung der Korporationsrechte eine Handlung der Gesetzgebung ist. Es genügt, von Religionsgesellschaften abgesehen, Art. 13, ein Verwaltungsakt. Es ist auch nur notwendig, daß erlaubte Gesellschaften staatlich genehmigt sind; nicht notwendig ist, daß ihnen ausdrücklich die Korporationsrechte erteilt werden (ALR. II 6 §§ 13, 14, 22—24, Erk. des OHG. v. 13. 4. 75, Entsch. XVII 80). Ebensowenig ist notwendig, daß die Korporationsrechte, bezw. die für die Gesellschaft erforderliche staatliche Genehmigung vom Könige erteilt wird (s. ALR. II 13 § 16, Vorbem. zu Art. 60 der Verfass. und das zit. Erk. des OHG. v. 13. 4. 75). Ueber das Verfahren bei Erteilung und Versagung der Korporationsrechte, welche in das freie Ermessen der Staatsbehörde gestellt waren, s. BMBl. 1876 S. 193, 274. Jetzt kommen die §§ 21 bis 89 BGB. in Betracht: § 21;

„Ein Verein, dessen Zweck nicht auf einen wirtschaftlichen Geschäftsbetrieb gerichtet ist, erlangt Rechtsfähigkeit durch Eintragung in das Vereinsregister des zuständigen Amtsgerichts." § 22: „Ein Verein, dessen Zweck auf einen wirtschaftlichen Geschäftsbetrieb gerichtet ist, erlangt in Ermangelung besonderer reichsgesetzlicher Vorschriften Rechtsfähigkeit durch staatliche Verleihung. Die Verleihung steht dem Bundesstaate zu, in dessen Gebiete der Verein seinen Sitz hat." § 23: „Einem Verein, der seinen Sitz nicht in einem Bundesstaate hat, kann in Ermangelung besonderer reichsgesetzlicher Vorschriften Rechtsfähigkeit durch Beschluß des Bundesraths verliehen werden." § 55. „Die Eintragung eines Vereins der in § 21 bezeichneten Art in das Vereinsregister hat bei dem Amtsgerichte zu geschehen, in dessen Bezirke der Verein seinen Sitz hat." § 56: „Die Eintragung soll nur erfolgen, wenn die Zahl der Mitglieder mindestens sieben beträgt." § 57: „Die Satzung muß den Zweck, den Namen und den Sitz des Vereins enthalten und ergeben, daß der Verein eingetragen werden soll. Der Name soll sich von den Namen der an demselben Orte oder in derselben Gemeinde bestehenden eingetragenen Vereine deutlich unterscheiden." § 58: „Die Satzung soll Bestimmungen enthalten: 1. über den Eintritt und Austritt der Mitglieder; 2. darüber, ob und welche Beiträge von den Mitgliedern zu leisten sind; 3. über die Bildung des Vorstandes; 4. über die Voraussetzungen, unter denen die Mitgliederversammlung zu berufen ist, über die Form der Berufung und über die Beurkundung der Beschlüsse." § 59: „Der Vorstand hat den Verein zur Eintragung anzumelden — —. Die Satzung soll von mindestens sieben Mitgliedern unterzeichnet sein." § 60: „Die Anmeldung ist, wenn den Erfordernissen der §§ 56 bis 59 nicht genügt ist, von dem Amtsgericht unter Angabe der Gründe zurückzuweisen. Gegen einen zurückweisenden Beschluß findet die sofortige Beschwerde nach den Vorschriften der CPO. statt." § 61: „Wird die Anmeldung zugelassen, so hat das Amtsgericht sie der zuständigen Verwaltungsbehörde mitzutheilen. Die Verwaltungsbehörde kann gegen die Eintragung Einspruch erheben, wenn der Verein nach dem öffentlichen Vereinsrecht unerlaubt ist oder verboten werden kann oder wenn er einen politischen, sozialpolitischen oder religiösen Zweck verfolgt." § 62: — „Der Einspruch kann im Wege des Verwaltungsstreitverfahrens — — angefochten werden." § 65: „Mit der Eintragung erhält der Name des Vereins den Zusatz „eingetragener Verein." § 67: „Jede Aenderung des Vorstandes sowie die erneute Bestellung eines Vorstandsmitglieds ist von dem Vorstande zur Eintragung anzumelden." § 71: „Aenderungen der Satzung bedürfen zu ihrer Wirksamkeit der Eintragung in das Vereinsregister .. — die Vorschriften der §§ 60 bis 64 ... finden entsprechende Anwendung." Für Religionsgesellschaften gilt Art 13 Pr. Verf., s. auch RG. 30 A. 129.

Art. 32. Das Petitionsrecht steht allen Preußen zu.[1]) Petitionen unter einem Gesammtnamen sind nur Behörden[2]) und Korporationen[3]) gestattet.

1. Also auch den Beamten, a. A. Bornhak, Arch. f. öff. R. Bd. 16 S. 414, v. Rönne-Zorn II S. 90 und Opp. Rechtspr. des OT. IV 38, V 150, VI 441. Art. 32 entspricht art. 21 der const. belge: „Chacun a le droit d'adresser aux autorités publiques des pétitions signées par une ou plusieurs personnes. Les autorités constituées ont seules le droit d'adresser des pétitions en nom collectif." Kein Gesetz verbietet einem Preußen oder Nichtpreußen, an den Landtag zu schreiben. Das Petitionsrecht bedeutet mehr, insbesondere mehr als das Recht jedes Weltbürgers, ein Lied zu singen oder einen Brief zu schreiben (Laband); es bedeutet u. a., daß der es Ausübende sich dem Strafrichter gegenüber auf § 193

StGB. (Wahrnehmung berechtigter Interessen) berufen darf, was v. Rönne-Zorn II S. 90 und Loening, VerwArch. Bd. 13 S. 1 f. ohne nähere Begründung bestreiten) und daß der Landtag über den Inhalt der Petition eine Prüfung anstellen muß und darüber je nach dem Ausfalle der zunächst seiner Petitionskommission obliegenden Prüfung darüber beraten und Resolution fassen darf. Bei Korporationen s. auch Anm. 2. Das Petitionsrecht beschränkt sich nicht auf bestimmte Rechte, welche den Petenten gegen den Staat oder einen Dritten zustehen; ebenso v. Rönne-Zorn II S. 90 Anm. 2; anderer Ansicht sind G. Meyer, Staatsr. § 213, und Schulze, Preuß. Staatsr. § 112, welche das Petitionsrecht als ein nur formales Recht, kein selbständiges Recht mit besonderem materiellen Inhalt, sondern bloß als ein Mittel zur Aufrechterhaltung der übrigen Rechte ansehen.

Das Petitionsrecht steht nur Preußen zu. Doch können die Kammern auch von Nichtpreußen Petitionen annehmen; ebenso das Herrenhaus am 30. 11. 04, ferner Loening, VerwArch. Bd. 13 S. 31 f., v. Rönne-Zorn II S. 87. Personen des Soldatenstandes (das Heer) haben das Petitionsrecht nur insoweit, als die militärischen Disziplinarvorschriften nicht entgegenstehen, Art. 39. Petitionen sind Gesuche um Abhilfe von Beschwerden oder Anträge auf Vornahme bestimmter Maßregeln. Es sind in Art. 32 hauptsächlich Petitionen an eine der beiden Kammern gemeint (s. indes Art. 81 Abs. 2). Daß Petitionen erst nach Erschöpfung des ordentlichen Instanzenweges von den Kammern entgegengenommen werden dürfen, schreibt die preuß. Verfassung nicht vor.

2. Also nur solche Vereine, welche Korporationsrechte besitzen (Art. 31), haben das Petitionsrecht; indes auch nur, soweit ihre Handlungsfähigkeit reicht; so auch das belgische Recht: „seulement pour les objets propres à leur attribution", Thonissen nr. 133; Stadtgemeinden mithin nur, soweit die kommunalen Interessen in Frage stehen. Dies hat inzwischen auch das OVG. in dem Erk. v. 10. 3. 86, Entsch. XIII 89, angenommen; gleicher Ansicht v. Rönne-Zorn II S. 92, Schwarz S. 112. In dem Berichte der Revisionskommission (Verhdl. der II. Kammer 1849/50 S. 633) ist bemerkt, daß zu Art. 32 der Zusatz „nur innerhalb ihres Wirkungskreises" beantragt, aber als „unausführbare Beschränkung" des Petitionsrechts abgelehnt sei. Wenn, so bemerkt der Bericht, in einzelnen Fällen Behörden oder Korporationen in Petitionen die Grenzen ihres Wirkungskreises überschreiten, so liege der Behörde ob, sie in diese Grenzen zurückzuweisen. Wichtig ist die Frage für Gemeindevertretungen. Die Staatsregierung vertritt die Ansicht (ZirkReskr. v. 6. 6. 63, BMBl. 118), daß denselben nicht das Recht zustehe, Petitionen in betreff allgemeiner Staatsverfassungsangelegenheiten anzubringen. Das AbgH. hat sich im Jahre 1860 (StenBer. S. 898) im gleichen am 10. März 1865 (StenBer. S. 408) im entgegengesetzten Sinne ausgesprochen. Nach dem zit. Erk. des OVG. v. 10. 3. 86, Entsch. XIII 89, hält das OVG. die Petition einer Stadtgemeinde gegen Getreidezölle für statthaft, wenn sie gerade mit Bezug auf die besonderen Verhältnisse einer Stadt (als Hafenplatz) erfolgt, dagegen eine Petition um Aenderung des Wahlsystems für Reichs- oder Staatswahlen, oder um Vermehrung der Zahl der in einer Stadt gewählten Reichs- oder Landtagsabgeordneten als unzulässig; s. auch v. Rönne-Zorn II S. 92 Anm. 2.

Art. 33. Das Briefgeheimniß ist unverletzlich.[1]) Die bei strafgerichtlichen Untersuchungen und in Kriegsfällen nothwendigen Beschränkungen sind durch die Gesetzgebung festzustellen.[2])

Art. 33 ist durch reichsrechtliche Bestimmungen ersetzt. Er entspricht art. 22 const. belge: „Le secret des lettres est inviolable. La loi déterminera quels sont les agents responsables de la violation du secret des lettres confiées à la poste."

1. Die Verletzung des Briefgeheimnisses ist unter Strafe gestellt durch StGB. § 299; (für Beamte) durch StGB. §§ 354, 355, 358; s. auch Postges. v. 28. 10. 71 (RGBl. 347) § 5; Ges. über das Telegraphenwesen des Deutschen Reichs v. 6. 4. 92 (RGBl. 467). Vgl. auch Art. 6 der preuß. Verfass.

2. Wegen der Zulässigkeit von Beschlagnahmen s. StPO. §§ 99, 100, 110, für den Fall des Konkurses s. KO. § 121. StPO. § 99: „Zulässig ist die Beschlagnahme der an den Beschuldigten gerichteten Briefe und Sendungen auf der Post sowie der an ihn gerichteten Telegramme auf den Telegraphenanstalten; desgleichen ist zulässig an den bezeichneten Orten die Beschlagnahme solcher Briefe, Sendungen und Telegramme, in betreff derer Thatsachen vorliegen, aus welchen zu schließen ist, daß sie von dem Beschuldigten herrühren oder für ihn bestimmt sind, und daß ihr Inhalt für die Untersuchung Bedeutung habe." Zuständig zur Beschlagnahme ist gemäß StPO. § 100 der Richter, bei Gefahr im Verzuge der Staatsanwalt.

Art. 34. **Alle Preußen sind wehrpflichtig.**[1]) **Den Umfang und die Art dieser Pflicht bestimmt das Gesetz.**[2])

Arndt, Reichsstaatsr. S. 518 ff.; Arndt, Selbst. VR. S. 226 f, Arndt, Komm. (Aufl. 3) zu Art. 53, 57 ff. der Reichsverfass.; G. Meyer, Lehrb. des Staatsr. §§ 195 ff.; Derselbe Verwaltungsr. Bd. II §§ 193 ff.; Seydel in Hirths Ann. 1884 S. 1035 f., 1875 S. 53, 1081 f., 1393 f. Art. 34 entspricht art. 118 const. belge:

„Le mode de recrutement de l'armée est déterminé par la loi. Elle règle également l'avancement, les droits et les obligations des militaires."

1. Jetzt kommt in Betracht Reichsverfass. Art. 57: „Jeder Deutsche ist wehrpflichtig und kann sich in Ausübung dieser Pflicht nicht vertreten lassen." Ausgenommen sind durch § 1 des Kriegsdienstges. v. 9. 11. 67 (BGBl. 13) die Mitglieder der regierenden Häuser und die der mediatisierten, vormals reichsständischen und derjenigen Häuser, welchen die Befreiung von der Wehrpflicht durch Verträge zugesichert ist oder auf Grund besonderer Rechtstitel zusteht. Ferner sind befreit die vor dem 11. August 1890 geborenen Helgoländer (Ges. v. 15. 12. 90, RGBl. 207) und die röm.-katholischen Geistlichen nach Maßgabe des Ges. v. 8. 2. 90 (RGBl. 23).

2. Jetzt die Reichsgesetzgebung, Reichsverfass. Art. 59, der in jetziger Fassung auf den Gesetzen betr. Aenderung der Wehrpflicht v. 11. 2. 88 (RGBl. 11) Art. I und v. 15. 4. 05 (RGBl. 249) Art. I beruht. Es gelten ferner (Bundes-) Ges. v. 9. 11. 67, betr. die Verpflichtung zum Kriegsdienste (BGBl. 131), ergänzt und teilweise abgeändert durch das (R.)Militärges. v. 2. 5. 74 (RGBl. 45); letzteres ergänzt durch Ges. v. 6. 5. 80 (RGBl. 103), v. 11. 2. 88 (RGBl. 11) u. Ges. v. 15. 4. 05 (RGBl. 249). Hiernach sind alle tauglichen Männer wehrpflichtig. Die Wehrpflicht dauert vom vollendeten 17. bis zum vollendeten 45. Lebensjahre und zerfällt in die Dienst- und die Landsturmpflicht. Erstere währt 12 Jahre vom Dienstantritt (20. Lebensjahre) an — bei den Fahnen 3 Jahre für die Kavallerie und reitende Feldartillerie, sonst 2 Jahre, Ges. v. 3. 8. 93 (RGBl. 233) Art. II bezw. Art. 59 der Reichsverfass. 4 Jahre in der Reserve, 5 oder 3 Jahre in der Landwehr ersten Aufgebots, sodann bis zum 31. März desjenigen Lebensjahres, in welchem das 39. Lebensjahr zurückgelegt wird, in der Landwehr zweiten Aufgebots. Durch Ges.

v. 11. 2. 88 (RGBl. 11) Art. II §§ 8—19, 22 ist zur Ergänzung des Heeres und der Flotte bei Mobilmachungen und zur Bildung von Ersatztruppenteilen die Ersatzreserve mit 7 Jahresklassen eingeführt, der u. a. die „Ueberzähligen", andere taugliche, wegen häuslicher Verhältnisse zurückgestellte Militärpflichtige, bedingt taugliche, zeitlich untaugliche zu überweisen sind. — Neben dem Heere kann im Falle feindlichen Ueberfalls durch kaiserliche Verordnung der Landsturm aufgeboten werden aus allen nicht dem Heere und der Marine angehörigen Wehrpflichtigen vom 17. bis 45. Lebensjahr, Kriegsdienstges. v. 9. 11. 67 (BGBl. 131) §§ 3, 16, Ges. v. 12. 2. 75 (RGBl. 63). Die einberufenen Landsturmleute gehören zum aktiven Heer. Dem Aufrufe unterliegen diejenigen nicht, welche wegen geistiger oder körperlicher Gebrechen dauernd dienstunbrauchbar befunden sind. Der Landsturm zerfällt in zwei Aufgebote. Zum ersten Aufgebot gehören die Landsturmpflichtigen bis zum 31. März desjenigen Kalenderjahres, in dem sie ihr 39. Lebensjahr vollenden. Der Aufruf des Landsturmes erfolgt nach Jahresklassen durch kaiserliche Verordnung, bei unmittelbarer Kriegsgefahr durch die kommandierenden Generale, die Gouverneure und Kommandanten der Festungen. Solange kein Aufruf ergangen ist, unterliegen die Landsturmpflichtigen weder der militärischen Kontrolle noch der Pflicht zur Uebung. Alle Vorschriften über die Dauer der Militärpflicht gelten nur für den Frieden. „Im Kriege entscheidet darüber allein das Bedürfnis und werden alsdann alle Abteilungen des Heeres und der Marine, soweit sie einberufen sind, von den Herangezogenen und Zurückgebliebenen nach Maßgabe des Abganges ergänzt", § 14 des Ges. v. 9. 11. 67 (BGBl. 131).

Nach Reichsverfass. Art. 53 Abs. 4 ist die gesamte seemännische Bevölkerung des Reichs, einschließlich des Maschinenpersonals und der Schiffshandwerker vom

Dienste im Landheere befreit, dagegen zum Dienste in der Kaiserlichen Marine verpflichtet, s. hierzu Arndt, Komm. z. Reichsverfass., 3. Aufl., S. 289 f.

Die Kosten und Lasten des gesamten Kriegswesens werden von allen Bundesstaaten (mit einer mehr scheinbaren Ausnahme für Bayern) gleichmäßig getragen (Art. 58 der Reichsverfass.); richtiger ist zu sagen, sie werden vom Reiche getragen. Der Militärfiskus ist der Reichsfiskus, RG. Zivils. XX 148 f., XXIV 37, LV 172, Arndt, Komm. z. Reichsverfass., 3. Aufl., S. 379, Arndt in den Preuß. Jahrb. 1902 S. 250 f. Die preußischen Festungen, Kanonen, Fahnen, Munition usw. sind Reichseigentum, Ges. v. 25. 5. 73 (RGBl. 113). Die Rechnungskontrolle über das preußische Heer wird vom Rechnungshofe des Deutschen Reichs (Ges. v. 4. 7. 68, BGBl. 433, Ges. v. 11. 2. 75, RGBl. 61 u. a. m.), bezw. vom Bundesrat und Reichstag geführt, Reichsverfass. Art. 71.

Zur Ausführung der vorzitierten Gesetze ergingen die Kaiserliche Wehrordnung v. 22. 11. 88; RZBl. 1889 S. 1; die mit Abänderungen RZBl. 1890 S. 63, 69, 1893 S. 240 usw. gemäß Allerh. Erl. v. 31. 1. 01 (RZBl. 24) neu veröffentlicht ist, Aenderung u. a. v. 25. 3. 04 (RZBl. 85); ferner die sie in militärdienstlicher Beziehung ergänzende Königl. Preuß. Heerordnung v. 22. 11. 88, im Buchhandel veröffentlicht, mit Aenderungen im Preuß. Armeeverordnungsbl. 1889 S. 56, 1890 S. 76, 131, 1891 S. 206, 242; s. Arndt, Komm. z. Reichsverfass., 3. Aufl., S. 308 f., 340. Die Gültigkeit und gehörige Publikation der Wehrordnung und der Heerordnung sind bestritten, z. B. von Hänel, Organisatorische Entwicklung S. 79, indes verteidigt in Arndts Reichs-Verordnungsrecht S. 132 Anm. 4, S. 138, 139, 209 a. a. O. Näheres s. in Arndt, Reichsstaatsrecht § 46. Wegen der Kriegsmarine s. Art. 53 der Reichsverfass., Marineordnung v. 12. 11. 94 (Marineverordnungsbl. 265) und Flottengeſ. v. 14. 6. 1900 (RGBl. 255) und dazu Geſ. v. 5. 6. 1906 (RGBl. 729); näheres bei Arndt l. c. S. 291 f.

Art. 35.[1]) Das Heer begreift alle Abtheilungen des ſtehenden Heeres und der Landwehr.[2])

Im Falle des Krieges kann der König[3]) nach Maaßgabe des Geſetzes[4]) den Landſturm aufbieten.

1. Die belgiſche Verfaſſung hat hier den Satz art. 119: „Le contingent de l'armée est voté annuellement. La loi, qui le fixe n'a de force que pour un an, si elle n'est pas renouvelée. Abſ. 2 in Art. 33 (jetzt 35) der Verfaſſ. v. 5. 12. 48 lautete: „Beſondere Geſetze regeln die Art und Weiſe der Einſtellung und die Dienſtzeit." Dieſer Abſatz wurde gemäß Propoſition II auf Antrag der Krone geſtrichen und dem Art. 35 ſeine heutige Faſſung gegeben. Auch hieraus ergibt ſich in Verbindung mit dem Umſtande, daß art. 119 der const. belge fortgelaſſen iſt, daß der König von Preußen im Rahmen der beſtehenden Geſetze und unbeſchadet des dem Landtage zuſtehenden Geldausgaberechts die Präſenzziffer feſtſtellen konnte, überhaupt die Heeresorganiſation beſtimmen durfte, daß mithin bis zur geſetzlichen Regelung die fragliche Materie innerhalb der königlichen Prärogative geblieben iſt und bleiben ſollte. Gneiſt vertrat demgegenüber in ſeiner Schrift: „Die Lage der preußiſchen Heeresorganiſation, Berlin 1862", ſowie in ſeinen Reden am 12. 9. 62 (StenBer. AbgH. S. 1635, 25. 1. 64, 5. 5. 65 a. a. O.), daß der König den Präſenzſtand nicht allein beſtimmen könne: „eine Organiſation ohne Geſetz, das ſeien ſoviel Widerſprüche wie Silben". Die preußiſche Fortſchrittspartei hatte (wenigſtens zu Beginn und zu Ende des Verfaſſungskonflikts) die Frage richtig, ebenſo wie bis

1862 alle Faktoren der Gesetzgebung, nur als Budgetfrage aufgefaßt (Arndt, Selbst. VR. S. 230 f.).

2. Desgleichen der Kriegsmarine (Flotte und Seewehr). Die jährliche Friedensstärke des stehenden Heeres, ungerechnet der Einjährig-Freiwilligen, Offiziere, Militärbeamten und Unteroffiziere ist durch Ges., betr. die Friedenspräsenzstärke des Deutschen Heeres, v. 15. 4. 05 (RGBl. 247), vom 1. April 1905 ab allmählich derart erhöht, daß sie im Laufe des Rechnungsjahres 1909 die Zahl von 504 665 Gemeinen, Gefreiten und Obergefreiten erreicht und im Laufe des Rechnungsjahres 1910 auf 505 839 erhöht wird. An dieser Friedenspräsenzstärke ist Preußen mit den unter seiner Militärverwaltung stehenden Kontingenten mit 392 979 Mann beteiligt. Die Zahl der Formationen ist bei der Infanterie auf 633 Bataillone, bei der Kavallerie auf 510 Eskadrons, bei der Feldartillerie auf 574 Batterien, bei der Fußartillerie auf 40, den Pionieren auf 29, den Verkehrstruppen auf 12 und dem Train auf 23 Bataillone festgesetzt. Im Frieden besteht die ganze Heeresmacht des Deutschen Reichs aus 23 Armeekorps, wovon 3 Bayern, 2 Sachsen, 1 Württemberg, 17 Preußen mit seinen Verbündeten stellen. Preußen hat gegen Aenderung der Militärgesetzgebung, auch der Friedenspräsenz, ein Veto, Art. 5 Abs. 2 der Reichsverfass., Fürst Bismarck im Reichstage am 11. 8. 87 (StenBer. 142), Arndt, Reichsstaatsrecht S. 512 ff., Komm. zu Art. 63 der Reichsverfass., 3. Aufl., S. 346, vgl. auch Laband, Reichsstaatsrecht IV S. 86 f., Meyer-Anschütz, Lehrb. des Staatsr. S. 732, Seydel in Hirths Ann. 1875 S. 1413, Komm. S. 322. Das Landheer ist nach dem Träger der Verwaltung und der Militärhoheit (in subjektiver Hinsicht) königlich preußisch, die Kriegsmarine ist Kaiserliche Reichs-Kriegsmarine; s. auch unten Vorbem. zu Art. 60 unter Kriegsminister. Das sogen preußische Heer ist jedoch nicht das etwa nur aus

preußischen Staatsangehörigen, sondern der in Preußen aus irgend welchen Reichsangehörigen rekrutierte Teil des Reichsheeres, der auf Grund der Reichsgesetze ausgehoben, nach Maßgabe der Reichsgesetze zum Militärdienst und militärischen Gehorsam verpflichtet ist und für Rechnung und aus Mitteln des Reichs unterhalten wird, s. § 12 des Militärges. v. 2. 5. 74, RFassung (RGBl. 1880 S. 103) § 12, ferner Kriegsdienstges. v. 9. 11. 67 (BGBl. 131) § 17, s. auch §§ 10, 11. Die außerhalb preußischer Kontingente dienenden preußischen Staatsangehörigen haben dem Könige von Preußen den Fahneneid zu leisten, schulden jedoch den militärischen Gehorsam ihren Kontingentsherren, soweit dieser Gehorsam nicht dem Kaiser als solchem gebührt (in Bayern erst nach Vollziehung der Mobilmachungsordre durch den König von Bayern).

3. Jetzt der Kaiser; s. Abs. 2 in Anm. 2 zu Art. 34.

4. Ges. v. 9. 11. 67 (BGBl. 131) §§ 3, 16, Ges. v. 12. 2. 75 (RGBl. 63); s. oben Anm. 2 zu Art. 34.

Art. 36. Die bewaffnete Macht[1]) kann zur Unterdrückung innerer Unruhen und zur Ausführung der Gesetze nur in den vom Gesetze bestimmten Fällen und Formen und auf Requisition der Civilbehörde verwendet werden.[2]) In letzterer Beziehung hat das Gesetz die Ausnahmen zu bestimmen.[3])

1. Hierbei ist an die militärisch organisierte Gendarmerie nicht gedacht; s. hierzu V. über die Organisation der Gendarmerie v. 30. 12. 20 (GS. 1821 S. 1 ff.). S. für die neuen Provinzen V. v. 23. 5. 67 (GS. 777). Die Gendarmen haben (ohne daß für sie Art. 36 Anwendung findet) ohne weiteres den Aufträgen der Landräte und den Requisitionen der Ortspolizeibehörden zu

entsprechen; s. auch OVG. XXXV 449 und art. 120 der const. belge: „L'organisation et les attributions de la gendarmerie font l'objet d'une loi."

2. Diese Fälle sind: a) Verordnung wegen verbesserter Einrichtung der Provinzialbehörden ꝛc. v. 26. 12. 1808 (GS. 1817 S. 288) § 48 Nr. 3, nebst Geschäftsanweisung für die Regierungen vom 31. Dez. 1825 (v. Kamptz, Annalen IX 821) Abschn. II Litt. A (und zwar mit Genehmigung der höheren Behörde oder bei Gefahr im Verzuge unter gleichzeitiger Anzeige an diese), wenn zur Handhabung dringender polizeilicher Maßregeln Militär nötig oder wenn sonst die Verwaltungsexekution fruchtlos bleiben würde;

b) § 150 I 24 der Allgem. GerO. nebst Anhang § 179; s. ferner ZPO. § 759 Abs. 2.

Die Fälle a und b betreffen Requisition der Verwaltungs- und Gerichtsbehörden, nachdem die sonstigen Exekutivmittel fruchtlos geblieben sind;

c) bei öffentlichen Aufläufen und Tumulten; s. auch V. v. 17. 8. 35 (GS. 60); diese gilt mit dem Ges. v. 20. 3. 37 (GS. 60) auch in den neuen Landesteilen, GS. 1867 S. 729, 791, 1534, ferner § 6 der V. über Verhütung eines — Mißbrauchs des Versammlungs- und Vereinigungsr. v. 11. 3. 50 (GS. 277); s. hierzu Arndt, Selbst. VR. S. 85.

d) bei Teilnahme an der Feuerpolizei, s. KabO. v. 29. 8. 18 (GS. 155).

In allen diesen Fällen darf das Militär erst auf Requisition der Zivilbehörden eingreifen.

Ueber das Recht des Militärs zum Waffengebrauche erging Ges. v. 20. 3. 37 (GS. 60), ausgedehnt durch Art. II G der V. v. 25. 6. 67 (GS. 923) auf die neuen Provinzen. Dieses Gesetz gilt nicht für die Landgendarmen, die zwar militärisch organisiert sind, jedoch auch zu den polizeilichen Vollzugsorganen gehören und eine besondere Staatseinrichtung bilden, OVG.

XXXI 449. Für diese gilt die in Anm. 1 zit. Instruktion v. 30. 12. 20; für die Grenzaufsichtsbeamten gilt Ges. v. 28. 6. 34 (GS. 83), eingeführt auch in die neuen Provinzen (GS. 1867 S. 700, 729, 1265), für die Gefängnisbeamten v. 11. 4. 54 (GS. 143), für die Forst- und Jagd-Beamten, Ges. v. 31. 3. 37 (GS. 65). Die Angehörigen des Landgendarmeriekorps sind der Militärgerichtsbarkeit unterworfen, § 2 Abs. 3 EG. z. MilStrGB. v. 20. 6. 72 (RGBl. 174) s. Art. 37.

3. Art. 36 kann gemäß Art. 111 für den Fall eines Krieges oder Aufruhrs ganz oder teilweise außer Kraft gesetzt werden (s. Art. 111 nebst Anm.).

Art. 37.[1]) **Der Militairgerichtsstand des Heeres beschränkt sich auf Strafsachen**[2]) **und wird durch das Gesetz**[3]) **geregelt. Die Bestimmungen über die Militairdisziplin im Heere bleiben Gegenstand besonderer Verordnungen.**[4])

1. An Stelle des ersten Satzes in Art. 37 gilt jetzt RMilG. v. 2. 5. 74 (RGBl. 45) § 39:

„Die besondere Gerichtsbarkeit über Militärpersonen beschränkt sich auf Strafsachen und wird durch Reichsgesetz geregelt."

§ 7 EG. zum GVG. bestimmt:

„Die Militärgerichtsbarkeit (sowie das landesgesetzlich den Standesherren gewährte Recht auf Austräge) werden durch das Gerichtsverfassungsgesetz nicht berührt."

2. Und zwar (in der Regel, s. unten Anm. 3) auf alle, nicht bloß militärische Strafhandlungen, § 1 der Militärstrafgerichtsordnung v. 1. 12. 98 (RGBl. 1189), in Kraft mit 1. 10. 1900. Ausgenommen, also den bürgerlichen Behörden vorbehalten, sind nur (§ 2) die Zuwiderhandlungen gegen Finanz-, Polizei-, Jagd- und

Fischereigesetze und diejenigen Amtsverbrechen und -Vergehen, die von aktiven, nicht dem Offiziersstande angehörigen Militärpersonen bei einstweiliger Verwendung im Zivildienste und gegen die Zivilgesetze begangen werden, sofern diese Handlungen nicht mit Zuwiderhandlungen gegen die Militärstrafgesetze zusammentreffen (§ 3). Straftaten, bei denen auch Zivilpersonen beteiligt sind, können (§ 4) den bürgerlichen Gerichten überwiesen werden; s. Arndt, Reichsstaatsr. S. 572.

3. Jetzt Militärstrafgerichtsordnung v. 1. 12. 98 (RGBl. 1189). Der Militärgerichtsbarkeit sind unterstellt (§ 1): 1. die Militärpersonen des aktiven Heeres und der Marine (38 A und B des RMilG. v. 2. 5. 74, RGBl. 45), mit Einschluß des Landgendarmeriekorps, ferner die Personen des Beurlaubtenstandes (§ 56 RMilG.) und die diesen gleichgestellten Personen (§§ 26 u. 30 Ges. v. 11. 2. 88), bezüglich der während einer faktischen Dienstleistung (dahin gehört der fragliche ganze Tag) begangenen strafbaren Handlungen, § 1 Z. 1; s. auch v. Lilienthal in Birkmeyers Encykl. S. 1320; 2. die zur Disposition gestellten Offiziere, Sanitätsoffiziere und Ingenieure des Soldatenstandes (der Militärgerichtsstand der verabschiedeten Offiziere ist durch Ges. v. 3. 5. 90, RGBl. 63, aufgehoben); 3. die Studierenden der Kaiser Wilhelms-Akademie für das militärärztliche Bildungswesen; 4. die Schiffsjungen, solange sie eingeschifft sind; 5. die in militärischen Anstalten versorgten invaliden Offiziere und Mannschaften; 6. die nicht zum Soldatenstand gehörigen Offiziere à la suite und Sanitätsoffiziere à la suite, wenn und solange sie zu vorübergehender Dienstleistung zugelassen sind; 7. die verabschiedeten Offiziere, Sanitätsoffiziere und Ingenieure des Soldatenstandes, wenn und solange sie als solche oder als Militärbeamte im aktiven Heere oder in der Marine vorübergehend wieder Verwendung finden; 8. die in den §§ 153, 157, 158,

166 des MilStrGB. v. 20. 6. 72 (RGBl. 174) bezeichneten Personen (der sog. Armeetroß), solange sie den Militärgesetzen unterworfen sind. Sachlich beschränkt ist die Anwendbarkeit der Militär-Strafgerichtsordnung (§ 5) 1. für Personen des Beurlaubtenstandes auf die Zuwiderhandlungen gegen die auf sie Anwendung findenden Vorschriften der Militärstrafgesetze (z. B. Fahnenflucht, Nichtgestellung, unbefugte Veranstaltung von Versammlungen usw.); 2. für die dem Beurlaubtenstand angehörenden Offiziere, Sanitätsoffiziere und Ingenieure des Soldatenstandes auf Zweikampf (auch Kartelltragen, Herausforderung); 3. für die oben unter 6 bezeichneten Personen auf die in Militäruniform begangenen Zuwiderhandlungen gegen die militärische Unterordnung; 4. für Ausländer und Deutsche auf die in §§ 160, 161 MilStrG. bezeichneten Handlungen. In einzelnen Fällen sind der Militärgerichtsbarkeit auch vor dem Diensteintritte begangene Handlungen unterstellt, §§ 6, 7 der Militär-Strafgerichtsordnung; in anderen wird sie über die Dienstzeit hinaus verlängert, § 11. Näheres Arndt, Reichsstaatsr. S. 573 und v. Lilienthal l. c. Bezüglich des Gerichtsstandes gilt § 39 Abs. 2 des RMilG. v. 2. 5. 74: „Den allgemeinen Gerichtsstand haben die Militärpersonen bei dem Gerichte des Garnisonortes . . . ." Die Militärgerichtsbarkeit ist, abgesehen von den Feld- und Marinegerichten und der des Reichsmilitärgerichts, Landesgerichtsbarkeit. Das erstinstanzliche Gericht in Strafsachen wird durch die Gerichtsherren bestimmt, §§ 25, 27 der Militärstrafgerichtsordnung. Erkenntnisse der Militärgerichte werden erst durch die Bestätigungsordre (Arndt, Reichsstaatsr. S. 572) vollstreckbar und rechtskräftig. Das materielle Strafrecht ist namentlich im MilStrGB. v. 20. 6. 72, dem MilG. v. 2. 5. 74 und dem Kontrollges. v. 13. 2. 75 enthalten; s. auch Birkmeyer in seiner Encykl. S. 1210 f. Die so-

genannten „Kriegsartikel“ v. 31. 10. 74 (Armeeverordnungsbl. 330) sind zur Zeit keine selbständige Rechtsquelle mehr, sondern nur Auszug aus den bestehenden (Arndt, Reichsstaatsr. S. 563). Oberstes Militärgericht ist das Reichsmilitärgericht in Berlin. Für die Offiziere des Friedens- und Beurlaubtenstandes bestehen Ehrengerichte, für die Marine nach Kaiserl. V. v. 2. 11. 74 (Marineverordnungsbl. 1875, Beilage zu Nr. 21) und für die preuß. Truppen nach der Königl. Verordn. v. 2. 5. 74 (Arndt, Reichsstaatsr. S. 461, 568). Zu ihrer Beurteilung gehören a) alle Handlungen und Unterlassungen, die dem richtigen Ehrgefühl oder den Verhältnissen des Standes zuwider sind, b) Fälle, in denen Offiziere zum Schutze ihrer eigenen Ehre auf ehrengerichtlichen Spruch antragen. Der Spruch lautet auf Freisprechung oder Schuldig mit einem Antrage bei dem höchsten Kriegsherrn auf Warnung, Entlassung mit schlichtem Abschied oder auf Entfernung aus dem Offiziersstande bezw. bei inaktiven auf Verlust des Rechts zur Tragung der Uniform oder des Offizierstitels.

4. Disziplinarstrafordnung für das preußische Heer v. 31. 10. 72 im Preuß. Armeeverordnungsbl. S. 330. Inhaltlich gleiche gelten in den übrigen Kontingenten, Reichsverfass. Art. 63 Abs. 5. Arndt, Reichsstaatsr. S. 566, s. Reichsverordnungsr. S. 122 ff., 130, 137. Es ist dies ein Strafrecht für geringere Fälle. Disziplinarentscheidungen können daher in diesem Falle (ausnahmsweise) res judicata machen, RG. Straff. XXI 1, Arndt, Selbst. VR. S. 86 f. Sowohl die Disziplinarverordnungen wie die Verordnung über Ehrengerichte, obgleich sie als Armeebefehle (ohne Gegenzeichnung) erlassen sind (s. unten Anm. 2 zu Art. 44), enthalten Rechtsnormen. Der letzte Absatz in Art. 37 behält dem Könige trotz der Vorschrift in Art. 5, wonach unmittelbare Eingriffe in die Freiheit der Person und Art. 8, wonach

Strafen nur auf Gesetz beruhen dürfen, und im Gegensatze zu Art. 31 der Charte Waldeck, das Disziplinarstrafverordnungsrecht für das Heer vor, s. Arndt, Selbst. VR. S. 229 f., 86 f.; Arndt in der DJZ. 1907 S. 344. Es handelt sich nicht (Ansicht von G. Anschütz) um die Delegation, sondern um den Vorbehalt der Verordnungsbefugnis. Die Gültigkeit der Verordnung über die Ehrengerichte ist vom Kammergericht am 5. Okt. 1906 anerkannt. Diese Verordnung betrifft nach ihrem Inhalte Disziplin für Offiziere. Sie ist eine preußische, selbständige, keine Reichsverordnung, etwa auf Grund des Reichsmilitärges. v. 2. 5. 74.

Art. 38. Die bewaffnete Macht darf weder in noch außer dem Dienste berathschlagen oder sich anders, als auf Befehl versammeln. Versammlungen und Vereine der Landwehr zur Berathung militairischer Einrichtungen, Befehle und Anordnungen sind auch dann, wenn dieselbe nicht zusammenberufen ist, untersagt.

S. hierzu Art. 29 und 30. § 49 Abs. 2 des RMilG. v. 2. 5. 74: „Die Theilnahme an politischen Vereinen und Versammlungen ist den zum aktiven Heere gehörigen Militärpersonen untersagt." Was zum aktiven Heere gehört, ist in § 38 des RMilG. bestimmt. Strafbest. für die in Art. 38 enthaltene Vorschrift ist jetzt im MilStrGB. v. 20. 6. 72 (RGBl. 174) §§ 101, 113 enthalten.

Art. 39. Auf das Heer finden die in den Artikeln 5, 6, 29, 30 und 32 enthaltenen Bestimmungen nur in soweit Anwendung, als die militairischen Gesetze und Disziplinarvorschriften nicht entgegenstehen.

So z. B. MilStrGB. v. 20. 6. 72 (RGBl. 174) §§ 101, 113. RMilG. v. 2. 5. 74 (RGBl. 45) § 49 Abs. 2 oben in Anm. zu Art. 38.

Art. 40.[1]) Die Errichtung von Lehen ist untersagt.

Der in Bezug auf die vorhandenen Lehen[2]) noch bestehende Lehnsverband soll durch gesetzliche Anordnung[3]) aufgelöst werden.

1. Die Art. 40 bis 42 sind an die Stelle derjenigen Artikel der Grundrechte getreten, welche die „Freiheit des Grundeigenthums gewährleisten sollten." Der KommEntw. der NatVers. lautete (Art. 34):

„Die Errichtung von Lehen und die Stiftung von Familien-Fideikommissen ist untersagt. Die bestehenden Lehen und Fideikommisse werden ohne Entschädigung der Erbschafts-Berechtigten freies Eigenthum in der Hand desjenigen, welchem am Tage der Verkündigung der gegenwärtigen Verfassung das Lehen oder Fideikommiß angefallen ist."

Die VerfassUrk. v. 5. 12. 48 bestimmte in Art. 38:

„Die Errichtung von Lehen und die Stiftung von Familien-Fideikommissen ist untersagt. Die bestehenden Lehen und Familien-Fideikommisse sollen durch gesetzliche Anordnung in freies Eigenthum umgestaltet werden."

Die VerfassUrk. v. 31. 1. 50 schrieb vor:

Art. 40. „Die Errichtung von Lehen und die Stiftung von Familien-Fideikommissen ist untersagt. Die bestehenden Lehen und Familien-Fideikommisse sollen durch gesetzliche Anordnung in freies Eigenthum umgestaltet werden. Auf Familien-Stiftungen finden diese Bestimmungen keine Anwendung."

Im Unterschiede zum Entwurf der Kommission der NatVers. mit der VerfassUrk. v. 5. 12. 48 und 31. 1. 50 läßt der heutige Artikel, welcher durch Art. 2 des Ges. v. 5. 6. 52 (GS. 319) eingeführt ist, das ältere Recht der Fideikommisse unberührt, so daß für die Errichtung derselben das ALR. II 4 Abschn. 3 §§ 47 ff. in Neuvorpommern und Rügen, Ges. v. 12. 7. 96 (GS. 162) gelten. S. auch Neubauer, Zusammenstellung des in Deutschland geltenden Rechts, betreffend Stammgüter, Familien-Fideikommisse usw., Berlin 1879 und ferner W. Jonas in Hirths Ann. 1879 S. 465 f.; ebenso v. Rönne-Zorn II 250. EG. z. BGB. Art. 59 bestimmt:

„Unberührt bleiben die landesgesetzlichen Vorschriften über Familien-Fideikommisse und Lehen, mit Einschluß der allodifizierten Lehen, sowie über Stammgüter."

In Ansehung der Lehen unterscheidet sich der heutige Art. 44 vom Entwurf der Kommission der NatVers. dadurch, daß die Lehen nicht ohne weiteres und ohne Entschädigung, sondern auf Grund besonderer Gesetze und gegen Entschädigung aufgehoben werden sollen. S. auch v. Rönne-Zorn II 248 f.

2. D. s. auch durch die früheren Assekurationen und im Jahre 1850 (durch Ges. v. 2. 3. 50) hinsichtlich des Lehnsherrn bereits allodifizierten Güter, OTr. 26. 11. 66, Strieth. Ann. Bd. 66 S. 201.

3. Solche Gesetze sind ergangen, z. B. Ges. v. 16. 3. 77, GS. 101 (Ostpreußen), 23. 7. 75, GS. 537 (Kur-, Alt- und Neumark), 4. 3. 67, GS. 362 u. 27. 6. 74, GS. 406 (Altvor- und Hinterpommern) 28. 3. 77, GS. 111, 10. 3. 80, GS. 215, 20. 4. 83, GS. 61 (Sachsen und die vormals sächsischen Teile der Prov. Brandenburg), 19. 6. 76, GS. 238 (Schlesien), 3. 5. 76, GS. 112 (Westfalen), 8. 3. 76, Lauenburgisches Wochenbl. S. 69 (Lauenburg), für die Kreise Rees, Essen (Stadt u. Land),

Duisburg, Mülheim a. d. Ruhr; s. auch v. Rönne-Zorn II 249 Anm. 2. Für die 1866 erworbenen Provinzen s. Neubauer im JMBl. 1879 S. 404 f.

Art. 41. Die Bestimmungen des Artikels 2 finden auf Thronlehen und auf die außerhalb des Staats liegenden Lehen keine Anwendung.

Art. 41 ist Art. des Ges. v. 5. 6. 52 (GS. 319). Ursprünglich lautete er:

Art. 41: „Vorstehende Bestimmungen (Art. 40) finden auf die Thronlehen, das Königliche Haus- und Prinzliche Fideikommiß, sowie auf die außerhalb des Staats belegenen Lehen und die ehemals reichsunmittelbaren Besitzungen und Fideikommisse, insofern letztere durch das deutsche Bundesrecht gewährleistet sind, zur Zeit keine Anwendung. Die Rechtsverhältnisse derselben sollen durch besondere Gesetze geordnet werden."

S. auch Art. 59 EG. z. BGB. in Anm. 1 zu Art. 41.

Art. 42.[1][2] Ohne Entschädigung bleiben aufgehoben, nach Maaßgabe der ergangenen besonderen Gesetze:

1. das mit dem Besitze gewisser Grundstücke verbundene Recht der Ausübung oder Uebertragung der richterlichen Gewalt (Titel VI. der Verfassungs-Urkunde) und die aus diesem Rechte fließenden Exemtionen und Abgaben;
2. die aus dem gerichts- und schutzherrlichen Verbande, der früheren Erbunterthänigkeit, der früheren Steuer- und Gewerbe-Verfassung herstammenden Verpflichtungen.

Mit den aufgehobenen Rechten fallen auch die Gegenleistungen und Lasten weg,[3]) welche den bisher Berechtigten dafür oblagen.

1. Art. 42 beruht auf Ges. v. 14. 4. 56 (GS. 353); Art. 42 der VerfassUrk. v. 31. 1. 50 lautete:

„Das Recht der freien Verfügung über das Grundeigenthum unterliegt keinen anderen Beschränkungen, als denen der allgemeinen Gesetzgebung. Die Theilbarkeit des Grundeigenthums und die Ablösbarkeit der Grundlasten wird gewährleistet.

Für die todte Hand sind Beschränkungen des Rechts, Liegenschaften zu erwerben und über sie zu verfügen, zulässig.

Aufgehoben ohne Entschädigung sind:

1. Die Gerichtsherrlichkeit, die gutsherrliche Polizei und obrigkeitliche Gewalt, sowie die gewissen Grundstücken zustehenden Hoheitsrechte und Privilegien;
2. die aus diesen Befugnissen, aus der Schutzherrlichkeit, der früheren Erbunterthänigkeit, der früheren Steuer- und Gewerbeverfassung herstammenden Verpflichtungen.

Mit den aufgehobenen Rechten fallen auch die Gegenleistungen und Lasten weg, welche den bisherigen Berechtigten dafür oblagen.

Bei erblicher Ueberlassung eines Grundstückes ist nur die Uebertragung des vollen Eigenthums zulässig; jedoch kann auch hier ein fester ablösbarer Zins vorbehalten werden.

Die weitere Ausführung dieser Bestimmungen bleibt besonderen Gesetzen vorbehalten."

2. Die Aufhebung des Art. 42 der VerfassUrk. v. 31. 1. 50 durch das Ges. v. 14. 4. 56 hat keine rückwirkende Kraft. Die auf Grund des aufgehobenen Artikels und zur Ausführung desselben ergangenen Gesetze, namentlich

das Ablösungsges. v. 2. 3. 50 (GS. 77) sind daher in Geltung geblieben.

3. Die aus § 33 ALR. II 12 folgende Verpflichtung der Gutsherrschaft, ihre Untertanen (die Schulsozietät) bei Aufbringung des Unterhalts für den Elementarschullehrer im Bedürfnisfalle zu unterstützen, ist hierdurch nicht aufgehoben; s. Anm. 1 zu Art. 25 und Erk. des OVG. v. 21. 5. 83 E. X 126.

Titel III.

Vom Könige.

Der Tit. III von der Königlichen Gewalt schafft nicht neues Recht, sondern gibt nur eine unvollständige Uebersicht über das, was dem Könige von seiner Macht verblieben ist. Nach der Entstehungsgeschichte der preuß. Verfassung (s. Einleitung), den Erklärungen des damaligen Königs und denen der beiden Revisionskammern (vgl. u. a. StenBer. der II. Kammer 1849 S. 332 ff.), und da nach Art. 109 die der Verfassung nicht entgegenstehenden älteren Gesetze (also auch ALR. II 13 §§ 1 ff.) in Kraft geblieben sind, ist Tit. III nicht limitativ auszulegen und sind nicht alle Königlichen Rechte in Tit. III aufgezählt. Vielmehr stehen dem Könige noch alle Befugnisse zu, welche ihm nicht ausdrücklich durch die Verfassung entzogen sind; s. Arndt, Reichs-Verordnungsr. S. 64 ff., Derselbe in Hirths Ann. 1885 S. 301 ff., ferner Graf Eulenburg, StenBer. des HerrH. 1869 S. 188, Graf zur Lippe, das. 1879 S. 523; s. auch Brin, Art. „Landsherr" in v. Stengels Handwörterbuch II. T., v. Gerber, Grundzüge § 25, H. Schulze, Deutsches Staatsr. I 183, Meyer-Anschütz § 84, v. Martitz, Die Monarchie als Staatsform (1903),

Seydel, Vorträge aus dem allgemeinen Staatsrecht (1903) S. 25 ff. Der König ist höchstes Organ, aber kein bloßes Organ des Staates, er steht als Herrscher und Beherrscher über ihm (Seydel, Bayr. Staatsr. I S. 353; dagegen Meyer-Anschütz § 84, Jellinek, System, u. a. Der hier oft angezogene Ausspruch Friedrichs des Großen: Le souverain, bien loin d'être le maitre absolu des peuples qui sont sous sa domination n'est que le premier serviteur" (Antimachiavell ch. I) beweist nur für die Intention, in der Friedrich der Große seine absolute Herrschermacht auszuüben gedachte. In Wahrheit betrachtete er sich tatsächlich und vom Rechtsstandpunkt als absoluten Herrscher, wie sein Leben und seine Taten und das ALR. II 13 §§ 1 ff. zeigen. Der König von Preußen ist Beherrscher des Staates aus eigenem, von niemandem übertragenen Rechte; er ist nicht der Staat selbst (Ansicht von Bornhak, Preuß. Staatsr. I 128); er ist auch nicht das alleinige oberste Organ, zum mindesten hat er nicht über die Funktionen des Landtags imperium. von Bismarck-Schönhausen am 24. Sept. 1849 (Verhdl. der II. Kammer S. 39):

„Ich wollte mir nur noch erlauben, auf einen Hauptunterschied unserer preußischen Verfassung mit den uns zum Muster vorgeführten belgischen und französischen aufmerksam zu machen. Bei uns ist verfassungsmäßig seit Jahrhunderten ein selbständiges Königtum, — welches zwar im Laufe der — letzten Jahre einen beträchtlichen Teil seiner Rechte auf die Volksvertretung übertragen hat, aber freiwillig und nicht etwa deshalb, weil — ihm die Widerstandsfähigkeit fehlte. Preußen war vollkommen fähig, dem Stoß aus Frankreich Widerstand zu leisten, wenn die Regierung des Königs diese Widerstandsfähigkeit hätte benutzen wollen —.

Aber eben dieses Königtum unterscheidet sich dadurch von den konstitutionellen Dynastien in England, Frankreich und Belgien, daß dort die Krone — gleich einem geschenkten Gaul — aus den blutigen Händen der Revolution überreicht ist unter denjenigen Bedingungen, wie nur die Revolution für gut fand, jenem Dynastien aufzulegen."

Dem Könige kommen u. a. noch zu der Majestätstitel, die Königliche Titulatur, das Königliche Wappen, die Reichsinsignien (die Insignien des preuß. Staates: Reichssiegel, Apfel, Schwert, Zepter und Krone, Staatsanzeiger 1861 Nr. 245), Fürbitte im Kirchengebet und Landestrauer. Ihm steht das Recht eines Hofstaates zu. Diese Rechte pflegt man als Ehren- oder Majestätsrechte (im Unterschiede von den Regierungsrechten) zu bezeichnen.

Die preuß. Verfassung hat hier mit offenbarem Vorbedacht die Art. 25 und 78 der belg. Verfass. fortgelassen. Art. 25: „Tous les pouvoirs émanent de la nation, ils sont exercés de la manière établie par la constitution.“ Die Gewalt der Krone Preußens ist nicht vom Volke herrührend, und sie wird nicht bloß in der Weise ausgeübt, welche durch die Verfassung bestimmt ist, wenngleich diese Königliche Gewalt anderseits auch durch diese Verfassung beschränkt ist. Art. 78: „Le roi n'a d'autres pouvoirs que ceux que lui attribuent formellement la constitution et les lois portées en vertu de la constitution même.“ Der König von Preußen hat vielmehr alle Befugnisse, die ihm durch die Verfassung nicht entzogen sind; die Artikel der preuß. Verfass., die vom Könige handeln, enthalten nicht Uebertragungen, sondern Beschränkungen; s. Arndt, Selbst. VR. S. 66 ff. u. w. u. Im Gegensatze zur Rechtsentwicklung in Preußen stand die in Belgien, von der J. J. Thonissen sagt Nr. 155: „Quand l'assemblée constituante de 1830 reçut la mission de fixer l'organisation politique du pays, le trône était vide, et le peuple rentré dans la plénitude de ses droits, pouvait librement disposer de ses destins. Le congrès national n'hésita pas à soumettre et à proclamer que la souveraineté réside dans la nation."

Art. 43. Die Person des Königs ist unverletzlich.

Art. 63 const. belge: „La personne du roi est inviolable, ses ministres sont responsables." Damit soll gesagt sein: „Die Person des Königs ist sakrosankt" oder, wie es in England (unrichtig) heißt, „the king can do no wrong"; er kann für Regierungs- oder Privathandlungen nicht zur Rechenschaft gezogen werden. Angriffe gegen die Person des Königs werden bestraft nach StGB. §§ 80, 94, 95, 98. Der König ist nicht, weder von Staats wegen noch von den Agnaten absetzbar, auch nicht, wenn letzteres die Hausgesetze (was nicht der Fall) zuließen; auch nicht, wenn er unheilbar geisteskrank und der Staat durch einen Regenten regiert wird; a. A. Anschütz Encykl. 574, Dyroff, Hirths Ann. 1904 S. 401. In vermögensrechtlicher Hinsicht nimmt er vor den Gerichten Recht, oben Anm. 3 A zu Art. 4. Jede Vollstreckungshandlung gegen die Person des Monarchen oder die Kronrente ist ausgeschlossen. Der Satz: princeps legibus absolutus gilt nicht in Preußen.

Der König ist von Landes- und Kommunalabgaben, Stempeln und Gebühren, nicht von Verbrauchssteuern frei, z. B. Ges. v. 24. 2. 50 (GS. 62) § 2 c, Ges. betr. die Einführung einer allgemeinen Gebäudesteuer, v. 21. 5. 61 (GS. 317) § 3 Nr. 1. Einkommensteuerges., Fassung G. v. 19. 5. 06 (GS. 260) § 3, Ergänzungssteuerges., Fassung G. v. 19. 5. 06 (GS. 294) § 3. Kommunalabgabenges. v. 14. 7. 73 § 40 Nr. 5 und § 68 (GS. 152), OVG. XXXV 102 ff., Landesstempelsteuern, Hoyer, Die preuß. Stempelgesetzgebung, 4. Aufl., S. 70. Von Reichssteuern ist der König nicht grundsätzlich befreit; s. auch Art. XV des Zollvereinigungsvertr. v. 8. 7. 67. Er genießt Portofreiheit, s. G. v. 5. 6. 69 (BGBl. 141), ist frei von der Militärpflicht, der Einquartierungslast und von Naturalleistungen für das Heer, Anm. 3 D zu Art. 4, ferner von Telegraphengebühren, Arndt, Reichsstaatsr. S. 302. S. auch v. Stengel in Marquardsens Handbuch S. 37.

Ueber Landestrauer bestimmt jetzt Ges. v. 14. 4. 03 (GS. 115), daß Landestrauer stattfindet beim Ableben des Königs, der Königin und einer verwitweten Königin; sie besteht 1. im Läuten der Kirchenglocken von 12—1 Uhr, 14 Tage lang, 2. in der Einstellung von öffentlicher Musik, öffentlichen Lustbarkeiten und Schauspielvorstellungen 4 Tage lang vom Sterbetag (einschließlich) ab und am Beisetzungstage.

Art. 44. Die Minister des Königs sind verantwortlich.[1]) Alle Regierungsakte des Königs bedürfen zu ihrer Gültigkeit der Gegenzeichnung eines Ministers,[2]) welcher dadurch die Verantwortlichkeit übernimmt.[3])

1. Const. belge art. 63: „ses ministres sont responsables; art. 64: Aucun acte du roi ne peut avoir d'effet, s'il n'est contresigné par un ministre, qui, par cela seul, s'en rend responsable.“ Der Zweck der Art. 43 und 44 ist nicht, dem Könige Rechte neu zu verleihen; denn schon vor der Verfassung war der König unverletzlich und unverantwortlich dem Lande, dem Volke, dem Landtage und den Behörden gegenüber — wenn auch Preußens Könige sich vor Gott, ihrem Gewissen und der Geschichte verantwortlich fühlen. Art. 43 in Verbindung mit Art. 44 soll zum Ausdruck bringen, daß der König, wie er auch dem Lande und Landtage gegenüber unverantwortlich ist und die Verantwortung an die dem Lande und dem Landtage gegenüber verantwortlichen Minister (in Belgien ganz) mehr oder

minder abgegeben hat, nur dann noch durch seinen Willen den Staat verpflichtet, wenn es ihm gelingt, für seine Handlung einen diese gegenzeichnenden und dadurch die Verantwortung übernehmenden Minister zu finden, mit anderen Worten, daß der König, abgesehen von den in Anm. 2 bezeichneten Fällen, allein nicht mehr den Staat verpflichten kann (vgl. Arndt, Selbst. VR. S. 66 ff., s. auch J. J. Thonissen Nr. 265 ff.). Die Minister sind dem Könige unterstellt (Art. 45) und, was als selbstverständlich ausgelassen wurde, verantwortlich (Verhdl. der I. Kammer 1849/50 S. 2365 ff., v. Rönne § 157 II S. 351 Anm. 3); dem Landtage sind sie gemäß Art. 44 verantwortlich. Der hierin liegende Widerspruch wird nach preuß. Staatsrecht nicht dadurch gelöst, daß der preußische König ein „roi fainéant“ ist, von dem es heißt: „le roi règne, mais il ne gouverne pas“, sondern so, daß der Wille des Königs erst dann rechtliche Bedeutung erlangt, wenn der Wille der hierfür verantwortlichen Minister sich ihm anschließt (vgl. Seydel, Bayr. Staatsr. I S. 294 bis 316 a. a. O.).

2. Die Gegenzeichnung eines Ministers genügt, s. auch Art. 63. Bei Neubildung des Ministeriums kann sowohl das abtretende wie das neue Ministerium die Gegenzeichnung vornehmen; ebenso Meyer-Anschütz S. 249. Ohne Gegenzeichnung kann auch die Entlassung nicht erfolgen. Die früher vertretene Ansicht wird nicht aufrecht erhalten. Auch zu Begnadigungen ist ministerielle Gegenzeichnung erforderlich; s. Binding, Handbuch I 879, Schwartz S. 142, E. Loening, DJZ. I 429, Meyer-Anschütz S. 250 u. a. m. Schwartz S. 128 hält die Gegenzeichnung des neuen Ministeriums für unzulässig.

Die Gegenzeichnung ist nicht erforderlich, soweit es sich um Armeebefehle (Art. 46), oder in den neun älteren Provinzen um Akte des Königs in seiner Eigenschaft als summus episcopus handelt. In ersterer

Hinsicht erging der AE. v. 18. 1. 61, VMBl. 73, wonach Armeebefehle sowie Ordres, welche der König in Militärdienstsachen oder Personalangelegenheiten erläßt (z. B. Disziplinarvorschriften, Anstellungen, zu Dispositionsstellungen usw.), ohne Gegenzeichnung erfolgen; wenn indes in diesen Ordres Bestimmungen enthalten sind, welche auf den Militäretat von Einfluß sind oder andere Zweige der Militärverwaltung berühren, so soll die Gegenzeichnung des Kriegsministers zu den Akten oder in der Ausfertigung hinzutreten; s. Arndt, Reichsstaatsr. S. 464. In der Form des Armeebefehls ergehen auch nicht selten Armeeverordnungen, auch solche, die Rechtsnormcharakter haben, wie die Disziplinarverordnungen. Für die Frage, wann in Militärsachen die Gegenzeichnung des preuß. Kriegsministers oder des Reichskanzlers notwendig ist, s. Arndt, Reichs-Verordnungsr. S. 209 und § 13 S. 122 bis 139 und Reichsstaatsr. §§ 44, 45. In letzterer Hinsicht ist zu beachten, daß alle vom Könige in Ausübung seiner Episkopalrechte (als Inhaber des landesherrlichen Kirchenregiments) erlassenen Anordnungen, welche nicht den Charakter von Staatsakten besitzen — vgl. hierzu Art. 3, 4, 7, 10, 11, 12, 15, 16, 17, 22 bis 27 des Ges. v. 3. 6. 76, betr. die Evangelische Kirchenverfassung in den acht älteren Provinzen rc. (GS. 125) —, der Gegenzeichnung des Ministers der geistlichen Angelegenheiten nicht bedürfen, vielmehr vom Präsidenten des Evangelischen Oberkirchenrats gegenzuzeichnen sind. Bei Besetzung kirchenregimentlicher Aemter (der Mitglieder des Evangelischen Oberkirchenrats, der Konsistorien, der Superintendenten) ist in den älteren wie in den neueren die Gegenzeichnung des Kultusministers (mit) erforderlich; die synodalen Organe haben bei Besetzung der Superintendentenstellen ein Vorschlagsrecht; s. Preuß. Ges. betr. die evangel. Kirchenverfass. rc. v. 3. 6. 76 (GS. 125), auch Schön, Evangel. Kirchenrecht in Preußen (Berlin

1903) I 238. Bevor ein von der General- oder Provinzialsynode beschlossenes Gesetz dem Könige zur Sanktion vorgelegt wird, ist durch eine Erklärung des Staatsministeriums festzustellen, daß gegen das Gesetz von Staats wegen nichts zu erinnern ist —, was in der Verkündigungsformel seit Ges. v. 28. 5. 94 (GS. 87) § 3 nicht mehr erwähnt wird. In den 1866 erworbenen Landesteilen übt der Kultusminister die Funktion des Oberkirchenrats aus, GS. 1878 S. 145 für Schleswig-Holstein, für den Amtsbezirk des Konsistoriums zu Wiesbaden, 1892 S. 73, für Helgoland, 1883 S. 299 u. 319 (Hannover), 1886 S. 79 und 1887 S. 7, für den Bezirk Cassel, GS. 1890 S. 183, 1891 S. 7, zugleich für die Gemeinden Bornheim, Oberrad, Niederrad, Bonames, Niederwesel und Hausen.

3. Diese Verantwortung, welche sich nicht nur auf die Gesetzmäßigkeit, sondern auch auf die Zweckmäßigkeit bezieht, ist keine disziplinare, keine rein oder allgemein strafrechtliche, sondern eine staatsrechtliche, bis zum Erlasse des in Art. 61 vorbehaltenen Gesetzes allerdings nur eine politische, keine exekutierbare (im weiteren Sinne strafrechtliche), s. u. a. Pistorius, Die Staatsgerichtshöfe usw. 1891, R. Mohl, Die Verantwortlichkeit der Minister, Samuely, Die Ministerverantwortlichkeit, Bischof, Ministerverantwortlichkeit, Arch. f. öff. R. III S. 1 ff., Wells, La responsabilité politique des ministres devant les Sénats et Chambres-Hautes Paris 1898. Bloßer „Prügelknabe" ist der Minister nicht; er kann und muß, wenn er mit einer Handlung der Staatsregierung nicht einverstanden ist und dafür nicht die Verantwortung tragen zu können glaubt, vorher demissionieren.

Art. 45. Dem Könige allein[1]) steht die vollziehende Gewalt zu.[1]) Er ernennt und entläßt die Minister.[2]) Er befiehlt die Verkündigung der Ge-

setze[3]) und erläßt die zu deren Ausführung nöthigen Verordnungen.[4])

Const. belge art. 29: „Au roi appartient le pouvoir exécutif, tel qu'il est réglé par la constitution."

Art. 65: „Le roi nomme et revoque ses ministres."

Art. 69: „Le roi sanctionne et promulgue les lois."

Art. 67: „Il fait les règlements et arrêtés necessaires pour l'exécution des lois, sans pouvoir jamais ni suspendre les lois èlles-mèmes, ni dispenser de leur exécution."

1. Nur der König, niemand hat sonst ein imperium. Nur der König (nicht der Landtag) verfügt über die Machtmittel des Staates; nur des Königs Wille ist nach außen hin (und den Untertanen gegenüber) verbindlicher Staatswillen; aber auch nicht alles, was der König will, ist verbindlicher Staatswille (s. Art. 44, 62, auch Art. 86, 106). Die Beschränkungen, welche die Verfassung dem Könige auferlegt, sind wesentlich interner Natur, Verletzungen dieser Beschränkungen können, falls der Wille des Königs gehörig verkündet ist, nur vom Landtage (s. Art. 106) und nur den Ministern gegenüber (Art. 43, 44) gerügt werden. Alle Behörden des Staates leiten ihre Macht aus der Macht und dem Willen des Königs ab; sie sind nur dem Könige (abgesehen von der den Ministern in Art. 44 auferlegten politischen und abgesehen von der allgemeinen strafrechtlichen Verantwortlichkeit) für ihre Handlungen und Unterlassungen verantwortlich. Es ist hiernach unstatthaft, daß sich die Kammern in Akte der Staatsbehörden unmittelbar einmischen, daß sie solche um Vornahme gewisser Handlungen ersuchen. Des Königs Wille ist zu Veräußerungen (auch freigebigen) von Staatseigentum (unbeschadet des Budgetrechts) hinreichend, was allerdings z. B. das preußische Finanzministerium bestreitet, s. weiter unten Anm. 5 zu Art. 103, und zur Veräußerung von Grundeigentum in

der Regel erforderlich; s. Art. 103 Anm. 5, Arndt im Arch. f. öff. R. III S. 549 ff., endlich Vorbem. zu Art. 99 und Anm. 5 zu Art. 103.

Da einerseits der König alle ihm durch die Verfassung nicht entzogenen Rechte und andererseits der Landtag kein Einnahmebewilligungsrecht hat, konnte der König auf Einnahmen, selbst auf gesetzliche, Steuern, Stempel u. dergl., verzichten und in demselben Etatsjahre bereits vereinnahmte zurückzahlen lassen. Dieses Recht ist eingeschränkt durch § 18 des sog. Comptabilitätsges. v. 11. 5. 98 (GS. 77): „Von der Einziehung dem Staate zustehender Einnahmen darf nur im einzelnen Falle und, abgesehen von der Unmöglichkeit der Einziehung, nur auf Grund einer durch gesetzliche oder durch königliche Bestimmung ertheilten Ermächtigung abgesehen werden. Nur unter gleicher Voraussetzung dürfen auch zur Staatskasse vereinnahmte Beträge in demselben Etatsjahre zurückerstattet werden.“ Da Ausgaben nur auf Grund Gesetzes geleistet werden dürfen, so kann der König Steuern, dem Staate verfallene Konventionalstrafen usw., nachdem sie vereinnahmt und nach Ablauf des Etatsjahrs zur Generalstaatskasse geflossen sind (bis dahin gelten sie budgetrechtlich noch als Einnahmen) nicht im Gnadenwege zurückzahlen lassen; s. Arndt, DJZ. 1900 S. 301 a. a. O. Der Unterschied zwischen Einnahmen und Ausgaben macht sich also auch bei der Frage des Gnadenerlasses in der Praxis recht sehr geltend; irrig Meyer-Anschütz S. 759 Anm. 3.

2. Der König ist daher frei in der Wahl der Minister. Er kann zu diesen nach eigenem Ermessen machen, wen er will (kein Examen!). Er ist nicht verpflichtet, den unmittelbar oder mittelbar ausgedrückten Wünschen der Landtagsmehrheit nachzugeben.

3. Der König hat neben der Verkündigung die Sanktion der Gesetze. Nur sein Wille schafft das Gesetz, unbeschadet seiner verfassungsmäßigen Pflicht, nur das als Gesetz verkündigen zu lassen, was zuvor die Sanktion des Landtages erhalten hat (s. Art. 62 nebst Anm., insbes. Anm. 5). Das französisch-belgische Recht unterscheidet „promulgation“ und „publication“. „Promulgation est l'acte par lequel le roi en sa qualité de chef du pouvoir exécutif atteste l'existence de la loi et en ordonne l'exécution“; „publication est le mode de publicité à l'aide duquel la loi est portée à la connaissance des citoyens“ (Merlin, Repertoire s. m. loi, Nr. 5 und 6). Der Tag der Ausfertigung (nicht der Tag der Sanktion) ist das Datum des Gesetzes (Arndt, Reichsstaatsr. S. 176). Ein einmal verkündetes Gesetz kann, auch wenn es noch nicht in Kraft getreten war, nur wieder durch Gesetz aufgehoben werden (Arndt l. c. S. 175). Druckfehler in publizierten Gesetzen dürfen berichtigt werden, nicht Redaktionsfehler. Es gilt der Wille des Gesetzgebers so, wie er erklärt — nicht wie er gewollt — ist; Arndt l. c. S. 185 f., Nieberding, StenBer. d. RT. 1898 S. 1863, Laband, Reichsstaatsr. II 47; s. auch Meyer-Anschütz 568, RGZ. 41, 34, Laband DJZ. 1903 S. 303, dagegen Lindemann, Arch. f. öff. R. 14, 161; s. auch Arndt, Komm. z. Reichsverfass., 3. Aufl., S. 89. Publiziert als Gesetz braucht nur der Gesetzesbefehl zu sein, der befohlene Inhalt kann wo anders publiziert sein; vgl. Arndt im Recht 1903 Nr. 12. S. auch unten Anm. 3 zu Art. 106 wegen des Zeitpunktes des Inkrafttretens.

4. Das Recht des Königs, Ausführungsverordnungen zu erlassen, ist nicht auf sog. Verwaltungsnormen beschränkt, umfaßt vielmehr die Befugnis zum Erlasse von (auch die Untertanen, die Gerichte [vgl. indes Anm. 1 zu Art. 86] bindenden) Rechtsnormen; s. die eingehende Begründung in Arndts Verordnungsrecht S. 74 ff., nach welcher G. Meyer und H. Schulze

ihre früher abweichende Meinung (s. G. Meyer, 1. Aufl. S. 408 und H. Schulze, Reichsstaatsr. 530) berichtigt haben (G. Meyer, 2. Aufl. S. 466 Anm. 8, s. auch Verhandlung der I. Kammer 1849/50 S. 1315 und H. Schulze, Preuß. Staatsr. II S. 28 ff.). v. Rönne widerspricht sich; I S. 379 behauptet er, daß die Ausführungsverordnungen keine neuen Rechtsnormen aufstellen dürfen, und (ebendort) daß die Gerichte durch derartige Verordnungen nicht für gebunden zu erachten sind (in Ansehung der Verbindlichkeit Königlicher Verordnungen für die Gerichte s. zu Art. 86 und 106 und Arndt, Reichsverordnungsrecht S. 211 ff.). Auf derselben Seite behauptet v. Rönne indes, daß der König das Recht habe, in den Fällen, wo das Gesetz nur die leitenden Grundsätze aufstellt, die erforderlichen Detailvorschriften diesen Grundsätzen entsprechend zu geben; insbes. auch Tarife und Taxen zu regulieren, für deren Höhe der Maßstab vom Gesetze festgestellt ist. Daß die Ausführungsverordnungen auch Rechtsnormen aufstellen dürfen, nimmt auch Rosin an (Polizeiverordnungrecht, 1. Aufl. S. 20, 2. Aufl. S. 35), der sich dahin ausspricht, daß die Ausführungsverordnungen den Gesetzestext nicht sowohl detaillieren, als nach Befinden selbst ergänzen dürfen, letzteres freilich „nicht nach der Seite der Zwecksetzung, wohl aber nach der Seite der Beschaffung der zur Durchführung des Gesetzes notwendigen Mittel"; ebenso Anschütz in v. Holtzendorffs Encykl. S. 606. Es ist nicht nötig zur Gültigkeit, aber zweckmäßig, daß das Gesetz, zu dem und auf Grund dessen die Verordnung ergeht, in der Verordnung namhaft gemacht wird, wie dies ein Antrag Kisker nach dem Vorgange des § 70 der Hannoverschen Verfassung vom 5. Sept. 1848: „Sie (die Verordnungen) dürfen nur zur Vollziehung bestehender Gesetze dienen und nichts enthalten, was seiner Natur nach der ständischen Mitwirkung bedarf. Sie müssen im Eingang das Gesetz bezeichnen, zu dessen Vollziehung sie dienen", verlangte, welcher Antrag abgelehnt wurde; s. auch Arndt, Reichsverordnungsr. S. 220, ferner unten Anm. 3 zu Art. 106. Das Königliche Verordnungsrecht kann kraft ausdrücklicher oder stillschweigender Delegation durch die Minister ausgeübt werden; s. Vorbemerkung zu Art. 60, ebenso Bornhak S. 454, v. Stengel S. 173; ebenso Anschütz, Encykl. S. 567 f. § 26.

Nach dem französisch-belgischen Rechte verpflichten die vom Staatsoberhaupte erlassenen Ausführungsverordnungen, in Frankreich „règlements administratifs" oder „règlements d'administration publique" genannt, als „lois secondaires" nicht bloß die Behörden, sondern auch die Bürger. Das Gleiche gilt von den règlements der Präfekten und Maires. Die Minister können nur auf Grund besonderer Delegation die Bürger verpflichtende Vorschriften erlassen. Sonst binden ihre Verordnungen — circulaires — nur die Agenten des Staates.

Aber selbst der Präsident oder der Präfekt und der Maire können außer auf Grund ausdrücklicher gesetzlicher Ermächtigung weder Steuern vorschreiben, noch Strafen androhen, noch die gerichtliche Kompetenz ändern, s. Block, Dict. de l'admin. comparée s. m. décret no. 13. Analoge Vorschriften gelten in Belgien mit der Maßgabe, daß der König sein Verordnungsrecht den Ministern delegieren kann. An- und Verordnungen des Königs werden dort auch arrêtés genannt und verpflichten die Untertanen gemäß Ges. v. 6. 3. 1818, Thonissen, nr. 297 suiv. Auch für das preußische Recht gilt der Satz, daß Strafen (Art. 8), Steuern (Art. 100) und zur Ausführung der sog. Rechtsgesetze dienende, die Gerichte bindende Vorschriften (Art. 86) nicht auf Grund der allgemeinen Verordnungsbefugnis (Art. 45), sondern nur auf Grund ausdrücklicher gesetzlicher Ermächtigung ergehen dürfen, s. Arndt, Arch. f. öff. R. 1903 S. 157 ff. und zu den Art. 8, 86 u. 100.

Art. 46. Der König führt den Oberbefehl über das Heer.

Const. belge art. 68. Il (le roi) commande les forces de terre et de mer — —

Zu den dem Könige in der Verfassung belassenen Rechten über das Heer sind die hinzugetreten, welche er als König von Preußen oder als deutscher Kaiser auf Grund der Reichsgesetze und der Militärgesetze übertragen erhalten hat; s. hierüber Arndt, Reichsverordnungsr. § 13 S. 122 ff., Arndt, Komm. zu Art. 63, 64, 65 der Reichsverfass., Arndt, Reichsstaatsr. § 47.

Aus diesem Oberbefehl des Königs folgt an sich noch nicht das Recht des Königs zur Organisation, noch zum Erlasse von die Soldaten verpflichtenden, Rechtsnormen enthaltenden Vorschriften über Disziplin, Beschwerde, Strafvollstreckung, über Strafprozeß, Pension, Witwenversorgung, Marschverpflegung, Tagegelder, Ehrengerichte, geschweige denn über Militärstrafrecht, wie denn dem Könige der Belgier, trotz des gleichlautenden art. 68 const. belge, solche Befugnisse nicht zustehen, vielmehr, soweit sie überhaupt vorhanden sind, nur auf Grund besonderer Gesetze. Daß der König von Preußen die Befugnis dazu hatte und größtenteils noch hat, folgt einzig und allein aus dem Satze, daß er, soweit die Verfassung nicht entgegensteht, noch das Recht des Gebots oder Verbots hat; Arndt, Selbst. VR. S. 213 ff. Anschütz (gesetzgebende Gewalt) S. 72 ff. anerkennt alle diese selbständigen Verordnungen der Krone Preußen als gültig, aber nicht, weil er ein solches Verordnungsrecht anerkennt, sondern weil er glaubt, daß diese Vorschriften keine Rechtsnormen sind. Letzteres ist aber unzweifelhaft der Fall. S. w. unten zu Art. 62.

Aus dem Oberbefehle über das Heer, dem u. a. auch der Kaiser über das deutsche, der König der Belgier über das belgische Heer hat, folgt auch nicht und wird nicht gefolgert, daß der Oberbefehlshaber die Vorschriften über Befähigung zu den Offizier- und Unteroffizier-Militärbeamtenstellen, über Beförderung, Entlassung usw. geben kann, ohne gesetzliche Ermächtigung, wie z. B. § 7 des Reichsmilitärgesetzes eine solche enthält. Die belgische Verfass. schreibt ausdrücklich vor (Art. 118), daß das loi de recrutement „règle — l'avancement, les droits et les obligations des militaires". Auch die Auslassung dieser Worte bezeugt, daß die preuß. Verfassung dem Erlasse solcher Vorschriften im Verordnungswege nicht entgegensteht (Arndt, Selbst. VR. S. 213 ff.). Noch weniger folgt aus dem Oberbefehle über das Heer das arbiträre Recht des Königs, jederzeit alle Offiziere zur Disposition zu stellen und Vorschriften über Entlassung (z. B. für ehrengerichtliches Verfahren) zu geben; s. auch Anm. 1 zu Art. 45 und Anm. 1 zu Art. 47.

Durch die Reichsgesetzgebung und nach Maßgabe derselben (s. die Anm. zu den Art. 34 und 35) ist das Recht der Krone zur Heeresorganisation eingeschränkt und die Vorschriften, welche dort über Kadresformationen, die bei den Fahnen, den Reserven, der Landwehr, dem Landsturme zu leistenden Militärpflichten usw. getroffen sind, können nur im Wege der Reichsgesetzgebung abgeändert werden. Vorher und soweit diese Gesetzgebung nicht entgegensteht, fand die königliche Prärogative, abgesehen von der gesetzlich normierten Dauer der Dienstpflicht (Art. 34), ihre Beschränkung nur in dem Satze, daß Ausgaben irgend welcher Art (auch für Heeres(re)organisationen) nur auf Grund des Etatsgesetzes geleistet werden dürfen. Diesen richtigen Standpunkt hat die Staatsregierung (auch der Abg. Waldeck in der Budgetkommission) in der Konfliktszeit vertreten. S. auch oben Anm. 1 zu Art. 35, Arndt, Reichsverordnungsrecht S. 150 und im Arch. f. öff. R. III S. 558 ff., ferner Reichsstaatsrecht S. 507 ff., während u. a. nach Gneists Ansicht die Heeresorganisation gültig nur durch Gesetz hätte erfolgen dürfen; s. auch Arndt, Selbst. VR. S. 213 ff. u. oben Anm. 1 zu Art. 35.

Art. 47. Der König besetzt[1]) alle Stellen im Heere,[2]) sowie in den übrigen Zweigen des Staatsdienstes,[3]) sofern nicht das Gesetz[4]) ein Anderes verordnet.[5])[6])

1. Oder läßt, soweit ein Gesetz nicht entgegensteht (s. z. B. AG. z. GVG. v. 24. 4. 78 [GS. 230] §§ 7, 60), die Stellen besetzen; s. Arndt, Reichsverordnungsr. § 16 S. 169 ff., v. Rönne § 99 I S. 431, ALR. II 13 § 16 Anm. 1 zu Art. 46; s. auch wegen der Gegenzeichnung Anm. 2 zu Art. 44. Der entsprechende Art. 64 der belg. Verfass. lautet: „Il confère les grades dans l'armée. Il nomme aux emplois d'administration générale et de relation extérieure, sauf les exceptions établies par la loi. Il ne nomme à d'autres emplois qu'en vertu de la disposition expresse d'une loi." Dieses Recht des Königs darf jedoch nur nach Maßgabe und auf Grund der Gesetze ausgeübt werden, diese allein regeln z. B. die Qualifikation, das Avancement im Heere wie im Zivil, art. 118, ferner Thonissen Nr. 287. In Preußen kann die Krone, wo die Gesetze fehlen, diese Vorschriften allein geben. Während nach art. 124 const. belge: „les militaires ne peuvent être privés de leurs grades, honneurs et pensions que de la manière déterminée dans la loi", stand es und steht es meist noch im Ermessen des Königs von Preußen, die Militärpersonen ihrer Stellung und ihres Chargengehaltes zu entheben, wie er denn die Normen hierüber allein gegeben hat und gibt.

2. S. auch Art. 46.

3. Der König ist in Ausübung dieses Stellenbesetzungsrechtes an die Gesetze gebunden; er kann nur solche Personen anstellen, welche die gesetzliche Qualifikation haben, Richter, Staatsanwälte, Regierungsräte, Landräte u. a. (so z. B. AG. z. GVG. v. 24. 4. 78 [GS. 230] §§ 1 bis 11). Soweit gesetzliche Vorschriften fehlen, z. B. für Militärpersonen und Lehrer aller Art, Eisenbahn-, Bau-, Bergbeamte usw. kann der König die Bedingungen der Anstellung (Prüfungen) selbst regeln oder durch seine Organe regeln lassen; s. auch Anm. 5.

4. Ein Gesetz, durch welches dem Könige das Aemterbesetzungsrecht entzogen wird, besteht nicht. Für gewisse kirchenregimentliche Aemter stehen synodalen Organen Vorschlagsrechte zu.

5. Bei Ausübung des Aemterbesetzungsrechts ist der König wie an alle übrigen Gesetze, so auch an das Etatsgesetz (Art. 99) gebunden. Andererseits hat der Landtag das Recht, die Ausgaben für Behörden zu verweigern, welche der König nicht auf Grund Gesetzes und nur auf Grund seines Organisationsrechts neu errichtet. Dies wird von den drei Faktoren der Gesetzgebung als zweifellos angesehen. Indes beruht die Anstellung des Beamten und sein Anspruch auf Gehalt und Rang nicht auf dem Etat, sondern auf der Anstellung durch die Krone bezw. die Exekutive (Arndt, Reichsverordnungsrecht S. 156 f. und Zeitschr. f. öff. R. III S. 534 f.; anderer Ansicht Zorn, Reichsstaatsr. II S. 337 f.). Sollte daher der Etat nicht zustande kommen oder doch für einen von dem dazu Legitimierten angestellten Beamten die Etatspension nicht genehmigt werden, so kann der Beamte auf Zahlung seines Gehalts klagen, wie denn auch das Gesetz, betreffend die Erweiterung des Rechtsweges v. 24. 5. 61 (GS. 241), die Verfolgbarkeit vermögensrechtlicher Ansprüche der Staatsbeamten aus ihrem Dienstverhältnisse keineswegs von dem Zustandekommen oder dem Inhalte des Etats-

gesetzes abhängig macht; umgekehrt hat der Beamte, um deswegen, weil für seine Stelle eine Gehaltserhöhung im Etat bewilligt ist, noch keinen klagbaren Anspruch darauf. Arndt l. c. und Vorbemerkung zu Art. 99. Treffend bemerkte Fürst Bismarck im Reichstage am 1. Dez. 1885: „wenn Sie mir mein Gehalt streichen, so werde ich einfach vor Gericht klagen, und das Reich wird verurteilt werden — solange ich Reichskanzler bin — mir mein Gehalt zu bewilligen“ (StenBer. d. RT. 1885 S. 135). Wird ein Beamter angestellt ohne und gegen das Etatsgesetz, so hat er Anspruch auf Gehalt gegen den Staat, und dieser nur Regreß an den Minister. S. auch Pieper, Reichsbeamtenges. 2. Aufl. S. 47.

6. Diejenigen preußischen Beamten, welche dem Kaiser und seinen Anordnungen Gehorsam schuldig sind, welche somit dem Gesetz, betr. die Rechtsverhältnisse der Reichsbeamten, v. 31. 3. 73 (RGBl. 61) unterworfen sind, z. B. die unteren Post- und Telegraphenbeamten, sind unmittelbare Landesbeamte, mittelbare Reichsbeamte, Arndt, Reichsstaatsrecht §§ 58, 59, RG. v. 26. 10. 80, Art. 18 Komm. z. Reichsverfass. 3. Aufl., Entsch. in Zivils. II 101. Zu den mittelbaren (obersten) Reichsbehörden, die dem Reichskanzler nicht unterstellt sind, gehört das preußische Kriegsministerium (Arndt l. c., RGBl. 1899 S. 597).

Art. 48.[1]) Der König hat das Recht, Krieg zu erklären[2]) und Frieden zu schließen,[2]) auch andere Verträge mit fremden Regierungen zu errichten. Letztere bedürfen zu ihrer Gültigkeit[3]) der Zustimmung der Kammern,[4]) sofern es Handelsverträge[5]) sind, oder wenn dadurch dem Staate Lasten[6]) oder einzelnen Staatsbürgern Verpflichtungen[7]) auferlegt werden.

Const. belge art. 68: „Le roi commande les forces de terre et de mer, déclare la guerre, fait les traités de paix, d'alliance et de commerce. Il en donne connaissance aux chambres aussitôt que l'interêt et la sûreté de l'Etat le permettent, en y joignant les communications convenables.

Les traités de commerce et ceux qui pourraient grever l'Etat ou lier individuellement des Belges, n'ont d'effet qu'après avoir reçu l'assentiment des chambres.

Nulle cession, nul échange, nulle adjonction de territoire ne peut avoir lieu qu'en vertu d'une loi. Dans aucun cas, les articles secrets d'un traité ne peuvent être destructifs des articles patents."

I. Bereits der Deutsche Bund war eine in politischer Hinsicht verbundene Gesamtmacht des europäischen Staatensystems und vertrat als Ganzes die deutsche Nation nach außen (Arndt, Reichsstaatsr. S. 9, Wiener Schlußakte v. 8. Juni 1820); er konnte Krieg, Frieden, Bündnisse und andere Verträge beschließen und hatte das aktive und passive Gesandtenrecht.

Jetzt ist zu beachten Reichsverfass. Art. 11: — „Der Kaiser hat das Reich völkerrechtlich zu vertreten, im Namen des Reichs Krieg zu erklären und Frieden zu schließen, Bündnisse und andere Verträge mit fremden Staaten einzugehen, Gesandte zu beglaubigen und zu empfangen." Soweit wie die Zuständigkeit des Reiches geht, hat Preußen das Vertragsrecht verloren (z. B. für den Abschluß von Post-, Telegraphen-, Handels- und Bündnisverträgen), vgl. auch Erk. des RG. v. 3. 6. 81, Entsch. in Straff. IV 274; soweit die Einzelstaaten zuständig geblieben sind (z. B. für die Strafverfolgung und Strafvollstreckung) bleibt Art. 48 in Kraft (Preußen kann also z. B. Auslieferungsverträge schließen). Der gleichen Ansicht sind E. Meier, über den Abschluß von Staatsverträgen, Leipzig 1874, S. 271, v. Rönne I

S. 696, G. Meyer § 188, Pröbst in Hirths Annalen 1882 S. 241 ff.; Arndt, Komm. zu Art. 11 der Reichsverfass. und Reichsstaatsr. § 61. Für diese Ansicht spricht, daß die Einzelstaaten überall zuständig geblieben sind, wo sie nicht ihre Zuständigkeit auf Grund ausdrücklicher Rechtsnorm an das Reich verloren haben.

2. Das Recht, Krieg zu erklären und Frieden zu schließen, ist auf das Reich übergegangen (s. Anm. 1).

3. Bezieht sich nur auf die staatsrechtliche, nicht auf die völkerrechtliche Gültigkeit. Erstere betrifft die Gültigkeit gegenüber dem Landtage, letztere gegenüber den anderen Staaten. Völkerrechtlich ist jeder vom Könige abgeschlossene Vertrag gültig, auch wenn er nicht die verfassungsmäßig notwendige Zustimmung des Landtages erhalten hat. Dieser Ansicht sind Gneist in den Anl. Bd. III zu den StenBer. des AbgH. 1868/69 S. 1317 ff., Laband I § 61, in Marquardsens Handbuch S. 113, Meyer-Anschütz S. 699, Anschütz, Encykl. S. 618, v. Rönne S. 694, Arndt, Komm. zu Art. 11 der Reichsverfass., Reichsstaatsr. § 61 und Schwartz S. 139, welcher letztere jedoch meint, daß ein Vertrag, soweit es sich um eine finanzielle Belastung des Staates und eine Verpflichtung einzelner Staatsbürger handelt, event. nicht zur Ausführung kommt. Letzteres trifft nicht zu, was u. a. gerade die Abweichung von der für Art. 48 vorbildlichen belgischen Verfassung Art. 68 beweist, s. Arndt, Reichsstaatsr. § 61. Die gegenteilige Ansicht vertreten E. Meier S. 115 ff., 163 ff., Zorn II § 37, H. Schulze, Preuß. Staatsr. § 271, Pröbst in Hirths Ann. 1882 S. 320 f., 421 ff., Bornhak, Preuß. Staatsr. III 22 f., v. Stengel in Marquardsens Handbuch S. 571; vgl. auch Jellinek, Gesetz und Verordnung S. 375 f. Gegen die letztere Ansicht ist entscheidend, daß die Verfassung nur die Verhältnisse im Lande regelt. Beispiele, wonach Rechtsgeschäfte, welche der sie Vornehmende nicht (ohne Zustimmung) abschließen

durfte, gleichwohl nach außen wirksam sind, s. d. Arndt im Arch. f. öff. R. 1888 S. 564 f., Reichsstaatsr. § 61.

Auch von den Behörden und Untertanen ist ein gehörig verkündeter Staatsvertrag zu beobachten, der etwa unter Verletzung des Art. 48 abgeschlossen ist — eine „Spaltung" der Gültigkeit findet also nicht statt. Es kann sich niemand weigern, im gehörig verkündeten Welttelegraphenvertrage festgesetzte Gebühren zu zahlen unter der Behauptung, daß er in das Bereich der Gesetzgebung eingreife und Staatsbürgern Verpflichtungen auferlege; dies folgt schon aus Art. 106 der Verfass., s. Gneist und Arndt l. c.

4. Daß diese Zustimmung unbedingt und notwendig nur in der Form des Gesetzes zu geschehen und der Vertrag als Gesetz zu verkünden sei, ist nicht vorgeschrieben. Ein von den gesetzgebenden Körperschaften genehmigter und im GBl. verkündeter Staatenvertrag hat die Kraft eines Staatsgesetzes, vgl. RGStr. 12, 384.

5. Handelsverträge gehören jetzt zur ausschließlichen Zuständigkeit des Reichs (Reichsverfass. Art. 33 bis 35, s. auch Anm. 1).

6. Hiermit sind nur finanzielle Lasten, z. B. Garantie für die St. Gotthardbahn gemeint (Gneist l. c., E. Meier l. c., S. 231, H. Schulze, Preuß. Staatsr. § 271 S. 825 ff., G. Meyer § 189 Anm. 6, Arndt, Reichsstaatsr. § 61, v. Stengel S. 57, Schwartz S. 139; anderer Ansicht v. Rönne I S. 689). Für die hier vertretene Auffassung sprechen die Praxis und der Umstand, daß nur das Budgetrecht hat gewahrt werden sollen.

7. Darunter sind nur solche Verpflichtungen zu verstehen, welche den Untertanen nicht durch einfache Verordnung auferlegt werden können, z. B. Aufhebung der Preßfreiheit, P. Reichensperger, StenBer. der II. Kammer 1849 S. 336, eine neue Steuer (auf Zucker),

Zoll auf eingeführtes Eisen oder Getreide. Soweit die Krone in ihren Anordnungen der Zustimmung der Landesvertretung nicht bedarf, d. h. ein Gesetz nicht nötig ist (z. B. auf dem Gebiete des Militär-, Eisenbahn-, Post-, Telegraphenwesens), kann bezw. konnte sie gültige Staatsverträge ohne Zustimmung der Kammern abschließen (zahlreiche Beispiele bei Gneist). Solche Verträge enthielten und enthalten zahlreiche Rechtsnormen. S. Arndt, Selbst. VR. S. 128 f.

Art. 49.[1]) Der König[2]) hat das Recht der Begnadigung und Strafmilderung.[3])

Zu Gunsten eines wegen seiner Amtshandlungen verurtheilten Ministers kann dieses Recht nur auf Antrag derjenigen Kammer ausgeübt werden, von welcher die Anklage ausgegangen ist.

Der König kann bereits eingeleitete Untersuchungen[4]) nur auf Grund eines besonderen Gesetzes[5]) niederschlagen.[6])

Const. belge art. 73: „Il a le droit de remettre ou de réduire les peines, sauf ce qui est statué relativement aux ministres"; art. 91: „Le roi ne peut faire grâce à un ministre condamné par la cour de cassation que sur demande de l'une des deux chambres."

Demnach kann der König der Belgier nur solche Strafen ganz oder teilweise erlassen, die von den Gerichten bereits erkannt sind. „Il ne peut ni suspendre ni abolir les poursuites", Thonissen no. 331 — il ne possède pas le droit d'abolition — weil dieses „serait en opposition directe avec le principe fondamentale de la séparation des pouvoirs, base de notre organisation publique". Endlich hat der belgische König nicht das Recht der Amnestie „soit après, soit avant le jugement".

I. Begnadigung ist Verzicht auf den staatlichen Strafanspruch, Abolition, Verzicht auf das Strafklagerecht, auf richterliche Feststellung des staatlichen Strafanspruchs, mithin Verzicht auf den event. Strafanspruch; ebenso Binding, Handbuch des Strafr. I S. 863, 867, Jellinek, System der subjektiven Rechte S. 318. Es ist keine lex specialis, noch eine Dispensation von Gesetzen (Arndt, Reichs-Verordnungsr. S. 228 f.). Ein „Verwaltungsakt" (Laband, Staatsr. III 488 f., Meyer-Anschütz S. 640 u. a. m.), s. auch RGStraff. XXXIII 204, ist er nur insofern, als er weder ein Akt der gesetzgebenden noch der richterlichen Gewalt ist. Die Wirkung des Verzichts (der Begnadigung und Abolition) ist unabhängig von der Annahme und dem Willen des Begnadigten, erstreckt sich aber nicht auf die privatrechtlichen Ansprüche aus dem begangenen Delikt.

Das Recht der Begnadigung, Abolition und Amnestie stand der Krone Preußen bereits ohne und vor Art. 49 zu (ALR. II 139). Art. 49 schränkt dieses Recht ein — bezüglich der Minister in Abs. 2, in Ansehung der Abolition in Abs. 3, s. Arndt, Selbst. VR. S. 67. Da Art. 49 keine prozeßrechtliche Vorschrift darstellt, ist er durch § 6 EG. zur StPO. nicht beseitigt, s. auch Art. 18 des Zollvereinigungsvertrages v. 8. 7. 67 (BGBl. 81); ebenso Meyer-Anschütz 639 Anm. 16, Laband, Staatsr. III S. 493, Binding, Handbuch I S. 871 f., Heimberger S. 21 f., v. Liszt, Lehrbuch § 75 Anm. 4. Die Strafprozeßordnung würde deshalb, und da man noch in der Revisionsinstanz auf den geltend gemachten Anspruch verzichten kann, der Ausübung eines dem Könige etwa unbeschränkt zustehenden Abolitionsrechtes selbst in der Revisionsinstanz nicht entgegenstehen, RGStraff. 20. 3. 00 XXXIII 204; ebenso Heimberger

S. 128 und dagegen Laband, Staatsr. III S. 495 Anm. 4.

2. StPO. § 484 überträgt dem Kaiser das Begnadigungsrecht in denjenigen Sachen, in denen das Reichsgericht in erster Instanz erkannt hat. Dies ist (GVG. § 136) der Fall für die Untersuchung und Entscheidung in den Fällen des Hochverrats und Landesverrats, insofern diese Verbrechen gegen den Kaiser oder das Reich gerichtet sind, sowie auch dann, wenn das RG. auf Grund des § 2 oder des § 269 StPO. über eine andere Straftat als Gericht erster Instanz tatsächlich erkannt hat. Dem Kaiser steht sodann das Begnadigungsrecht in den Strafsachen zu, in welchen der Konsul oder das Konsulargericht in erster Instanz erkannt hat (Ges. über die Konsulargerichtsbarkeit v. 7. 4. 00 [RGBl. 213] § 72). Nach diesen Bestimmungen (insbes. dem Wortlaut „erkannt hat") ist anzunehmen, daß der Kaiser nicht das Recht hat, schwebende Untersuchungen niederzuschlagen. Mit anderen Worten, ein Abolitionsrecht steht dem Kaiser nicht zu. Das Begnadigungsrecht des Kaisers — soweit es besteht — ist ein ausschließliches, d. h. in diesen Strafsachen haben die Einzelstaaten weder das Begnadigungsrecht noch das Abolitionsrecht. Dies folgt schon daraus, daß in denselben eine Zuständigkeit (Justizhoheit) der Einzelstaaten nicht vorhanden ist. Endlich gebührt dem Kaiser das Begnadigungsrecht bei Disziplinarstrafen der Reichsbeamten, nicht bei anderen, auch nicht wegen Amtsvergehen erkannten Strafen.

Soweit dem Kaiser das Begnadigungsrecht nicht übertragen ist, verbleibt es den Einzelstaaten und gilt Art. 49. Nach diesem hat der König das Recht, nicht nur in einzelnen Fällen, sondern im Unterschiede vom belgischen Rechte, auch für ganze Klassen von Fällen. Todesurteile müssen vor ihrer Vollstreckung dem Könige vorgelegt werden, nicht zum Zwecke der Bestätigung, sondern um die etwaige Geltendmachung des Begnadigungsrechts zu ermöglichen, StPO. § 485.

Bei den gemeinschaftlichen Gerichten steht das Begnadigungsrecht dem Staate zu, dem das erkennende Gericht angehört (Löwe-Hellweg, Anm. 12 zu GVG. Tit. II); dies wird jedoch in der Regel der Staat sein, welcher zur Strafverfolgung ursprünglich befugt war, d. i. in der Regel der, in dessen Gebiet die Straftat begangen war. Für „polizeiliche Bestrafungen“ hat nach der Additionalakte v. 13. 4. 44 (GS. 470) Art. 51 (Elbzollgerichte) der Staat das Begnadigungsrecht, in welchem das Erkenntnis ergangen ist. Nach dem Zollvereinigungsvertr. v. 8. 7. 67 (BGBl. 81) Art. 18 ist das forum delicti commissi maßgebend. Die Verträge mit Oldenburg und Sondershausen (GS. 1879 S. 169 und 177) bestimmen in Art. 18 bezw. 19, daß in den aus den betreffenden nichtpreußischen Gebieten an die preußischen Landgerichte erwachsenden Strafsachen das Begnadigungsrecht dem Landesherrn verbleibt. Der zwischen den beiden Ansichten, daß das erkennende Gericht oder der Ort der Tat für die Ausübung des Begnadigungsrechts entscheidend sei, vorhandene Widerspruch löst sich in der Regel dadurch auf, daß der Ort der Tat für die Bestimmung des Gerichts gewöhnlich und nach vielen Verträgen maßgebend ist und daß bei gemeinschaftlichen Gerichten (Erfurt, Rudolstadt usw.) das erkennende Gericht, wenn die Tat in Preußen begangen, bezw. der Strafanspruch in Preußen erwachsen ist, als preußisches, wenn in einem anderen Bundesstaate begangen oder erwachsen, in dessen Raum erkennt.

Auch Gnadenerlasse bedürfen der ministeriellen Gegenzeichnung, Art. 44 oben S. 180. Zwar ist der Minister durch die Gegenzeichnung dem Landtage verantwortlich, doch ist die Ansicht des Landtags, daß die Begnadigung etwa zu Unrecht erfolgt sei, nicht maßgebend, weil es sich hier um ein höchst persönliches Recht des Monarchen handelt. Dritte, welche durch eine Straftat beschädigt sind, können durch den Gnadenerlaß in ihren Ansprüchen an den Begnadigten nicht benachteiligt werden.

3. Auch bei Antragsvergehen und Privatklagen, da diese in einem bestimmten Zeitpunkte des Verfahrens (StPO. § 431) aus der freien Verfügung des Privatklägers scheiden (anderer Ansicht Siebenhaar in der Zeitschr. für die ges. Strafrechtswissenschaft, Jahrg. 1888 S. 496).

Andererseits kann der König die Begnadigung der wegen Beleidigungen und leichten Körperverletzungen überhaupt oder auf Privatklage Verurteilten davon abhängig machen, daß die Verzichtleistung des Verletzten auf die Bestrafung beigebracht wird (JMBl. 1888 S. 77).

4. Bereits eingeleitet ist die Untersuchung in der heutigen StPO. mit der Eröffnung der Untersuchung (StPO. §§ 182, 201), also mit dem Zeitpunkt, wo die öffentliche Klage nicht mehr zurückgenommen werden kann (StPO. § 154). Einen früheren Zeitpunkt annehmen, hieße dem Könige geringere Rechte geben als der Staatsanwaltschaft, einen späteren, den der Eröffnung des Hauptverfahrens, würde dem Könige das Recht geben, gegen Art. 86 der preuß. Verfass. in die gerichtliche Gewalt einseitig einzugreifen. Abs. 3 in Art. 49 ist ausgesprochenermaßen zu dem Zwecke in der Kommission der NatVers. beantragt und in dem Sinne angenommen worden, „damit das in das Gebiet der gesetzgebenden und richterlichen Gewalt eingreifende Recht der Abolition nicht allein dem Könige überantwortet werde" (Verhdl. der NatVers. S. 732, Rauer, Protokolle S. 129). Siebenhaar in der Zeitschr. für die ges. Strafrechtswissenschaft 1888 S. 473 ff. hält die Abolition erst von der Eröffnung des Hauptverfahrens an für unstatthaft, also noch nach Eröffnung der Voruntersuchung für zulässig. Derselbe irrt, wenn er glaubt,

daß der preuß. Verfassung die Trennung der vollziehenden, richterlichen und gesetzgebenden Gewalt fremd geblieben ist, und wenn er ferner auf die Kriminalordnung v. J. 1805 zurückgeht. Diese galt zwar in einem Teile Preußens noch, als Abs. 3 des Art. 49 von der Kommission der NatVers. angenommen und in der Verfass.-Urk. v. 5. 12. 48 wiederholt wurde; sie war indes längst zu den Toten gelegt, da bereits am 17. 7. 46 (GS. 267) für das Kammergericht und das Kriminalgericht zu Berlin ein neues auf dem Anklageprinzip beruhendes Verfahren vorgeschrieben war, dessen Generalisierung unmittelbar bevorstand. An die KrimO. haben weder der rheinische Jurist Bloem gedacht, von welchem Abs. 3 in der Kommission der NatVers. beantragt war, noch weniger die Revisionskammern, welche das rheinische Verfahren und vor allem die V. v. 3. 1. 49 (GS. 14) vor Augen hatten. „Bereits eingeleitet" ist die Untersuchung im Sinne dieser Verfahren schon, wenn die Voruntersuchung schwebt. Hätte man das Abolitionsrecht erst von da ausschließen wollen, wo das Haupt-[Schluß-]Verfahren beschlossen ist, so wäre nicht nur in die richterliche Gewalt ein Eingriff gestattet (was Abs. 3 verbieten wollte), sondern man hätte auch von einer Versetzung in den Anklagestand (mise en accusation, code d'instruction criminelle art. 133, V. v. 3. 1. 49 § 76) oder von der Einleitung der förmlichen Untersuchung (V. v. 3. 1. 49 § 47) sprechen müssen. Gleicher Ansicht ist Schwartz S. 140. S. auch Heimberger, Das landesherrliche Abolitionsrecht, 1901. Das belgische Recht hält jede Abolition, auch die einer noch nicht eingeleiteten Untersuchung als einen Eingriff in die richterliche Gewalt und daher als unzulässig.

5. Da der König alle ihm nicht durch die Verfassung entzogenen Rechte hat, so steht ihm zwar nicht mehr das Recht zu, bereits eingeleitete Untersuchungen niederzuschlagen, wohl aber in Ansehung aller noch nicht zur

Einleitung gebrachten Straftaten durch allgemeine Amnestie (ohne Gesetz) die Strafverfolgung auszuschließen. Letzteres folgt auch aus der Entstehungsgeschichte und ist angenommen vom OTr. 8. 3 61, AG. IX 325, OR. I 293, Siebenhaar, Zeitschr. für die ges. Strafrechtswissenschaft 1888 S. 503 ff.

6. Daß das Begnadigungsrecht vom Könige persönlich ausgeübt wird, fordert die Verfassung nicht; daher kann der König dasselbe delegieren (Arndt, Reichsverordnungsr. S. 172, Arndt, DJZ. 1901 S. 230, Schwartz S. 142, ebenso Meyer-Anschütz S. 639). Dies ist vor wie nach Erlaß der Verfassung für ganze Klassen von Fällen, z. B. Forstkontraventionen, geschehen (z. B. JMBl. 1868 S. 333, BMBl. 1869 S. 26, JMBl. 1881 S. 31). Deshalb kann der König auch in Fällen, wo ihm nach der Reichsmilitärstrafgerichtsordnung v. 1. 12. 98 (RGBl. 1189) der Erlaß der Bestätigungsordre und das Begnadigungsrecht zustehen, die Befugnis hierzu subdelegieren.

Art. 50. Dem Könige steht die Verleihung von Orden[1]) und anderen mit Vorrechten nicht verbundenen Auszeichnungen[2]) zu.[3])[4])

Er übt das Münzrecht nach Maaßgabe des Gesetzes.[5])

Const. belge art. 76: „Il confère des ordres militaires en observant en cet égard, ce que la loi prescrit.“

Art. 75: „Il a le droit de conférer des titres de noblesse, sans pouvoir jamais y attacher aucun privilège.“

Art. 74: „Il a le droit de battre monnaie en vertu de la loi.“

1. Zweck des Art. 50 war, vorzuschreiben, daß der König nicht mehr mit Vorrechten verbundene Auszeichnungen, Orden usw. verleihen und daß er Münzen nur nach Maßgabe des Gesetzes prägen lassen darf (gegen ALR. II 13 §§ 7, 12). Da bezüglich der Inhaberpapiere in Art. 50 nichts bestimmt ist, so kann der König nach wie vor die Befugnis zur Ausgabe von Inhaberpapieren (ohne Gesetz) erteilen (Ges. v. 17. 6. 33 [GS. 75], KV. v. 16. 11. 99 [GS. 562] Art. 8 Verfass. u. im StGB. § 145a, Arndt, Selbst. VR. S. 89 ff.). Orden sind aus der Königlichen Prärogative fließende Anerkennungen für dem Staate geleistete Dienste (v. Rönne-Zorn I S. 211). Zur Zeit bestehen folgende Orden: 1. der Schwarze Adlerorden mit oder ohne Kette, 2. der Orden pour le mérite für Kriegsdienst und für Wissenschaft und Künste, 3. der Rote Adlerorden mit Groß- und Kleinkreuzen, mit oder ohne Krone, Schwertern, Eichenlaub in zahlreichen Arten, 4. in gleicher Weise der Kronenorden, 5. der St. Johanniterorden, jetzt Balley-Brandenburg des ritterlichen Hospitaliterordens von St. Johannes von Jerusalem für Rechts- und für Ehrenritter, 6. der Königliche Hausorden von Hohenzollern in zahlreichen Arten, 7. der Louisenorden, 8. das Eiserne Kreuz, 9. Verdienstkreuz für Frauen und Jungfrauen, 10. das Allgemeine Ehrenzeichen in mehreren Arten, 11. den Wilhelmsorden; ferner Goldene Medaillen für Kunst und Wissenschaft, Krönungsmedaillen, Rettungsmedaillen, Kriegsdenkmünzen usw., s. v. Rönne-Zorn S. 217.

2. Mit Vorrechten nicht verbundene Auszeichnungen, welche der König verleihen kann, sind auch der Adel oder eine höhere Klasse des Adels, ALR. II 9 §§ 9 ff., desgleichen Titel (ALR. II 13 § 7). Auch Kommunalverbände, Privatpersonen und Vereine können ihren Angestellten Titel verleihen; indes darf das Prädikat

„königlich“ derartigen Titeln nicht vorgesetzt werden; Erk. d. OVG. v. 16. 4. 1880, Entsch. VI 52. Die Verleihung des Ratstitels kann nur vom König ausgehen, s. KV. v. 27. 10. 1810 (GS. 3), VMBl. 1901 S. 233. Steuerbefreiungen, Befreiungen von Examen für Mitglieder gewisser Familien usw. darf der König nicht erteilen. S. zu Art. 50 Arndt, Selbst. VR. S. 102 ff.

3. Von ausländischen Souveränen preußischen Staatsangehörigen verliehene Orden, Adelsprädikate usw. erlangen nur durch die königl. Genehmigung in Preußen staatliche Anerkennung; s. auch Anhang § 118 ALR. II 9 § 13. Die Führung akademischer Titel, welche von nichtpreußischen deutschen Universitäten verliehen sind, fällt nicht hierher. Zur Führung der von einer außerdeutschen Universität verliehenen Doktorwürde ist Genehmigung des Kultusministers nötig. KabO., betr. die Führung der mit akademischen Graden verbundenen Titel usw. v. 7. 4. 97 (GS. 95) und dazu OVG. XXXVII 365. Strafbestimmung für unbefugte Führung von Orden, Ehrenzeichen, Würden und Adelsprädikaten im StrGB. § 360 Nr. 8. Aus dem Rechte des Königs, Orden, Titel, Adelsprädikate usw. zu verleihen, folgt nicht das Recht, diese wieder zu entziehen; ebenso wie es dem Könige zwar frei steht, jeden zu einem Amte zu berufen, die zum Amte Berufenen aber nur auf Grund Gesetzes wieder von dem Amte entfernt werden dürfen, s. oben Anm. 1 zu Art. 8, ferner Arndt im Recht 1902, Nr. 16/17 DJZ. 1907 S. 343, Laband ebendort S. 201.

4. Der König allein hat das Recht, die Erlaubnis zur Aenderung des Familien- oder Geschlechtsnamens zu erteilen (KabO. v. 15. 8. 22, GS. 108). Dies Recht ist delegiert, soweit nicht adelige Namen in Betracht kommen, den Regierungen bezw. Regierungspräsidenten, Allerh. Erl. v. 12. 7. 67 (GS. 1310), Verfahren im ZirkReskr. des Min. d. Inn. v. 9. 8. 67 (VMBl. 246). Vornamen können ohne Genehmigung geändert werden,

Unverehelichten kann das Prädikat Frau nur mit königlicher Genehmigung verliehen werden, BMBl. 1869 S. 149.

5. Jetzt ist für das Münzwesen das Reich zuständig, gemäß Reichsverfass. Art. 4 Nr. 3, Ges. v. 4. 12. 71 (RGBl. 404) und Münzges. v. 9. 7. 73 (RGBl. 233). Näheres bei Arndt, Reichsstaatsr. S. 256 ff.

Art. 51. Der König[1]) beruft[2]) die Kammern[3]) und schließt[4]) ihre Sitzungen.[5]) Er[6]) kann sie entweder beide zugleich[7]) oder auch nur eine auflösen.[8]) Es müssen aber in einem solchen Falle innerhalb eines Zeitraums von sechszig Tagen nach der Auflösung die Wähler und innerhalb eines Zeitraums von neunzig Tagen nach der Auflösung die Kammern versammelt werden.[9])

Const. belge art. 70: „Les chambres se réunissent de plein droit chaque année le deuxième mardi de novembre, à moins qu'elles n'aient pas été réunies antérieurement par le roi. Les chambres doivent rester réunies chaque année au moins quarante jours. Le roi prononce la clôture de la session. Le roi a le droit de convoquer extraordinairement les chambres." Art. 71: „Le roi a le droit de dissoudre les chambres soit simultanément soit séparément. L'acte de dissolution contient convocation des électeurs dans les quarante jours, et des chambres dans les deux mois."

1. Art. 51 beschränkt den König namentlich dahin, daß im Falle der Auflösung die Wähler und die Kammern binnen einer bestimmten Frist zusammenberufen werden müssen. Andererseits können (wie meist auch in England) die preußischen Wähler und Kammern niemals von selbst, wie in Belgien, Frankreich usw.,

zusammentreten. S. auch Art. 76. Nach der konstitutionellen Theorie (Montesquieu, Blackstone usw.) bestimmt die Exekutive Beginn und Schluß der Legislative („que le pouvoir arrête le pouvoir"; s. unten Art. 73). Der nächste volljährige Agnat oder das Staatsministerium ruft in den Fällen der Art. 56, 57 zusammen.

2. Ueber den Zeitpunkt s. Art. 76. Die Berufung wie die Schließung muß für beide Häuser gleichzeitig geschehen.

3. Ein Zusammentreten der Kammern vor der königl. Einberufung oder nach der königl. Schließung ist in Preußen unerlaubt. Eine solche Kammer wäre keine Kammer im Sinne der Verfassung; ebenso Meyer-Anschütz § 103. Auf dieselbe würde die V., betr. Verhütung eines Mißbrauchs des Versammlungs- und Vereinigungsrechtes, v. 11 3. 50 (GS. 277) zur Anwendung kommen. Der Entwurf der Kommission der Nationalversammlung gab den Abgeordneten das Recht, sich spätestens am 30. Nov. jeden Jahres und spätestens am zehnten Tage nach dem Tode eines Königs zu versammeln. Selbst im Falle des Todes des Königs dürfen die Kammern nicht — wie in England und Belgien, const. belge art. 79 — von selbst zusammentreten.

4. Der Schluß (wie die Auflösung) hat die vollständige Beendigung aller Arbeiten des Landtags zur Folge, die Kommissionen hören auf und müssen von neuem gebildet, das Präsidium muß von neuem gewählt werden; alle Gesetzesvorlagen müssen von neuem eingebracht werden, alle Privilegien und Immunitäten der Abgeordneten hören auf. § 74 der Geschäftsordnung des AbgH. v. 16. 5. 76: „Gesetzesvorlagen, Anträge und Petitionen sind mit dem Ablauf der Sitzungsperiode, in welcher sie eingebracht und noch nicht zur Beschlußnahme gediehen sind, für erledigt zu erachten."

Dies sog. Prinzip der Diskontinuität folgt nicht aus der kein Gesetz darstellenden Geschäftsordnung noch aus einem etwaigen Gewohnheitsrecht (Ansicht des RG. 25. 2. 92 in Straff. XXII 379, Meyer-Anschütz § 103), sondern aus dem Begriffe „schließen und auflösen“, also aus der unmittelbaren Vorschrift der Verfassung (Arndt, Reichsstaatsr. S. 137 ff.; vgl. auch v. Rönne-Zorn I § 30 S. 49, H. Schulze, Preuß. Staatsr. § 167, R. v. Mohl, Württembergisches Staatsr. § 106 u. a. m.). Es bedarf daher eines Gesetzes, um ausnahmsweise die Wirkung der Diskontinuität nicht eintreten zu lassen.

5. Da der Ort nicht bestimmt ist, steht seine Auswahl bezw. auch die Abänderung im Ermessen des Einberufenden (s. auch v. Rönne-Zorn I S. 341).

6. Auch der Regent, der alle Befugnisse des Königs hat, nicht aber der Agnat, ehe er Regent ist, oder das Staatsministerium in den Fällen der Art. 56, 57; s. auch Archiv f. öff. R. Bd. 6 S. 510.

7. Da das Herrenhaus keine Wahlkammer mehr ist, kann nur noch eine Auflösung des Abgeordnetenhauses erfolgen. Die Auflösung (wie die Berufung und Schließung) erfolgt (außer in den Fällen der Anm. 1) durch königliche Verordnung, welche der Gegenzeichnung eines Ministers bedarf, Art. 44. Die Auflösung des Abgeordnetenhauses zieht die gleichzeitige Vertagung des Herrenhauses nach sich, Art. 77 Abs. 3. Ein aufgelöstes Abgeordnetenhaus existiert nicht mehr und kann nie wieder zusammentreten noch zusammenberufen werden, vgl. Arndt, Komm. zu Art. 24 der Reichsverfass., Reichsstaatsr. S. 30, Seydel, Komm. z. Reichsverfass. S. 205, Zorn, Reichsstaatsr. I S. 221.

8. Die Auflösung kann erfolgen, mag das Abgeordnetenhaus versammelt sein oder nicht. Dies ist unstreitig. Es ist anzunehmen, daß ein neu gewähltes, noch nicht

zusammengetretenes Abgeordnetenhaus nicht aufgelöst werden kann, weil es vor dem Zusammentritt noch nicht besteht; J. J. Thonissen Nr. 323, Rossi, Cour de droit const. IV p. 145, Beltgons, La constitution belge annotée zu art. 71, ebenso Bornhak, Preuß. Staatsr. I 391 f., v. Stengel bei Marquardsen S. 81, gleicher Ansicht aus allgemeinen Gründen ist v. Rönne I S. 285, der entgegengesetzten Ansicht, welche Karl X. von Frankreich i. J. 1830 den Thron kostete, Schwartz S. 147, Meyer-Anschütz S. 327, Laband, Staatsr. I 315, Perels, Arch. f. öff. R. 191 ff. u. a. m. Man kann hierbei nicht einwenden, daß ja die Krone den Landtag sofort nach dem Zusammentritt auflösen kann. Denn dieses Argument ließe sich auch gegen den letzten Satz im Art. 51 anwenden. Daß der Landtag versammelt sein muß, auch wenn er hinterher aufgelöst werden kann, ist ein imponderabile nicht ohne Bedeutung; zudem ist in Betracht zu ziehen, daß, wenn der Landtag beisammen ist oder beisammen sein könnte oder sollte, das Recht zum Erlaß von Notverordnungen vielleicht nicht besteht, jedenfalls aber nicht wohl ausgeübt werden kann, s. StenBer. der II. Kammer, 1849 S. 2072, Bericht der Verfassungs-Revisions-Kommission. Der König kann so wenig eine noch nicht existierende wie eine nicht mehr existierende Kammer auflösen. Die Zahl der Auflösungen ist in das Ermessen der Krone gesetzt.

9. Die Nichtbeachtung dieser Fristen enthält eine Verfassungsverletzung, an welche rechtliche Wirkungen nicht geknüpft sind. Eine verspätet gewählte oder einberufene Kammer hat alle Befugnisse der rechtzeitig gewählten und rechtzeitig zusammengetretenen.

Art. 52. Der König[1]) kann die Kammern vertagen.[2]) Ohne deren Zustimmung darf diese Vertagung die Frist von dreißig Tagen nicht übersteigen und während derselben Session nicht wiederholt werden.

Const. belge art. 72: „Le roi peut ajourner les chambres. Toutefois l'ajournement ne peut excéder le terme d'un mois, ni être renouvelé, dans la même session, sans l'assentiment des chambres."

1. Anm. 6 zu Art. 51 findet auch hier Anwendung. Die Vertagung unterbricht die (Kontinuität der) Sitzungsperiode nicht. Vertagen im Sinne des Art. 52 ist das „Vertagtwerden" im Gegensatze zum „Sichvertagen", „adjournment" des englischen Rechts. Letzteres, also eine kurze Verschiebung der Sitzungen, z. B. wegen eintretender Feste oder Mangel an Beratungsgegenständen, ebenso wie die Festsetzung des Beginnes und Schlusses der einzelnen Sitzungen steht beiden Häusern des Landtages zu; Arndt, Komm. zu Art. 26 der Reichsverfassung. Weder das Vertagtwerden noch das sich Sichvertagen hat auf das Präsidium, die Tätigkeit des Parlaments oder der Kommissionen Einfluß.

2. Indes nur gleichzeitig (Art. 77) durch königliche Verordnung, welche der Gegenzeichnung bedarf (Art. 44).

Art. 53. Die Krone ist, den Königlichen Hausgesetzen[1]) gemäß, erblich in dem Mannsstamme[2]) des Königlichen Hauses nach dem Recht der Erstgeburt[3]) und der agnatischen Linealfolge.[4]) [5])

Const. belge art. 60: „Les pouvoirs constitutionnels du roi sont héréditaires dans la descendance directe, naturelle et légitime de S. M. Leopold — de mâle en mâle, par ordre de primogéniture et à l'exclusion perpétuelle des femmes et de leur descendance."

1. Die Worte „den Königlichen Hausgesetzen gemäß", welche sich schon im Reg.-Entw. v. 20. Mai 1848 finden, waren (auch nach dem Vorbilde des art. 60 const. belge)

im Entw. der Komm. der NatVers. gestrichen, „weil die Hausgesetze als solche eine unmittelbare politische Bedeutung nicht beanspruchen können“ und sich das Recht auf die Thronfolge nach dem bestehenden Fürstenrecht reguliere. Die Verfass. v. 5. 12. 1848 und der Zentralausschuß der I. Revisionskammer 1849 haben die Worte „den königlichen Hausgesetzen gemäß“ wieder eingefügt und anerkannt, „daß die bestehenden Hausgesetze es sind, auf welche sich die(se) Sukzessionsordnung unzweideutig, aber auch allein stützt, und daß mithin die Erwähnung der Königlichen Hausgesetze — von unmittelbarer politischer Bedeutung sei“. (Verhdl. der I. Kammer 1849 S. 1224 ff.) Dadurch widerlegt sich die Behauptung von Anschütz in v. Holtzendorffs Encykl. S. 571, daß das geschriebene und ungeschriebene Hausrecht, soweit es sich auf die Thronfolge bezieht, ohne materielle Aenderung seines Inhalts in Verfassungsrecht habe umgegossen werden wollen(!) und daß das Allegat der königlichen Hausgesetze eine vollständige und restlose Verstaatlichung dieser Normen — derart — bedeute, daß sie heute lediglich integrierender Bestandteil der Verfassung, sonst nichts, seien. Hieraus sowie nach den damals allgemein als richtig angenommenen Lehren des Fürsten- und Staatsrechts ergibt sich, daß die Thronfolge in Preußen nicht lediglich auf der Verfassung, sondern auch auf den Hausgesetzen beruht, und daß daher zu einer Aenderung der Thronfolge die Aenderung der Verfassung und die Aenderung der Hausgesetze bezw. Zustimmung der beteiligten Agnaten nötig ist; s. Arndt, Können Rechte der Agnaten auf die Thronfolge nur durch Staatsgesetz geändert werden? 2. Aufl., Berlin 1900, ferner v. Gerber in Aegidis Zeitschr. f. deutsches Staatsr. I S. 566: „Ueber die Theilbarkeit deutscher Staatsgebiete“, Dahlmann, Politik § 90: „Eine Veränderung der Thronfolge kann nur mit Einwilligung sämmtlicher betheiligter Mitglieder des Königlichen Hauses, unter Vertretung der noch Unmündigen, stattfinden" s. auch v. Treitschke, Deutsche Geschichte II S. 360, Preuß. Jahrb. 1858 (E. Lasker?) S. 355 f. Bei der schleswig-holsteinischen Sukzessionsfrage 1863 bis 1866 waren nahezu alle juristischen Fakultäten Deutschlands dieser Ansicht gegenüber der lex regia von 1853. Dies schließt nicht aus, daß, wenn in einem Staate ein Gesetz ergeht, das die Thronfolge auch beim Vorhandensein berechtigter Agnaten abweichend regelt, dieses für diesen Staat verbindlich ist. Jedoch Fürst und Landesvertretung sind gebunden, ein solches Gesetz nicht zu erlassen. Geschieht dies doch, so ist das Ausland daran nicht gebunden, und es hängt von dessen Willen, Zweckmäßigkeitsgründen und Macht ab, ob es ein solches, das monarchische Prinzip aufhebende und das Staatswohl und die Bürger gefährdende Gesetz anerkennen will. Ist die Thronfolge zweifelhaft oder streitig, so können die Zweifel und der Streit durch Schiedsspruch, unter Umständen durch Landesgesetz, behoben werden. Dagegen widerspricht es dem positiven Recht, daß in der historischen Erbmonarchie willkürlich und einseitig (nur durch Staatsgesetz) über die Thronfolge verfügt wird. Ganz richtig bemerkt Meyer-Anschütz S. 255, daß die Tätigkeit der Agnaten die Teilnahme bei der Herstellung objektiver Rechtssätze hierbei bedeute. Daß diese Teilnahme nötig — weiter nichts —, wird diesseits als objektive Norm behauptet und entspricht dem Willen der preuß. Verfassung. Die Verteidigung der diesseitigen Anschauung durch Rehm, Modernes Fürstenrecht, 1904, soweit sie ihm eigentümlich, geht dahin, daß, was das moderne Thronfolgerecht anlangt, die heutige Monarchie noch teilweise Patrimonialstaat sei und daß die Aenderung der Thronfolge bezw. der Hausverfassungen durch Art. 57 EG. z. BGB. der Aenderung durch die Landesgesetze entzogen seien. Letzteres ist verfehlt, da Art. 57 EG. z. BGB.

weiter nichts bedeutet, als daß das BGB. auf die Hausverfassungen keine Anwendung finden soll. Richtig (aber nur Wiederholungen) sind die Sätze Rehms: 1. das Recht am Throne sei nicht vom Staate verliehen, 2. es sei nicht durch den Staat entziehbar. Nicht zu verkennen ist, daß Recht häufig durch Rechtsbruch entsteht und daß, was sich tatsächlich durchsetzt, z. B. die heutigen Republiken in Frankreich, Brasilien, Dynastien usw., zwar nicht zunächst Recht gewesen, aber doch schließlich Recht geworden ist. Nach englischem Recht (Blackstone, commentaries on the law of England, vol. 1 ed. 2, ch. III, p. 201) ist die Krone erblich: „but that the right of inheritance may from time to time be changed or limited by act of parliament.“ Wenn zur Begründung dieser Ansicht auf Fälle verwiesen wird, wo der Kronprinz „a lunatic, an idiot or otherwise incapable of reigning“ ist, so besteht für diese Fälle die Regentschaft, und es bedarf nicht der Entthronung; am wenigsten ist solche in einem konstitutionellen Staate nötig, wo des Königs Wille nur sehr beschränkt sich zum geltenden Staatswillen erheben kann. Alle die Gründe, die Blackstone aus der Geschichte Englands für die Erblichkeit der Monarchie anführt, sprechen auch gegen die Abänderung der Thronfolge durch Gesetz. Alle Gesetze, welche nicht legitime Könige anerkannten, haben den Ausbruch der blutigsten Bürgerkriege nicht verhindert (auch z. B. nicht in Spanien). Mit den Kantschen Widerlegungen der Beweise für die Existenz Gottes (Ansicht von Schücking), hat die Frage absolut nichts zu tun. Der Ansicht, daß nicht Aenderung des Hausgesetzes, sondern nur Verfassungsänderung nötig und ausreichend sei, um die Thronfolge beim Vorhandensein sukzessionsfähiger Agnaten zu ändern, sind G. Meyer, Der Staat und die erworbenen Rechte, Leipzig 1895, Meyer-Anschütz, Staatsr. § 86, Bornhak, Preuß. Staatsr. I S. 84, Schwartz, S. 149, H. Schulze,

Preuß. Staatsr. I § 53, Seydel, Bayr. Staatsr. I S. 190 u. 389, Bornhak, Preuß. Staatsr. I S. 84, Jellinek, System der subjektiv öff. Rechte S. 141, Cosak in Marquardsens Handbuch (Hessen) S. 8, v. Stengel, (Preußen) ebendort S. 41, Binding, Thronfolgerecht der Kognaten S. 37 f., Schücking, Der Staat und die Agnaten S. 17 u. a. m. Unter keinen Umständen dagegen kann auf Grund des Geblütsrechts oder eines Erbvertrages die Monarchie geteilt werden. Dagegen heute nur Rehm, Modernes Fürstenrecht S. 50; dafür v. Gerber § 29 S. 90, Schulze, Deutsch. Staatsr. I § 100, Meyer-Anschütz S. 201, Arndt, Rechte der Agnaten.

Soweit zur Aenderung der Hausgesetze Zustimmung der Agnaten erforderlich ist, können also nach diesseitiger Ansicht (auch Bismarcks Gedanken und Erinnerungen I S. 36) feststehende Rechte der Agnaten auf die Thronfolge nicht durch bloßes Staatsgesetz aufgehoben werden, nicht wegen der subjektiven Rechte der Agnaten, sondern weil solches der Wille der Verfassung ist. Der König konnte vor der Verfassung solche Rechte nicht einseitig aufheben; er konnte also auch die Befugnis dazu, da sie ihm fehlte, nicht auf den Landtag mitübertragen. Darüber war man sich damals einig. Seitdem hat sich an der Rechtslage nichts geändert.

Königliche Hausgesetze sind hauptsächlich das Testament des Kurfürsten Albrecht Achilles von 1473, der Geraische Vertrag v. 9. April 1599, der Vergleich zwischen Kurfürst Friedrich III. und Markgraf Philipp v. 3. März 1692, die eidlichen Reverse der anderen drei Brüder Friedrichs III. v. 22. Mai 1695, die Verordnung König Friedrichs I. v. J. 1710, die Bestätigung dieser Verordnung durch das Edikt Friedrich Wilhelms I. v. 13. Aug. 1713 und dessen Testament v. 1. Juli 1714, Verhdl. der I. Kammer 1849/50 S. 1225 und H. Schulze, Hausgesetze III 535 ff. Die Hausgesetze sind, soweit ihr

Inhalt in der Verfassung wiederholt ist (Art. 53, 54, 56, 58), Staats- bezw. Verfassungsgesetze geworden, so daß sie einerseits nicht ohne Zustimmung der Landesvertretung, andererseits aber auch nicht ohne die Zustimmung der Agnaten abgeändert werden dürfen.

2. Die Kognaten sind also ausgeschlossen, selbst im Falle des Aussterbens aller Agnaten. Für diesen Fall kommen die Erbverbrüderungsverträge mit Hessen und Sachsen nicht in Betracht, auch nicht ältere Eventual- oder Gesamtbelehnungen, da sie eine unstatthafte Teilung Preußens vorschreiben. Das fürstliche Haus Hohenzollern ist nicht nachfolgeberechtigt. Also ist in solchem Falle die Thronfolge durch Gesetz zu regeln. Ebenso v. Stengel S. 43, H. Schulze, Preuß. Staatsr. I § 57 S. 180, H. A. Zachariä, Deutsches Staats- u. Bundesr. I § 66, v. Rönne-Zorn I § 13 S. 222; v. Stengel in Marquardsens Handb. S. 42, Anschütz in v. Holtzendorffs Encykl. S. 572; anderer Ansicht fast nur Heffter, Sonderrechte § 120, Rehm und Held II § 343.

3. Eheliche Geburt ist vorausgesetzt. Legitimation per subsequens matrimonium, Adoption und Arrogation genügen nicht, dies ist heute unstreitig (s. Meyer-Anschütz S. 265). Die Geburt muß in Preußen aus einer ebenbürtigen und hausgesetzlich gültigen Ehe erfolgt sein. Ebenbürtig ist die Ehe mit den Angehörigen regierender Häuser oder solcher (christlicher) Häuser, die einst (aber nicht bloß als Wahlkönige, Radziwill!) regiert haben, sowie ehemals reichsständischer Familien, nicht jedoch reichsgräflicher Familien. Nach den Hausgesetzen ist die Gültigkeit der Ehe dadurch bedingt, daß sie vor ihrem Abschluß mit Genehmigung des Familienoberhauptes, d. i. des Königs, abgeschlossen ist. Die Eheschließung erfolgt vor einem vom Könige bestellten Standesbeamten (Ges. v. 6. 2. 75, RGBl. 23) § 72. Nach Art. 57 EG. z. BGB. finden

in Ansehung des Landesherrn und der Mitglieder der landesherrlichen Familien die Vorschriften des BGB. nur insoweit Anwendung, als nicht besondere Vorschriften der Hausverfassungen oder Landesgesetze abweichende Bestimmungen enthalten.

4. Das bedeutet, daß von mehreren sonst zur Nachfolge Berufenen der Erstgeborene und dessen Abkömmlinge vor den später Geborenen und deren Abkömmlingen ohne Rücksicht auf die Nähe des Verwandtschaftsgrades zum letzten Könige thronberechtigt sind, dergestalt also, daß die Deszendenz des älteren Prinzen den jüngeren Prinzen und dessen Deszendenz ausschließt. Anderweite Erfordernisse, z. B. eine bestimmte Konfession, vollständiges Freisein von geistigen und körperlichen Gebrechen, können von dem Könige in Preußen nicht verlangt werden, vgl. auch Art. 56.

Der Erb- und Kronantritt erfolgt ipso iure im Augenblicke des Todes des letzten Königs; le roi est mort, vive le roi!

Aus Art. 53 in Verbindung mit Art. 2 ergibt sich die Unteilbarkeit des Preußischen Staates. Die Unteilbarkeit und das Recht der Primogenitur und der agnatischen Linealfolge sind schon in der Goldenen Bulle v. J. 1356 Art. VII §§ 2—4, Art. XXV § 2 für die Kurfürstentümer ausgesprochen.

5. Die Thronfolge ist nach vorstehendem nicht privat-, sondern staatsrechtlicher Natur; ihr Gegenstand ist die Staatsgewalt. Die privatrechtliche Erbschaft geht nach Zivilrecht über; s. Meyer-Anschütz S. 276. Es kann auf die Thronfolge verzichtet, sie kann aber nicht abgetreten werden. Im Falle des Verzichts folgt der durch Geburt am nächsten Berechtigte, nicht etwa ein anderer, zu dessen Gunsten verzichtet ist. Der Verzicht kann befristet sein, muß aber unbedingt sein; er bedarf als Regierungshandlung der Gegenzeichnung (ebenso Hauke S. 136, v. Sarwey, Württ. Staatsr. I 75, Anschütz,

Encykl. S. 574, dagegen Meyer-Anschütz S. 275, Seydel, Bayr. Staatsr. I S. 512); er wirkt nur zu Ungunsten der nach dem Verzicht Geborenen, insoweit diese erst nach der Linie des durch den Verzicht zum Throne Berufenen sukzedieren, Meyer-Anschütz S. 275, Seydel, Bayr. Staatsr. I 201. Thronfolgeberechtigte haben ein selbst durch verfassungändernbes Gesetz nicht entziehbares angeborenes Recht, nicht hauptsächlich in ihrem eigenen Interesse, auch nicht allein, weil es sich dabei um ihre subjektiven Rechte handelt, sie sind im heutigen Rechte Untertanen, sondern im Staatsinteresse, im Interesse der Ruhe, Ordnung, des Friedens aller Bürger; denn das Wesen der historischen Monarchie, ihr Vorzug und ihre Berechtigung, ihre Verschiedenheit vom „Sultanat", der „Despotie" und vom Selbstherrscher-(Zaren-)tum bestehen darin, und vor allem ist dies der positive Wille des objektiven Rechts, insbesondere der Preußischen Verfassung, daß über die Person des zur Krone Berufenen einzig und allein die historischen Tatsachen, soweit diese feststehen, nicht der wechselnde Wille der Menschen entscheidet. Preußens Könige müssen aber den Staat in und mit der Verfassung übernehmen, wie sie bei ihrem Thronantritt bestehen; sie sind an alle Regierungshandlungen ihrer Vorgänger gebunden, abgesehen allein von ihrem Sukzessionsrechte; s. Arndt und v. Gerber an den in Anm. 1 bezeichneten Stellen; ebenso Meyer-Anschütz S. 261, Bismarck, Gedanken I S. 197, teilweise abweichend heute nur Rehm, Modernes Fürstenrecht S. 50 f., 395 f.

Art. 54. Der König wird mit Vollendung des achtzehnten Lebensjahres volljährig.[1])

Er leistet in Gegenwart der vereinigten Kammern das eidliche Gelöbnis,[2]) die Verfassung des Königreichs fest und unverbrüchlich zu halten und in Uebereinstimmung mit derselben und den Gesetzen zu regieren.[3])

Const. belge art. 80: „Le roi est majeur à l'âge de dix-huits ans accomplis. Il ne prend possession du trône qu'après avoir solennellement prêté dans le sein des chambres réunies le serment suivant: „Je jure observer la Constitution et les lois du peuple belge, de maintenir l'indépendance nationale et l'intégrité du territoire."

1. Entspricht dem älteren Landesrechte und der Goldenen Bulle v. J. 1356 cap. VII § 4. Venia aetatis genügt für die Regierungsfähigkeit nicht, Arndt in Birkmeyers Encykl. S. 807; es ist ein Haus- und Staatsverfassungsgesetz nötig. Letzteres genügt nach Ansicht von Meyer-Anschütz S. 279.

2. Der Zeitpunkt der Vereidigung und die Folgen der Unterlassung sind nicht bestimmt. Es wird angenommen, daß der König bald nach der Thronbesteigung den vorgeschriebenen Eid leisten wird. Die Kronrechte sind von der Vereidigung unabhängig, anderenfalls hätte man das belgische Vorbild nicht abgeändert; ebenso Zachariä I § 56, v. Gerber, Grundzüge eines Systems des deutschen Staatsrechts § 31, Schulze I § 63, Schwartz S. 157, Bornhak S. 183, Seydel I S. 409, Meyer-Anschütz S. 276; anderer Ansicht Mohl, Württ. Staatsr. § 27, v. Rönne, Preuß. Staatsr. (1.—4. Aufl.) § 156. Der Eid geht nur auf die Beachtung der Gesetze, nicht der Verordnungen, die der König bezw. die Exekutive jederzeit ändern kann; Arndt, Selbst. VR. S. 103 f. Das Gelöbnis bedeutet, daß der König denjenigen Akten der Staatsgewalt, die von ihm in Gemeinschaft mit dem Landtag erlassen sind und somit auch für ihn unbedingt verbindliche, souveräne Kraft darstellen, nicht zuwider handeln will. Andererseits

ist die Exekutive (auch der König) an ihre Verordnungen gebunden, bis sie diese geändert hat, es sei denn, daß sie sich sogleich in der Verordnung selbst das Dispensationsrecht vorbehalten hat, Arndt, Reichsverordnungsr. S. 230, Stammler, Wirtschaft und Recht S. 497; ebenso das belgisch-französische Recht, s. auch OVG. IX 332. Auch zur Entgegennahme des Eides auf die Verfassung dürfen die Kammern nicht von selbst zusammentreten. Das Gegenteil vorschlagende Anträge wurden abgelehnt (StenBer. der II. Kammer 1849 S. 351 f.).

3. Seit der Verfassung fanden die Erbhuldigungen nicht mehr statt. Die Proklamation König Wilhelms I. v. 3. Juli 1861 (Staatsanz. Nr. 166) behielt indes das Recht auf dieselben allen Nachfolgern in der Krone vor. An die Stelle der Erbhuldigung setzte König Wilhelm I. die seit König Friedrich I. nicht mehr vorgenommene feierliche Krönung. S. auch Schwartz S. 158 und unten zu Art. 108 Anm. 2.

Art. 55. Ohne Einwilligung beider Kammern kann der König nicht zugleich Herrscher fremder Reiche sein.

Ein solcher Satz fehlte im RegEntw. v. 20. Mai 1848. Die Kommission der NatVers. schaltete nach const. belge art. 62: „Le roi ne peut être en même temps chef d'un autre Etat sans l'assentissement des deux chambres“, ein (Art. 40): „Ohne Einwilligung beider Kammern kann der König nicht zugleich Herrscher eines anderen Staates sein“, und zwar mit Bezug auf die Gefahren, „welche die Vereinigung mehrerer Kronen auf dem Haupte eines Herrschers über ein Land bringen könne“. Also kann der Kaiser z. B. auch durch Erbschaft nicht ohne Landtagsgenehmigung zugleich König von England werden. Die VerfassUrk. v.

5. 12. 48 ist hier (Art. 53) gleichlautend mit (Art. 55) der VerfassUrk. v. 31. 1. 50. Nun versteht man im gewöhnlichen Sprachgebrauche unter einem *fremden Reiche* nicht einen deutschen Partikularstaat, und deshalb bedarf es zur *Personalunion* eines deutschen Staates mit Preußen nicht der Zustimmung des preußischen Landtages, zu vgl. auch Verhdl. des AbgH. 1886 I S. 58 ff.; ebenso *Meyer-Anschütz* S. 701, v. *Stengel* in Marquardsens Handbuch S. 37, *Bornhak*, Preuß. Staatsr. I 135. Das AbgH. vertrat 1866 bezüglich des 1865 dem König Wilhelm abgetretenen *Lauenburg* die *unrichtige* Auffassung; das Staatsministerium sandte den diesbezüglichen Beschluß des AbgH. diesem mit dem Bemerken zurück, daß es verfassungswidrige Beschlüsse nicht annehmen, noch aufbewahren wolle. v. *Rönne*, Preuß. Staatsr. I S. 163 und § 12 S. 217 f., ebenso v. *Rönne-Zorn* I § 11, sowie *Schwartz* S. 159 a. a. O. unterscheiden (ohne Grund), ob der Staat durch Sukzession oder in anderer Weise an Preußen gekommen sei. Im letzteren Falle habe der König das Land für die Monarchie gewonnen. Die Unrichtigkeit dieser Ansicht ist bereits oben bei Art. 2 dargetan und ergibt sich auch schon daraus, daß ohne Gesetz die Staatsgrenzen nicht verändert werden können. Der König aber wie jede der beiden Kammern kann solchem Gesetze beliebig die Zustimmung und die Sanktion versagen. Gleicher Ansicht ist v. *Stengel* S. 37. Die *Realunion* auch eines deutschen Staates mit Preußen bezw. die *Annexion* eines solchen ist gemäß Art. 2 der Verfass. nur durch Gesetz statthaft.

Art. 56. Wenn der König minderjährig[1]) oder sonst dauernd[2]) verhindert ist, selbst zu regieren,[3]) so übernimmt derjenige volljährige Agnat (Art. 53), welcher der Krone am nächsten steht,[4]) die Regentschaft. Er hat sofort die Kammern zu berufen, die in vereinigter Sitzung über die Nothwendigkeit der Regentschaft beschließen.[5])

Graßmann im Arch. f. öff. R. Bd. 6 S. 489 f., Peters, Die Regentschaft 1889, Preuß. Jahrb. 1858 S. 446 (Lasker), v. Kirchenheim, Regentschaft 1871, Fricker in der Zeitschr. f. die ges. Staatswissenschaft XXXI S. 199 ff. Const. belge art. 81: „Si à la mort du roi son successeur est mineur, les deux chambres se réunissent en une seule assemblée, à l'effet de pourvoir à la régence et à la tutelle.“ Art. 82: „Si le roi se trouve dans l'impossibilité de régner, les ministres, après avoir fait constater cette impossibilité, convoquent immédiatement les chambres. Il est pourvu à la tutelle et à la régence par les chambres réunies.“ Art. 83: „La régence ne peut être conférée qu'à une seule personne.“

1. S. Art. 54.

2. Was „dauernde Verhinderung“, „staatsrechtliche Handlungsunfähigkeit“, ist Tatfrage, z. B. Gefangenschaft, Verschollenheit, unheilbare Geisteskrankheit, s. Arch. f. öff. Recht Bd. 6 S. 489 ff.; dauernd ist nicht = immerwährend. Bei vorübergehender Verhinderung entscheidet das freie Ermessen des Königs über seine Vertretung. In solchem Falle bestimmt Inhalt, Umfang und Dauer der Vertretung der König nach eigenem Ermessen (ministerielle Gegenzeichnung nötig); ebenso Seydel S. 450, Bornhak, Preuß. Staatsr. I 214, Hanke, S. 66, Graßmann l. c. S. 494, v. Stengel in Marquardsens Handb. S. 63, v. Gerber, Grundzüge S. 98, H. Schulze I § 72, Schwartz S. 160, Anschütz in v. Holtzendorffs Encykl. S. 576, Arndt in Birkmeyers Encykl. S. 808; vgl. dagegen (Lasker?) Preuß. Jahrb. 1858 S. 446, Meyer-Anschütz S. 286, Anm. 2, die die bloße Stellvertretung für unzulässig halten (was nur für den Fall

richtig, daß „dauernde Regierungsfähigkeit“ vorliegt), s. auch v. Rönne-Zorn I S. 242. Ein solcher Stellvertreter ist bloßer Untertan, hat weder den Schutz noch die Rechte des Souveräns, handelt „im Allerhöchsten Auftrage“ und ist verantwortlich für seine Regierungshandlungen, s. GS. 57 S. 802, 58 S. 2, S. 101, S. 318, ferner Erl. v. 2. 6. 78, 17. 11. 87, 21. 3. 88; ebenso v. Stengel S. 46.

3. Oder wenn der letzte Throninhaber oder der vor dem letzten Throninhaber verstorbene nächstberufene Agnat nicht thronfähige, männliche Nachkommenschaft, jedoch eine schwangere Witwe hinterläßt, E. Hanke, Regentschaft und Stellvertretung 1887.

4. Aus eigenem Recht „von Gottes Gnaden“, welches in Art. 56 sanktioniert ist. Dieses Recht ist in Preußen ohne Zustimmung des Agnaten unentziehbar; s. Arndt, Können Rechte der Agnaten auf die Thronfolge nur durch Staatsgesetz geändert werden? S. 4, 23, 25, s. auch Anm. 2 zu Art. 53, ebenso Preuß. Jahrb. 1858 (Lasker) S. 447, nicht wegen des subjektiven Rechts des Agnaten, sondern weil solches eine objektive Norm des positiven Staatsrechts in der historischen Erbmonarchie ist, die der allgemeinen Ruhe und Ordnung entspricht. Die Regentschaft kann nur einer physischen Person übertragen werden; dies folgt aus dem Worte „Regent“ und nicht Regentschaft. Der Regent kann die Regentschaft ablehnen, die übernommene niederlegen. Zu letzterem ist der Regent, wenn die Regentschaft wegen Minderjährigkeit eingetreten, ipso iure verpflichtet, sobald der Monarch großjährig geworden. Beschluß des Landtags ist in solchem Falle nicht nötig.

5. Die Kammern (der Landtag) haben also nur zu entscheiden, ob der Fall der Notwendigkeit einer Regentschaft vorliegt; selbst im Falle der Minderjährigkeit; ebenso Meyer-Anschütz. Sie dürfen indes eine solche

Entscheidung nur treffen, wenn sie zu derselben durch den nächsten volljährigen Agnaten oder beim Mangel eines solchen durch das Staatsministerium (s. Art. 57) zusammenberufen sind — also nicht aus eigener Initiative. Der Beschluß der Kammern, daß die Regentschaft nicht notwendig sei, hat keine rückwirkende Kraft, Arndt, Reichsstaatsr. S. 87. Der Beschluß, daß sie notwendig, hat anerkennende, nicht konstituierende Bedeutung. Der Landtag hat bei Minderjährigkeit des Monarchen, auch wenn deren Ende nahe bevorsteht, die Regentschaft zu beschließen; ebenso Bornhak, Preuß. Staatsr. 1 S. 205, v. Stengel in Marquardsens Handbuch S. 45, Schwartz S. 169, v. Rönne-Zorn I § 16 S. 235, Anm. 3 S. 236, anderer Ansicht Meyer-Anschütz § 92 Anm. 16.

Art. 57. Ist kein volljähriger Agnat vorhanden und nicht bereits vorher gesetzliche[1]) Fürsorge für diesen Fall getroffen, so hat das Staatsministerium die Kammern zu berufen, welche in vereinigter Sitzung einen Regenten[2]) erwählen. Bis zum Antritt der Regentschaft von Seiten desselben führt das Staatsministerium die Regierung.

1. Also nicht bloß durch königliche Verordnung, s. auch Anm. 1 zu Art. 53 (am Schlusse). Notverordnung ist nicht ausgeschlossen; s. auch Arch. f. öff. R. Bd. 6 S. 501.

2. In der Person des zu Wählenden sind die Kammern nicht beschränkt; derselbe muß regierungsfähig sein. Die Funktionen desselben hören ipso jure auf, sobald der Thronfolger oder der nächste Agnat (durch Erreichung der Großjährigkeit usw.) regierungsfähig wird; ebenso v. Stengel S. 46, v. Kirchenheim S. 90, Meyer-Anschütz S. 285, Peters S. 66. Es muß auch hier eine physische Person sein, kein Kollegium,

auch keine Frau. Die Wahl hat konstituierende Kraft. Dagegen braucht der zum Regenten bestellte Agnat (Art. 56), auch wenn ein der Krone näher stehender Agnat volljährig wird, an diesen die Regentschaft nicht abzugeben; ebenso Meyer-Anschütz § 92 Anm. 4[a], v. Gerber, Grundzüge § 34 S. 107 Anm. 9, Schulze, Preuß. Staatsr. § 71, Bornhak, Preuß. Staatsr. I S. 202 u. a. m; anderer Ansicht Schwartz S. 164, v. Stengel in Marquardsens Handbuch S. 46, Graßmann l. c. S. 516 u. a. m.; vgl. hierzu Zorn-v. Rönne S. 240. Dies folgt u. a. daraus, daß in Art. 56 nicht von „Führen", sondern von „Uebernehmen" der Regentschaft gesprochen wird, nach Art. 57 dagegen ein Agnat nur zu wählen ist, „wenn kein volljähriger Agnat vorhanden ist", die Regentschaft nach Art. 57 auch nur eine ganz subsidiäre und singuläre ist; ebenso Meyer-Anschütz S. 285.

Art. 58. Der Regent übt die dem Könige zustehende Gewalt in dessen Namen aus.[1]) Derselbe schwört nach Einrichtung der Regentschaft vor den vereinigten Kammern einen Eid, die Verfassung des Königreichs fest und unverbrüchlich zu halten und in Uebereinstimmung mit derselben und den Gesetzen zu regieren.

Bis zu dieser Eidesleistung bleibt in jedem Falle das bestehende gesammte Staatsministerium[2]) für alle Regierungshandlungen verantwortlich.[3])

1. Const. belge art. 83: „Le régent n'entre en fonction qu'après avoir prêté le serment prescrit par l'article 80."

Art. 84: „Aucun changement à la constitution ne peut être fait pendant une régence."

Mit Ausnahme des Titels, des Bildnisses auf Münzen u. dergl., steht der Regent überall auch in Ansehung der Unverantwortlichkeit (Allerh. Erl. v. 7. 10. 58, GS. 537) staatsrechtlich dem Könige gleich, und zwar auch nach Beendigung der Regentschaft, für Regierungs- wie Privathandlungen; vgl. hierzu Allerh. Erl. v. 9. 10. 58, GS. 538, v. Rönne-Zorn I S. 240 ff, v. Gerber, Grundzüge, 3. Aufl., S. 109, H. Schulze I S. 221, Bornhak I S. 197, v. Kirchenheim, Regentschaft S. 104, von Liszt, Lehrbuch des Strafrechts S. 116, Peters, die Regentschafts- und Regierungsstellvertretung usw. (1889) S. 60 u. a. m.; abweichend G. Meyer § 92, Seydel, Bayr. Staatsr. I S. 254 u. a. m.; nicht strafrechtlich, insoweit StGB. §§ 80, 81, 94, 95, die auch zum Schutze des regierungsunfähigen Monarchen zur Anwendung kommen, nicht auf den Regenten Anwendung finden, sondern die §§ 96, 97, 100, 101; s. Hugo Meyer, Deutsch. Strafr., 3. Aufl., S. 668. Die deutsche Kaiserwürde ist ein accessorium der Krone Preußen; der Regent übt diese Würde aus, ohne den Titel eines deutschen Kaisers zu führen, Arndt, Reichsstaatsrecht S. 87, Komm. zur Reichsverfassung zu Art. 11. Die Krondotation kommt dem Regenten nicht zu. Er gilt als Familienoberhaupt, ihm steht aber die Kronrente nicht zu.

2. Also kann der Regent vor der Eidesleistung das Staatsministerium nicht wechseln, was i. J. 1858 allseitig zugegeben war, ebenso v. Rönne-Zorn I S. 239, Graßmann l. c. S. 506 ff.; a. M. Bornhak, Preuß. Staatsr. S. 206.

3. Der Regent ist verpflichtet, den Eid auf die Verfassung zu leisten; doch ist er schon durch die (und seit der) Uebernahme der Regentschaft verpflichtet, die Verfassung und die Gesetze zu beobachten. Der Eid hat nur bestärkende Kraft; die (an sich verfassungswidrige und daher juristisch unmögliche) Weigerung, den Eid zu

leisten, ist nicht als Verzicht auf die Regentschaft zu betrachten; ebenso Bornhak I S. 206, anderer Ansicht Zorn I S. 238, Schulze I S. 219, Schwartz S. 164. Zuzugeben ist allerdings, daß, wenn der Regent den Eid weigert, er an das bestehende Staatsministerium unbedingt gebunden, mithin in seinen Regierungshandlungen nicht frei ist.

Das Staatsministerium hat im Falle des Art. 57 vor der Regentschaftsbestellung keinen Anteil an der Gesetzgebung in Preußen; es kann nur die laufenden Geschäfte vornehmen. Es ist verantwortlich.

Art. 59. Dem Kron-Fideikommißfonds[1]) verbleibt die durch das Gesetz vom 17. Januar 1820[2]) auf die Einkünfte der Domainen und Forsten angewiesene Rente.[3]) [4])

1. Außer dem Kronfideikommißfonds, dessen Zinsen zur freien Verfügung des Königs stehen, beziehen der König und seine Familie Einkünfte aus dem Königl. Haus- und Kronfideikommiß, begründet im Testamente König Friedrich Wilhelms I. v. J. 1733, dem Königl. Prinzlichen Familienfideikommiß, von König Friedrich Wilhelm III. für nachgeborene Prinzen errichtet, und dem von demselben Monarchen mit 5 Millionen Talern ersparten Krontresor. Diese Fideikommisse haben im Gegensatze zum Kronfideikommißfonds nur privatrechtliche Natur, Schwartz S. 168.

2. GS. 1820 S. 9 Art. III.

3. Diese Rente betrug nach dem Ges. v. 17. 1. 20 2 500 000 Taler, wovon 548 240 Taler in Gold = 2 573 089 2/3 Taler, für die bereits durch V. wegen der künftigen Behandlung des gesamten Staatsschuldenwesens v. 17. 1. 20 (GS. 9) Art. III die damals dem

Staate gehörigen Domänen und Forsten verpfändet sind. Sie ist erhöht durch die Ges. v. 30. 4. 59 (GS. 204) um jährlich 500000 Taler und v. 27. 1. 68, betreffend die Erholung der Krondotation (GS. 61) um jährlich eine Million Taler. Jetzt gilt Ges., betr. die Erhöhung der Krondation, v. 20. 2. 89 (GS. 27): § 1. An den Kronfideikommißfonds wird, außer der durch Art. III der Verordnung wegen Behandlung des Staatsschuldenwesens v. 17. 1. 20 (GS. 9) auf die Einkünfte der Domänen und Forsten angewiesenen Rente von 7 719 296 M. und außer der nach § 1 des Ges. v. 30. 4. 59 (GS. 204) und nach § 1 des Ges. v. 27. 1. 68 (GS. 61) zu entrichtenden Rente im ganzen 4 500 000 M., vom 1. April 1889 ab eine weitere jährliche Rente von 3 500 000 M. aus der Staatskasse gezahlt. Im ganzen beträgt die Kronrente 15 719 296 M. Der König hat für den Unterhalt des Königlichen Hauses, des Königlichen Hofstaats und sämtlicher prinzlichen Hofstaaten aus der Rente des Kronfideikommißfonds und der Kronrente überhaupt zu sorgen. Jedoch ist nicht zuzugeben, wie Schwartz meint (S. 169), daß von Prinzen, Witwen usw. auf standesgemäße Sustentation, Apanage, Mitgift, Pension usw. vor den Gerichten geklagt und vom Landtage darauf gedrungen werden kann (vgl. auch Schulze, Hausgesetze III S. 621, Bornhak I S. 352, v. Stengel S. 49). Vielmehr ist der König (nur) nach Maßgabe der Hausgesetze von den Familienmitgliedern in Anspruch zu nehmen. Willkürlich kann der König also nicht über die Kronrente verfügen. Daß der ordentliche Rechtsweg vom Könige ausgeschlossen werden kann, folgt auch aus dem Schlußsatze in § 5 EG. z. ZPO.

Außerdem sind die in der Nachweisung zum Ges. v. 27. 1. 68 (GS. 61) verzeichneten Schlösser nebst Gärten und Parks, sowie nach dem Ges. v. 20. 2. 89 (GS. 27) das Schloß zu Kiel nebst Gebäuden und Garten der ausschließlichen Benutzung des Königs, unter Uebernahme der Unterhaltungslast auf den Kronfideikommiß-fonds, vorbehalten.

— — — — — — — — — — — — — — — — —

4. Würde die an den Kronfideikommißfonds zu zahlende Rente nicht oder nicht ganz in den Etat eingestellt werden oder ein Etat überhaupt nicht zustande kommen, so kann der Kronfideikommißfonds gleichwohl die Zahlung der vollen Rente ev. im Wege der Zivilklage verlangen, s. auch Anm. 5 zu Art. 47, ferner unten zu Art. 99, s. auch v. Rönne I S. 160 Anm. 3.

Einerseits beschränkt Art. 59 den König dahin, daß er nicht mehr aus Staatsmitteln für den Kronfideikommißfonds für seinen eigenen, denjenigen der Königin, der Prinzen usw. Hofhalt entnehmen darf, als in Art. 59 bezw. in Gesetzen vorgesehen ist, andererseits steht es nicht im Belieben des Landtags, die Kronrente ganz oder teilweise, selbst bei Thronwechsel, zu verweigern, wohingegen art. 77 const. belge dahin lautet: La loi fixe la liste civile pour la durée de chaque règne."

Titel IV.

Von den Ministern.

Zorn, Die staatsrechtliche Stellung des preußischen Gesamtministeriums, Göttingen 1892, Gneist, Die verfassungsmäßige Stellung des preußischen Gesamtministeriums im Verwaltungsarchiv Bd. III S. 433, Brie, Art. „Staatsminister" in v. Stengels Wörterbuch, v. Rönne-Zorn II 366 f.

Das Recht, Minister zu ernennen, die Ressorts der einzelnen Ministerien zu bestimmen, hat innerhalb der Gesetze und des Etats der König; s. Arndt, Reichsverordnungsrecht § 15, s. auch Gneist, „Gesetz und Budget" S. 43 ff., Bornhak, Preuß. Staatsr. S. 455 f., vgl. auch StenBer. des AbgH. 1877/78 S. 1645, 1993, 2001, 2027 a. a. O., des HerrH. 1878/79 S. 521, 524.

Das Ministerium, nach V. v. 27. 10. 10 (GS. 3) eine bureaukratische, ist seit KabO. v. 3. 6. 14 (GS. 40) eine in dem Sinne kollegialisch eingerichtete oberste Behörde, daß sich die Minister einander gleich stehen und der Ministerpräsident nur primus inter pares, nicht ihr Vorgesetzter ist, insofern aber eine bureaukratisch eingerichtete Behörde, als jeder Minister in seinem Ressort der Regel nach allein entscheidet; Meinungsverschiedenheiten zwischen den einzelnen Ministern werden durch Verständigung bezw. den König entschieden. Beschwerden oder Rekurse, welche von mehreren Ministern gemeinschaftlich zu entscheiden sind, z. B. in bergbaulichen Expropriationen, gelten als abgelehnt, wenn nicht alle Minister der Beschwerde oder dem Rekurse stattgeben wollen. Nach einer nicht veröffentlichten KabO. v. 8. 9. 52 soll jeder Minister von dem Gegenstande und der Stunde eines dem Könige zu erstattenden Vortrages dem Ministerpräsidenten zwecks eventueller Anwesenheit beim Vortrage rechtzeitig Mitteilung machen. Im Plenum sind die in KabO. v. 3. 11. 17 (GS. 289) bezeichneten Gegenstände vorzutragen (persönlich durch den Minister oder einen vortragenden Rat, V. v. 3. 11. 17 [GS. 291] VIII) und zu verhandeln; s. auch wegen der Landesgestüte KabO. v. 15. 2. 16 (GS. 101) Nr. 2[a]. Außerdem tritt das Plenum ein in den Fällen der Art. 57, 58, 63 und 111 der VerfUrk., ferner bei Auflösung von Stadtverordnetenversammlungen, Kreis- und Provinziallandtagen (z. B. Städteordnung v. 30. 5. 53 (GS. 288) § 79, Kreisordnung v. 13. 12. 72 (GS. 1881 S. 180) § 179, Provinzialordnung v. 29. 6. 75 (GS. 1881 S. 234) § 122 und als oberster Gerichtshof über Dienstvergehen der nicht richterlichen Beamten gemäß Ges. v. 21. 7. 52 (GS. 465) §§ 41 ff., 90, s. auch § 28. Dem Gesamtministerium sind unterstellt: die Zentraldirektion für das

Vermessungswesen, der Gerichtshof zur Entscheidung der Kompetenzkonflikte, der Disziplinarhof für nichtrichterliche Beamte, das Oberverwaltungsgericht, die Prüfungskommission für höhere Verwaltungsbeamte, die Ansiedelungskommission für Westpreußen und Posen, das literarische Bureau des Staatsministeriums, der Reichs- und Staatsanzeiger und die Redaktion der Gesetzsammlung. Unter dem Ministerpräsidenten stehen die Generalkommission in Angelegenheiten der Königlichen Orden, die Staatsarchive und das Gesetzsammlungsamt. In gewissen Fällen haben die Minister nach der V. v. 27. 10. 10 die Genehmigung des Königs einzuholen, z. B. bei den Entwürfen zu allen Gesetzen, Verfassungs- und Verwaltungsnormen, es mag auf neue oder Aufhebung und Abänderung der vorhandenen ankommen, allen Hauptetats und Plänen, bei Anstellung von Beamten mit Ratscharakter, bei allen Beamten der Gesandtschaften, Ratsernennungen, Etatsüberschreitungen, größeren Gnadenbewilligungen, Veräußerungen unbeweglichen Staatseigentums. Im übrigen aber sind die Minister selbständig und führen die ihnen anvertraute Verwaltung unter unmittelbarer Verantwortlichkeit gegen den König. Sie sind insbesondere befugt, den Fiskus innerhalb ihres Verwaltungskreises zu berechtigen und zu verpflichten. Die Vertretung des Fiskus in Prozessen liegt den Provinzialbehörden ob (Regierungsinstruktion v. 23. 10. 17 [GS. 248] § 14). Diese bedürfen in den dort § 21 vorgesehenen Fällen zur Gültigkeit der von ihnen abgeschlossenen Geschäfte der ministeriellen Genehmigung. Den Ministern ist das dem Könige zum Erlasse von Verordnungen zustehende Recht nach Maßgabe der V. v. 27. 10. 10 und der KabO. v. 4. 7. 32 (GS. 181) subdelegiert. Die auf Grund dieser Subdelegation bezw. besonders ihnen erteilter gesetzlicher Ermächtigung erlassenen Verordnungen, welche auch Rechtsnormen aufstellen können, sind rechtsverbindlich, s. ALR. II 13 § 16,

Arndt, Reichsverordnungsr. § 17 S. 169 ff., derselbe in Hirths Ann. 1886 S. 318, 319 a. a. O., vgl. auch OVG. v. 29. 9. 76, E. I 173 ff. und andererseits die Anm. zu Art. 45. Es ist dies selbstredend nicht ein Verordnungsrecht contra legem, praeter legem besteht es nur, soweit dies auch dem Könige zusteht, z. B. in Unterrichtsangelegenheiten.

Die Minister sind:

1. der auswärtigen Angelegenheiten, 2. des Krieges, 3. der Justiz, 4. der Finanzen, 5. des Innern (zu 1 bis 5 gemäß V. v. 27. 10. 10), 6. der geistlichen, Unterrichts- und Medizinalangelegenheiten, s. AE. v. 3. 11. 17 (GS. 289) III, 7. für Handel und Gewerbe, s. AE. v. 17. 4. 48 (GS. 109) I, 8. für Landwirtschaft, Domänen und Forsten, s. AE. v. 25. 6. 48 (GS. 109), 9. der öffentlichen Arbeiten, s. AE. v. 7. 8. 78 (GS. 1879 S. 25) Nr. 2, 3 und Ges. v. 13. 3. 79 (GS. 123).

Die Geschäfte des Ministeriums der auswärtigen Angelegenheiten werden gegen ein Aversum vom „Auswärtigen Amt des Deutschen Reiches“ geführt, welches dabei als „Königlich Preuß. Ministerium der auswärtigen Angelegenheiten“ zeichnet. Zu seiner Zuständigkeit gehören namentlich die preußischen Angelegenheiten in bezug auf die übrigen deutschen Bundesstaaten.

Die Kriegsmarine ist Reichssache. Der preuß. Kriegsminister verwaltet die Angelegenheiten des sog. preuß. Heeres (d. h. die in Preußen ohne Rücksicht auf Staatsangehörigkeit rekrutierten Teile des Reichsheeres), und der damit verbundenen Kontingente (alle außer Bayern, Sachsen und Württemberg), d. h. aller ihrer Militärpflicht, außer in Bayern, Sachsen und Württemberg, genügenden Personen, ohne Rücksicht auf deren Staatsangehörigkeit. Die Heeresverwaltung ist dem Subjekt, der Hoheit, nach Landes- (in den preußischen Kontingenten, also Königlich Preußische) Verwaltung, dem

Objekt nach Reichsverwaltung; s. auch Denkschrift des Reichskanzlers im Arch. f. öff. R. 4, 150 f. Außer für die in Bayern, Sachsen und Württemberg rekrutierten (ausgehobenen) Truppen ist der preußische Kriegsminister also der Reichskriegsminister insbesondere auch für die in Elsaß-Lothringen ausgehobenen Truppen. Ueberhaupt ist der preuß. Kriegsminister zuständig für die nicht den Ministern in Bayern, Sachsen und Württemberg zukommende Militärverwaltung, z. B. für den Ersatz der Kriegsmarine, die Reichsfestungen (mit Einschluß von Ulm, falsch Entsch. d. RG. in Zivils. VIII S. 1), für die Mobilmachung und alle mobilgemachten Truppen (RG. Straff. XXXV 227), das Militärtransportwesen usw. (Arndt in den preuß. Jahrb. 1902 S. 258 f., Komm. z. Reichsverfass. 3. Aufl. S. 336). Insoweit fungiert der preußische Kriegsminister als eine oberste Reichsbehörde (RGBl. 1899 S. 597). Die Rechnung wird im Namen und für Rechnung des Reiches geführt (Reichsverfassung Art. 62); der Militärfiskus ist nicht der preußische, sondern der Reichsfiskus, dem auch die preußischen Festungen, Waffen usw. gehören, RG. v. 9. 3. 88, E. in Zivils. XX 148 ff., XXXIV 37, LV 172, Arndt, Komm. zu Art. 71 der Reichsverfass. 3. Aufl. S. 379, Reichsstaatsrecht S. 436, 503 a. a. O.). Für die Militärverwaltung ist der Kriegsminister dem Landtage nicht verantwortlich, da diese eine im Namen des preuß. Staates geführte Reichsverwaltung ist; ebensowenig ist er dabei dem Reichskanzler unterstellt, auch nicht einmal in bezug auf die Vermögensverwaltung.

Der Justizminister übt die Oberaufsicht über die Rechtspflege aus, er bearbeitet die Begnadigungssachen und die vorläufigen Entlassungen der Strafgefangenen (StGB. § 25, JMBl. 1871 S. 35, 1879 S. 237), die Legitimation außerehelicher Kinder, sofern es sich nicht um einen adeligen Namen handelt (Art. 13 KV. v. 16. 11. 99 GS. 562). Dispensation von dem zur Annahme an

Kindesstatt vorgeschriebenen Alter (Art. 14 KV. v. 16. 11. 99, JMBl. S. 784), Befreiungen (BGB. §§ 1303, 1312, 1313, 1322), Art. 10 der KabO. v. 16. 11. 99 (GS. 562), in Ehesachen, s. Verordnungen v. 24. 2. 75 (GS. 97), v. 17. 1. 77 (GS. 4), Allerh. Erl. v. 7. 9. 79 (JMBl. 366); er hat die Bestimmung des Gerichts bei nichtstreitigen Sachen im Fall des § 20, Ges. v. 24. 4. 78 (GS. 234); er ist Beschwerdeinstanz in den zur Zuständigkeit der Oberlandesgerichte gehörigen Familienfideikommiß-, Lehns- und Stiftungssachen, hat Aenderungen der Verfassung von Familienstiftungen zu bestätigen (Art. 5 KV. v. 16. 11. 99 GS. 562) und bildet mit dem Kriegsminister das Militärjustizdepartement.

Der Minister des Innern bearbeitet die Landeshoheitssachen, die Feuerversicherungs-Institute und -Gesellschaften, Pensions-, Aussteuer-, Sterbe- und Krankenkassen, Korporationen, milde Stiftungen, Armen-, Heimats-, Ein- und Auswanderungssachen, Namensänderungen (s. indes Anm. 4 zu Art. 50), die Generalien und mit dem Finanzminister auch die Personalien der Bezirksregierungen, mit dem Kriegsminister die Mobilmachungs- und Militär-Ersatzsachen, die Landes- und Lokalpolizei, die Landgendarmerie, die höhere politische, Fremden- und Theaterpolizei, die Feuer-, Sitten- und Lebensmittelpolizei, das Paßwesen, die Gewerbepolizei (nach den Allerh. Erl. v. 17. 3. 52 und 30. 6. 58 GS. 1852 S. 83, 1858 S. 501), soweit allgemeine polizeiliche Interessen überwiegen, d. i. bei den Tanz-, Fecht-, Schwimmschulen, Badeanstalten, Pfandleihern, Schauspielunternehmungen, Musikern, Kunstreitern, Drehorgelspielern usw. und dem Schankgewerbe, ferner die Zuchthäuser, die ständischen und alle Kommunalangelegenheiten usw., das Juden- und Sektenwesen. Er erteilt Befreiung von den für die Ehe erfroderlichen Aufgeboten (BGB. §§ 1316, 1322) Art. 12 KabO. v. 16. 11. 99 (GS. 562).

Der Minister der geistlichen Angelegenheiten verwaltet das gesamte Schulwesen mit Einschluß der Universitäten und technischen Hochschulen, das Gesundheitswesen mit Ausschluß des Kriegsmilitär- und Veterinärwesens, die staatlichen Kunstinstitute und die Rechte des Staates den christlichen Religionsgesellschaften gegenüber. Die Angelegenheiten der evangelischen Landeskirche in den älteren Provinzen sind ausgeschieden und auf den evang. Oberkirchenrat und die Konsistorien als Organe des Kirchenregiments übergegangen (PMBl. 1877 S. 244) während in den 1866 erworbenen Provinzen diese Angelegenheiten noch vom Minister bearbeitet werden (GS. 1867 S. 667).

Dem Minister für Handel und Gewerbe unterstehen Handel, Gewerbe, Schiffahrt, Reederei, Navigationsschulen, Privatbankinstitute, Handels- und Gewerbekammern, Maß- und Gewichtswesen, seit Ges. v. 26. 3. 90 (GS. 37) u. Allerh. Erl. v. 17. 2. 90 (GS. 35) auch das Berg-, Hütten- und Salinenwesen mit Einschluß der Bergakademien und Bergschulen.

Zum Ressort des Ministers für Landwirtschaft gehören die Landwirtschaft, seit Allerh. Erl. v. 7. 8. 78 (GS. 1879 S. 25), die Domänen und Forsten, die landwirtschaftlichen Kreditinstitute, die Landesmeliorations- und Kultursachen, die Jagdpolizei, ferner das Deich- und das Veterinärwesen.

Dem Minister der öffentlichen Arbeiten ist die obere Leitung der Staats- und Privateisenbahnen, endlich des Bauwesens übertragen.

Kein Staatsminister, überhaupt kein Staatsbeamter ist der Minister des Königlichen Hauses, Sten. Ber. des RT. 1883 S. 347. Dies Ministerium ist durch Allerh. Erl. v. 11. 1. 19 (GS. 2) zur Verwaltung der Angelegenheiten des Königl. Hauses und der Königl. Familie errichtet; i. J. 1838 (GS. 10, 11) wurden ihm auch die Thronlehne und Erbämter übertragen, i. J.

1835 (GS. 10) die Domänen und Forsten. Letztere wurden ihm durch Allerh. Erl. v. 17. 4. 48 (GS. 109) entzogen, durch Allerh. Erl. v. 3. 10. 48 auch die übrigen Staatsangelegenheiten. Durch Allerh. Erl. v. 16. 8. 54 (GS. 516) erhielt es die Standessachen zurück. Es bildet den ordentlichen Gerichtsstand für die Mitglieder der Kgl. Familie in allen nicht streitigen Rechtssachen (auch Ehe, Vormundschafts- u. Fideikommißsachen).

Der Staatsrat (s. Gneist, Art. „Staatsrat" in v. Stengels Wörterbuch), geschaffen durch V. v. 27. 10. 10 (GS. 3), ist eine beratende Behörde, welche gemäß V. v. 20. 3. 17 (GS. 67) u. a. über alle Gesetze, Verfassungs- und Verwaltungsnormen Gutachten auf Erfordern des Königs abgeben soll. J. J. 1848 stillschweigend außer Tätigkeit gesetzt, ist er durch Allerh. Erl. v. 12. 1. 52 (MBl. 21) wieder gemäß Art. 109 der VerfassUrk. hergestellt worden. Die Zusammensetzung des Staatsrats, dessen Mitglieder vom Könige berufen werden, ergibt sich aus der V. v. 20. 3. 17. Mitglieder sind namentlich die volljährigen Prinzen, die aktiven Minister, Oberpräsidenten und kommandierenden Generale, die Chefs des Zivil- und Militärkabinetts, der Präsident der Oberrechenkammer und die aus Allerhöchstem Vertrauen Berufenen. Der Präsident des Staatsrats darf nach der KabO. v. 9. 12. 27 (GS. 1828 S. 5), auch wenn er nicht Minister ist, den Sitzungen des Staatsministeriums beiwohnen. Vorsitzender ist der König, oder wen der König dazu ernennt.

Art. 60. Die Minister, so wie die zu ihrer Vertretung abgeordneten Staatsbeamten[1]) haben Zutritt zu jeder Kammer[2]) und müssen auf ihr Verlangen[3]) zu jeder Zeit[4]) gehört werden.[5])

Jede Kammer kann die Gegenwart der Minister verlangen.[6])

Die Minister haben in einer oder der anderen Kammer nur dann Stimmrecht, wenn sie Mitglieder derselben sind.

Const. belge art. 88: „Les ministres n'ont voix délibérative dans une ou l'autre chambre que quand ils en sont membres. Ils ont leur entrée dans chacune des chambres et doivent être entendus quand ils le demandent. Les chambres peuvent requérir la présence des ministres.“

1. Auch deren Assistenten.

2. Auch zu jeder Kommission oder Abteilung, Geschäftsordnung f. d. Herrenhaus § 19, f. d. Abgeordnetenhaus § 30, auch zu geheimen Sitzungen, s. auch Thonissen Nr. 374.

3. Sie können also nicht ohne weiteres das Wort ergreifen, doch muß ihnen dies sofort erteilt werden, s. Anm. 4.

4. Außerhalb der Rednerliste, sofort nach Beendigung der gerade gehaltenen Rede, auch noch nach Schluß der Debatte; alsdann gilt die Debatte für wiedereröffnet.

5. Unstreitig ist, daß ein Minister oder ein Regierungskommissar, wenn sie als solche sprechen, der Disziplinargewalt des Landtagspräsidenten insoweit nicht unterliegen, als gegen sie keine formelle Rüge ausgesprochen werden kann, ebenso Schwartz S. 190. Die Frage, ob sie vom Präsidenten unter Berufung auf die ihm angeblich zustehenden Disziplinarbefugnisse unterbrochen und auf den parlamentarischen Brauch hingewiesen werden können, ist vom AbgH. bejaht (vgl. Sten. Ber. 1863 II S. 1265 ff., derselben Ansicht H. Schulze, Preuß. Staatsr. I S. 629), vom Könige und vom Staatsministerium verneint worden (vgl. StenBer. d. AbgH. 1863 Bd. II S. 1262 ff., 1322 f.). Die letztere Auffassung ist die richtige Denn eine derartige Unter-

brechung ist eine tatsächliche Rüge, beeinträchtigt die Redefreiheit und enthält eine tadelnde Kritik gegenüber dem Vertreter eines dem Landtage keineswegs untergeordneten Faktors der Gesetzgebung. Es fehlt an jeder rechtlichen Legitimation für die Regierungsvertreter, einem Abgeordneten, wie für das Landtagspräsidium, einem Regierungsvertreter Vorhaltungen zu machen. Auch hat der Präsident des Hauses oder dieses selbst nicht darüber zu urteilen und den Minister zu unterbrechen, wenn letzterer vermeintlich zum Verfassungsbruch, zu einer strafbaren Handlung auffordert oder die Gebote des Anstandes übertritt (Ansicht von Schwartz l. c.), ebensowenig wie umgekehrt ein Regierungsvertreter einen Abgeordneten in solchen Fällen unterbrechen darf. Vielmehr können sie sich nur bei der Krone darüber beschweren, vgl. auch Arndt, Komm. zu Art. 27 der Reichsverf., Reichsstaatsrecht 151 f. Perels, Das autonome Reichstagsrecht S. 96, behauptet (ohne Beweisantritt): Es stehe dem Präsidenten frei, sein Urteil über die Handlungsweise eines Regierungsvertreters, die er für ordnungswidrig erachtet, im Hause kundzutun und dieselbe zurückzuweisen; dies bedeutet, daß der Präsident den König kritisieren, ihm Ordnungswidrigkeiten vorhalten und solche zurückweisen darf, da der Minister doch nicht eigene, sondern des Königs Ansichten vortragen muß. Solche Kritik kann ein Abgeordneter in einer Rede üben (Art. 84), nicht der Präsident als solcher in autoritativer Stellung. Vom „Hausrecht" kann keine Rede sein; denn das Haus gehört nicht der Kammer, sondern dem Staate. Anders liegt der Fall dort, wo die Volkssouveränität anerkannt ist und diese durch das Parlament ausgeübt wird. Indessen lassen sich die Regierungsvertreter tatsächlich Unterbrechungen und Verweisungen des Landtagspräsidenten gefallen, zumal sie solche ohne gänzlichen Abbruch der Beziehungen nicht verhindern können; s. Arndt, Komm. z. Reichsverfass. 3. Aufl. S. 149, Meyer-

Anschütz S. 132. Strafrechtliche Immunität steht den Regierungsvertretern nicht zu: unter Umständen werden sie sich auf § 193 StGB. (Wahrnehmung berechtigter Interessen) berufen können. Auch § 11 RStG. findet auf Regierungsvertreter nicht Anwendung, Olshausen, Komm. zu § 11 RStGB. Anm. 3a, Oppenhoff, Komm. zu § 11 RStGB. Anm. 2, Hubrich, Redefreiheit S. 356.

6. Umgekehrt sind die Minister nicht in allen Fällen rechtlich verpflichtet, Auskunft zu erteilen, sondern nur, soweit ein besonderer Verpflichtungsgrund vorliegt (z. B. Art. 81. letzt. Abs., Art. 104).

Art. 61. Die Minister können durch Beschluß einer Kammer wegen des Verbrechens der Verfassungsverletzung, der Bestechung und des Verrathes angeklagt werden. Ueber solche Anklage entscheidet der oberste Gerichtshof der Monarchie in vereinigten Senaten. So lange noch zwei oberste Gerichtshöfe bestehen, treten dieselben zu obigem Zwecke zusammen.

Die näheren Bestimmungen über die Fälle der Verantwortlichkeit, über das Verfahren und über die Strafen werden einem besonderen Gesetze vorbehalten.

Const. belge art. 89: „En aucun cas, l'ordre verbal ou écrit du roi ne peut soustraire un ministre à la responsabilité."

Art. 90: „La chambre des représentants a le droit d'accuser les ministres et les traduire devant la cour de cassation, qui seule a le droit de les juger, chambres réunies, sauf ce qui sera statué par la loi, quant à l'exercice de l'action civile par la partie lésée et aux crimes et delits que des ministres auraient commis hors l'exercice de leurs fonctions.

Une loi déterminera les cas de responsabilité, les peines à infliger aux ministres et le mode de procéder contre eux, soit sur l'accusation admise par la chambre des représentants, soit pour la poursuite des parties lésées."

Da das in Abs. 2 vorbehaltene Gesetz noch nicht ergangen ist, so kann die in Art. 62 den Kammern eingeräumte Befugnis bis auf weiteres nicht ausgeübt werden. Es fehlt das Organ, welches die Anklage vor dem Gerichtshofe vertritt (worauf Gneist im Berichte des AbgH. 1865 Anl. III 2065 Gewicht legt); überdies (v. Stockmar in Aegidis Zeitschrift Bd. I S. 182 und v. Rönne § 157 Bd. II S. 356ff.) ergibt sich aus Inhalt und Entstehung des Art. 61, daß bis zum Erlasse des Ministerverantwortlichkeitsgesetzes das Anklageverfahren nicht durchgeführt werden soll. Das ist schon deshalb unmöglich, weil ja dieses Gesetz erst die Strafen festsetzen soll. So auch Fürst Bismarck im AbgH. am 22. April 1863, StenBer. II S. 952; Allerhöchste Botschaft v. 26. Mai 1863 das. S. 1322. Selbstredend sind die Minister von den Strafgesetzen, selbst für das, was sie im Landtag sagen, nicht eximiert, sie können also strafgerichtlich verfolgt werden, soweit sie gegen das Strafgesetz verstoßen (z.B. wegen Bestechung, Zweikampfes). Das Ges., betr. die Konflikte usw., v. 13. 2. 54 (GS. 80) findet auf Staatsminister keine Anwendung, da es eine diesen „vorgesetzte Provinzial- oder Zentralbehörde" im Sinne des § 1 dieses Gesetzes nicht gibt, welche den Konflikt erheben könnte. Also kann auch das OVG. gemäß § 114 des Ges. über die allgemeine Landesverwaltung v. 30. 7. 83 (GS. 195) keine Vorentscheidung darüber treffen, ob sich ein Minister „einer Ueberschreitung seiner Amtsbefugnisse oder der Unterlassung einer ihm obliegenden Amtshandlung schuldig gemacht habe", ebenso Stölzel, Oppenhoff u. a. m. (anderer Ansicht Bornhak S. 143 und das

OVG. 47, 440), s. dagegen unten Anm. zu Art. 97. Zweifellos würde das Konfliktsverfahren nicht zu Gunsten des Kriegsministers zulässig sein, da dieser (wenn auch nur mittelbarer) Reichsbeamter und also dem Reichsbeamtengesetze unterworfen ist, welches in § 154, G. v. 31. 3. 73 (RGBl. 61), das Konfliktsverfahren nicht zuläßt. Da auch der Reichskanzler und die Reichsstaatssekretäre sich ohne solches Verfahren behelfen müssen und können, sollte solches auch dem preußischen Justizminister möglich und einer willkürlichen Ergänzung des Ausnahmerecht darstellenden Ges. v. 13. 4. 54 vorzuziehen sein.

Da Reichsrecht dem Landrecht vorgeht, kommen u. a. die §§ 80 bis 93 (Hoch- und Landesverrat) und 331, 332 (Bestechung) des StGB.s auf die Minister zur Anwendung. Soweit es sich nicht um reichsrechtlich geregelte Gebiete handelt, kann die Landesgesetzgebung neue Normen aufstellen über Bestrafung oder Ersatzpflicht der Minister wegen Verfassungsverletzung, z. B. absichtlicher Etatsüberschreitungen. Es trifft nicht zu, daß § 2 EG. z. StGB. ein besonderes Landesstrafrecht nur noch auf den dort Abs. 2 genannten Gebieten zuläßt. Auch ist Bornhak S. 145 darin nicht beizutreten, daß ein Ministerverantwortlichkeitsgesetz, welches natürlich nur auf die nicht schon im StGB. geregelten Angelegenheiten Bezug haben dürfte, keinen Gerichtshof zur Entscheidung über die Ministeranklage oder kein besonderes Verfahren bestimmen könnte; denn die StPO. findet (EG. § 3) nur Anwendung auf die Angelegenheiten, welche vor die ordentlichen Gerichte gehören; ein solches ist nicht der in Art. 61 genannte Gerichtshof, folglich sind die auf Art. 61 bezüglichen Vorschriften prozeßrechtlicher Art nicht gemäß § 6 das. außer Kraft getreten; s. auch Motive zum GVG. S. 30, z. StPO. S. 233 f., wonach das besondere Verfahren, welches nach Landesverfassungsrecht bei Ministeranklagen stattfindet, unberührt bleiben soll, Hellweg-Löwe, Anm. 2b zu § 3 EG. z. StPO. Auch § 16 GVG., der Ausnahmegerichte verbietet, steht nicht entgegen (ebenso Meyer-Anschütz § 184 S. 688), da sich dieser Paragraph, wie das GVG. überhaupt nur „auf die ordentliche streitige Gerichtsbarkeit" (EG. § 2), sonach nicht auf Ministeranklage bezieht. Es stehen staatsrechtliche Bedenken einem Ministerverantwortlichkeitsgesetze nicht entgegen; s. auch v. Stengel in Marquardsens Handbuch S. 101 f. Zu beachten ist, daß die Ministerverantwortlichkeit eine staatsrechtliche gegenüber dem Staate, keine disziplinare gegenüber den Kammern ist, da diese in Preußen nicht Dienstherrn der Minister sind; ebenso Meyer-Anschütz § 184 S. 688. Die Ministerverantwortlichkeit bezieht sich auf alle, nicht bloß auf die gegengezeichneten Anordnungen der Krone; sie kann nur durch Demission vor der Anordnung abgewendet werden; sie betrifft endlich nicht bloß die Gesetzmäßigkeit, sondern auch die Zweckmäßigkeit.

Titel V.

Von den Kammern.

Art. 62. [1]) Die gesetzgebende Gewalt [2]) wird gemeinschaftlich durch den König und durch zwei Kammern ausgeübt. [3])

Die Uebereinstimmung des Königs und beider Kammern ist zu jedem Gesetze erforderlich. [4]) [5])

Finanzgesetz-Entwürfe [6]) und Staatshaushalts-Etats werden zuerst der zweiten Kammer vorgelegt; [7]) letztere werden von der ersten Kammer im Ganzen angenommen oder abgelehnt. [8]) [9])

Arndt, Das selbständige Verordnungsrecht, Berlin 1902. Arndt in Birkmeyers Encykl. S. 808, S. 812 f., Anschütz, Gegenwärtige Theorien über den Begriff der gesetzgebenden Gewalt und in v. Holtzendorffs Encykl. S. 592 f., Hänel (Studien II), Hänel „Gesetz", Laband, Reichsstaatsrecht §§ 54—66, Zorn, Reichsstaatsrecht § 15, Meyer-Anschütz §§ 163—169; H. Schulze, Preuß. Staatsr. II § 169, Bornhak, Preuß. Staatsr. I S. 483 f. a. a. O., Knorr, Das Verordnungsrecht des Bundesrats, Dessau 1906, O. Mayer, Verwaltungsrecht S. 72, Jellinek, Gesetz und Verordnung, Arndt in Hirths Ann. 1905 S. 448 f.

1. Ueber das Verhältnis der Gesetzgebung Preußens zur Reichsgesetzgebung s. oben S. 52 und Arndt, Komm. zur Reichsverfass. 3. Aufl. S. 124 f., ferner Arndt Reichsstaatsr. S. 164 f.

2. Broicher, Appellationsgerichtsrat zu Cöln, Vertreter der Lehre von der Trennung der Gewalten, Berichterstatter der II. Kammer zu Teilen des Verfassungswerks, definierte, ohne insoweit Widerspruch zu finden, am 26. 1. 50 (StenBer. 2119): „Die ganze Bedeutung der gesetzgebenden Gewalt besteht doch nun wohl unstreitig darin, daß die Beschlüsse der drei Faktoren, welche sie bilden, wenn sie in der vorgeschriebenen Form publiziert sind, überall und unter allen Umständen als Gesetze gelten" (also nicht Gewalt, Rechtsnormen irgend welcher Art zu geben). Broicher betont dabei, daß die gesetzgebenden Faktoren die höchste Gewalt seien. Gesetz ist also nicht schlechthin jedwede Rechtsnorm, sondern nur die, welche von der höchsten Gewalt ausgeht und überall und unter allen Umständen auch der Krone und den Gerichten gegenüber verbindlich ist, vgl. auch Bericht der Komm. der II. Kammer zu Tit. V der Verfass. (StenBer. 1849 S. 793 ff.). Regierungskommissar Delius am 26. 1. 49 in der I. Kammer (StenBer. S. 2318) zum Ges.

über die Polizeiverwaltung bemerkte, bei dem Erlasse von Polizeiverordnungen (also Rechtsnormen) handele es sich um etwas wesentlich Verschiedenes von der eigentlichen Legislative. Hansemann am 29. 1. 50 (in StenBer. der I. Kammer) betonte, daß Art. 106 die Wirkung habe, königliche Verordnungen seien, wenn gehörig publiziert, als Gesetze zu betrachten, womit doch nur gemeint sein kann, daß sie an sich minder starke Rechtsnormen seien, aber zu Akten der gesetzgebenden Gewalt, d. h. unbedingt verbindlich werden. Die gesetzgebende Gewalt wird dagegen von G. Meyer S. 461, P. Laband, Preuß. Budgetrecht S. 2 ff., 10, derselbe, Deutsches Staatsr. I S. 512 ff., H. Schulze, Reichsstaatsr. I S. 530, derselbe, Preuß. Staatsr. II S. 7 ff., 26 ff. lediglich als schlechthin identisch aufgefaßt mit der Gewalt, „Rechtssätze irgend welcher Art (nicht gerade höchste souveräne, unbedingt, auch die Krone wie die richterliche Gewalt aus eigener Kraft bindende) anzuordnen". Diese Auffassung stützt sich auf die geschichtliche Entwickelung besonders in Preußen, nämlich auf die Behauptung, daß das Wort „Gesetz" älter sei als die Verfassung, mithin ehemals keinen Zusammenhang mit den Rechten der Volksvertretung hätte haben können und die Anordnung eines Rechtssatzes (im Gegensatze zum Gewohnheitsrechte) ausgedrückt habe; s. auch oben S. 3 f. Allein in Preußen hieß vor der Verfassung nicht jede Anordnung eines Rechtssatzes Gesetz, sondern nur die vom Landesherrn getroffene. Die überaus zahlreichen Rechtssätze, welche von den Zentral-, Provinzial- und Lokalbehörden, von Staatsorganen oder Korporationen aufgestellt sind, hießen „Verwaltungs- oder Kontrollevorschriften" (Zoll-, Steuer- und Finanzsachen), „Regulative" (hauptsächlich in Schul- und Finanzsachen), „Instruktionen, Verordnungen" (in Polizeisachen), sogar „Verfügungen". Alle diese, welche für die Untertanen verpflichtend waren und sind, und deren Nichtbefolgung häufig mit gerichtlichen Strafen bedroht war und ist, werden stets als durchaus verschieden von den „Gesetzen“ aufgefaßt, mit denen sie nicht im Widerspruch stehen sollen. Die Finanzminister der zum Zollvereine gehörigen Staaten haben auf den Zollvereinigungskonferenzen zahlreiche Rechtssätze vereinbart und in ihren bez. Staaten durch die Verordnungsblätter zur allgemeinen Nachachtung befohlen. Niemand aber hat dieses Recht der Minister (welches jetzt auf den Bundesrat übergegangen ist) vor wie nach 1850 als ein Gesetzgebungsrecht aufgefaßt oder bezeichnet (s. Arndt, Reichsverordnungsr. S. 27 ff., 36 ff., derselbe im Arch. f. öff. R. 1886 S. 534 ff.). Die Gesetze, z. B. die V. wegen verbesserter Einrichtung der Provinzialbehörden v. 26. 12. 1808 (GS. 1806/10 S. 464), die Reg.-Instr. v. 23. 10. 17 (GS. 248), das rheinische Ressortreglement v. 20. 6. 18 § 32, die KabO. v. 4. 7. 32 (GS. 181), das Ges. über die Polizeiverwaltung v. 11. 3. 50 (GS. 265) § 15 erkennen die Nichtidentität von „Gesetz“ und „Rechtsnorm“ durch die Vorschrift an, daß die auf Grund dieser Gesetze erlassenen Rechtsnormen nicht mit den „Gesetzen“ in Widerspruch stehen dürfen; s. auch oben S. 7 und Anm. 1 auf S. 8. § 15 des Ges. v. 11. 3. 50 ist dem belgischen Recht entnommen (StenBer. I. Kammer 1849 S. 2316), das vorschreibt: „Polizeiverordnungen der Gemeinden dürfen weder in Widerspruch zu den Gesetzen, „lois“ (den Akten der gesetzgebenden, d. i. der höchsten Staatsgewalt), noch zu Verordnungen der Provinzialbehörden stehen.“ Die Zollverträge, z. B. v. J. 1833, behalten den „Gesetzen“, da diese in vielen Staaten der Genehmigung des Landtages bedurften, nur die fundamentalen und prinzipalen, die minder wichtigen Rechtsnormen dagegen den „Verwaltungsvorschriften“ vor, welche überall Rechtssätze aufstellen, deren Nichtbefolgung finanzielle und strafrechtliche Wirkungen hat. Ebenso zweifellos versteht das Wort „Gesetz“ bezw. „Gesetzeskraft“ im Ges. v. 3. 4. 46 (GS. 152) nicht jede Rechtsnorm, die ein Minister, eine Regierung usw. erlassen. Alleiniger Gesetzgeber im absoluten Staate war der König, aber nicht alleiniger Erlasser von Rechtsnormen.

Damit steht nicht im Widerspruch, daß im absoluten Preußen wie heute im konstitutionellen Preußen und nach Reichsrecht als Gesetz in einem weiteren Sinne jede Rechtsnorm, auch die nicht in Form eines „Gesetzes“ ergangene, bezeichnet wird. Wäre „Rechtsnorm jeder Art“ die gewöhnliche Bedeutung des „Gesetzes“, so brauchte doch nicht erst besonders vorgeschrieben zu werden, wie dies häufig geschieht, namentlich in den EG. zu GVG., ZPO., KonkO., StPO., „Gesetz im Sinne dieses oder jenes Gesetzes ist jede Rechtsnorm“, z. B. Art. 2 EG. z. BGB. Das Gleiche gilt selbst im französisch-belgischen Recht, wo der Unterschied zwischen formellem und materiellem Gesetz unbekannt ist; was dort dem Gesetze seinen unterscheidenden Charakter aufdrückt, ist die Quelle, aus der es entspringt (Vauthier bei Marquardsen S. 77). Auch im französisch-belgischen Recht versteht man unter loi im weiteren Sinne jede Rechtsnorm, auch als sog. lois secondaires die règlements administratifs. Es kommt für die Frage, was Gesetz im Sinne des Art. 62, nun darauf an, 1. ob gemeinhin im Sprachgebrauch der Verfassungen „Gesetz“ und „Gesetzgebung“ lediglich materielle Begriffe sind, 2. ob die Behauptung von Laband, G. Meyer u. a. m., Gesetz könne im absoluten Staate nur Rechtssatz schlechthin (ohne Rücksicht auf seinen Urheber) bedeutet haben, nur ein materieller Begriff gewesen sein, den Tatsachen entspricht. Zweifellos ist „loi“ nach französisch-belgischem Rechte ein formeller Begriff; auch die décrets, arrêtés, règlements und vor allem die règlements d'administration publique enthalten Rechtsnormen, Block, Dictionnaire de l'administration française s. m. loi, décret, règlement, arrêté, A. Giron, Le droit administratif de la Belgique, Bruxelles 1881 nr. 77, 80, Jellinek, Gesetz und Verordnung S. 81 ff. u. a. m., s. auch art. 544 des Code civ.: „La propriété est le droit de jouir et de disposer des choses — pourvu qu'on n'en fasse pas un usage prohibé par les lois ou par les règlements.“ Auch aus dem Satze der V. v. 27. 10. 10 (GS. 3), daß alle Gesetze, Verfassungs- und Verwaltungsnormen, es mag auf neue oder Aufhebung und Abänderung der vorhandenen ankommen, an die Zustimmung des Königs gebunden seien, folgt nicht, wie Schwartz S. 197 meint, die Identifizierung von Gesetz- und Rechtsnorm. Verfassungsvorschriften betreffen, z. B. Volksvertretung, Provinzialstände; allgemeine Verwaltungsnormen z. B. die Organisation der Ober- und Regierungspräsidien, Konsistorien usw.; alle diese sollten die Minister nicht allein ordnen. Rechtsnormen irgend welcher Art anzubefehlen, ist ihnen nicht verboten; das Gegenteil ist klar ausgesprochen in der KabO. v. 4. 7. 32, betreffend die Befugnis der Minister zum Erlasse solcher Verfügungen, welche das Gesetz nicht ändern oder nicht eine gesetzliche Deklaration enthalten (GS. 1832 S. 181).

Der Absatz 1 in Art. 62 ist hiernach rein formell, d. h. dahin zu verstehen, daß, wo ein Akt der gesetzgebenden Gewalt, d. i. wo ein Souveränitätsakt, oder ein höchster Staatsakt, ein unbedingt aus eigener Kraft jedermann, Krone wie Landtag wie die Gerichte verpflichtender Staatsakt erforderlich ist, dieser Akt nicht mehr, wie vor der Verfassung allein vom Könige, noch auch wie in Frankreich und England nur von den beiden Kammern, oder gar nur, wie die Linke 1848 wollte, nur von der Volksvertretung allein, sondern vom Könige nur noch in Gemeinschaft mit dem Landtage vorgenommen werden darf. Ebenso Fleischmann, Der Weg der

Gesetzgebung in Preußen S. 3: „Art. 62 Abs. 1 der preuß. Verfassung ist kaum mehr als ein doktrinärer Ausspruch, durch den die Bildner der Verfassungsurkunde ihren wissenschaftlichen Glauben an der Theorie der drei Gewalten darlun wollten, ohne daß sie jedoch daran dachten, die von der Theorie gezogenen Konsequenzen in allen Punkten zum geltenden Rechte zu erheben. Art. 62 Abs. 1 VerfassUrk. stimmt nur der Form nach mit Art. 26 der belg. Verfass. überein; die ihm hier innewohnende praktische Bedeutung hat er in unserer Verfassung vor allem dadurch verloren, daß der aus der Gewaltentheorie folgerichtig (?) entspringende Art. 75 der belg. Verfass. in die preuß. Verfass. keine Aufnahme gefunden hat." Wo materiell ein Akt der Gesetzgebung erfordert wird, bestimmt sich nach dem Inhalte der Verfassung (vgl. Art. 2, 3, 5, 6, 7, 8, 9 usw., 86, 99 a. a. O.). Soviel ist in der Verfassung auf ein Gesetz verwiesen oder ein Gesetz erfordert worden, daß, wie den Urhebern der Verfassung wohl bekannt war, nur noch wenig Raum für eine selbständige Verordnung übrig geblieben war (s. StenBer. der II. Kammer 1849 S. 44, I. Kammer 1849 S. 1319); es kann z. B. wegen Art. 5, 8, 9, 86 der Verfass. keine Rede davon sein, daß bei Anerkennung eines selbständigen Verordnungsrechts Privatrecht, Zivilprozeß-, Gewerbe-, Niederlassungs-, Armen-, Wege-, Wasserrecht dem Verordnungswege unterstellt sind. Soweit ein Gesetz nicht gefordert wird (dies ist namentlich wegen der umfangreichen Bedeutung der Art. 5, 8 und 9 nur noch auf vereinzelten Gebieten und in beschränktem Umfange der Fall), ist die Gewalt der Krone bezw. ihrer Organe zum Erlasse von Rechtssätzen bestehen geblieben, z. B. in Schulangelegenheiten, s. auch Arndt in d. Zeitschr. f. öff. R. 1886 S. 512 f., 1903 S. 183 f. und oben S. 141.

Bornhak S. 483, der in der hauptsächlichen Argumentation und in den Endergebnissen mit den hier und in Arndts Reichsverordnungsrecht entwickelten Sätzen übereinstimmt, behauptet abweichend von denselben unter Bezug auf § 7 der Einl. z. ALR., daß „Gesetze“ im absoluten Staate Preußen alle Rechtsnormen waren, welche die besonderen Rechte und Pflichten der Bürger bestimmen. Dies trifft nicht zu; denn einmal enthält § 7 keine Begriffsbestimmung, sondern nur die instruktionelle Vorschrift darüber, was der Gesetzgebungskommission zur Prüfung vorgelegt werden soll. Arndt, Selbst. VR. S. 436, ebenso Anschütz, Die gegenwärtigen Theorien S. 65, namentlich unter Bezug auf den Ursprung des § 7 aus dem Patent v. 29. 5. 1781 (Novum corpus constit. VII 337 ff.).

Nach dem Ges. v. 3. 6. 23 (GS. 129) § 2 sollten den Provinzialständen nur die Gesetze zur Begutachtung vorgelegt werden, welche „Veränderungen in Personen- und Eigentumsrechten — zum Gegenstande haben —“. Nach Anschütz S. 177 ff., Encykl. S. 595 Anm. 2 sollen diese Worte keine Teilung, sondern eine Begriffsbestimmung enthalten. In Wahrheit betreffen sie aber nur den allerkleinsten Teil der Gesetze; s. Arndt, Selbst. VR. S. 47 f. im Arch. f. öff. R. 1902 S. 570, s. oben S. 13 f. Die Worte: „welche Veränderungen in den Personen- und Eigentumsrechten und in den Steuern zum Gegenstande haben“, finden sich (fast wörtlich) schon im preuß. Entw. v. 7. 2. 18 bei Klüber II S. 18, ferner in der Nassauischen Konstitution v. 1814 § 9 Nr. 1, dem Waldeckschen Landesvertrag v. 1816, den Bayerischen, Badischen Verfassungen v. 1818, dem Weimarer Grundges. v. 1818 § 4, dem Rudolstädter Landtagsabschied 1821, Sondershausen § 151, Kurhessen § 75, Meiningen § 85, Altenburg § 205, Koburg § 65 usw. und betreffen bezw. betrafen überall nur einen Teil der Gesetze, z. B. in Bayern nicht Zölle und indirekte Steuern, Gebühren, Beamten- und Militärwesen, Post-, Telegraphen-, Eisenbahn-, Schulwesen usw., s. Rehm in Hirths Ann. 1901 S. 655, v. Moy, Staatsr.

des Königreichs Bayern I § 45, Pözl, Lehrb. des bayr. Staatsr. §§ 201, 238, Weiß, System des deutschen Staatsr. S. 57 u. a. m. Die V. v. 6. 4. 48 (GS. 87) wollte den künftigen Volksvertretern die Zustimmung zu allen (auch prozeßrechtlichen) Beamten-, Militär-, Post-, Eisenbahn-Gesetzen überweisen, und dies ist im Art. 62 der VerfassUrk. geltendes Recht geworden; s. oben S. 20.

Wie im Februar 1887 um das Septennat, stritt man sich in den Jahren 1848 und 1849 um das sog. „Veto" des Königs, darum nämlich, ob und welche Macht noch der Krone bei der Gesetzgebung zustehen sollte, und dieser Streit erklärt Fassung und Inhalt des Art. 62. Wäre man von dem Satze: „Rechtsnormen irgend welcher Art dürfen fortan nur mit Zustimmung des Landtags erlassen werden", ausgegangen, so hätte man zum mindesten den (für den wichtigsten gehaltenen) Titel „von den Rechten der Preußen" fortlassen können und müssen.

Zu denselben Ergebnissen gelangt v. Stengel in Marquardsens Handbuch S. 167 f. In der Tat sind immerhin viele und wichtige Verordnungen mit Gesetzesinhalt erlassen, die sich nicht auf eine gesetzliche Ermächtigung zurückführen, freilich solche, bei denen 1850 der Rechtsweg ausgeschlossen war: fast das ganze Militärrecht: Disziplinarstrafverordnungen, Verfahren bei Ehrengerichten, Marschverpflegungs-, Besoldungs-, Reise-, Umzugs-, Verpflegungskosten, das Pensionswesen, die ganze Versorgung der Invaliden, Soldatenwitwen usw., ferner fast das ganze Schulwesen (auch Universitätswesen), das Telegraphenwesen, große Teile des Eisenbahnwesens, des Postwesens usw.; s. Arndt im Arch. f. öff. Recht 1903 S. 183 f. Die gesetzgebenden Körperschaften, welche im Unterschiede von den Behörden darüber allein zu entscheiden hatten (VerfassUrk. Art. 106), haben das gewußt, geduldet, gewollt und damit als gültig und richtig zugegeben.

Eine eingehende Widerlegung der vorstehenden Ausführungen versucht Anschütz, Die gegenwärtigen Theorien usw. Zuerst verkennt Anschütz, daß „Gesetz" im vorkonstitutionellen Rechte und im (äußerlich betrachtet) vorbildlich gewesenen belgisch-französischen Rechte nicht schlechthin Setzung irgend einer Rechtsnorm, sondern Setzung einer höchsten souveränen Norm bedeutet, hat ebenso auch im Sinne Art. 2 der Reichsverfass., RGZ. 48, 84. Dieselben Faktoren und Personen, welche die Verfassung zustande brachten, beschlossen § 15 des Ges. über die Polizeiverwaltung v. 11. 3. 50 (GS. 265), der klar zeigt, daß „Gesetz" ein formeller Begriff war. Es ist tatsächlich richtig, daß Zivil- und Strafjustiz (unmittelbar oder mittelbar) durch Gesetz und nicht durch selbständige Verordnung zu regeln sind; dies folgt aber nicht aus Art. 62, sondern aus den Art. 5, 6, 7, 8, 9, 86, 89 a. a. O. (s. auch unten zu Art. 86), die ganz überflüssig und sinnlos wären, wenn „Gesetz" im Sinne des Art. 62 ein materieller Begriff wäre. Ganz Recht hat Anschütz in dem Satze, daß (unmittelbare) Verbote und Gebote an Privatpersonen nur auf Grund Gesetzes erfolgen dürfen, dies folgt aus dem Art. 5, ev. 8 und 9, nicht daraus, daß Gesetzgebung in Art. 62 Rechtssetzung bedeutet. Anschütz verkennt sodann das Wesen der Rechtsnorm, wenn er darunter nur eine solche versteht, S. 177, „die mit Gebot oder Verbot in die Freiheit oder das Eigentum der Individuen eingreift" (und zwar der Privatpersonen), ebenso Hubrich l. c., wenn er daher im Beamtenbesoldungsrecht nur den Typ. „Rechtsgeschäft", nicht „Rechtssatz" erblickt, S. 81 f., wenn er die Schulregulative, Post- und Telegraphenordnungen, organisatorische Verordnungen aller Art niemals als Rechtsvorschriften anerkennen will, was diese stets oder doch häufig sind. Nach der Anschützschen Theorie würde z. B. die ganze Reichsverfassung keine Rechtsnorm enthalten, da sie sich nirgends mit Gebot oder Verbot an Privatpersonen wendet.

Was Reichensperger, StenBer. der II. Kammer 1849, S. 872 (26. 1. 49), gelegentlich, nämlich zu Art. 48 (von den Staatsverträgen), gesagt hat, steht durchaus nicht mit den vorstehenden Ausführungen im Widerspruch, denn er führte nur aus, StenBer. S. 336: Zollvereinigungsverträge, Verträge über Zucker und Salzsteuer u. dergl., die Steuern auferlegen und verändern und Strafandrohungen enthalten, oder die Preßfreiheit wieder aufheben, soll die Regierung nicht ohne Landtagsgenehmigung eingehen, ebensowenig Verträge, durch welche Preußen Leistungen für fremde Eisenbahnen oder Festungen übernimmt; nicht aber, daß sie überhaupt keine Rechtsnormen in den Verträgen aufstellen dürfe. Solche sind z. B. unter allgemeiner Billigung und tatsächlich in den internationalen Eisenbahn-, Post-, Telegraphenverträgen (ohne Landtagsgenehmigung) enthalten über Höhe der Porti und Gebühren, Garantieleistung für Beschädigung, Verspätung, Lieferungsfristen u. dergl., s. auch zu Art. 48 Arndt, Selbst. VR. S. 128 und Anschütz in v. Holtzendorffs Encykl. Die zur sedes materiae gemachten Aeußerungen von Kisker (dem früheren liberalen Justizminister) am 29. 1. 50 (Verhdl. d. I. Kammer S. 2375), von v. Daniels, Mitglied der Verfassungskommission der Nationalversammlung, ebendort am 3. 11. 49 (StenBer. S. 315), des liberalen Abgeordneten Fischer, ebendort (StenBer. S. 1318) und des Justizministers Simons (ebendort S. 1371) beweisen, daß Gesetz und Rechtsnorm nicht identisch sein und Verordnungen auch Rechtsnormen enthalten sollten. Sogar der Abgeordnete der liberalen Minderheit in der I. Kammer Fischer sagte: „Vermöge des der Regierung zukommenden unbeschränkten Verwaltungsrechts kann es keinem Zweifel unterliegen, daß ihr die Befugnis zusteht, Verordnungen, welche die Verwaltung betreffen,

— und dazu gehören die im Bericht bezeichneten Veränderungen, wie Pferde-Ausfuhrverbote, Zolleinrichtungen usw., — zu erlassen." Daß ein Pferde-Ausfuhrverbot eine allgemeine und erzwingbare Rechtsnorm darstellt, kann aber nicht geleugnet werden. Aber weiter: Am 28. 12. 48 (GS. 1849 S. 81) erging das Reisekosten-Regulativ für die Armee, nicht auf Grund Art. 105 der Verfass. v. 5. 12. 48, also nicht als Notverordnung, sondern als selbständige königl. Verordnung. Obgleich dieses Regulativ zweifellos Rechtsnormen enthielt, blieb seine Gültigkeit unangefochten. Dieselben Faktoren und Personen, welche die preuß. Verfass. fertigstellten, wußten, daß die KabO. v. 28. 12. 50 (MilWochenbl. 51 S. 52) u. 27. 5. 52 (GS. 441) Rechtsnormen enthielten, ohne deren formelle Gültigkeit zu bemängeln. Was die sog. Stiehlschen Schulregulative anlangt, die gleichfalls Rechtsnormen der allerwichtigsten Art enthielten, so hat sich der Landtag auf das eingehendste mit der Frage beschäftigt, ob sie mit Art. 26 und 112 d. Verf. in Widerspruch stehen, was er schließlich nicht bedenkenfrei verneinte; ob sie gegen Art. 62 verstoßen, weil sie Rechtsnormen enthalten, hat er garnicht erst geprüft, weil Art. 62 keineswegs der Exekutive die Aufstellung von Rechtsnormen untersagt, s. Bericht der Unterrichtskommission des AbgH. v. 15. Mai 1860, Aktenstück Nr. 156 S. 1119, Arndt, Selbst.VR. S. 148. Ueberhaupt hat der Landtag sehr wiederholt geprüft, ob selbständige Verordnungen gültig sind, z. B. das Pensionsreglement von 1857, das Prisenreglement von 1864, was er verneinte, nicht aber, weil Art. 62 einen materiellen Gesetzesbegriff aufstelle, sondern weil andere Vorschriften entgegenstehen, z. B. Art. 89, 98, 99. Die Notverordnung über die Gewerberäte v. 9. 2. 49 (GS. 93) widerlegt nicht, wie behauptet ist, unsere Auslegung des Art. 62; sie war nötig (eine bloße KabO. genügte nicht), weil sie Eingriffe in die Freiheit der Person (Art. 5

Verfass.) und überdies Strafbestimmungen enthielt, ohne welche sie undurchführbar wäre (§§ 74 ff.), Strafen aber nach Art. 8 Verfass. nur gemäß formellen Gesetzen angedroht oder verhängt werden können. Das Straf- und bürgerliche Recht wie das Prozeßrecht können schon wegen Art. 86, 89 nur durch Gesetz geändert werden; s. weiter unten zu Art. 86. Aus den einzelnen Vorschriften der Verfassung, besonders den Art. 5, 6, 7, 8, 9, namentlich aus 86, 89 ergibt sich, daß das, was man als das gemeine Zivil- und Strafrecht, gemeines bürgerliches und gemeines Strafverfahren zu bezeichnen pflegt, allerdings auch in Preußen nur durch formelles Gesetz, unmittelbar durch die drei gesetzgebenden Faktoren oder mittelbar nur in Gemäßheit eines solchen Gesetzes geregelt werden kann. Staatslehre 2. Aufl. II S. 168. Stahl, auf den sich Anschütz ferner bezieht, erkennt die Verordnung überall da an, wo der primäre und absolute Zweck nicht der der Gerechtigkeit ist; dadurch wäre nicht nur die selbständige Verordnung keineswegs ausgeschlossen, sondern in einem Umfange gestattet, der durchaus verfassungswidrig ist und jedwede individuelle Freiheit gefährdet.

Zu beachten dürfte endlich folgende Erwägung sein: Der König von Holland übte auf dem gesetzfreien Gebiet seinerzeit das selbständige Verordnungsrecht aus. Da man dies in Belgien ausschließen wollte, begnügte man sich hier nicht bloß mit Sätzen, daß die gesetzgebende Gewalt gemeinschaftlich von der Krone und den Kammern ausgeübt werde, und daß Strafen, Steuern, Beschränkungen der Preß- und Vereinsfreiheit usw. nur in Gemäßheit eines Gesetzes eingeführt werden dürfen, sondern man fügte zum holländischen Recht die beiden Sätze hinzu: 1. Der König habe nur vom Gesetzgeber abgeleitete Rechte, daher „il faut, que chaque arrêté prenne sa source dans une loi“, 2. die Gerichte dürfen (auch königliche) Verordnungen nur anwenden, die auf Grund Gesetzes ergehen (art. 107), also nicht selbständige. Trotz der genauesten Kenntnis und steten Berücksichtigung des belgischen Rechts unterließ man in Preußen die Aufnahme des ersten dieser beiden Sätze mit Vorbedacht und hob den zweiten durch Art. 106 für königliche Verordnungen aktuell auf, weil man nicht das belgische Recht wollte, weil man ein preußisches, kein belgisches Königtum wünschte.

Mit den vorstehenden Ausführungen deckt sich sachlich ein vom früheren Justizminister Grafen zur Lippe verfaßter Kommissionsbericht des Herrenhauses vom 12. Febr. 1879 Anlagen zu StenBer. S. 522, dem trotz ausdrücklicher Aufforderung niemand widersprach, s. StenBer. S. 243; s. auch Arndt, Selbst. VR. S. 207 f.

Zur gesetzgebenden Gewalt gehört die Befugnis, Gesetze aufzuheben, abzuändern, authentisch zu erklären, Dispense, Exemtionen von den Gesetzen zu bewilligen. Folglich kann der König derartige Akte nur noch dann vornehmen, wenn ihm hierzu Ermächtigung im Gesetze erteilt ist (s. Arndt, ReichsverordnungsR. S. 32, 228 ff. a. a. O.); ebenso v. Stengel S. 172. Hinschius, Art. „Dispensation" in v. Stengels Wörterbuch I 277, Loening, VerwR. S. 277 f., im Ergebnisse ebenso Meyer-Anschütz S. 652. Die Nichterhebung (das Niederschlagen) von Steuern und Abgaben bezw. die Zurückzahlung erhobener in demselben Etatsjahre stellt weder einen Dispens noch eine Exemtion von Gesetzen dar; sie ist Verzicht des Staates auf ihm zustehende Vermögensansprüche. Ein solcher ist zulässig, anderer Ansicht Steinitz, Dispensationsbegriff usw. in Beckers Abh., Heft 4, Breslau 1901, Meyer-Anschütz S. 653; letzterer gibt zwar das Recht des Königs auf derartige Erlasse usw. zu, folgert es jedoch aus § 18 des sog. Komptabilitätsges. v. 11. 5. 98. Dabei wird übersehen, daß dieser § 18 nichts neues schaffen sollte noch geschaffen hat, sondern lediglich das fortbestehen ließ, was vorher Praxis und Recht war (außer bei denjenigen Reichsgesetzen, die im Interesse der Vermeidung von Bevorzugungen nicht bloß das Recht, sondern auch die Pflicht zur Erhebung auferlegen, s. Arndt, Komm. zu Art. 38 Reichsverfass.). Dispensieren, d. h. die Anwendung einer Vorschrift ausschließen, kann von einer Vorschrift nur, wer sie erlassen oder wer vom Erlasser der Vorschrift die Befugnis dazu erhalten hat. Der König kann daher von Gesetzen nur dispensieren, wenn ihm das Gesetz die Ermächtigung dazu erteilt hat, dies ist es, was man unklar dahin ausgedrückt hat, daß Dispensation ein Gesetzesakt ist. Von Verordnungen kann der Verordnende aber auch nur dann dispensieren, wenn er sich oder einem Dritten die Befugnis dazu in der Verordnung selbst, und zwar a priori, vorbehalten hat (Arndt, Reichsverordnungsr. S. 230; s. auch oben S. 218).

Statuten, welche nach vorverfassungsmäßigem Recht ihre verbindliche Kraft durch die landesherrliche Bestätigung erhalten, oder welche der Landesherr nach diesem Rechte erläßt, kann derselbe auch ferner ohne Mitwirkung des Landtags bestätigen oder erlassen, soweit nicht die Verfassung entgegensteht (vgl. StenBer. d. HerrH. 1866 Bd. II S. 742 f., Bd. III S. 418 ff.).

Privilegien als Ausnahmen von konstitutionell erlassenen Gesetzen kann der Monarch nach vorstehendem einseitig nicht mehr erlassen, ebenso v. Stengel S. 181 und Meyer-Anschütz S. 562. Im übrigen steht ihm das Recht, Privilegien zu erteilen, zu, aber nur, soweit nicht die Verfassung (insbes. Art. 62) entgegensteht. Der Monarch kann deshalb keine Steuerbefreiung erteilen, da dies gegen Art. 101, kein Gewerbeprivilegium, da dies gegen die Gewerbeordnung v. 21. 6. 69 (RGBl. 1883 S. 177), kein Bergwerksprivilegium, da dies gegen das Allgem. Berggeſ. v. 24. 6. 65 (GS. 705) verstoßen würde. S. auch v. Stengel S. 171.

Muß jedes Gesetz einen Rechtssatz enthalten? Ich bejahe diese Frage, auch das Etatsgesetz enthält Rechtsnormen; s. zu Art. 99, auch z. B. ein Anleihegesetz; jedermann, die Kammern, die Oberrechnungskammer, die Behörden, auch die Gerichte sind rechtlich gebunden, anzuerkennen, daß die Staatsregierung berechtigt war, die Anleihe zu den fr. Bedingungen zu kontrahieren; die Gläubiger, welche die Gelder aufgebracht haben, dürfen nur nach Maßgabe des Anleihegesetzes Zinsen und Zurückzahlung des Kapitals vom Staat fordern, nicht nach dem BGB., selbst, wo dieses zwingendes Recht ist. Nicht jede in einem Gesetze gegebene Vorschrift will übrigens allen Bürgern Verpflichtungen auferlegen, sondern oft nur bestimmten, z. B. nur den Beamten; nicht alle Vorschriften sind zwingend, viele enthalten nachgiebiges Recht, nicht alle sind Muß-, es gibt auch Sollvorschriften, z. B. im GVG. der ZPO., nicht alle sind revisibel — aber auch die Sollvorschriften sind Rechtsnormen, und das GVG., trotzdem es auch Sollvorschriften enthält, ist somit kein bloß formelles Gesetz. Daraus, daß das RG. solches z. B. Zivils. V 366, Straff. VI 27 anerkannt hat, folgt nicht, daß die Unterscheidung der materiellen und formellen Gesetze der Praxis bekannt sei (Laband bei Marquardsen S. 93). Es hängt jedesmal von dem zu prüfenden Willen des Gesetzgebers ab, ob eine von ihm gegebene Vorschrift eine Muß- oder eine Soll-, eine revisibele oder nicht-revisibele, eine von jedermann oder nur von gewissen Personen zu befolgende Vorschrift ist. Die gleiche Prüfung muß bei Verordnungen eintreten, dazu hier noch die, ob das die Verordnung zulassende Gesetz eine Soll- oder Muß-, eine jedermann oder eine nur die Behörden bindende Vorschrift usw. gewollt hat.

3. Art. 62 der VerfassUrk. bezieht sich insoweit nicht auf die kirchlichen Angelegenheiten, als reine Kirchengesetze ohne Zustimmung des Landtages erlassen werden. Letzteres ist in dem Umfange nach Anm. 2 zulässig, wie nicht die Verfassung ein Gesetz für gewisse Anordnungen fordert. Da die Verfassung z. B. für gerichtliche Strafen ein Gesetz fordert (Art. 8), so kann ein ohne Zustimmung des Landtages ergehendes Kirchengesetz keine gerichtlichen Strafen festsetzen, auch nicht bestimmen (Verfass. Art 9), daß Privatgebäude zu Kirchenzwecken abzutreten sind, auch nicht Religionsgesellschaften Korporationsrechte geben (Art. 13, 31), noch Gemeinden zwingen, Kirchensteuern einzuziehen (Art. 105), auch nicht Staatsgesetze abändern (Art. 62); s. Arndt, Selbst. VR. S. 152. In solchen Fällen bedarf es neben dem Kirchengesetze noch eines Staatsgesetzes: Beispiele GS. 1902 S. 205, 159, 143, 279. Wo kirchliche Anordnungen ohne Synoden nur vom Landesherrn erlassen werden können, hängt nicht davon ab, ob sie eine kirchenrechtliche Norm darstellen, sondern vom positiven Willen des Gesetzgebers; es gilt auch hier das Enumerationsprinzip, im Zweifel bedarf es keiner Mitwirkung der Synode, Arndt l. c, ebenso Friedberg, Kirchenrecht, 3. Aufl., S. 251, Stutz, in v. Holtzendorffs Encykl. II 906.

4. Mit Abs. 2 ist im Gegensatze zu dem Verfassungsentwurf der preuß. NatVers. festgestellt worden, daß zu jedem Gesetze die Uebereinstimmung jedes der drei Faktoren erforderlich ist und nicht etwa die Zustimmung des Königs entbehrlich ist, wenn ein Gesetzesvorschlag dreimal hintereinander vom Landtage angenommen ist. Mit anderen Worten: Abs. 2 enthält das sog. absolute Veto der Krone (Arndt, Reichsverordnungsr. S. 33, s. auch v. Rönne I S. 355 Anm. 1). Mit Recht bemerkt Hubrich, daß Abs. 2 nicht bloß für die

Krone, sondern zugleich für die Kammern eine Schutzvorschrift ist, nur bedurfte es einer solchen nicht erst, da niemand bestritten hat, daß ein Gesetz ohne Zustimmung der Kammern nicht zustande kommen kann. An den Satz vieler Staatsrechtslehrer (Laband, G. Meyer, H. Schulze), daß mit Abs. 2 hat bestimmt werden sollen, jeder Rechtssatz dürfe fortan nur noch von der Gesetzgebung erlassen werden, hat bei der Schaffung der VerfassUrk. kein Mensch gedacht. Die wiederholte Erklärung des Berichterstatters zu Art. 106 (Broicher), daß „Gesetz" nicht die Bedeutung von Rechtssatz schlechthin, sondern von höchster, unbedingt verbindlicher Wirksamkeit hat (weil von den drei Faktoren der Gesetzgebung ausgehend) (StenBer. der II. Kammer 1849 S. 2119) ist insoweit unwidersprochen geblieben; ebenso Fleischmann, Der Weg des Gesetzes S. 3.

5. Erforderlich, aber nicht ausreichend; ein Gesetz kommt nur zustande durch die königliche Sanktion; vgl. auch Zorn, Reichsstaatsr. I S. 413, H. Schulze, Preuß. Staatsr. II S. 22; so selbst das belgische Recht, J. J. Thonissen no. 311: „la sanction (royale) est l'un des éléments constitutifs de la loi." Der König braucht daher einem von ihm vorgelegten Gesetzentwurf, auch wenn derselbe unverändert vom Landtage angenommen ist, nicht die Sanktion zu erteilen, d. h. er ist nicht verpflichtet, ihn als Gesetz zu publizieren (s. unten Anm. 4. zu Art. 64); andererseits kann der König die Sanktion auch erst nach Schluß der Sitzungsperiode vornehmen (Meyer-Anschütz § 163 Anm. 5 S. 126, Arndt, Komm., 3. Aufl., zur Reichsverfass. S. 126, Seydel, Komm. S. 131, Laband, DJZ. 1904 S. 321, Laband 4. Aufl. II S. 55, Anschütz, Encykl. S. 600, Nieberding, StenBer. d. RT. 1904 S. 2084. Das fremdländische, teilweise, z. B. in England, Italien, abweichende Recht, s. bei Arndt, Komm. zur Reichsverfass. S. 126. H. Schulze, Deutsch. Staatsr. II

§ 286, Müller (Meiningen) in Hirths Ann. 1904 S. 304; und v. Rönne I S. 392); sind anderer Ansicht. Die Sanktion kann selbst dann noch erteilt werden, nachdem ein neues Abgeordnetenhaus gewählt ist; s. Arndt, Reichsstaatsr. S. 183 Anm. 22, Fleischmann, Der Weg der Gesetzgebung in Preußen, Breslau 1898 S. 181; so selbst das belgische Recht: J. J. Thonissen no. 311: „Sous la Constitution de 1791 (in Frankreich) le roi était tenu d'exprimer son consentement ou son refus dans les deux mois de la présentation du décret. Aujourd'hui, aucune limite de temps n'est fixée pour l'accomplissement de cet acte. La prérogative royale s'exerce avec une liberté entière." Wegen der Wirkung der Diskontinuität s. Anm. 4 zu Art. 51. Die Provinzialstände brauchen selbst bei Gesetzen, die nur eine Provinz angehen, nicht mehr gehört zu werden (Manteuffel am 18. 12. 49, StenBer. der II. Kammer S. 2097, ferner Fleischmann S. 8 f.). Die etwa erfolgte Anhörung der Provinzialstände braucht im Gesetzestexte nicht erwähnt zu werden. Alle Gesetzentwürfe sind im Staatsministerium vorzutragen, s. Ges. v. 26. 3. 17 (GS. 67); doch genügt die Unterschrift eines Ministers unter der einen Gesetzentwurf einbringenden königlichen Ermächtigung. Ein Gutachten des Staatsrats braucht nicht eingeholt zu werden.

6. Auch solche, welche von Mitgliedern eines Hauses ausgehen, H. Schulze II § 171 S. 19, 20, G. Meyer § 158, v. Rönne I S. 359.

7. Abs. 3 ist von der Krone als Proposition VII am 7. Januar 1850 beantragt worden mit Bezug darauf, daß nach Proposition VIII die erste Kammer aufhören sollte (und aufgehört hat), eine reine Wahlkammer zu sein, und daß daher der zweiten Kammer ein überwiegender Einfluß auf Finanzfragen einzuräumen sei.

Finanzgesetze sind nicht alle Gesetze, welche auf die Finanzen des Staates Einfluß haben, z. B. nicht Gesetze, in denen Geldstrafen angedroht, Pensionierungsverhältnisse der Beamten geregelt werden, sondern nur die, deren unmittelbarer Gegenstand die Finanzen sind: Etats-, Anleihe-Garantiegesetze, Gesetze, welche die Regierung zu bestimmten Ausgaben ermächtigen, und die Steuergesetze; ebenso Fleischmann S. 107, anderer Ansicht Bornhak I S. 498, III S. 592, Schwartz S. 204. (Vgl. auch Verhdl. des AbgH. 1882, StenBer. S. 256 f. bei Beratung der Novelle zum Pensionsgesetze). Mit der hier vertretenen Ansicht deckt sich auch das belgische Recht (Thonissen Nr. 163), wonach die der preußische Verfassung vorbildlich gewesene belgische Vorschrift sich nur bezieht auf die lois de finances proprement dites, nämlich le vote des récettes ou des dépenses, les emprunts, les budgets, la réalisation ou la modification d'un impôt. Würde man die Vorschrift weiter ausdehnen, so würde man das Initiativrecht jedes der drei Faktoren der Gesetzgebung (Art. 64) außer acht lassen. Es ist unzulässig, Finanzgesetze oder den Etat mit neuen Beamtenstellen u. dergl. in einen unlösbaren Zusammenhang zu bringen (zu bepacken), s. HerrH. am 25. Mai 1897, Fleischmann S. 11, Graf Posadowsky, StenBer. des RT. 1896 S. 1611 (Arndt, Reichsstaatsr. S. 322 f. u. Kom. z. Reichsverfass. S. 355 f.).

8. Das Herrenhaus darf den Etat in spezielle Beratung nehmen, über einzelne Abänderungsanträge verhandeln und beschließen, auch Zwischenverhandlungen über einzelne Punkte mit dem Abgeordnetenhaus (event. durch Vermittlung der Staatsregierung) anstellen, es kann auch Resolutionen (nicht Bedingungen) zum Etatsgesetz annehmen (vgl. auch Schwartz S. 204). Will das Herrenhaus den Etat so annehmen, wie er von der Regierung dem Abgeordnetenhause vorgelegt war, nicht wie er ihm vom Abgeordnetenhause zugeht, so hat es den letzteren abzulehnen und in einer Resolution (oder Petition an die Krone) auszusprechen, daß es den Regierungsentwurf und nur diesen annehmen wolle. Am

11. Okt. 1862 und 23. Jan. 1864 hatte das Herrenhaus die Etatsvorlage, so, wie sie ihm vom Abgeordnetenhause zuging, abgelehnt und so, wie sie von der Regierung dem Abgeordnetenhause vorgelegt war, angenommen, was das Abgeordnetenhaus aus den angeführten Gründen mit Recht am 13. Okt. 1862 und 25. Jan. 1864 für verfassungswidrig erklärte; ebenso Meyer-Anschütz § 97 Anm. 7, Schulze, Preuß. Staatsr. § 202, Fleischmann, Weg der Gesetzgebung S. 110, v. Rönne, Preuß. Staatsr. I §§ 89 und 116. Finanzgesetzentwürfe außer dem Etat können vom Herrenhause amendiert werden; s. auch Meyer-Anschütz S. 566, Fleischmann S. 107; anderer Ansicht Bornhak I S. 498, III S. 592.

9. Andere Gesetzentwürfe können nach Wahl der Staatsregierung der einen oder der anderen Kammer zuerst vorgelegt werden. Es ist statthaft, sie beiden Kammern zu gleicher Zeit vorzulegen, Fleischmann S. 19, ebenso v. Stengel S. 169, Bornhak I S. 490, Schulze II S. 20, G. Meyer § 158, Schwartz S. 205; anderer Ansicht v. Rönne § 89 S. 359 f., Reichensperger am 24. Jan. 1852 in der II. Kammer. Die Staatsregierung hat geschwankt, s. StenBer. am 24. Jan. 1852 II. Kammer.

Art. 63. Nur in dem Falle, wenn die Aufrechthaltung der öffentlichen Sicherheit oder die Beseitigung eines ungewöhnlichen Notstandes es dringend erfordert,[1]) können, insofern die Kammern nicht versammelt sind, unter Verantwortlichkeit[2]) des gesammten Staatsministeriums,[2]) Verordnungen, die der Verfassung nicht zuwiderlaufen,[3]) mit Gesetzeskraft erlassen werden.[4]) Dieselben sind aber den Kammern bei ihrem nächsten Zusammentritt zur Genehmigung sofort vorzulegen.[5])

Arndt, Arch. f. öff. R. 1889 S. 438; Glatzer, Recht der provisorischen Gesetzgebung, Breslau 1899; Bornhak S. 511 f., v. Rönne I § 91, G. Meyer, § 161, H. Schulze, Preuß. Staatsr. § 174.

Der belgischen Verfassung ist ebenso wie der Verfassung des Deutschen Reichs ein Notverordnungsrecht fremd. Dagegen besteht das Recht in Preußen auch auf dem Gebiete des evangelischen Kirchenrechts, s. auch Friedmann, Geschichte und Sanktion der Notstandsverordnungen unter besonderer Berücksichtigung des Kirchenrechts, 1903.

1. Z. B. auch, wenn infolge übernommener Verbindlichkeiten aus Staatsverträgen bestimmte Anordnungen unverzüglich getroffen werden müssen (StenBer. des AbgH. 1855 S. 94/95).

2. Daß die Verordnung unter Gegenzeichnung des gesamten Ministeriums erfolgt, ist nicht notwendig; s. Art. 44. Durch die fehlende Unterschrift eines oder einiger Minister hört die Verordnung nicht auf, rechtsverbindlich, jeder einzelne Minister nicht auf, verantwortlich zu sein (s. Anm. zu Art. 45, Art. 61 und Art. 106). Ebenso v. Stengel S. 174, Glatzer S. 46 und Schwartz S. 208; anderer Ansicht v. Rönne I S. 374, s. auch StenBer. des AbgH. 1871/72 S. 499—507.

3. Der Verfassung läuft eine Verordnung zuwider, wenn die Verfassung die Regelung einer Materie nicht durch bloße Verordnung, sondern selbst durch Notverordnung ganz besonders ausschließt und ganz bestimmt vorschreibt (Art. 65—68, 94 Abs. 1, 95, 107), daß die Regelung nur „mit vorheriger Zustimmung der Kammern" bezw. im Wege der „ordentlichen Gesetzgebung" erfolgen solle. Wo die Verfassung schlechthin nur ein „Gesetz" verlangt, ist die Notverordnung statthaft; anderenfalls hätten alle Notverordnungen verboten werden müssen, die „den Gesetzen" zuwiderlaufen. Derselben Ansicht

Meyer-Anschütz § 161, Bornhak S. 511 und v. Stengel S. 174; anderer Ansicht v. Rönne I S. 371 ff., H. Schulze § 174, E. A. Chr. (v. Stockmar) in Aegidis Zeitschr. f. deutsch. öff. Staatsr. I S. 237 ff., Schwartz S. 209. Die Notverordnung steht rechtlich dem (einfachen) Gesetze gleich; sie ist, wie sie 1849 wiederholt genannt wurde, und wie der Zusammenhang mit Art. 62 und der Wortlaut ergibt, ein Gesetz, ein „außerordentliches", ein „vorläufiges Gesetz", folglich kann sie auch Gesetze (nur nicht die Verfassung) ändern und aufheben; ebenso Meyer-Anschütz S. 578. Der Verfassung würde eine Notverordnung zuwiderlaufen, welche die Verfassung für aufgehoben erklärt, oder welche die in Art. 115 erwähnte Wahlordnung v. 30. 5. 49 beseitigt.

Eine eingehende Erörterung von Arndt im Arch. f. öff. R. 1889 S. 438 f. Anträge, die Verordnung auf Grund des Art. 63 in den Fällen auszuschließen, wo die Verfassung auf ein „Gesetz" oder eine „organische Gesetzgebung" hinweist, sind in der zweiten Kammer abgelehnt, in der ersten zurückgezogen worden, nachdem am 3. Nov. 1849 (Verhdl. I. Kammer S. 1319) der Abgeordnete v. Manteuffel erklärt hatte: Die Weltgeschichte nehme auf das Zusammensein der Kammern keine Rücksicht, und daher werde sich die Regierung häufig (!) in der Notwendigkeit sehen, durch gesetzliche Verordnungen für den preußischen Staat einzuschreiten, auch wenn die Kammern (deren Zusammenberufung kostspielig) nicht versammelt sind. Die erste Verordnung auf Grund Art. 63 v. 3. 6. 50 (GS. 329) beschränkte die Preßfreiheit durch Einführung von Kautionen usw., und gleichwohl blieb sie ihrem Inhalte nach unangefochten; die zweite v. 12. 11. 50 (GS. 493) über Kriegsleistungen und deren Vergütung führte neue Steuern ein (Art. 100 der Verfass.), übernahm Staatsgarantien und schuf Anleihen (Art. 103); gleichwohl wurden die

Anträge Beseler und Richtsteig, sie für verfassungswidrig zu erklären, am 21. und 25. Mai 1851 in namentlichen Abstimmungen verworfen (StenBer. der II. Kammer 1851 S. 651 ff.). Dagegen hat das AbgH. der auf Grund Art. 63 ergangenen Preßverordnung v. 30. 6. 63 (GS. 349) nicht nur — wozu es befugt war — am 19. Nov. 1863 seine Zustimmung versagt, sondern auch, im Widerspruch zu früheren Beschlüssen des Jahres 1851 und sich das Recht der authentischen Interpretation der Verfassung beilegend, resolviert, daß die Preßfreiheit durch (Not=)Verordnung nicht beschränkt werden könne.

4. Daß die Notverordnung ausdrücklich auf Art. 63 (früher 105) der Verfass. Bezug nimmt, ist üblich und durchaus wünschenswert, aber nicht juristisch nötig, da die Gültigkeit nicht an die Befolgung einer solchen Vorschrift geknüpft ist (s. Art. 106); anderer Ansicht Schwartz S. 210.

5. Die Gesetzeskraft einer Notverordnung hört nicht schon dann auf, wenn eine Kammer ihre Zustimmung versagt (anderer Ansicht v. Rönne S. 375 ff., Meyer=Anschütz S. 579, v. Mohl, Württ. Staatsr. § 33, v. Gerber § 48 Anm. 6). Schwartz stimmt mit dem Verfasser überein, S. 211, ebenso Dernburg, Preuß. Privatrecht I § 16 S. 33. Die Staatsregierung ist indes in solchem Falle verfassungsmäßig verpflichtet, die Notverordnung unverzüglich außer Kraft zu setzen. Erst wenn dies geschehen und gehörig bekannt gemacht ist, verliert die Verordnung ihre Gesetzeskraft. Für diese Ansicht spricht schon der Umstand, daß den Untertanen gegenüber die gehörige Verkündigung (Art. 106) entscheidend ist, und daß (gemäß Art. 106) eine gehörig verkündigte königliche Verordnung solange den Untertanen gegenüber Gesetzeskraft hat und behält, bis die Zurücknahme der Verordnung verkündet ist. Der Justizminister Simons übrigens hatte, wie gegen v. Rönne zu be=

merken ist, am 15. Jan. 1851 (StenBer. der II. Kammer 1850/51 S. 105) nicht anerkannt, daß die Nichtzustimmung einer Kammer das sofortige Außerkrafttreten, sondern daß sie die Beseitigung (mithin zunächst einen der Staatsregierung obliegenden Akt) zur Folge habe. Die Außerkraftsetzung einer Notverordnung hat keine rückwirkende Kraft; die Notverordnung muß daher auch noch nach ihrer Aufhebung, trotz des nur scheinbar entgegenstehenden § 2 StGB., auf Fälle angewendet werden, die vor der Erklärung der Aufhebung ergangen sind; ebenso Schwartz S. 242, Glatzer S. 81 und Meyer-Anschütz S. 579 f.

Art. 64. Dem Könige, so wie jeder Kammer, steht das Recht zu, Gesetze[1]) vorzuschlagen.[2])

Gesetzesvorschläge,[3]) welche durch eine der Kammern oder den König verworfen worden sind, können in derselben Sitzungsperiode nicht wieder vorgebracht werden.[4])

1. Auch verfassungändernde.

2. Dieses Recht der Initiative findet sich auch im belgischen Recht, art. 27 const. belge: „L'initiative appartient à chacune des trois branches du pouvoir législatif." Dieses Recht steht jeder Kammer als Körperschaft zu; s. Geschäftsordn. f. das HerrH. §§ 14, 22, 24, für das AbgH. §§ 15, 22, 73. Den Ständen und dem Vereinigten Landtag waren nur Vorstellungen und Wünsche gestattet, §§ 13, 16, 21 der V. v. 3. 2. 47 S. 34; s. auch Fleischmann S. 4. Der von einem Hause gemachte Gesetzesvorschlag geht zunächst an das andere Haus. Daß dem Herrenhause das Recht zusteht, Finanzgesetze vorzuschlagen, wird mit Rücksicht auf Abs. 3 des Art. 62 bestritten (v. Rönne S. 359, H. Schulze § 171, G. Meyer § 158), indes gegen-

über der allgemeinen Vorschrift des Art. 64 ohne Grund; s. auch v. Stengel S. 169 und Bornhak I 594. Wenn Schwartz S. 213 sagt, es sei dem HerrH. nicht benommen, auch in Finanzfragen Petitionen und Anträge zu beraten und darüber Beschlüsse zu fassen, also sogar ganze Finanzgesetze zu entwerfen und der Staatsregierung zur verfassungsmäßigen Behandlung zu überweisen, so kommt das in der Sache auf das nämliche hinaus. Praktisch hat die ganze Frage keine Bedeutung; s. auch Fleischmann S. 103 f.

3. Jeder Art, von wem auch immer vorgeschlagene, auch die, welche nur von Mitgliedern einer Kammer ausgegangen sind; ebenso Schwartz S. 214; anderer Ansicht das Staatsministerium, StenBer. des AbgH. 1855/56 Bd. 3 S. 1051 und Bd. 5 S. 378, welches behauptet, es stehe der Staatsregierung frei, einen Gesetzesvorschlag, der von einzelnen Abgeordneten gestellt und vom Hause abgelehnt war, ihrerseits von neuem einzubringen. Gesetzesvorschlag wird der Vorschlag in dem Augenblick, wo der Entwurf das Haus verläßt. Fleischmann S. 25.

4. Zu einem Vorschlage der Staatsregierung ist königliche Ermächtigung erforderlich, Fleischmann S. 31. Die Staatsregierung kann bis zur Sanktion jeden von ihr gemachten Gesetzesvorschlag zurückziehen, Anm. 5 zu Art. 62; G. Meyer § 158, v. Rönne I § 94, Fleischmann S. 54, 97, Seydel, Bayr. Staatsr. II 311, Anschütz, Encykl. 600 u. a. m., so selbst in Belgien, Thonissen nr. 311: „La sanction royale est donc requise alors même que le chef de l'État, usant de son droit d'initiative, a lui-même présenté le projet aux chambres.“ S. auch StenBer. des AbgH. 1871/72 Bd. 2 S. 959 ff.

Ueber den Beginn der Gesetzeskraft s. Anm. 3 zu Art. 106, über Ausfertigung und Verkündigung, desgl.

über Druck und Redaktionsfehler s. Art. 45 und Anm. 3 dazu.

Art. 65 bis 68.[1] Die Erste Kammer[2] wird durch Königliche Anordnung[3]) gebildet,[4] welche nur durch ein mit Zustimmung der Kammern zu erlassendes Gesetz abgeändert werden kann.

Die Erste Kammer wird zusammengesetzt aus Mitgliedern, welche der König mit erblicher Berechtigung oder auf Lebenszeit beruft.

1. Art. 65 bis 68 sind aufgehoben durch Art. 2 des Ges., betr. die Bildung der Ersten Kammer, v. 7. 5. 53 (GS. 181). Der vorstehend abgedruckte Text ist Art. 1 des bezeichneten Gesetzes. Die aufgehobenen Artikel lauteten:

Art. 65. „Die erste Kammer besteht:

a) aus den großjährigen Königlichen Prinzen;

b) aus den Häuptern der ehemals unmittelbaren reichsständischen Häuser in Preußen — und aus den Häuptern derjenigen Familien, welchen durch Königliche Verordnung das nach der Erstgeburt und Linealfolge zu vererbende Recht auf Sitz und Stimme in der ersten Kammer beigelegt wird. In dieser Verordnung werden zugleich die Bedingungen festgesetzt, durch welche dieses Recht an einen bestimmten Grundbesitz geknüpft ist. Das Recht kann durch Stellvertretung nicht ausgeübt werden und ruht während der Minderjährigkeit oder während eines Dienstverhältnisses zu der Regierung eines nichtdeutschen Staats, ferner auch so lange der Berechtigte seinen Wohnsitz außerhalb Preußen hat;

c) aus solchen Mitgliedern, welche der König auf Lebenszeit ernennt. Ihre Zahl darf den zehnten

Theil der zu a und b genannten Mitglieder nicht übersteigen;

d) aus neunzig Mitgliedern, welche in Wahlbezirken, die das Gesetz feststellt, durch die dreißigfache Zahl derjenigen Urwähler (Art. 70), welche die höchsten direkten Staatssteuern bezahlen, durch direkte Wahl nach Maaßgabe des Gesetzes gewählt werden;

e) aus dreißig nach Maaßgabe des Gesetzes von den Gemeinderäthen gewählten Mitgliedern aus den größeren Städten des Landes.

Die Gesammtzahl der unter a bis c genannten Mitglieder darf die Zahl der unter d und e bezeichneten nicht übersteigen.

Eine Auflösung der ersten Kammer bezieht sich nur auf die aus Wahl hervorgegangenen Mitglieder.

Art. 66. Die Bildung der ersten Kammer in der Art. 65 bestimmten Weise tritt am 7. August des Jahres 1852 *) ein.

Bis zu diesem Zeitpunkte verbleibt es bei dem Wahlgesetze für die erste Kammer vom 6. Dezember 1848.

Art. 67. Die Legislatur-Periode der ersten Kammer wird auf sechs Jahre festgesetzt.

Art. 68. Wählbar zum Mitgliede der ersten Kammer ist jeder Preuße, der das vierzigste Lebensjahr vollendet, den Vollbesitz der bürgerlichen Rechte in Folge

---

*) Der 7. August 1852 ist in Art. 66 deshalb genommen, weil an diesem Tage (s. Mot. in den Drucks. der II. Kammer 1849 Nr. 461) die Legislaturperiode der damaligen II. Kammer zu Ende ging; s. auch Reden des Grafen Arnim (Antragsteller) und Geppert in den StenBer. der II. Kammer 1849 S. 2137 und 2144. Der 7. August ist der Eröffnungs-, nicht der Wahltag; s. auch zu Art. 51 und 73, ferner Arndt in den Preuß. Jahrb. 1903 S. 440 f.

rechtskräftigen richterlichen Erkenntnisses nicht verloren und bereits fünf Jahre lang dem preußischen Staatsverbande angehört hat.

Die Mitglieder der ersten Kammer erhalten weder Reisekosten, noch Diäten."

2. Ges., betr. die Abänderung der Verfass.-Urk. v. 31. 1. 50 in Ansehung der Benennung der Ersten Kammer usw., v. 30. 5. 55 (GS. 316) § 1:

„Die Erste Kammer wird fortan das Herrenhaus, die Zweite das Haus der Abgeordneten genannt."

3. Diese Anordnung ist die in der Anl. I abgedruckte V. wegen Bildung der Ersten Kammer v. 12. 10. 54 (GS. 541) nebst der ebendort abgedruckten Königl. V. v. 10. 11. 65 (GS. 1077).

4. Die Behauptung, derartige königl. Anordnungen wie die V. v. 12. 10. 54 und 10. 11. 65 seien ungültig, gründet sich auf die Annahme, daß in Ansehung derjenigen Gegenstände, „welche an sich und ihrer Natur nach dem Gebiete der Gesetzgebung angehören", besonders welche Teile des Verfassungsrechts darstellen, die Befugnis, zwingende Normen aufzustellen, nur gemeinschaftlich von allen drei Faktoren der Gesetzgebung ausgeübt werden und nicht, wie hier geschehen, einer einzigen zur Ausübung übertragen werden darf (v. Rönne I § 89 S. 356; s. auch I S. 206; H. Schulze, Preuß. Staatsr. I §§ 55, 56 S. 205 Anm. 7, S. 215 Anm. 1, Const. Rößler, Studien zur Fortbildung der Preuß. Verfass., 2. Abt., Berlin 1864, S. 23 f.; Lasker, Zur Verfassungsgeschichte Preußens, Berlin 1874, S. 227 ff.; Lasker und Twesten in den StenBer. des AbgH. 1866/67 S. 1432 ff.). Diese Annahme widerspricht der Praxis und dem konstitutionellen Rechte der übrigen Staaten, ist eingehend widerlegt von

Arndt, Reichsverordnungsr. S. 16—24, und darf heute als gänzlich aufgegeben bezeichnet werden (s. auch Entsch. d. RG. in Zivils. XLVIII 84, Zorn in Hirths Ann. 1885 S. 301 ff., Meyer-Anschütz, Lehrb. § 159 Anm. 7, besonders § 98 S. 306, Jellinek, Gesetz und Verordnung S. 333, Bornhak S. 368 f., 501 f., v. Stengel S. 162, v. Rönne-Zorn I § 23 S. 276 Anm. 1. Nur so weit könnten die V. v. 12. 10. 54 und 10. 11. 65 als ungültig erachtet werden, wie sie etwa den Rahmen der dem Könige übertragenen Befugnis überschreiten. Dies ist nicht der Fall; s. Anm. zu Anl. I.

Art. 69. Die zweite Kammer[1]) besteht aus vierhundert drei und vierzig Mitgliedern.[2]) Die Wahlbezirke werden durch das Gesetz[3]) festgestellt.[3]) Sie können aus einem oder mehreren Kreisen oder aus einer oder mehreren der größeren Städte bestehen.

Const. belge art. 47: „La chambre des représentants se compose des députés élus directement par les citoyens payant le cens déterminé par la loi électorale, lequel ne peut excéder“ etc. Art. 48: „Les élections se font par telles divisions de provinces et dans tels lieux que la loi déterminera.“ Art. 49: „La loi électorale fixe le nombre des députés d'après la population“ etc.

1. Jetzt das Abgeordnetenhaus genannt; s. Anm. 2 zu Art. 65.

2. Die ursprüngliche Zahl von 350 Mitgliedern (laut VerfassUrk. v. 31. 1. 50. Art 69) erhöhte sich durch Art. 1 d. Ges. v. 30. 4. 51 (GS. 213) um 2, durch Art. 1 d. Ges. v. 17. 5. 67 (GS. 1481) um 80, durch § 2 d. Ges. v. 23. 6. 76 (GS. 169) — Lauenburg —

um 1 Mitglied und durch Ges. v. 28. 6. 06 (GS. 313) um 10 und beträgt somit jetzt 443.

3. Ges., betr. die Feststellung der Wahlbezirke für das Haus der Abgeordneten v. 27. 6. 60 (GS. 357), für die 1866 erworbenen Provinzen, s. Art. 2 der V. v. 14. 9. 67 (GS. 1482) nebst dem dazugehörigen Ges. betr. die Abänderung einiger Wahlbezirke für das Haus der Abgeordneten, v. 15. 2. 72 (GS. 158), Ges., betr. den Rechtszustand des Jadegebietes v. 24. 3. 73 (GS. 108), § 4, betr. Lauenburg Ges. v. 23. 6. 76 (GS. 169), endlich betr. Helgoland Ges. v. 18. 2. 91 (GS. 11) § 3. Die zit. V. v. 14. 9. 67 hat durch Ges. v. 11. 3. 69 (GS. 481) bis auf weiteres Gesetzeskraft. Aenderungen enthalten Ges. v. 30. 3. 06 (GS. 90) § 2 und Ges. v. 28. 6. 06 (GS. 318).

Näheres unten in Anlage II.

Art. 70.[1]) **Jeder Preuße,**[2]) **welcher das fünf und zwanzigste Lebensjahr**[3]) **vollendet hat und in der Gemeinde, in welcher er seinen Wohnsitz hat, die Befähigung zu den Gemeindewahlen besitzt, ist stimmberechtigter Urwähler.**

Wer in mehreren Gemeinden an den Gemeindewahlen Theil zu nehmen berechtigt ist, darf das Recht als Urwähler nur in Einer Gemeinde ausüben.

1. Die Art 70, 71, 72 sind bis zum Erlasse des in Art. 72 vorgesehenen Wahlgesetzes gemäß Art. 115 suspendiert. Es gilt daher noch die (oktroyierte) V. v. 30. 5. 49 über die Ausführung der Wahl der Abgeordneten zur zweiten Kammer (GS. 205); s. hierzu oben Einleitung S. 29 f., ausgedehnt auf die 1866 erworbenen Provinzen durch Ges., betr. die fernere Geltung der V. v. 30. 5. 49, v. 11. 3. 69 (GS. 481). Es gelten ferner Ges. v. 30. 4. 51 (GS. 216) für Hohenzollern, v. 11. 3. 89 (GS. 481) für die 1866 er-

worbenen Landesteile, v. 23. 6. 76 (GS. 169) für Lauenburg, § 10 Ges. v. 18. 2. 91 (GS. 11) für Helgoland, v. 29. 6. 93 (GS. 103) betreffend Aenderung des Wahlverfahrens, v. 2. 7. 1900 (GS. 245) für Hohenzollern und v. 28. 6. 06 (GS. 318) unten Anl. II.

2. Ausgenommen die zum aktiven Heer gehörigen Militärpersonen; nicht ausgenommen von der Wahlberechtigung sind dagegen die Militärbeamten; RMilG. v. 2. 5. 74 (RGBl. 50) § 49. S. im übrigen § 8 der V. v. 30. 5. 49 (GS. 205).

3. Bis auf weiteres (s. Anm. 1) das 24. Lebensjahr; s. § 8 der V. v. 30. 5. 49 (GS. 205) unten Anl. II.

Art. 71. Auf jede Vollzahl von zweihundert und funfzig Seelen der Bevölkerung ist ein Wahlmann zu wählen. Die Urwähler werden nach Maaßgabe der von ihnen zu entrichtenden direkten Staatssteuern in drei Abtheilungen getheilt, und zwar in der Art, daß auf jede Abtheilung ein Drittheil der Gesammtsumme der Steuerbeträge aller Urwähler fällt.

Die Gesammtsumme wird berechnet:

a) gemeindeweise, falls die Gemeinde einen Urwahlbezirk für sich bildet;

b) bezirksweise, falls der Urwahlbezirk aus mehreren Gemeinden zusammengesetzt ist.

Die erste Abtheilung besteht aus denjenigen Urwählern, auf welche die höchsten Steuerbeträge bis zum Belaufe eines Drittheils der Gesammtsteuer fallen.

Die zweite Abtheilung besteht aus denjenigen Urwählern, auf welche die nächst niedrigeren Steuerbeträge bis zur Gränze des zweiten Drittheils fallen.

Die dritte Abtheilung besteht aus den am niedrigsten besteuerten Urwählern, auf welche das dritte Drittheil fällt.

Jede Abtheilung wählt besonders und zwar ein Drittheil der zu wählenden Wahlmänner.

Die Abtheilungen können in mehrere Wahlverbände eingetheilt werden, deren keiner mehr als fünfhundert Urwähler in sich schließen darf.

Die Wahlmänner werden in jeder Abtheilung aus der Zahl der stimmberechtigten Urwähler des Urwahlbezirks ohne Rücksicht auf die Abtheilungen gewählt.

S. V. v. 30. 5. 49 (GS. 205) unten Anl. II und VerfassUrk. Art. 115.

Art. 72. Die Abgeordneten werden durch die Wahlmänner gewählt.

Das Nähere über die Ausführung der Wahlen bestimmt das Wahlgesetz, welches auch die Anordnung für diejenigen Städte zu treffen hat, in denen an Stelle eines Theils der direkten Steuern die Mahl- und Schlachtsteuer erhoben wird.

Bis auf weiteres V. v. 30. 5. 49 (GS. 205); s. VerfassUrk. Art. 115, unten Anl. II; s. auch Art. IV G. v. 28. 6. 06 (GS. 318).

Art. 73.[1]) **Die Legislaturperiode des Hauses der Abgeordneten dauert fünf Jahre.**[2])

1. Art. 73 beruht auf Ges. v. 27. 5. 88 (GS. 137). Const. belge art. 51: „Les membres de la chambre des représentants sont élus pour quatre ans." Das belgische Recht bestimmt somit den äußersten Zeitpunkt für das Zusammensein der Kammer nicht nach deren Beginn, sondern nach der Wahl.

Legislaturperiode, auch Legislatur genannt, ist nach dem Dict. de l'Académie franç., nach Littré, Dict. de la langue française, endlich nach der Grande Encyclopédie franç. „période de temps qui s'écoule depuis l'installation d'une chambre législative jusqu'à l'expiration de ses pouvoirs". Diese

Periode beginnt also nicht mit der Wahl, sondern mit der Eröffnung; ebenso in Preußen, s. Art. 66, Hannover, Verfass. v. 5. 9. 48 § 57, Oldenburg, Rev. Staatsgrundges. v. 22. 11. 53 Art. 145 § 2, Weimar, Ges. v. 6. 4. 42 §§ 6, 9, Kurhess. Verfass. v. 13. 4. 52 § 60, Meiningen, Ges. v. 25. 6. 53 Art. 17, s. Arndt in den Preuß. Jahrb. 1903 S. 442; Arndt in Hirths Ann. 1903 S. 721 f.; ebenso Herrfurth DJZ. 1898 Nr. 1, Hue de Grais, Handbuch der Preuß. Gesetzgebung I 23 Anm. 112, v. Stengel, Preuß. Staatsr. S. 81. Der Behauptung von Meyer-Anschütz, S. 323, daß sich das preuß. AbgH. am 28. Jan. 1899 zu entgegengesetzter Ansicht bekannt habe, liegt nur der Umstand zu grunde, daß einzelne Redner die Ansicht Miquels, der neue Landtag hätte nicht vor Ablauf von 5 Jahren seit der Eröffnung der letzten Legislaturperiode (ohne Auflösung des vorigen) zusammentreten dürfen (übrigens mit Recht, s. unten zu Art. 75), für zweifelhaft erklärten; StenBer. S. 188. Das gleiche gilt für England, May, Laws and usage of Parliament I p. 46. In Nordamerika beginnen die Legislaturperioden und die Präsidentschaften stets am 15. März, während die Wahlen lange vorher stattfinden. Nach Laband, Reichsstaatsr. I 315 Anm. 1, G. Meyer, Staatsr. § 102, H. Schulze in Marquardsens Handb. S. 54, M. Seydel, Komm. z. Reichsverfass. S. 204, Perels im Arch. f. öff. R. 19 S. 1 f., v. Jagemann, Vorträge über die Reichsverfassung S. 130, Anschütz in v. Holtzendorffs Encyklopädie beginnt die Legislaturperiode mit dem Tage der Wahl; doch erkennt Meyer-Anschütz an, daß die Praxis in Preußen anders (wie Arndt) ist.

Wann endet aber die Legislaturperiode? Dies ist verschieden, je nachdem die Verfassungen eine bestimmte Dauer für die Legislaturperioden oder nur die Zeitdauer der Wahl vorschreiben. Im ersteren Falle kann kein Zweifel bestehen, daß, da der Beginn der Legislaturperiode in der ganzen Welt und nach dem Worte (Wahlmänner oder Abgeordnete wählen oder Stimmzettel abgeben, ist keine Legislatur) erst mit der Eröffnung des Parlaments eintritt, die Legislaturperiode erst, soviel Jahre sie dauern soll, nach der Eröffnung endet; so nach dem Septennial Act unter George I stat. 2 c. 38 (May l. c.) „seven years after the day, on which by the writ of summons it was appointed to meet"; ebenso in Preußen (s. Anm. zu Art. 66, ferner Arndt in den Preuß. Jahrb. 1903 S. 442); dies wurde beim Regentschaftsgesetz 1858 von allen Faktoren der Gesetzgebung einstimmig angenommen (Schlußsatz im Kommissionsberichte, StenBer. d. HerrH. 1858 S. 32), nachdem der von den Gegnern dieses Gesetzes hierüber angeregte Zweifel durch eine Erklärung der Staatsregierung am 14. Okt. 1858 in der Preuß. Korrespondenz beseitigt war (die Wahlen hatten am 12. Okt. 1855 stattgefunden; die Kammern wurden auf den 20. Okt. 1858 zur Beschließung der Regentschaft zusammenberufen, die gleiche Ansicht sprach der Staatsministeralbeschluß v. 4. Okt. 1873, Staatsanz. S. 239, aus). Im letzteren Falle ist im Zweifel, d. h. wenn die Verfassungen nicht erkennen lassen, daß trotzdem das Ende der Legislaturperiode sich erst nach der Eröffnung berechnen soll (so die Verfassungen von Hannover, Holstein, Oldenburg, Meiningen, Weimar, Altenburg usw., bis 1863 auch in Bayern, bis 1861 auch in Württemberg), die Legislaturperiode als mit Ablauf der Wahlzeit beendet anzusehen; so jetzt in Bayern, Württemberg, ferner in Belgien (art. 51: „les membres de la chambre des représentants sont élus pour quatre ans"), Frankreich usw.

Legislaturperiode bedeutet nun nicht, daß der Landtag so lange zusammen bleiben muß, sondern nur, daß er so lange zusammen bleiben darf; dies hatte Miquel am 28. Jan. 1899 verkannt, StenBer. d. AbgH. S. 188; s. oben. Beginn und Ende der Legislatur bestimmt nach der konstitutionellen Theorie (Montesquieu, Blackstone usw.) die Exekutive. Die Legislaturperiode ist abgelaufen, wenn sie der König für geschlossen erklärt. Eine ausdrückliche Auflösung ist nur nötig, wenn die letzte Session nicht natürlichen Todes (civil death) verbleichen soll. Daß die Periode 5 Jahre beträgt, bedeutet nur, daß sie spätestens 5 Jahre nach der Eröffnung geschlossen sein muß; wie die Engländer sagen, wenn „the utmost extent" abgelaufen, wenn 7 Jahre seit dem Eröffnungstage verflossen sind, gilt das Parlament als „von selbst aufgelöst". S. Arndt in den Annalen des Deutschen Reichs 1903 S. 721 f.

2. Die Legislaturperiode ist die gleiche, auch wenn das Abgeordnetenhaus infolge vorheriger Auflösung gewählt war; ebenso Schwartz S. 223.

Art. 74.[1]) Zum Abgeordneten der zweiten Kammer ist jeder Preuße[2]) wählbar,[3]) der das dreißigste Lebensjahr vollendet, den Vollbesitz der bürgerlichen Rechte in Folge rechtskräftigen richterlichen Erkenntnisses nicht verloren[4]) und[5]) bereits drei Jahre[6]) dem preußischen Staatsverbande angehört hat.

Der Präsident und die Mitglieder der Ober-Rechnungskammer können nicht Mitglieder eines der beiden Häuser des Landtages sein.[7])

1. Es kommt zunächst gemäß Art. 115 die V. v. 30. 5. 49 (GS. 205) zur Anwendung.

2. Mag er das preuß. Staatsbürgerrecht durch Abstammung, Legitimation, Naturalisation oder Aufnahme erworben haben. Daß er neben der preußischen Staats- und der Reichsangehörigkeit noch andere Indigenate besitzt, ist unerheblich.

3. Eine Verpflichtung zur Annahme der Wahl besteht nicht.

4. S. StGB. §§ 32 ff.

5. Wenn er vorher Außerdeutscher war, Reichsverfass. Art. 3 oben S. 64, StenBer. d. AbgH. 1882 S. 1965 f. G. Meyer, Staatsr. I § 99. Preuße muß er dagegen bei der Wahl sein, s. oben S. —.

6. Ein Jahr; s. § 29 der V. v. 30. 5. 49 (GS. 205).

7. Der zweite Absatz ist hinzugefügt durch Art. 1 des Ges., betr. eine Zusatzbestimmung zu Art. 74 der VerfassUrk., v. 27. 3. 72 (GS. 277).

Art. 75. Die Kammern werden nach Ablauf ihrer Legislatur-Periode[1]) neu gewählt.[2]) Ein Gleiches geschieht im Falle der Auflösung. In beiden Fällen sind die bisherigen Mitglieder wieder wählbar.[3])

1. S. Art. 73. Die Legislaturperiode ist bereits abgelaufen, wenn sie der König geschlossen hat, die letzte am 1. Mai 1903; so unzweifelhaft im englischen, französischen und belgischen Recht. Trotzdem in Frankreich die Deputierten auf 4 Jahre gewählt sind, braucht die Legislaturperiode nicht so lange zu dauern und dauert sie nie so lange. Sie ist durch die clôture des Präsidenten beendet, und es können nach der clôture, vor Ablauf der 4 Jahre, die Neuwahlen stattfinden, ohne daß die zuvorige Auflösung durch Senatsbeschluß erforderlich ist. Man nimmt indes neuerdings in Frankreich nicht mehr an, daß ohne Auflösung die neue Kammer noch vor Ablauf der Wahlperiode der alten Kammer zusammentreten kann. Die Franzosen sagen auch z. B. nicht mehr: auf 4 Jahre gewählt, heißt, das Recht, an 4 ordentlichen Sessionen und 4 Etatsfest-

setzungen teilnehmen zu dürfen, vielmehr gilt das Mandat nach neuerlicher Auffassung a die ad diem.

2. Diese Vorschrift will im Gegensatze zum belgischen Recht (art. 51 const. belge: „Ils [les membres de la chambre des représentants] sont renouvelés par moitié tous les deux ans, d'après l'ordre des séries déterminé par la loi électorale") und zum Regierungsentwurf v. Mai 1848 die Teilwahlen verbieten und die Integralerneuerung vorschreiben (StenBer. der NatVers. 1848 S. 792). Die Neuwahlen können (ohne zuvorige Auflösung) nach Schluß der letzten ordentlichen Session der Legislaturperiode ohne weiteres stattfinden (das Staatsministerium war am 4. Okt. 1873 anderer Ansicht; diese ist indes aufgegeben). S. über alle diese Fragen Arndt in Hirths Annalen 1903 S. 721 f. Auch im Falle der Auflösung erfolgen die Wahlen auf fünf Jahre, und läuft die neue Legislaturperiode fünf Jahre.

Die erste Kammer, das Herrenhaus, beruht nunmehr nicht mehr auf Wahl, sondern auf königlicher Berufung.

Art. 76.[1]) Die beiden Häuser des Landtages der Monarchie werden durch den König regelmäßig[2]) in dem Zeitraum von dem Anfange des Monats November jeden Jahres bis zur Mitte des folgenden Januar und außerdem, so oft es die Umstände erheischen,[3]) einberufen.[4])

1. An die Stelle des Art. 76 der VerfassUrk. v. 31. 1. 50 ist die obige Fassung durch Art. 1 d. Ges. v. 18. 5. 57 (GS. 369) getreten. Die ursprüngliche Fassung lautete:

Die Kammern werden durch den König regelmäßig im Monat November jeden Jahres, und außerdem, so oft es die Umstände erheischen, einberufen.

2. Im Gegensatze zu der in anderen Zeiten erfolgenden Einberufung des Landtages. Die nicht rechtzeitige Einberufung hat die Ungültigkeit der vom Landtage zu fassenden Beschlüsse nicht zur Folge, noch gibt sie dem Landtage das Recht, von selbst zusammenzutreten. In diesem Rechte sah man in Preußen ein unbegründetes Mißtrauen gegen die Regierung. Im allgemeinen ging man von dem Satze aus (Thonissen nr. 317). „Il n'est nullement à craindre que le chef du pouvoir exécutif s'abstienne jamais de convoquer les chambres. Le vote annuel des impôts et des budgets offre, sous ce rapport, des garanties suffisantes." Die verspätete Einberufung enthält allerdings eine Verfassungsverletzung, rechtliche Folgen, etwa die Ungültigkeit der fr. Beschlüsse des Landtags, knüpfen sich indes an dieselbe nicht; s. oben S. —.

3. Nach Ermessen der Krone. Die Beschlüsse der regelmäßig einberufenen und der außerordentlich einberufenen Häuser stehen sich rechtlich gleich.

4. Im Unterschiede vom belgischen Rechte, art. 70, 79 der const. belge, und dem Verfassungsentwurf der preuß. Nationalversammlung dürfen die Kammern selbst dann nicht von selbst zusammentreten, wenn sie nicht bis Mitte Januar oder wenn sie nicht innerhalb der in Art. 51 vorgesehenen Fristen einberufen werden. Auch bei Thronwechsel steht ihnen nicht das Recht zu, von selbst zusammenzutreten (anders im englischen und belgischen Recht).

Art. 77. Die Eröffnung und die Schließung der Kammern geschieht durch den König in Person oder durch einen dazu von ihm beauftragten Minister in einer Sitzung der vereinigten Kammern.

Beide Kammern werden gleichzeitig berufen, eröffnet, vertagt und geschlossen.

Wird eine Kammer aufgelöst, so wird die andere gleichzeitig vertagt.

Const. belge art. 70: „Les chambres se réunissent de plein droit, chaque année, le deuxième mardi de novembre, à moins qu'elles n'aient été réunies antérieurement par le roi. — Le roi prononce la clôture de la session. Le roi a le droit de convoquer extraordinairement les chambres."

Art. 71: „Le roi a le droit de dissoudre les chambres" etc.

Art. 59: „Toute assemblée du sénat qui serait tenu hors du temps de la session de la chambre des représentants est nulle de plein droit."

Da mit der Auflösung des Abgeordnetenhauses das Herrenhaus vertagt werden muß, ist fraglich geworden, ob in solchem Falle die Sitzungsperiode des Herrenhauses und die Kontinuität unterbrochen werden. Das Herrenhaus verneinte mit der Staatsregierung am 6. Juni 1862 (StenBer. S. 3 f., 19), das Abgeordnetenhaus bejahte am 29. Juli 1862 (StenBer. S. 920) diese Frage. Letztere Ansicht wird auch v. Rönne-Zorn I § 30 S. 350 f., H. Schulze, Preuß. Staatsr. § 167, v. Stengel in Marquardsens Handb. S. 86 Anm. 1 und Schwartz S. 148, 228 vertreten; ihr kann nicht beigetreten werden, da ihr der Wortlaut des Art. 77, das Wort „vertagt" entgegensteht. Die „Vertagung" unterbricht nicht die Kontinuität. Weder parlamentarischer Brauch noch Geschäftsordnungen noch endlich bloße Zweckmäßigkeitserwägungen können Verfassungsvorschriften ändern. Anderenfalls hätte die Verfassung die „Schließung" des Herrenhauses vorschreiben müssen. Die Vertagung des Herrenhauses im Falle der Auflösung des Abgeordnetenhauses unterscheidet sich von den übrigen Fällen der Vertagung nur dadurch, daß ihre Dauer nicht an 30tägige Frist (Art. 52) geknüpft ist. Hiermit stimmt das belgische Recht überein. Thonissen nr. 322: „On n'est pas fondé à soutenir que la dissolution de l'une des chambres clôt toujours la session de l'autre, et il n'existe dès lors aucun motif plausible pour imposer à l'assemblée qui n'a pas été atteinte par la dissolution l'obligation de renouveler son bureau. La dissolution ne doit et ne peut atteindre que l'assemblée qui — — est devenue l'objet de cette mesure extrême.“ Ebenso G. Beltgens, La constitution belge revisée, zu art. 21 nr. 2 p. 405: „La dissolution de l'une des chambres n'entraîne pas forcément la clôture de la session de l'autre.“

Ebenso für das deutsche Recht v. Campe, Die Lehre von den Landständen, 2. Aufl. 1864, S. 354. Anders ist das englische Recht, worauf Gneist im AbgH. 1862 hinwies; s. KomBer. AbgH. 1862 Anl. Bd. VI Nr. 84. Das HerrH. legte den auf Gneists Autorität 1862 gefaßten diesbezüglichen Beschluß des AbgH. einfach zu den Akten. Für das Herrenhaus spricht neben dem Wortlaut der Verfassung und dem hier vorbildlich gewesenen belgischen Recht besonders der Umstand, daß u. a. die Revisionskammern, deren Ansicht doch hier maßgebend erscheint, im Jahre 1849 annahmen, die am 30. Mai 1849 erfolgte Auflösung der II. Kammer habe die Kontinuität der I. Kammer nicht beseitigt; s. Sitz. der I. Kammer v. 28. 8. u. 27. 11. 49.

Das belgisch-französische Recht wie die konstitutionelle Theorie nehmen an (s. oben Anm. 8 zu Art. 51) J. J. Thonissen nr. 313, G. Beltgens, La constitution belge revisée 1894, zu art. 21 der const. revisée nr. 6: „La chambre ne peut être dissoute avant d'avoir été régulièrement constituée.“ Dies gilt auch, wovon ich mich inzwischen überzeugt habe, in Preußen (s. auch Arndt in Hirths Annalen 1903 l. a.) wie im Reiche, ebenso Arndt, Komm. zu Art. 24 Reichsverfass. (3. Aufl.) Anm., v. Rönne, Preuß. Staatsr. I 285, Bornhak, Preuß. Staatsr. I 39, v. Stengel, Preuß. Staatsr. 81; anderer Ansicht Perels l. c. S. 30, Meyer-Anschütz S. 327, Laband I 315, Schwartz S. 147. Man kann hiergegen nicht einwenden, daß ja die Krone die Kammer sogleich nach der Eröffnung auflösen kann. Wäre dieser Einwand begründet, so hätte es auch keinen Zweck, in Art. 51 genau die Fristen des Wiederzusammentritts im Falle der Auflösung vorzuschreiben. Abgesehen von dem Gewichte, das schon an sich dem Zusammentritte des Landtags beizulegen ist, kommt in Betracht: 1. daß, wenn die Kammer zusammentreten kann und muß, die Oktroyierungsbefugnis (Art. 63) fehlt: Bericht der Verfassungs-Revisionskommission, StenBer. der II. K. 1849 S. 2072; 2. daß, wenn die Krone mit der Auflösung bis nach dem Zusammentritte der Kammern warten muß, sie die Auflösung oft wird unterlassen müssen, da sie für die Feststellung des Etats, bezw. um die Frist des Art. 76 innezuhalten, die neue Kammer alsdann nicht wird rechtzeitig einberufen können.

Art. 78. Jede Kammer prüft die Legitimation ihrer Mitglieder [1]) und entscheidet darüber.[2]) Sie regelt ihren Geschäftsgang und ihre Disziplin durch eine Geschäftsordnung [3]) und erwählt [4]) ihren Präsidenten, ihre Vicepräsidenten und Schriftführer.

Beamte [5]) bedürfen keines Urlaubs zum Eintritt in die Kammer.[6])

Wenn [7]) ein Kammermitglied ein besoldetes Staatsamt annimmt oder im Staatsdienste in ein

Amt eintritt, mit welchem ein höherer Rang[8]) oder ein höheres Gehalt[9]) verbunden ist, so verliert es[10]) Sitz und Stimme in der Kammer und kann seine Stelle in derselben nur durch neue Wahl wieder erlangen.

Niemand kann Mitglied beider Kammern sein.

Const. belge art. 34: „Chaque chambre vérifie les pouvoirs de ses membres et juge les contestations qui s'élèvent à ce sujet.“

Art. 46: „Chaque chambre détermine par son règlement le mode suivant lequel elle exerce ses attributions.“

Art. 37: „A chaque session, chacune des chambres nomme son président, ses viceprésidents et compose son bureau.“

Art. 36: „Le membre de l'une ou de l'autre des deux chambres nommé par le gouvernement à un emploi salarié, qu'il accepte, cesse immédiatement de siéger et ne reprend ses fonctions qu'en vertu d'une nouvelle élection.“

Art. 35: „On ne peut être à la fois membre des deux chambres.“

1. Dagegen steht der Kammer nicht das Recht zu, zur Prüfung der Wahl unmittelbar Behörden zur Vornahme von Untersuchungshandlungen zu requirieren. Art. 82 und Anm. 1 daselbst finden hier Anwendung (anderer Ansicht v. Rönne I § 60 S. 260); vgl. auch Schwartz S. 231.

2. und zwar ausschließlich und endgültig, souverän; s. auch Thonissen Nr. 183. Entscheiden kann die Kammer aber nur über die Gültigkeit der Wahl; nicht aber kann sie den Gegenkandidaten desjenigen Abgeordneten, dessen Wahl sie für ungültig erklärt hat,

als Abgeordneten einberufen, ebenso Schwartz S. 230 (s. Schreiben des Ministers des Inn. v. 22. 1. 65, StenBer. des AbgH. 1865 S. 48 und Beschluß des AbgH. v. 3. 12. 79, StenBer. S. 392 bis 403; ebenso Laband, Reichsstaatsr. I 313, Seydel in Hirths Ann. 1880 S. 386, Komm. zur Reichsverfass. S. 208; anderer Ansicht v. Rönne I 341 f.). Am 10. Jan. 1865 (StenBer. S. 37) faßte das AbgH. den entgegengesetzten Beschluß. Die Kammer kann nicht bloße Teile der Wahlhandlung für ungültig erklären oder wiederholen lassen, noch kann sie Stichwahlen wiederholen lassen; sie kann vielmehr nur über die Wahl im ganzen entscheiden. In Belgien ist dies sehr streitig; vgl. Thonissen Nr. 184, wonach die Kammer auch eine Stichwahl wiederholen lassen kann. Res judicata wird durch die Entscheidung nicht geschaffen, ebenso Schwartz S. 230. Das AbgH. kann für gültig anerkannte Wahlen, deren Ungültigkeit sich z. B. wegen mangelnder Wahlfähigkeit des Abgeordneten oder aus anderen Gründen herausstellt, später annullieren. Am 17. Dez. 1863 vertrat das AbgH. bei der Wahl seines Präsidenten Grabow die entgegengesetzte Ansicht (StenBer. 1863/64 S. 446). Vgl. auch M. Seydel, Bayr. Staatsr. II S. 168, v. Rönne-Zorn I S. 341 f.

3. Geschäftsordnung des HerrH. v. 15. Juni 1892, des AbgH. v. J. 1876 (StenBer. S. 1367 ff.), Ergänzungen v. 12. Febr. und 5. Dez. 1877. Die Geschäftsordnungen sind nicht imstande, die Verfassung, andere Gesetze oder auch nur Rechtsnormen zu ändern oder aufzuheben. Die Geschäftsordnung kann jederzeit von der Kammer suspendiert und geändert werden (Cox, Institutions p., May, Law and usage of Parliament p. 324 f.). Bei Obstruktionsversuchen besteht in England seit etwa 20 Jahren der Brauch, „without amendements nor debate“ (guillotine) abzustimmen, Encyclopädia Britannica, new vol. tome 31 p. 478 ff. S.

auch Arndt im Recht 1903 Nr. 12, Perels, Das autonome Reichstagsrecht.

4. durch Stimmzettel oder Akklamation, im AbgH., nachdem die Wahlen einer beschlußfähigen Anzahl von Mitgliedern als gültig anerkannt sind. Die Wahl setzt ein beschlußfähiges Haus voraus; so die Praxis mit Recht; anderer Ansicht Perels, Autonomes Reichstagsrecht Anm. 72, s. Anm. 1 zu Art. 80.

5. Preußische Staats- und Kommunalbeamte, welche nur ihren Eintritt in die Kammer anzuzeigen haben, Arndt, Reichsstaatsr. S. 645, Arndt, Komm. zur Reichsverfass., 3. Aufl., S. 188; s. auch Schwartz S. 231 und vollständig übereinstimmend Meyer-Anschütz § 99; auf Reichsbeamte bezieht sich die Vorschrift nicht, auch nicht (da diese im staatsrechtlichen Sinne keine Beamte) auf Kirchen- und Hofbeamte, Arndt, Reichsstaatsr. S. 138.

6. Das OTr. v. 17. 3. 65, E. Bd. 52 S. 320 und 12. 6. 69 in Hartmanns Zeitschr. f. öff. R. V S. 602, nahm in Uebereinstimmung mit einem Staatsministerialbeschluß v. 22. 9. 63 (JMBl. 234) an, daß die in den Landtag gewählten Abgeordneten die durch ihre Stellvertretung dem Staate oder den Gemeinden entstehenden Kosten zu tragen haben; anderer Ansicht v. Rönne I § 59, H. Schulze, Lehrb. des preuß. Staatsr. I S. 593. Der Ansicht des OTr. ist zuzustimmen, weil, wenn auch der Urlaub unnötig und das Fernbleiben vom Amte gerechtfertigt ist, dadurch noch nicht der Anspruch auf Gehalt begründet ist; für Kommunalbeamte ist dies zweifellos, s. auch v. Gerber, Grundzüge des deutsch. Staatsr., 3. Aufl., 1880 S. 136 u. 137, Schwartz S. 233.

Das Staatsministerium hat am 24. 10. 69 beschlossen, daß die Stellvertretungskosten unmittelbarer Staatsbeamter bis auf weiteres auf Staatsfonds zu übernehmen sind, s. CirkReskr. der Min. des Innern und der

Finanz v. 21. 11. 69 (BMBl. 276) und des Justizministeriums v. 1. 12. 69 (JMBl. 234). Für Reichsbeamte, die in den Reichstag gewählt sind, gilt § 14 Abs. 2 des Reichsbeamtenges. v. 31. 3. 73 (RGBl. 61), wonach ein Abzug vom Gehalte nicht stattfindet und die Stellvertretungskosten der Reichskasse zur Last fallen.

7. Nach der Wahl.

8. Es ist nur eine solche Rangerhöhung gemeint, mit der zugleich auch die etatsmäßige Stellung verändert wird, nicht bloße Titelverleihung (s. v. Rönne-Zorn I § 27).

9. Das höhere Gehalt muß mit dem neuen Amte verknüpft sein; bloßes Aufrücken in eine höhere Gehaltsklasse genügt nicht. Es genügt indes die Neuübertragung einer etatsmäßigen Remuneration oder Besoldung (s. v. Rönne-Zorn I S. 335 f.). Es muß ein Amt sein, die aus Staatsmitteln besoldete Mitgliedschaft einer Kommission (ohne daß damit ein Amt verbunden ist) fällt nicht hierunter, Thonissen Nr. 192, desgleichen nicht Kommunal- und selbst vom Staate besoldete geistliche Aemter, Thonissen Nr. 196.

10. Ipso iure.

Art. 79. Die Sitzungen beider Kammern sind öffentlich. Jede Kammer tritt auf den Antrag ihres Präsidenten oder von zehn Mitgliedern zu einer geheimen Sitzung zusammen, in welcher dann zunächst über diesen Antrag zu beschließen ist.

Const. belge art. 33: „Les séances des chambres sont publiques. Néanmoins chaque chambre se forme en comité secret, sur la demande de son président ou de dix membres. Elle décide ensuite, à la majorité absolue, si la séance doit être reprise en public sur le même sujet."

Beschlüsse in geheimer Sitzung haben in Preußen wie in Belgien die gleiche Kraft wie öffentliche (anders im Reichstage); s. Arndt, Komm. zu Art. 22 der Reichsverfass.

Wahrheitsgetreue Berichte über Landtagsverhandlungen sind straffrei, StGB. § 12. S. auch Anm. 9 zu Art. 84.

Art. 80. Keine der beiden Kammern kann einen Beschluß fassen,[1]) wenn nicht die Mehrheit der gesetzlichen Anzahl ihrer Mitglieder[2]) anwesend ist. Jede Kammer faßt ihre Beschlüsse nach absoluter Stimmenmehrheit,[3]) vorbehaltlich der durch die Geschäftsordnung für Wahlen etwa zu bestimmenden Ausnahmen.

Das Herrenhaus kann keinen Beschluß fassen,[4]) wenn nicht mindestens sechszig der nach Maaßgabe der Verordnung vom 12. Oktober 1854 (Gesetz-Sammlung S. 541–544) zu Sitz und Stimme berufenen Mitglieder anwesend sind.[5])

Const. belge art. 38: „Toute résolution est prise à la majorité absolue des suffrages, sauf ce qui sera établie par les règlements des chambres à l'égard des élections et présentations. En cas de partage des voix, la proposition mise en délibération est rejetée. Aucune des deux chambres ne peut prendre de résolution qu'autant que la majorité de ses membres se trouve réunie."

1. Wohl aber beraten, indes nicht abstimmen, außer im Falle von Satz 2. An sich bedeuten auch

Wahlen Beschlüsse, und es kann, abgesehen von der in Satz 2 getroffenen Ausnahme, keine gültige Wahl z. B. eines Regenten in einer nicht beschlußfähigen Kammer getroffen werden; vgl. dagegen Perels, Das autonome Reichstagsrecht Anm. 72, Seydel in Hirths Ann. 1880 S. 410 Anm. 3, Laband, Reichsstaatsr. I S. 322 Anm. 4. Der gleichen Ansicht, wie oben, der Reichstag am 2. Nov. 1874. Dafür spricht u. a., daß sonst die Verfassung keine Ausnahme bezüglich gewisser Wahlen getroffen hätte.

2. Dies sind beim Abgeordnetenhause seit Ges. v. 28. 6. 06 (GS. 313) 222; gemeint ist die Soll-, nicht Istzahl, nämlich „le nombre légal et non le nombre réel des membres", s. Thonissen Nr. 203, Arndt, Komm. zu Art. 28 Reichsverfass.

3. Also ist bei Stimmengleichheit der Antrag abgelehnt, ebenso wie nach art. 38 const. belge.

4. Der letzte Absatz ist hinzugefügt durch Art. 2 des Ges. v. 30. 5. 55 (GS. 316), welcher gleichzeitig bestimmt, daß Art. 80 der VerfassUrk. v. 31. 1. 50 aufgehoben ist, insoweit er diesem Gesetze zuwiderläuft. Es müßten also an die Stelle des Anfangs „Keine der beiden Kammern" die Worte: „das Haus der Abgeordneten" treten.

5. Die const. belge enthält hier noch die beiden Vorschriften: Art. 41: „Un projet de loi ne peut être adopté par l'une des chambres qu'après avoir été voté article par article." Art. 42: „Les chambres ont le droit d'amender et de diviser les articles et les amendements proposés." Dies entspricht § 17 der Geschäftsordnung für das AbgH. Abs. 3: „Ueber jeden einzelnen Paragraphen wird der Reihenfolge nach die Diskussion eröffnet und geschlossen und die Abstimmung herbeigeführt" (in der II. Lesung). In Preußen fehlt sonach, wie in art. 41, 42 const. belge, die verfassungsmäßige Pflicht, über Artikel für Artikel abzustimmen,

Die preuß. Verfassung steht einer en-bloc-Annahme nicht entgegen. Unter „Artikel“ im Sinne art. 41 const. belge wie § 17 der Geschäftsordnung ist nicht „Rechtsnorm“ zu verstehen (Ansicht von Laband); ein Artikel kann viele, ein anderer vielleicht gar keine Rechtsnormen enthalten; Arndt im Recht 1903 Nr. 12, ebenso Hubrich, DJZ. 1906 S. 834.

Art. 81. Jede Kammer hat für sich das Recht, Adressen an den König zu richten.[1])

Niemand darf den Kammern oder einer derselben in Person eine Bittschrift oder Adresse überreichen.

Jede Kammer kann die an sie gerichteten Schriften an die Minister überweisen[2]) und von denselben Auskunft über eingehende Beschwerden verlangen.[3])

Const. belge art. 43: „Il est interdit de présenter en personne des pétitions. Chaque chambre a le droit de renvoyer aux ministres les pétitions qui lui sont adressées. Les ministres sont tenus de donner des exemplifications sur leur contenu, chaque fois que la chambre l'exige.“

1. Dieses Recht ist dem Gegenstande nach unbeschränkt und kann als Antwort auf die Thronrede oder sonst, in der Form einer Adresse oder Petition, ausgeübt werden.

2. Die Staatsregierung kann mangels einer solches ausdrücklich bestimmenden Vorschrift und da der Schlußsatz in art. 43 const. belge fortgelassen ist, nicht gezwungen werden, die auf solche Ueberweisungen ergehenden Entscheidungen mitzuteilen; anderer Ansicht Meyer-Anschütz § 96 Anm. 13. Tatsächlich teilt die-

selbe den beiden Kammern in jeder Session eine Uebersicht der von ihr auf Anträge und Resolutionen der bez. Kammer gefaßten Entschließungen mit. Die Kammern dürfen nur mit den Ministern, nicht mit den diesen unterstellten Behörden verhandeln; s. auch Art. 82.

Art. 82. Eine jede Kammer hat die Befugniß, Behufs ihrer Information Kommissionen zur Untersuchung von Thatsachen zu ernennen.

Da die Kammern nur die ihr in der Verfassung ausdrücklich übertragenen Rechte haben, so kann jede Kammer zwar eine Untersuchungskommission ernennen, nicht aber sich selbst als Untersuchungsbehörde konstituieren. Es ist streitig, ob das Recht zur Ernennung von Untersuchungskommissionen sich auf die Dinge beschränkt, mit denen die Kammer gerade befaßt ist, oder ob es allgemein besteht (vgl. u. a. Anl. zu den Sten. Ber. des AbgH. 1863/64 Bd. IV S. 552 f.). Nach dem Wortlaute und der Entstehungsgeschichte (Rauer, Verhandlungen der VerfassKomm. der NatVers. S. 106, 132) ist der ersteren Auffassung der Vorzug zu geben. Anderer Ansicht v. Rönne 1 S. 293. Jedenfalls ist anzunehmen, daß eine solche Kommission nicht ohne weiteres berechtigt ist, die Staatsbehörde um Vornahme von Handlungen (Vernehmungen, Vereidigungen) zu requiriren — weil ein solches Recht der Kommission nur zustehen würde, wenn es ihr ausdrücklich übertragen wäre, dasselbe auch einen unmittelbaren und daher unzulässigen Eingriff in die Exekutive darstellen würde. Daraus wie aus Art. 81, welcher den unmittelbaren Verkehr zwischen dem Landtage und Privatpersonen untersagt, folgt, daß die Kommissionen solche Requisitionen nur durch Vermittlung des Staatsministeriums vornehmen darf (s. auch Anl. zu den StenBer. des AbgH. 1863/64 Bd. IV S. 550 f.). Anderer Ansicht sind

v. Rönne I S. 296, H. Schulze II § 163 und Schwartz S. 239 f.; derselben Bornhak S. 430 f. und Seydel II S. 5. Das Staatsministerium ist rechtlich nicht verpflichtet, derartige Requisitionen weiterzugeben oder die ihr unterstellten Behörden anzuweisen, nach Maßgabe einer solchen Requisition tätig zu sein; ebenso Seydel II S. 15 ff.; in der Sache ganz ebenso Anschütz in v. Holtzendorffs Encykl. S. 585, da er meint, daß niemand, weder Behörde noch Privatperson, verpflichtet sei, der Requisition resp. Vorladung Folge zu leisten, daß der parlamentarischen Untersuchungskommission die obrigkeitliche Gewalt mangele, sie auch die Staatskasse ohne und wider den Willen der Regierung nicht mit Ausgaben belasten könne. Anderer Meinung sind überall Schulze, v. Rönne und Schwartz l. c., „da Art. 82 der Volksvertretung ein ganz besonderes exzeptionelles Recht einräumen will." Abgesehen davon, daß solches der Krone 1850 gar nicht eingefallen ist, so würde gerade, wenn es sich um ein exzeptionelles Recht handeln würde, dies nicht in allen Fällen, sondern nur in den vorliegenden dem Landtage zustehen, auch nicht über den Inhalt und Wortlaut des Art. 82 hinaus zu interpretieren sein; s. auch Arndt, Reichsstaatsr. S. 148, v. Rönne-Zorn I S. 367.

Mit den hier vertretenen Ansichten stimmt sogar das belgische Recht, dem Art. 82 entnommen ist (Const. belge art. 40: „Chaque chambre a le droit d'enquête") in der Hauptsache überein. So sagt Thonissen Nr. 206: „Il appartient au législateur ordinaire (also nicht einer einzelnen Kammer) de régler le mode d'exercise de ce droit." No. 207: „Des lois sont nécessaires quand l'assemblée qui décrète l'enquête exige la punition des témoins recalcitrants. Chaque chambre possède le droit d'enquête; mais elle ne peut pas seule comminer des peines contre les citoyens qui refuseraient de comparaître ou de déposer."

Andererseits glaubt Thonissen, daß eine Kammer „peut citer l'examen des documents composant les archives d'un département ministériel“; ein solches Recht steht ihr in Preußen nicht zu.

Art. 83. Die Mitglieder beider Kammern sind Vertreter des ganzen Volkes.[1]) Sie stimmen nach ihrer freien Ueberzeugung und sind an Aufträge und Instruktionen nicht gebunden.[2])

Const. belge art. 32: „Les membres des deux chambres représentent la nation et non uniquement la province ou la subdivision de province qui les a nommés.“

1. Dies gilt auch für diejenigen, welche nicht aus Wahlen des Volkes hervorgegangen sind; anderer Ansicht bezüglich des Herrenhauses v. Rönne I § 33, der gleichen Schwarz S. 242. Im Rechtssinne sind die Abgeordneten Vertreter niemandes, weder des Volkes noch ihrer Wähler. Art. 82 Satz 1 will nur sagen, daß die Abgeordneten das Interesse des ganzen Volkes zu wahren haben. Die Kammern sind Organe (unmittelbare) des Staates, die neben anderen Befugnissen an der Ausübung der höchsten Gewalt, der gesetzgebenden, beteiligt sind; sie besitzen aber weder Rechtspersönlichkeit noch Vermögen; die Gebäude stehen im Eigentum des Staates; sie sind keine Behörden. Sie stehen innerhalb ihrer Zuständigkeit weder über noch unter der Krone; s. Arndt, Reichsstaatsr. §§ 19—21, Arndt, Komm. zur Reichsverfass., 3. Aufl., S. 179 f., Arndt in Birkmeyers Encykl., 2. Aufl., S. 789 f. a. a. O., G. Meyer-Anschütz, Staatsr. § 128 a. a. O., Anschütz in v. Holtzendorffs Encykl. S. 578, Riecker, Rechtliche Natur der modernen Volksvertretung.

2. Aufträge und Instruktionen dürfen ihnen erteilt werden; es gibt wohl kaum einen Abgeordneten, dem

nicht direkt oder indirekt von Wählern usw. Aufträge oder Instruktionen erteilt werden. Der Abgeordnete kann und muß diese Aufträge und Instruktionen berücksichtigen; nur gebunden soll er nicht daran sein; vielmehr soll er unter Berücksichtigung des pro et contra für das stimmen, was dem Interesse des ganzen Volkes entspricht.

Art. 84. Sie können für ihre Abstimmungen in der Kammer niemals, für ihre darin ausgesprochenen Meinungen nur innerhalb der Kammer auf den Grund der Geschäftsordnung (Art. 78) zur Rechenschaft gezogen werden.[1])

Kein Mitglied einer Kammer kann ohne deren Genehmigung während der Sitzungsperiode[2]) wegen einer mit Strafe bedrohten Handlung[3]) zur Untersuchung[4]) gezogen oder verhaftet werden, außer wenn es bei Ausübung der That oder im Laufe des nächstfolgenden Tages nach derselben ergriffen[5]) wird.

Gleiche Genehmigung ist bei einer Verhaftung wegen Schulden nothwendig.[6])

Jedes Strafverfahren[7]) gegen ein Mitglied der Kammer und eine jede Untersuchungs- oder Civilhaft wird für die Dauer der Sitzungsperiode aufgehoben, wenn die betreffende Kammer es verlangt.[8]) [9])

Const. belge art. 45: „Aucun membre de l'une ou de l'autre chambre ne peut, pendant la durée de la session, être poursuivi ni arrêté en matière de répression qu'avec l'autorisation de la chambre dont il fait partie, sauf le cas de flagrant délit. Aucune contrainte par corps ne peut être exercée contre un membre de l'une ou de l'autre chambre durant la session, qu'avec la même autorisation. La détention ou la poursuite d'un membre de l'une ou de l'autre chambre est suspendue pendant la session et pour toute sa durée, si la chambre le requiert."

I. Daß die Immunität sich bloß auf die ausgesprochenen Meinungen als Resultate des Denkvermögens, nicht auch auf die Behauptung und Verbreitung von Tatsachen bezieht, nahm in Uebereinstimmung mit einem Kommissionsberichte des AbgH. (in den Drucks. der II. Kammer 1852/53 Bd. 6 S. 283) das OTr. an im Plenar-Beschl. v. 29. 1. 66 (Präj. Nr. 303, JMBl. 58, Entsch. 55 S. 20,*) OR. VII 34, AG. XIV 210); das AbgH. erklärte diesen Plenarbeschluß am 10. Febr. 1866 (StenBer. S. 110 ff.) für verfassungswidrig, eine solche Erklärung war verfassungswidrig, weil die Kompetenz des Landtags überschreitend und gegen Art. 86 verstoßend. Andererseits ist der Plenar-Beschl. des OTr. in der Sache mindestens sehr zweifelhaft (vgl. auch O. Reincke, Reichsverfass. S. 184, Meyer-Anschütz § 105 S. 337, Hubrich S. 276 f., v. Rönne-Zorn I § 33 S. 370 f., H. Schulze, Preuß. Staatsr. § 161 u. a. m.), da Art. 84, wie sein belgisches Vorbild, wollte, „que chaque membre pût exprimer son opinion tout entière, sans avoir à se préoccuper des conséquences que cette manifestation pourrait entrainer", und daß alle parlamentarischen Handlungen (actes) „ne peuvent pas devenir la matière d'une poursuite judiciaire"; Thonissen nr. 214. Jetzt gilt StGB. § 11.*)

---

*) § 11 StGB. bezieht sich auf die Tätigkeit im Plenum oder in einer Kommission, nicht auf die in Wahlversammlungen, Rechenschaftsberichten usw. außerhalb des Landtages ausgeübte Tätigkeit.

„Kein Mitglied eines Landtags oder einer Kammer eines zum Reich gehörigen Staats darf außerhalb der Versammlung, zu welcher das Mitglied gehört, wegen seiner Abstimmung oder wegen der in Ausübung seines Berufes gethanen Aeußerung zur Verantwortung gezogen werden.“

Selbst zivilrechtlich, z. B. auf Schadensersatz, kann ein Abgeordneter nicht in Anspruch genommen werden, Thonissen Nr. 215.

2. Auch während der Vertagung oder des Sichvertagens, s. Anm. 4 zu Art. 51, analog M. Seydel in Hirths Ann. 1880 S. 352 Anm. 1, G. Meyer § 133 Anm. 13, Arndt, Reichsstaatsr. S. 132, ferner auch in Kommissionen aller Art, selbst solchen, die außerhalb des Parlamentsgebäudes tagen, Thonissen Nr. 216. Soweit das durch die Immunität der Abgeordneten bedingt wird, ist das Betreten der Parlamentsgebäude durch Beamte des Gerichts oder der Polizei verfassungswidrig, daher würden die Polizeibehörden, obgleich die Sicherheitspolizei in diesen Gebäuden nicht dem Präsidenten zusteht, doch nur auf dessen Requisition bezw. mit dessen Genehmigung in die Parlamentsräume eindringen dürfen; vgl. Hubrich S. 420, Müller in Hirths Ann. 1906 S. 654, s. auch StenBer. S. 27 vom 24. 3. 84 V S. 198.

3. Aeußerung im Sinne des § 11 StGB. ist auch das Sitzenbleiben beim Kaiserhoch, StenBer. des RT. 1898 S. 7. Ob die Aeußerungen mündlich oder schriftlich oder durch konkludente Handlungen (z. B. Nichtaufstehen beim Kaiserhoch) erfolgen, ist unerheblich, wenn sie nur im Berufe, nicht z. B. bloß gesprächsweise, erfolgen, Pr. OTr. v. 13. 10. 62, GA. XIII S. 62, oder in Wahlversammlungen, Rechenschaftsberichten u. dergl. An sich bleibt die fr. Handlung unerlaubt, wenn sie auch nicht verfolgbar ist. Eine Kompensation gegen Aeußerungen eines Abgeordneten, die dieser im Berufe tut, ist un-

statthaft, auch wenn diese Aeußerungen an sich Beleidigungen enthalten, vgl. RG. v. 5. 3. 81, E. in Straff. VI 14. Doch kann die Tatsache, daß ein Abgeordneter eine beleidigende Aeußerung getan hat, behufs Anwendung des § 193 StGB. berücksichtigt werden, vgl. RG. v. 23. 7. 82, Rechtspr. in Straff. IV 183; vgl. auch Binding, Strafr. S. 676, v. Liszt, Lehrbuch des Strafr. § 21, Olshausen zu § 11 StGB., Hubrich, Die parlamentarische Redefreiheit und Disziplin S. 340, 346 f., Sonntag, Der besondere Schutz der Mitglieder des Reichstags (1893) S. 16. Auch die disziplinarische Ahndung ist ausgeschlossen. Das Recht der Krone, Minister, Landräte und andere politische Beamte, die zu ihrer Disposition stehen, wegen ihres parlamentarischen oder außerparlamentarischen Verhaltens auf Wartegeld zu setzen, Ges. v. 21. 7. 52 (GS. 465) § 87, wird durch Art. 84 nicht berührt, da dieses Recht an die Angabe von Gründen nicht gebunden, ganz arbiträr und zu dem Zwecke gegeben ist, um der Regierung politische Organe ganz nach ihrem Gefallen zu geben. Jeder Landrat usw. und jeder, der einen Landrat wählt, muß dies wissen. Auf Wartegeld setzen kann die Regierung sogar, wenn sie glaubt, daß ein anderer energischer oder geschickter ihre Politik vertritt. Die Zurdispositionsstellung ist kein Zurrechenschaftziehen, s. hierzu Arndt in der DJZ. 1899 S. 445, Arndt, Reichsstaatsr. § 61; ebenso Meyer-Anschütz, Staatsr. § 105 Anm. 15, Rehm, DJZ. 1900 S. 112, Geigel Arch. f. öff. R. 17 446, anderer Ansicht Hubrich S. 317, 393.

Ein Recht, das Zeugnis über einen im Landtage zur Sprache gebrachten Gegenstand zu verweigern, ist den Landtagsmitgliedern weder in Art. 84 noch in StPO. §§ 51 bis 55 verliehen worden. Ebenso Reincke, Reichsverfass. S. 184, Seydel, Komm. S. 212, Laband, Staatsr. I S. 331 und in DJZ. 1906 Nr. 16 f., Hubrich S. 371, Löwe-Hellweg,

Anm. 9 zu §§ 51—54 StPO., Gaupp-Stein, Anm. II zu § 383 ZPO., Mittmaack, Arch. f. öff. R. 1907 S. 353, v. Stengel S. 84, Arndt, Reichsstaatsr. S. 140. Anderer Ansicht Müller (Meiningen) in Hirths Ann. 1906 S. 641, Fuld in Hirths Ann. 1888 S. 6; vgl. auch StenBer. des RT. 1885/86 S. 1399 ff. Zur Vernehmung eines Abgeordneten als Zeugen oder Sachverständigen während der Sitzungsperiode und seines Aufenthalts in Berlin außerhalb Berlins in einem Zivil- oder Strafverfahren ist die Genehmigung der Kammer erforderlich, ZPO. §§ 347, 367, StPO. §§ 49, 72; wegen der Ablehnung des Schöffen- und Geschworenenamts s. GVG. §§ 35, 85 Abs. 2.

4. D. i. auch Haussuchung, auch die Voruntersuchung. Die Genehmigung des Landtags ist in diesen Fällen die Vorbedingung, daß die Untersuchung oder Verhaftung vorgenommen werden darf. Der Verzicht des Abgeordneten auf seine Immunität genügt nicht; s. auch Reincke, Reichsverfass. S. 184. Die Vorschrift betrifft nicht das sog. Vorbereitungsverfahren, wenigstens soweit dieses nicht speziell gegen die Person des Abgeordneten gerichtet ist. Administrative Zwangsmaßregeln fallen gleichfalls nicht hierher, wohl aber Disziplinaruntersuchungen, welche somit gegen Mitglieder eines Hauses während der Sitzungsperiode wegen einer mit Strafe bedrohten Handlung als unstatthaft erscheinen müssen (vgl. auch H. Schulze, Preuß. Staatsr. II § 161, M. Seydel in Hirths Annalen 1880 S. 352 Anm. 3, s. auch StenBer. des AbgH. 1875 S. 854 a. a. O.). Ebenso bezieht sich die Vorschrift auch auf polizeiliche Untersuchungen; s. auch v. Rönne-Zorn I S. 384.

5. Ist das Mitglied bei Ausübung der Tat oder im Laufe des nächstfolgenden Tages verhaftet worden, so ist die Verhaftung eine definitive; sie bedarf nicht der in Abs. 2 vorgeschriebenen Genehmigung der Kammer;

ebenso Seydel in Hirths Ann. 1880 S. 353 Anm. 2, Sonntag S. 63 f., Meyer-Anschütz § 133 Anm. 13, Zorn, Reichsstaatsr. I 233, Fuld, Gerichtssaal 35, 551 (anderer Ansicht u. a. v. Rönne I S. 315). Dergleichen ist sogar das belgische Recht Thonissen nr. 220: „Nulle garantie exceptionnelle ne doit couvrir un citoyen dont le méfait se présente avec tous les caractères de l'évidence." Doch kann die Kammer gemäß Abs. 4 die Aufhebung der Haft verlangen; s. auch M. Seydel in Hirths Ann. 1880 S. 353 Anm. 2. Arndt, Reichsstaatsr. I S. 142. Schwebte die Untersuchung, bevor der Landtag zusammentrat, so wird sie fortgeführt, bis der Landtag die Einstellung verlangt; vgl. RGSt. 27, 385, O. Reincke, Reichsverfass. S. 184. Der Vorführung eines Abgeordneten nach StPO. § 229 Abs. 2 stehen Art. 84 preuß. Verfass. bezw. Art. 31 Reichsverfass. nicht entgegen. RGSt. 38, 179.

6. Wegen Verhaftungen in Zivilsachen s. auch ZPO. §§ 901, 904, 905, Konkursordnung §§ 101, 106; also sind Verhaftungen nur statthaft mit zuvoriger Genehmigung der Kammer; die Suspendierung von Zivilprozessen kann nicht gefordert werden, Thonissen Nr. 220.

7. D. i. nicht Strafvollstreckungsverfahren. Ein solches kann nicht aufgehoben werden; s. Arndt, Komm. z. gleichlautenden Art. 31 der Reichsverfass., Reichsstaatsr. S. 142, Schwartz S. 247, v. Rönne-Zorn I S. 386, Laband I S. 317, M. Seydel in Hirths Ann. 1880 S. 353 ff., G. Meyer §§ 105, 133, H. Schulze in Marquardsens Handb. S. 55, v. Stengel S. 84, Proebst Anm. 3 zu Art. 31 Reichsverfass., StenBer. des RT. 1874 S. 244 f. (21. Nov. 1874), Sten.-Ber. des RT. 1874 S. 725 f., 750, 1875 S. 76, 471 f., ferner StenBer. des RT. 1875/76 Bd. III Aktenstück Nr. 25 S. 87.

8. Die in Art. 84 (Abs. 2 und 4) enthaltenen landesgesetzlichen Bestimmungen sind durch § 6 Abs. 2 Nr. 1 des EG. z. StPO. aufrechterhalten.

9. In Betracht kommt noch, daß die Mitglieder des Landtages die Berufung zum Amte eines Schöffen oder Geschworenen ablehnen dürfen, GVG. §§ 35 und 85 Abs. 2.

Ferner gehört hierher StGB. § 12:

„Wahrheitsgetreue Berichte*) über Verhandlungen eines Landtags oder einer Kammer eines zum Reich gehörigen Staats bleiben von jeder Verantwortlichkeit frei."

Das Ges. v. 26. 3. 93 (RGBl. 133) bestimmt als ersten Satz des § 69 StGB.: „Die Verjährung ruht während der Zeit, in welcher auf Grund gesetzlicher Vorschrift die Strafverfolgung nicht begonnen oder nicht fortgesetzt werden kann" (sie ist nicht davon abhängig, daß die Genehmigung des Landtags zur Strafverfolgung nachgesucht, aber abgelehnt ist, RGSt. v. 25. 10. 1900 §§ 410 f.) und als letzten Satz: „Ist zur Strafverfolgung ein Antrag oder eine Ermächtigung nach dem Strafgesetz erforderlich, so wird der Lauf der Verjährung durch den Mangel des Antrages oder der Ermächtigung nicht gehindert"; s. auch Olshausen, Komm. z. StGB. S. 316, 318.

Art. 85. Die Mitglieder der zweiten Kammer erhalten aus der Staatskasse Reisekosten und Diäten nach Maaßgabe des Gesetzes.[1]) Ein Verzicht hierauf ist unstatthaft.[2])

*) D. s. nicht Berichte über einzelne Reden oder Bemerkungen über dieselben; was wahrheitsgetreu, ist Tatfrage. Erk. d. RG. v. 5. 11. 86 u. 6. 11. 88 u. Entsch. in Strafs. XV 32 u. XVIII 207.

Const. belge art. 52: „Chaque membre de la Chambre des représentants jouit d'une indemnité mensuelle de" etc.

1. Ges. v. 30. 3. 73 (GS. 175), abgeändert durch Ges., betr. die Reisekosten und Diäten der Mitglieder des Hauses der Abgeordneten, v. 24. 7. 76 (GS. 345). Letzteres bestimmt:

§ 1. Die den Mitgliedern des Hauses der Abgeordneten zustehenden Reisekosten und Diäten werden nach den folgenden Sätzen gewährt:

I. Die Reisekosten, einschließlich der Kosten der Gepäckbeförderung,

1) bei Reisen, welche auf Eisenbahnen oder Dampfschiffen gemacht werden können, für das Kilometer mit 13 Pf. und für jeden Zu- und Abgang mit 3 Mark,

2) bei Reisen, welche nicht auf Eisenbahnen oder Dampfschiffen zurückgelegt werden können, für das Kilometer mit 60 Pf.

II. Die Diäten mit 15 Mark für den Tag.

§ 2. Hinsichtlich der Berechnung der Reisekosten finden die bezüglich der Reisekosten der Staatsbeamten geltenden Vorschriften Anwendung.

2. Den Herrenhausmitgliedern ist (nur) das Recht der freien Eisenbahnfahrt zwischen ihrem Wohnort und Berlin gewährt. Dieses Recht beginnt 8 Tage vor Eröffnung und erlischt 8 Tage nach Schluß des Hauses.

3. In dem Ges., betr. die Gewährung einer Entschädigung an die Mitglieder des Reichstages v. 21. 5. 06 (RGBl. 468), welches den Reichstagsmitgliedern für die Dauer der Sitzungsperiode, sowie acht Tage vor deren Beginn und acht Tage nach deren Schluß Eisenbahnfreifahrt und eine jährliche Aufwandsentschädigung von 3000 Mark (unter Abzug von je 20 Mark für jeden Tag des Fehlens bei Plenarsitzungen) zuspricht, ist in § 6 bestimmt:

„Ein Mitglied des Reichstags darf in seiner Eigenschaft als Mitglied einer anderen politischen Körperschaft, wenn beide Körperschaften gleichzeitig versammelt sind, nur für diejenigen Tage Vergütung beziehen, für welche ihm auf Grund dieses Gesetzes ein Abzug von der Entschädigung gemacht ist oder in den Fällen des § 3 Tagegeld nicht gewährt wird. Auch darf es in dieser Eigenschaft während der Dauer der freien Fahrt auf den Eisenbahnen keine Eisenbahnfuhrkosten annehmen."

§ 3 betrifft die Entschädigung bei solchen, die während der Tagung neu gewählt sind, oder deren Mandat während der Tagung aufhört.

Titel VI.

Von der richterlichen Gewalt.

Art. 86.[1]) Die richterliche Gewalt wird im Namen des Königs[2]) durch unabhängige, keiner anderen Autorität als der des Gesetzes[3]) unterworfene Gerichte ausgeübt.[4])

Die Urtheile werden im Namen des Königs[2]) ausgefertigt und vollstreckt.[5])

Const. belge art. 30: „Le pouvoir judiciaire est exercé par les cours et tribunaux. Les arrêts et jugements sont exécutés au nom du roi."

Art. 107: „Les cours et tribunaux n'appliqueront des arrêtés et règlements généraux, provinciaux et locaux, qu'autant qu'ils seront conformes aux loi."

S. hierzu Arndt, Selbst. VR. S. 104 f. und im Arch. f. öff. R. 1903 S. 156 ff.

Art. 86 entspricht art. 107 der const. belge, und soll wie dieser nicht bloß den (in Belgien gar nicht erst erwähnten) Ausschluß der Einwirkung der Exekutive auf die Gerichte in Sachen der Rechtsanwendung bedeuten, sondern zugleich oder hauptsächlich (wenn nicht gar ausschließlich), daß die Gerichte nach dem Willen der Verfassung nicht selbständige Verordnungen anwenden dürfen, vielmehr nur Gesetze und solche Verordnungen, die auf Grund Gesetzes, im Rahmen der gesetzlichen Ermächtigung ergehen, nicht den Gesetzen zuwiderlaufen noch über deren Ermächtigung hinausgehen (surpasser). Art. 107 const. belge wandte sich nicht etwa gegen Kabinettsjustiz, sondern dagegen, daß nach holländischem Rechte die Gerichte verpflichtet waren, auf dem gesetzfreien Gebiete vom Könige erlassene An- und Verordnungen irgend welcher Art (arrêtés) anzuwenden. Daher handelt das belgische Recht (J. J. Thonissen und G. Beltgens) die Lehre vom selbständigen Verordnungsrecht (dessen Ausschluß) bei art. 107 const. belge ab. Ebenso legt Vauthier bei Marquardsen S. 78 Art. 107 dahin aus, daß kraft der Trennung der richterlichen Gewalt Verordnungen aller Art nur so weit anzuwenden seien, wie sie mit den Gesetzen übereinstimmen. Das gleiche gilt jetzt in Holland, L. de Hartog bei Marquardsen S. 207. Im Ergebnisse ist einverstanden Anschütz in v. Holtzendorffs Encykl. S. 608.

I. Art. 86. Mit Art. 86 soll ferner gesagt sein, daß von den Gerichten über die Art der Ausübung ihrer Tätigkeit, z. B. über ihre Abstimmung und deren Gründe, keine Auskunft und kein Zeugnis verlangt werden kann, RG. 13. 11. 94, Entsch. in Straff. XXVI 201, daß das zur unmittelbaren Anwendung durch die Richter gegebene Recht (ALR., Allgem. Gerichts-Kriminal-Ordnung) nur durch formelles Gesetz geändert, ergänzt oder ersetzt werden kann, daß den Richter bindende authentische Interpretationen von Gesetzen, desgleichen Ein- und Ausführungsbestimmungen zu sog. Rechtsgesetzen (zur unmittelbaren Anwendung durch die ordentlichen Gerichte gegebenen Gesetzen, wie BGB., StGB., ZPO., StPO., KonkO., HGB., WechsO. usw.) im Gegensatz z. B. zu Gewerbe-, Finanz-, Polizeigesetzen usw., nur im Wege der Gesetzgebung bezw. nur auf Grund spezieller gesetzlicher Ermächtigung ergehen dürfen, daß Verordnungen und Verfügungen, welche den Richter in der freien Auslegung von Gesetzen oder Verordnungen oder in der freien Würdigung des ihm unterbreiteten tatsächlichen (wie rechtlichen) Materials hindern und binden wollen, unwirksam und ungültig sind, unbeschadet seiner Pflicht, gehörig verkündete königliche Verordnungen zu befolgen (Art. 106); s. auch oben Anm. 4 zu Art. 45. Art. 86 bedeutet die Trennung und Unabhängigkeit der richterlichen von der vollziehenden Gewalt. Nicht aber will Art. 86 vorschreiben, daß der Richter auf Grund Gesetzes erlassenen Verordnungen, z. B. Polizeiverordnungen, soweit sie sich im Rahmen des Gesetzes halten, in seiner richterlichen Tätigkeit nicht unterworfen ist; s. Arndt, Reichsverordnungsr. S. 211 ff., da der Richter, wenn er eine gesetzmäßig erlassene Verordnung anwendet, nur dem Gesetze selbst gehorcht, das die Verordnung veranlaßt hat. Art. 86 will ferner die sog. Kabinettsjustiz und das landesherrliche Bestätigungsrecht der Urteile ausschließen, s. auch v. Rönne § 103 I S. 460 f., GVG. §§ 61 bis 66, 120 bis 125, 132, die auch durch § 1 GVG.: „die richterliche Gewalt wird durch unabhängige, nur dem Gesetze unterworfene Gerichte ausgeübt", reichsrechtlich verboten sind. Indem der Richter eine gesetzmäßig erlassene Polizeiverordnung anwendet, ist er nicht der V. als solcher, sondern dem Gesetze unterworfen, das die Behörde zum Erlasse der V. ermächtigt (OVG. IX S. 363, OTr. 8. 11. 64 und 8. 5. 65) und er darf die V. nicht anwenden, wenn sie nicht „in Gemäßheit des Gesetzes" erlassen ist (Art. 8). Das ALR., das BGB., die alte Gerichtsordnung und die heutige ZPO., die alte Kriminalordnung und die heutige StPO., das Strafrecht des ALR. und das StGB. konnten vom Könige nicht abgeändert werden, worüber man in Preußen von Anfang der Verfassung an einig war, weil der Richter diesen Gesetzen und keiner anderes anordnenden Autorität, der vollziehenden Gewalt, unterworfen sein soll. Daß dies nicht willkürlich in die Verfassung hineingetragen ist, ergeben noch u. a. die Erklärung des Preuß. Staatsminist. (durch Graf Lippe) i. J. 1865 beim Prisenreglement, StenBer. S. 2070, Welcker im Rechtslexikon unter „Gesetz" S. 146, v. Daniels, Preuß. Privatr. V 132 a. a. O., Arndt, Selbst. VR. S. 104 f., ferner KomBer. des HerrH. v. 12. 2. 79 (Anl. zu den StenBer. S. 522, oben S. 253), die Rücksicht auf das französisch-belgische Recht (Ortolan p. 265: „les contraventions de police ne peuvent avoir d'autre base de repression que la loi"), ferner die Ausführungen in den Verhandlungen der I. Kammer 1849 S. 231 ff.: „Auch die Polizeiverordnung fließt aus dem legislativen Recht", endlich daß die Verordnung über die Aufhebung der Privatgerichtsbarkeit und des eximierten Gerichtsstandes, sowie über die anderweitige Organisation der Gerichte v. 2. 1. 49 (GS. 1) sich auch auf Art. 85, d. i. den heutigen Art. 86, stützt. Die zahlreichen selbständigen königlichen und ministeriellen Verordnungen, die ihre Autorität also nicht aus dem „Gesetze" entnehmen, enthalten, wie die nähere Betrachtung ergibt, Gegenstände, die wenigstens 1850 dem Rechtswege entzogen und zur unmittelbaren gerichtlichen Anwendung nicht bestimmt und der richterlichen Prüfung nicht unterworfen waren, z. B. das Reisekostenregulativ, überhaupt Beamten- und Militärbesoldung, die Schulregulative, die Im- und Exmatrikulationsvorschriften, Post-, Telegraphengebühren, Militär-Disziplinarordnungen, Strafvollstreckungsvorschriften gegen Militärpersonen u. dergl.

Von Anfang an seit Emanation der Verfassung hat daher festgestanden, daß sog. Rechtsgesetze, d. h. zur unmittelbaren Anwendung durch die ordentlichen Gerichte dienende Gesetze, nur unter Zustimmung des Landtags ergehen können. Dies folgt nicht, wie Gneist meint, aus dem uralt-germanischen Gesetzesbegriff, sondern aus der ganz modernen Gewaltenteilung. Justiz und Exekutive stehen sich gleich und sind voneinander unabhängig; folglich hat die Justiz Verordnungen der Exekutive aus deren eigenem Rechte nicht zu befolgen; nur dem Gesetzgeber als dem Souverän hat sie zu gehorchen, d. h. aber nicht bloß, was der Gesetzgeber unmittelbar, sondern auch was er mittelbar befiehlt, was unter und auf Grund seiner Autorität von einem Dritten angeordnet wird.

Aus Art. 86 folgt sodann der Satz, der auch im französisch-belgischen Rechte feststeht (s. Arndt im Arch. f. öff. R. 1903 S. 156 f.), nämlich, daß zu den sog. Rechtsgesetzen die Gerichte bindende Ausführungsverordnungen nicht auf Grund der allgemeinen Befugnis zum Erlasse von Ausführungsverordnungen (Art. 45), sondern nur auf Grund spezieller gesetzlicher Delegation ergehen können. (Block, Dict. de l'Admin. franç. s. m. décret nr. 13.)

Seit 1850 hat sich der Rechtsstand in Preußen insoweit geändert, daß nunmehr, z. B. seit dem Ges. über die Erweiterung des Rechtsweges v. 24. 5. 61 § 25 des Postges. von 1867 und bezw. 1871, die Gerichte in die Lage gekommen waren, auch selbständige Verordnungen anzuwenden, z. B. das Pensionsreglement von 1857, die Vorschriften über Witwengelder der Professoren, über Post- und Telegraphengebühren. Dürfen die Gerichte solche trotz Art. 86 anwenden? Antwort: ja, weil ihnen dies die Autorität des Ges. v. 24. 5. 61 bezw. des Postgesetzes von 1862 und 1871, der Telegraphengebühren-ordnung von 1899 (eines Reichsgesetzes) gebietet; s. auch Arndt im Arch. f. öff. R. 1903 S. 183 f. Auch das administrative Verfahren bei Zuwiderhandlungen gegen die Zollgesetze und die sonstigen Vorschriften über indirekte Reichs- und Landesabgaben ist längst auf gesetzliche Grundlage gestellt, s. z. B. Ges. v. 26. 7. 97, GS. 237.

Die Oberaufsichtsrechte der Dienstvorgesetzten gegenüber den Richtern in Ansehung der Disziplin, des Geschäftsbetriebes und Verzögerungen sind unberührt geblieben; desgl. die Zuständigkeit des Justizministers in Lehns-, Familienfideikommiß- und Familienstiftungssachen, s. u. a. Ges. v. 5. 3. 55 (GS. 175), königliche V. v. 16. 11. 99 (GS. 562), Art. 5, 13, 14 a. a. O., v. Rönne I § 103 S. 460, 461 Anm. 4 a. a. O.

2. Gilt noch jetzt, da die Justizhoheit und die Justizverwaltung in Preußen dem Könige verblieben ist. Wegen der gemeinschaftlichen Gerichte s. Art. 87 a.

3. Bezw. einer auf Grund Gesetzes erlassenen Verordnung, da sie nicht bloß „dem Gesetze“, sondern auch „der Autorität“ des Gesetzes unterworfen sind. Ferner stehen weder Art. 86 noch § 1 GVG. entgegen, daß die Instanzgerichte in einem Prozesse an die Rechtsansicht des Revisionsgerichts gebunden sind; s. Anm. 1, da auch solches durch Gesetz, also Souveränitätsakt, vorgeschrieben ist.

4. Art. 86 der Verfass. und der Abschnitt VI gelten nur für die ordentlichen Gerichte (KabO. v. 29. 7. 49, Staatsanz. 1849 S. 1621), nicht für Marine-, Militär-, Prisen- noch für die Verwaltungsgerichte. Deshalb konnten durch einfache Verordnung eingesetzt werden die Prisengerichte am 20. 6. 64, die Marinegerichte 1854 u. dergl. und sind bezw. waren diese auch selbständigen

Verordnungen unterworfen, z. B. dem Prisenreglement v. 20. 6. 64, die Militärgerichte den vom Könige selbständig erlassenen Verordnungen usw. S. hierzu auch Pape bei Gelegenheit der Verhandlungen des Abgeordnetenhauses über das Prisenreglement in der Kommission und im Plenum, vgl. Selbst. VR. S. 113, 200 f. a. a. O. Andererseits gilt auch für alle Gerichte, daß sie Anweisungen in bezug auf Rechtsanwendung nicht unterworfen sind und die Gesetzmäßigkeit aller Anordnungen, rücksichtlich deren ihre, namentlich die Verwaltungs-Rechtsprechung zugelassen ist, frei prüfen dürfen und prüfen müssen, OVG. IX S. 363 a. a. O., wo dies mit Recht aus § 1 des Verwaltungsgerichtsges. v. 3. 7. 75 a. a. O. abgeleitet ist; s. auch MilStPO. § 18.

5. Die Urteile des Reichsgerichts ergehen im Namen des Reichs. Trotzdem die Ordnung des Gerichtswesens, des formellen wie des materiellen Rechts, auf das Reich im wesentlichen übergegangen ist, so wird es durch die Bundesstaaten in der Regel verwaltet; daher sind die Zivil- und die Militärgerichte in Preußen Landesgerichte und wird die Justiz nach wie vor im Namen des Königs ausgeübt. Die Gerichtsbarkeit des Reichsgerichts ist nicht die preußische für den preußischen Staat, sondern die eigene des Reichs, als einer über den Einzelstaaten stehenden und von diesen rechtlich verschiedenen souveränen Gewalt (Plenarbeschluß der vereinigten Zivilsenate des RG. v. 22. 5. 01, Entsch. XLVIII 195; s. auch schon XLIV 380 I); folglich kann in Sachen, die vor dem Reichsgericht schweben, weder der positive noch der negative Kompetenzkonflikt erhoben werden; ebenso Wach, Handbuch des Zivilprozeßrechts I 102 f., Laband, Staatsr. III 364 Anm. 1, dagegen Loening im VerwArch. 8 162, Lukas, DJZ. 1901 S. 536, Meyer-Anschütz 666. Dies gilt aber auch für die übrigen vom Reiche eingesetzten oder im Namen des Reichs oder des Kaisers tätigen Gerichte; so die

Marine- und die Feldgerichte, ferner die Konsular- und Prisengerichte, da auch diese „ihre Gerichtsbarkeit nicht von den Souveränetäten der einzelnen Bundesstaaten", sondern vom Reiche und der „Justizhoheit des letzteren, als eines den Gliedstaaten verfassungsmäßig übergeordneten Staatswesens", ableiten.

Art. 87. Die Richter werden vom Könige [1]) oder in dessen Namen [1]) auf ihre Lebenszeit [2]) ernannt.[3])

Sie können nur durch Richterspruch aus Gründen, welche die Gesetze vorgesehen haben, ihres Amtes entsetzt oder zeitweise enthoben werden. Die vorläufige Amtssuspension, welche nicht kraft des Gesetzes eintritt, und die unfreiwillige Versetzung an eine andere Stelle oder in den Ruhestand können nur aus den Ursachen und unter den Formen, welche im Gesetze angegeben sind, und nur auf Grund eines richterlichen Beschlusses erfolgen.[4])

Auf die Versetzungen, welche durch Veränderungen in der Organisation der Gerichte oder ihrer Bezirke nöthig werden, finden diese Bestimmungen keine Anwendung.

Const. belge Art. 99: „Les juges de paix et les juges de tribunaux sont directement nommés par le roi. Les conseillers des cours d'appel etc. seront nommés par le roi, sur deux listes doubles présentées l'une par ces cours, l'autre par les conseillers provinciaux."

Art. 100: „Les juges sont nommés à vie. Aucun juge ne peut être privé de sa place ni suspendu que par un jugement. Le déplacement d'un juge ne peut avoir lieu que par une nomination nouvelle et de son consentement."

Art. 101: „Le roi nomme et révoque les officiers du ministère public (Staatsanwaltschaft) près des cours et des tribunaux."

1. Die Richter werden jetzt vom König, nicht mehr bloß in dessen Namen ernannt, AG. z. GVG. v. 24. 4. 78 (GS. 230) § 7. Für die gemeinschaftlichen Gerichte ist statthaft (Art. 87a), daß sie auch von fremden Souveränen ernannt werden.

2. Entspricht § 6 GVG.

3. S. auch zu Art. 87 GVG. §§ 1 bis 11 a. a. O. Auf Handelsrichter, Schöffen und Geschworene findet Art. 87 keine Anwendung. Staatsanwälte können jederzeit versetzt, zur Disposition gestellt und mit Anweisungen bezüglich ihrer Amtsgeschäfte versetzt werden. Auf Verwaltungsbeamte findet Art. 67 keine Anwendung.

4. S. hierzu Ges., betr. die Dienstvergehen der Richter und die unfreiwillige Versetzung derselben auf eine andere Stelle oder in den Ruhestand, v. 7. 5. 51 (GS. 218), (Abänderung durch Ges. v. 26. 3. 56, GS. 201) gültig jetzt für die ganze Monarchie, s. V. über die Ausdehnung der Preuß. Disziplinargesetze usw. v. 23. 9. 67 (GS. 1613) Art. 1 a. a. O. S. auch Ges., betr. die Abänderung von Bestimmungen der Disziplinargesetze, v. 9. 4. 79 (GS. 345), welches in § 27 die preuß. Disziplinargesetze auch in Lauenburg einführte. Das Ges. v. 7. 5. 51 findet mit einigen Aenderungen auch Anwendung auf die Mitglieder des Oberlandeskulturgerichts und der Generalkommissionen, auf die Mitglieder der Oberrechnungskammer, Ges. v. 27. 3. 72 (GS. 278 §§ 5, 6). Die Mitglieder des OVG. unterstehen keiner Disziplinargewalt, Ges. v. 3. 7. 75 (GS.

1880 S. 328) §§ 20 bis 25. Für die richterlichen Militärjustizbeamten gilt Ges. v. 1. 12. 98 (RGBl. 1297).

Art. 87a. Bei der Bildung gemeinschaftlicher Gerichte für Preußische Gebietstheile und Gebiete anderer Bundesstaaten sind Abweichungen von den Bestimmungen des Artikels 86 und des ersten Absatzes im Art. 87 zulässig.

Const. belge art. 92: „Les contestations qui ont pour objet des droits civils sont exclusivement du ressort des tribunaux.“ Art. 93: „Les contestations qui ont pour objet des droits politiques sont du ressort des tribunaux, sauf les exceptions établies par la loi.“ Art. 94: „Nul tribunal, nulle jurisdiction contentieuse ne peut être établie qu'en vertu de la loi. Il ne peut être crée de commissions ni de tribunaux extraordinaires, sous quelque dénomination que ce soit.“

Art. 87a beruht auf Ges., betr. eine Zusatzbestimmung zu den Art. 86 u. 87 der VerfassUrk. v. 31. 1. 50, v. 19. 2. 79 (GS. 18).

Art. 88. Aufgehoben.

Durch Ges. v. 30. 4. 56 (GS. 297). Früherer Inhalt: „Den Richtern dürfen andere besoldete Staatsämter fortan nicht übertragen werden. Ausnahmen sind nur auf Grund eines Gesetzes zulässig.“

Const. belge art. 102: „Les traitements des membres de l'ordre judiciaire sont fixés par la loi.“ Art. 103: „Aucun juge ne peut accepter du gouvernement des fonctions salariées à moins qu'il ne les exerce gratuitement, et sauf les cas d'incompatibilité déterminés par la loi.“

Art. 89. Die Organisation der Gerichte wird durch das Gesetz bestimmt.

Art. 104: „Il y a trois cours d'appel en Belgique. La loi déterminera leur ressort et les lieux où elles sont établies.“ Art. 105: „Des lois particulières règlent l'organisation des tribunaux militaires, leur attributions, les droits et obligations des membres de ces tribunaux, et la durée de leurs fonctions. Il y a des tribunaux de commerce dans les lieux déterminés par la loi. Elle règle leur organisation, leurs attributions, le mode de nomination de leurs membres et la durée des fonctions de ces derniers.“

Art. 89 bestimmt, daß die Organisationsgewalt der Krone sich nicht auf die Gerichte bezieht, daß mithin Aenderungen an der Organisation der Gerichte nur unter Zustimmung des Landtages erfolgen dürfen. Maßgebend für die Organisation der Gerichte ist zurzeit in erster Reihe das GVG. v. 27. 1. 77 (RGBl. 77 ff.), welches Reichsgesetz landesrechtliche Organisationen nur so weit zuläßt, wie es diese Zulassung ausdrücklich gestattet.

Im Unterschiede von der Organisation der ordentlichen Gerichte kann die Organisation aller übrigen Gerichte und aller Behörden, soweit nicht neuere Gesetze, wie z. B. bei den Verwaltungsgerichten, entgegenstehen, durch Verordnung geregelt werden: die Prisen- und Militärgerichte (die jetzt kraft reichsgesetzlicher Vorschrift auch auf gesetzliche Grundlage gestellt sind), die Behörden der allgemeinen Verwaltung, der Bergbau-, Schul-, Post-, Eisenbahn-, Militär-, Marineverwaltung. In beiden Fällen, ob es sich um Gerichts- oder andere Organisationen handelt, können Rechtsnormen in Frage stehen.

Art. 90. Zu einem Richteramte darf nur der berufen werden, welcher sich zu demselben nach Vorschrift der Gesetze befähigt hat.

Zur Zeit sind maßgebend das GVG. (besonders §§ 2 ff.) und das preußische AG. zu demselben v. 24. 4. 78 (GS. 230); s. auch Ges. v. 12. 3. 69 (GS. 482) über die Anstellung im höheren Justizdienst, Ges. v. 6. 5. 69 (GS. 656) und vom 1. 6. 74 (GS. 212) nebst Regulativ v. 1. 5. 83 (JMBl. 131) geändert durch Ges. v. 3. 11. 90 (JMBl. 277) und v. 12. 3. 88 (JMBl. 64), v. 18. 9. 97 (JMBl. 19) und 13. 5. 99 (JMBl. 150). Während die Qualifikation für Richterämter auf Gesetz beruhen soll, steht die Verfassung nicht entgegen, daß die der übrigen Beamten, z. B. der Bau-, Berg-, Post-, Eisenbahn-, Militärbeamten, -Aerzte, durch Verordnung geregelt wird. Bei der Justiz wie der Verwaltung handelt es sich dabei um Rechtsnormen (vgl. Arndt, Selbst. VR. S. 169).

Art. 91. Gerichte für besondere Klassen von Angelegenheiten, insbesondere Handels- und Gewerbegerichte sollen im Wege der Gesetzgebung an den Orten errichtet werden, wo das Bedürfniß solche erfordert.[1])

Die Organisation und Zuständigkeit solcher Gerichte, das Verfahren bei denselben, die Ernennung ihrer Mitglieder, die besonderen Verhältnisse der letzteren und die Dauer ihres Amtes werden durch das Gesetz[2]) festgestellt.

1. Auch hier sind die in Anm. 1 zu § 90 zit. Gesetze maßgebend, s. insbesondere GVG. § 14, welcher die Zulassung besonderer Gerichte, und §§ 100 ff., welche die Errichtung von Kammern für Handelssachen betreffen. Gewerbegerichte bestehen auf Grund Ges. v. 29. 7. 90 (RGBl. 141), abgeändert durch Ges. v. 29. 6. 01 (RGBl. 249), wonach die Errichtung von Gewerbe-

gerichten für Gemeinden von mehr als 20 000 Einwohnern obligatorisch ist.

2. Da Reichsrecht dem Landesrecht vorgeht, kann durch ersteres vorgeschrieben werden, daß die Organisation und Zuständigkeit solcher Gerichte auch im Wege der Verordnung bestimmt werden können; s. z. B. GVG. § 100, wonach die Landesjustizverwaltung die Bildung von Kammern für Handelssachen anordnen kann.

Art. 92. Es soll in Preußen nur Ein oberster Gerichtshof bestehen.

Const. belge art. 95: „Il y a pour toute la Belgique une cour de cassation. Cette cour ne connaît pas du fond des affaires, sauf le jugement des ministres."

Durch Ges. v. 17. 3. 52 (GS. 73) wurden das damalige Obertribunal und der rheinische Revisions- und Kassationshof zu einem einheitlichen Gerichtshof unter dem Namen „Obertribunal" vereinigt. Dieses ist durch § 12 des Ges. v. 24. 4. 78 (GS. 230) aufgehoben. Höchster Gerichtshof ist jetzt das Reichsgericht, s. GVG. §§ 12, 125 ff. In § 50 des Ges. v. 24. 4. 78 (GS. 230) ist auf Grund der §§ 8, 9 EG. z. GVG. bestimmt worden, daß die Verhandlung und Entscheidung der nicht zur Zuständigkeit des Reichsgerichts gehörenden Revisionen gegen Urteile der Strafkammern in erster Instanz, sowie über die Revisionen gegen Urteile der Strafkammern in der Berufungsinstanz und über alle Beschwerden gegen Entscheidungen der Strafkammern, sofern eine nach Landesrecht strafbare Handlung den Gegenstand der Untersuchung bildet, desgleichen endlich über das in § 40 dieses Ges. bezeichnete Rechtsmittel der weiteren Beschwerde (s. indes § 56) dem Kammergericht (kleinen Obertribunal) zu Berlin zustehen sollen.

Oberstes Militärgericht ist das Reichs-Militärgericht in Berlin, Militärstrafgerichtsordnung v. 1. 12. 98 (RGBl. 1189) § 71.

Art. 93. Die Verhandlungen vor dem erkennenden Gerichte in Civil- und Strafsachen sollen öffentlich sein.[1] Die Oeffentlichkeit kann jedoch durch einen öffentlich zu verkündenden Beschluß des Gerichts ausgeschlossen werden, wenn sie der Ordnung oder den guten Sitten Gefahr droht.[2]

In anderen Fällen kann die Oeffentlichkeit nur durch Gesetze beschränkt werden.[3]

Const. belge art. 96: „Les audiences des tribunaux sont publiques, à moins que cette publicité ne soit dangereuse pour l'ordre ou les mœurs; et dans ce cas, le tribunal le déclare par un jugement. En matière de délits politiques et de presse, le huis clos ne peut être prononcé qu'à l'unanimité." Art. 97: „Tout jugement est motivé. Il est prononcé en audience publique."

1. Auch Art. 93 ist im wesentlichen ersetzt durch die Reichsgesetzgebung. Nach dieser — GVG. §§ 170 ff. — soll die Verhandlung vor dem erkennenden Gericht, einschließlich der Verkündigung der Urteile und Beschlüsse desselben, öffentlich (ev. Revisionsgrund) erfolgen.

2. Es gilt hier GVG. §§ 173 ff. bezw. Ges. v. 5. 4. 88 (RGBl. 133), wonach durch einen öffentlich zu verkündenden Gerichtsbeschluß für die Verhandlung oder einen Teil derselben die Oeffentlichkeit ausgeschlossen werden kann, wenn sie eine Gefährdung der öffentlichen Ordnung, insbesondere der Staatssicherheit oder der Sittlichkeit, besorgen läßt. Das Urteil ist auch in solchen Fällen öffentlich zu verkünden, GVG. § 174.

3. In Ehesachen auf Antrag einer Partei (GVG. § 171) und in Entmündigungssachen nach Maßgabe des GVG. § 172 ist die Oeffentlichkeit ausgeschlossen, doch ist das Urteil öffentlich zu verkündigen, GVG. § 174.

Art. 94.[1]) Bei Verbrechen erfolgt die Entscheidung über die Schuld des Angeklagten durch Geschworene, insoweit ein mit vorheriger Zustimmung der Kammern erlassenes Gesetz nicht Ausnahmen bestimmt. Die Bildung des Geschworenengerichts regelt das Gesetz.[2])

Const. belge art. 98: „Le jury est établi en toutes matières criminelles et pour délits politiques et de la presse."

1. Dieser Art. 94 ist durch Art. 2 des Ges. v. 21. 5. 52 (GS. 249) an die Stelle des ursprünglichen Art. 94 getreten, welcher lautete:

> „Bei den mit schweren Strafen bedrohten Verbrechen, bei allen politischen Verbrechen und bei allen Preßvergehen, welche das Gesetz nicht ausdrücklich ausnimmt, erfolgt die Entscheidung über die Schuld des Angeklagten durch Geschworene.
>
> Die Bildung des Geschworenengerichts regelt das Gesetz."

Auch er ist heute durch die Reichsgesetzgebung obsolet geworden. Ueber Verbrechen entscheiden in den Fällen GVG. § 73 Nr. 2 bis 7 die Strafkammern, des § 136 Nr. 1 das Reichsgericht und in den übrigen Fällen (GVG. § 80) die Schwurgerichte.

2. S. GVG. §§ 81 bis 99.

Art. 95. Es kann durch ein mit vorheriger Zustimmung der Kammern zu erlassendes Gesetz

ein besonderer Gerichtshof errichtet werden, dessen Zuständigkeit die Verbrechen des Hochverraths und diejenigen Verbrechen gegen die innere und äußere Sicherheit des Staats, welche ihm durch das Gesetz überwiesen werden, begreift.

Dieser Art. 95 ist durch Art. 3 des Ges. v. 21. 5. 52 (GS. 249) an die Stelle des ursprünglichen Art. 95 getreten, welcher lautete:

> „Es kann durch ein mit vorheriger Zustimmung der Kammern zu erlassendes Gesetz ein besonderer Schwurgerichtshof errichtet werden, dessen Zuständigkeit die Verbrechen des Hochverraths und diejenigen schweren Verbrechen gegen die innere und äußere Sicherheit des Staats, welche ihm durch das Gesetz überwiesen werden, begreift. Die Bildung der Geschworenen bei diesem Gerichte regelt das Gesetz."

Auch der jetzige Art. 95 ist obsolet. Zur Untersuchung und Entscheidung in erster und letzter Instanz in den Fällen des Hochverrats und des Landesverrats (StGB. §§ 80 bis 93), insofern diese Verbrechen gegen den Kaiser oder das Reich gerichtet sind, ist das Reichsgericht zuständig, sonst je nach den allgemeinen Bestimmungen das Schwurgericht oder die Strafkammer.

Art. 96. Die Kompetenz der Gerichte und Verwaltungsbehörden wird durch das Gesetz[1]) bestimmt.[2]) Ueber Kompetenzkonflikte zwischen den Verwaltungs- und Gerichtsbehörden entscheidet ein durch das Gesetz[2]) bezeichneter Gerichtshof.[3])[4])

I. Nicht die Kompetenz der Gerichte untereinander und die Kompetenz der Verwaltungsbehörden untereinander, sondern die Kompetenz zwischen Gerichts- und Verwaltungsbehörden, die „Grenzscheidung" zwischen der Wirksamkeit der Gerichte und derjenigen der Verwaltungsbehörden, soll — dies allein will Art. 96 besagen — durch Gesetz geregelt werden. Daß die Kompetenz der Gerichte untereinander der Verordnungsgewalt entzogen ist, bestimmt schon Art. 89. In Ansehung der Kompetenz der Verwaltungsbehörden besteht eine dem Art. 89 entsprechende Verfassungsvorschrift nicht, und daher ist unter Bezugnahme auf Art. 96 zu Unrecht behauptet worden, daß die Kompetenz der Verwaltungsbehörden nur durch Gesetz geändert werden könne. Art. 96 steht hiernach nicht im Wege, daß durch königliche Verordnungen die Zuständigkeitsverhältnisse der Ministerien-, Eisenbahn-, Oberpostdirektionen usw. anderweit geregelt werden. Solche Verordnungen sind, soweit nicht ein besonderes Gesetz entgegensteht, rechtsgültig; s. oben Art. 47 nebst Anm., Achenbach am 4. 12. 68 im AbgH., StenBer. 436, Graf zu Eulenburg am 30. 1. 69 im HerrH., Sten.-Ber. 188, 189; s. ferner Arndt, Reichsverordnungsr. S. 149, ebenso Bornhak S. 455 f.; vgl. auch v. Rönne I § 105.

2. Eine begriffliche Abgrenzung zwischen Gerichts- und Verwaltungssachen ist nicht möglich; s. auch Bierhaus im Verwaltungsarchiv 1902 S. 223. Es hängt vom Ermessen des Gesetzgebers ab, ob er einen Gegenstand der Entscheidung durch das Gericht oder durch die Verwaltungsbehörden unterwerfen will (Arndt, Reichsverordnungsr. S. 213 ff., S. 227 a. a. O.). So haben über Zuwiderhandlungen gegen „Polizeiverordnungen" das Gericht (Gesetz über die Polizeiverwaltung v. 11. 3. 50 [GS. 265] § 17 a. a. O.), gegen „Unfallverhütungsvorschriften" — die materiell genau dasselbe sind — der Genossenschaftsvorstand und das Reichsversicherungsamt bezw. Polizeibehörden zu entscheiden, Unfallversicherungsges. v. 30. 6. 1900 (RGBl. 573) §§ 112 f. Die tatsächliche Abgrenzung ist in den

einzelnen Gesetzen zu suchen; vgl. v. Rönne I § 105. Im allgemeinen, d. h. soweit nicht Spezialgesetze Abweichendes vorschreiben, sind die Gerichte nur rücksichtlich reiner Privatrechte (vgl. auch Entsch. d. RG. in Zivils. XXV 285, LIII 423, LIX 5) und der bürgerlichen (nicht Militär-) Strafsachen zuständig; die Verwaltungsgerichte sind nur in denjenigen Fällen zuständig, die ihnen namentlich durch Gesetze zugewiesen sind; s. auch Drucksachen des RT. 1897/98 Nr. 241, StenBer. S. 2197. Soweit reichsrechtliche Vorschriften mangeln, entscheidet lediglich das Landesrecht darüber, ob es sich um eine bürgerliche Rechtsstreitigkeit (§ 13 GVG.) handelt und ob hierfür die Zuständigkeit von Verwaltungsbehörden oder Verwaltungsgerichten begründet ist, RG. v. 22. 9. 04 Z. 59, 5. Auch nach Geltung der Reichsjustizgesetze kann das Landesrecht, sofern nicht besondere reichsrechtliche Vorschriften entgegenstehen, den ordentlichen Rechtsweg ausschließen.

3. Für Belgien bestimmt art. 106 const.: „La cour de cassation prononce sur les conflits d'attributions, d'après le mode réglé par la loi.“ Die preuß. Verfass. meinte, daß ein solcher Gerichtshof durch Gesetz neu geschaffen werden sollte. Dies ist indes nicht geschehen, und daraus folgt unter Berücksichtigung des Art. 110 der VerfassUrk., daß die bisher zur Entscheidung solcher Kompetenzkonflikte zuständige Behörde ihre Zuständigkeit behalten hätte (vgl. JMBl. 1851 S. 44, 191). Diese Behörde war (im allgemeinen) gemäß Ges. v. 8. 4. 47 (GS. 170) der „Gerichtshof zur Entscheidung der Kompetenzkonflikte“. Indes auch für die in Art. 96 behandelte Materie entscheidet heute an erster Stelle das Reichsrecht, nämlich:

GVG. §. 17: „Die Gerichte entscheiden über die Zulässigkeit des Rechtswegs.

Die Landesgesetzgebung kann jedoch die Entscheidung von Streitigkeiten zwischen den Gerichten und den Verwaltungsbehörden oder Verwaltungsgerichten über die Zulässigkeit des Rechtswegs besonderen Behörden nach Maßgabe der folgenden Bestimmungen übertragen:

1. Die Mitglieder werden für die Dauer des zur Zeit ihrer Ernennung von ihnen bekleideten Amts oder, falls sie zu dieser Zeit ein Amt nicht bekleiden, auf Lebenszeit ernannt. Eine Enthebung vom Amte kann nur unter denselben Voraussetzungen wie bei den Mitgliedern des Reichsgerichts stattfinden.
2. Mindestens die Hälfte der Mitglieder muß dem Reichsgerichte oder dem obersten Landesgerichte oder einem Oberlandesgerichte angehören. Bei Entscheidungen dürfen Mitglieder nur in der gesetzlich bestimmten Anzahl mitwirken. Diese Anzahl muß eine ungerade sein und mindestens fünf betragen.
3. Das Verfahren ist gesetzlich zu regeln. Die Entscheidung erfolgt in öffentlicher Sitzung nach Ladung der Parteien.
4. Sofern die Zulässigkeit des Rechtswegs durch rechtskräftiges Urtheil des Gerichts feststeht, ohne daß zuvor auf die Entscheidung der besonderen Behörde angetragen war, bleibt die Entscheidung des Gerichts maßgebend."

und EG. z. GVG. §. 17: „Auf Antrag eines Bundesstaates und mit Zustimmung des Bundesraths kann durch Kaiserliche Verordnung die Verhandlung und Entscheidung der im §. 17 des Gerichtsverfassungsgesetzes bezeichneten Streitigkeiten dem Reichsgerichte zugewiesen werden.

Für diejenigen Bundesstaaten, in denen die im § 17 des Gerichtsverfassungsgesetzes bezeichneten Behörden bestehen und nach Maßgabe der Vorschriften im § 17 Nr. 1—4 einer Veränderung ihrer

Einrichtung und des Verfahrens bedürfen, kann die Veränderung, sofern sie nicht bis zum Inkrafttreten dieses Gesetzes landesgesetzlich getroffen ist, durch landesherrliche Verordnung eingeführt werden."

Da in Preußen bis zum Inkrafttreten des GVG., d. i. bis zum 1. 10. 79, das hier beregte Verfahren landesgesetzlich geregelt war, und da es sich nur um eine Veränderung in der Einrichtung einer bestehenden Behörde handelte, so rechtfertigt sich die königliche Verordnung, betr. die Kompetenzkonflikte zwischen den Gerichten und den Verwaltungsbehörden, v. 1. 8. 79 (GS. 573). S. auch v. Stengel S. 226. Das von den Justizbehörden bei Kompetenzkonflikten zu beobachtende Verfahren s. JMBl. 1888 S. 4 f.

Daß, sobald eine Sache vor einem Reichsgericht anhängig ist (nicht bloß vor dem Reichsgericht), der Kompetenzkonflikt nicht mehr erhoben werden kann, folgt aus dem oben S. 306 Ausgeführten; s. auch Ges. v. 22. 5. 02, (GS. 145.)

4. Auch über die im Verwaltungsstreitverfahren zu verhandelnden Angelegenheiten kann der Kompetenzkonflikt erhoben werden. Ueber diesen entscheidet das Oberverwaltungsgericht, Ges. über die allgemeine Landesverwaltung v. 30. 7. 83 (GS. 195) § 113.

Art. 97. Die Bedingungen, unter welchen öffentliche Civil- und Militairbeamte wegen durch Ueberschreitung ihrer Amtsbefugnisse verübter Rechtsverletzungen gerichtlich in Anspruch genommen werden können, bestimmt das Gesetz. Eine vorgängige Genehmigung der vorgesetzten Dienstbehörde darf jedoch nicht verlangt werden.

Const. belge art. 24: „Nulle autorisation préalable n'est nécessaire pour exercer des poursuites contre les fonctionnaires publics pourfaits de leur administration sauf ce qui est statué à l'égard des ministres.“

Art. 97 bezweckt die Unabhängigkeit der vollziehenden von der richterlichen Gewalt.

Ges., betr. die Konflikte bei gerichtlichen Verfolgungen wegen Amts- und Diensthandlungen, v. 13. 2. 54 (GS. 86). Dieses Gesetz ist durch § 11 EG. z. GVG. mit den sich aus demselben ergebenden Modifikationen in Kraft geblieben.

§ 11. „Die landesgesetzlichen Bestimmungen, durch welche die strafrechtliche oder zivilrechtliche Verfolgung öffentlicher Beamten wegen der in Ausübung oder in Veranlassung der Ausübung ihres Amts vorgenommenen Handlungen an besondere Voraussetzungen gebunden ist, treten außer Kraft.

Unberührt bleiben die landesgesetzlichen Vorschriften, durch welche die Verfolgung der Beamten entweder im Falle des Verlangens einer vorgesetzten Behörde oder unbedingt an die Vorentscheidung einer besonderen Behörde gebunden ist, mit der Maßgabe:

1. daß die Vorentscheidung auf die Feststellung beschränkt ist, ob der Beamte sich einer Ueberschreitung seiner Amtsbefugnisse oder der Unterlassung einer ihm obliegenden Amtshandlung schuldig gemacht habe;
2. daß in den Bundesstaaten, in welchen ein oberster Verwaltungsgerichtshof besteht, die Vorentscheidung diesem, in den anderen Bundesstaaten dem Reichsgerichte zusteht.“

Hiernach und gemäß Ges. über die allgemeine Landesverwaltung v. 30. 7. 83 (GS. 195) § 114 trifft das Oberverwaltungsgericht auf Erhebung des Konflikts durch die vorgesetzte Provinzial- oder Zentralbehörde die Vorentscheidung, ob der Beamte sich einer Ueberschreitung seiner Amtsbefugnisse oder der Unterlassung einer ihm obliegenden Amtshandlung schuldig gemacht hat. S. auch v. Stengel S. 153 f. und für das von den Justizbehörden zu beobachtende Verfahren JMBl. 1888 S. 6 f. Bei Streitverkündung im Zivilprozeß an einen Beamten ist der Konflikt unstatthaft (OVG. XXXII 432), desgleichen, wenn dem Beamten Gegenforderungen behufs Aufrechnung entgegengesetzt werden, statthaft dagegen, wenn gegen ein den Beamten freisprechendes Urteil Rechtsmittel eingelegt werden (PrVerwBl. XX 158).

Für Reichsbeamte gilt das allgemeine Recht, s. Reichsbeamtenges. v. 31. 3. 73 (RGBl. 61) § 154, GVG. § 70, Erk. des OVG. v. 24. 1. 85 E. XI 403, Arndt, Reichsstaatsr. S. 647 f. Dagegen findet das Gesetz Anwendung auf Personen des Soldatenstandes (§ 6), da diese insoweit nicht unter das Reichsbeamtenges. fallen; s. Arndt, Reichsstaatsr. S. 551, JMBl. 1888 S. 8; Militärpersonen (nicht mehr Offiziere a. D.) sind Landesbeamte im Sinne des Konfliktgesetzes. Wenn daher Personen des Soldatenstandes, z. B. Gendarmen, wegen Diensthandlungen oder Unterlassungen bei anderen als Militärgerichten belangt werden, kann der Divisionskommandeur oder kommandierende General den Konflikt erheben. Die Entscheidung steht bei Zivilpersonen dem OVG., bei Militärpersonen dem Militärjustizdepartement, § 6 Ges. v. 13. 2. 54, zu.

Auf richterliche Beamte, Gerichtsvollzieher und Notare findet das Konfliktsgesetz keine Anwendung. Daß der Justizminister in diesem Sinne kein richterlicher Beamter ist, schon da er zugleich Staatsminister, kann dem OVG. XLVII 440 zugegeben werden, desgl. daß die Preuß. Verfass. der Lehre der Generaleinteilung (s. oben S. 46) auch insoweit folgt, um die Verwaltung unabhängig von der Justiz hinzustellen; daraus folgt aber noch lange nicht (ebensowenig wie für das Reichsstaatsrecht oder das belgisch-französische Recht), daß zu Gunsten der

Minister das Konfliktsverfahren gegeben ist. Die fr. Klage wäre auch von den ordentlichen Gerichten, wegen Unzulässigkeit des Rechtswegs und weil materiell unbegründet, zurückgewiesen. Dazu brauchte man aber weder eine Vorentscheidung des OVG. noch die willkürlichen Ergänzung des Ges. v. 13. 2. 54. Geistliche, auch Superintendenten, sind nicht Staatsbeamte im Sinne des Konfliktgesetzes; dagegen sind dies regelwidrig die Mitglieder der Konsistorien und des ev. Oberkirchenrats, OVG. XXXV 476; nicht für erstere, wohl aber für letztere gilt das Konfliktsverfahren.

Die im Gesetz über die Zulässigkeit des Rechtswegs in Beziehung auf polizeiliche Verfügungen v. 11. 5. 42 (GS. 192) §§ 1, 6 enthaltenen Beschränkungen für die Verfolgung von Schadensersatzansprüchen aus polizeilichen Verfügungen sind, weil materielles Recht enthaltend, nicht durch §§ 11, 13 GVG. beseitigt; s. RGZ. XVIII 122, XXII 285, XXXV 329, Meyer-Anschütz S. 681; anderer Ansicht O. Meyer, franz. Verwaltungsr. S. 237.

Titel VII.

Von den nicht zum Richterstande gehörigen Staatsbeamten.

Art. 98. Die besonderen Rechtsverhältnisse der nicht zum Richterstande gehörigen Staatsbeamten, einschließlich der Staatsanwälte, sollen durch ein Gesetz[1]) geregelt werden, welches, ohne die Regierung in der Wahl der ausführenden Organe

zweckwidrig zu beschränken, den Staatsbeamten gegen willkürliche Entziehung von Amt und Einkommen angemessenen Schutz gewährt.[2])

1. Ein allgemeines Beamtengesetz fehlt in Preußen; bis zu dessen Erlaß können Teile des Beamtenrechts noch durch Verordnung geregelt werden, so die Rangklassen, die Relikten der Universitätslehrer, bis 1873 überhaupt das ganze Reliktenwesen (1857), ferner noch durch Allerh. Erl. v. 26. 3. 55 (GS. 190) Umzugskosten (Arndt, Selbst. VR. S. 162 f.), soweit neuere Gesetze nicht entgegenstehen. Ebensowenig gibt es einen für alle Kategorien passenden Beamtenbegriff. Man kann Beamter sein im Sinne dieser und Nichtbeamter im Sinne anderer Gesetze (Arndt, Reichsstaatsr. S. 632 f.). Wenn gesagt wird, daß das Beamtenverhältnis eine Art Gewalt- und Treuverhältnis ähnlich dem lehnsherrlichen des Staates über den Beamten ist, so muß hervorgehoben werden, daß der Privatbeamte, namentlich wenn er auf längere Dauer seiner Anstellung rechnet, mindestens dieselbe Treue, dieselbe Ab- und Anhängigkeit gegen den Dienstherrn hat, daß er sich nicht bloß im, sondern auch außer Dienst dieses Verhältnisses bewußt sein muß. Seine Abhängigkeit ist größer, weil er nicht gegen Kündigung und Entlassung gesichert ist, seine Treue größer, weil ihm die Identität der Interessen zwischen Dienstherrn und ihm selbst klarer sein wird. Das dem Beamtenrecht Eigentümliche ist, daß die Macht des Staates durch Rechtsnormen in Fesseln geschlagen ist im Interesse der allgemeinen bürgerlichen Freiheit und der besonderen Sicherheit der Beamten. Dies ist klar in den Motiven des Kommissionsberichts der Verfassungskommission der Nationalversammlung zum heutigen Art. 97 ausgesprochen (Rauer, Protokolle S. 134; Arndt, Selbst. VR. S. 134). Wenn in immer steigendem Maße Angestellte

in das Beamtenverhältnis überführt sind, selbst Fahrkartendrucker, Postillone, Materialienverwalter, Vorarbeiter, selbst zuweilen gewöhnliche Arbeiter, so geschah dies nicht, um die Macht des Staates zu erhöhen oder um diese in ein vasallitisches Verhältnis zu bringen, sondern, was nur weltfremde und ganz lebensunkundige Ideologen verkennen konnten, um sie gegen Willkür aller Art sicherzustellen, namentlich gegen willkürliche Entlassung, die nur noch wegen schwerer Verfehlungen in den Fällen und Formen des sehr langwierigen Disziplinarverfahrens, nicht wegen geringen Fleißes, mangelnder Fähigkeit, üblen Willens u. dergl. möglich ist. Aus diesen Gründen sind, soweit die Gesetze keine Ausnahme machen, alle Vorschriften über Disziplin, Gehalt, Pension und sonstige Relikten, Tagegelder, Umzugskosten zwingenden und öffentlichen Rechts; vgl. auch Entsch. des RG. in Zivils. XXXVII 241. Die sog. Reverse, welche sich einzelne Verwaltungen ausstellen lassen — etwa auf Verzicht auf Umzugskosten, auf Teile des Gehalts — sind ohne rechtliche Gültigkeit. Daß in Preußen das Beamtenrecht als Sache des ganzen Bürgertums galt, ergibt der Umstand, daß das erste Gesetz, das der neuen Aera i. J. 1848 zum Opfer gebracht wurde, das der Regierung willkürliche Macht verleihende Disziplinarges. v. 29. 3. 44 (GS. 77) war (Grundlagegeſ. v. 6. 4. 48).

Diejenigen preußischen, vom preußischen Staate angestellten, wenn auch aus der Reichskasse besoldeten Beamten, welche nach Vorschrift der Reichsverfassung den Anordnungen des Kaisers Folge zu leisten haben, sind unmittelbare Landes-, aber mittelbare Reichsbeamte und unterstehen dem Ges., betr. die Rechtsverhältnisse der Reichsbeamten v. 31. 3. 73 (RGBl. 61), z. B. die Militär-, die mittleren und unteren Post- und Telegraphenbeamten, s. Arndt, Komm. z. Reichsverfass., 3. Aufl., S. 170 f.

2. S. Ges., betr. die Dienstvergehen der nicht-richterlichen Beamten, v. 21. 7. 52 (GS. 465), eingeführt in den neuen Provinzen durch V. v. 23. 9. 67 (GS. 1613) und in Lauenburg durch Ges. v. 9. 4. 79 (GS. 345) § 27. Letzteres Gesetz enthält Abänderungen der Disziplinargesetze; s. Anm. 4 zu Art. 87. Nach der von der preuß. Staatsregierung erneut und entschieden bestrittenen Ansicht des RG. v. 12. 8. 96, Entsch. in Zivils. XXXVIII 317, regelt das zit. Ges. v. 21. 7. 52 erschöpfend alle Fälle, in denen Gehaltsverlust eintritt, und hat z. B. die KabO. v. 17. 5. 20 aufgehoben.

Früher (KabO. v. 7. 7. 30) war Rechtsweg in Preußen bei Gehaltsforderungen unmittelbarer Staatsbeamten ausgeschlossen; seit Ges. v. 24. 5. 61 (GS. 241) ist er mit den dort vorgeschriebenen Modifikationen zulässig.

Titel VIII.

Von den Finanzen.

R. Gneist, Gesetz und Budget. Konstitutionelle Streitfragen aus der preuß. Ministerkrisis vom März 1878; R. Gneist in v. Holtzendorffs Rechtslexikon III S. 732 Art. „Steuerverweigerung"; P. Laband, Das Budgetrecht nach den Bestimmungen der preuß. Verfassungs-Urkunde 2c., Berlin 1867; P. Laband in der Zeitschr. f. öff. R. 1886 S. 173 ff.; H. Schulze, Lehrb. des Preuß. Staatsr. II § 200; Zorn, Reichsstaatsr. II S. 327 f.; derselbe in Hirths Ann. 1889 S. 363; v. Rönne, Preuß. Staatsr. I §§ 116 ff.; G. Meyer, Lehrb. §§ 204 ff., Fricker, Die Natur der Steuerbewilligung und des Finanzgesetzes, in der Zeitschr. für die gesamte Staatswissenschaft Bd. XVII S. 663 ff., Gustav Seidler, Budget und Budgetrecht, Wien 1885, Arndt im Arch. f. öff. R. 1888 S. 532 f., Komm.

zu Art. 69 der Reichsverfass., 3. Aufl., S. 300 f., Arndt, Reichsstaatsr. S. 318 ff., G. Seidler, Budget und Budgetrecht, Wien 1888, G. v. Mayr in Conrads Handwörterbuch VI 360, Anschütz in v. Holtzendorffs Encykl. S. 633, Arndt in Birckmeyers Encykl. S. 822.

Das Budgetrecht gehört theoretisch zu den streitigsten Teilen des Verfassungsrechts. Um Klarheit zu gewinnen, muß man unterscheiden: I. das Verhältnis des Staates zu einem Dritten und II. das Verhältnis der verschiedenen Staatsgewalten untereinander, insbesondere das Verhältnis der Gesetzgebung zur Vollziehung oder noch spezieller: das Verhältnis der zweiten Kammer zur Staatsregierung. Nur das Verhältnis zu II, nicht das Verhältnis zu I findet in den Verfassungsurkunden seinen Ausdruck.

I. a) Wer eine rechtlich begründete Forderung an den Staat hat, z. B. wer von einer dazu legitimierten Stelle als Beamter, Arbeiter angestellt ist, wer mit einer legitimierten Stelle einen Vertrag als Unternehmer abgeschlossen hat, wem auf Grund des Besitzes zinstragender oder zinsloser Staatsverschreibungen Forderungen an den Staat zustehen, kann diese Forderungen geltend machen, ohne daß ihm aus dem Etatsrecht, dieser internen Angelegenheit der Staatsgewalten untereinander, Einreden entgegengesetzt werden können. Umgekehrt, daß eine Stelle im Etat vermerkt, daß für eine Lieferung an den Staat eine Position bewilligt, daß ein Anspruch des Staates an einen Dritten im Etat, etwa als nicht einziehbar, niedergeschlagen ist, gibt kein Recht, das Gehalt oder die Zahlung oder Lieferung zu fordern oder die Befriedigung des staatlichen Anspruches zu verweigern; s. auch Anm. 5 zu Art. 47. Das Erk. des OTr. v. 16. 2. 66, Entsch. Bd. 56 S. 1 f., nimmt an, daß die Verpflichtung der Staatskasse zur Fortzahlung von Ausgaben, deren fortdauernde Entrichtung ihr durch eine kgl. Verordnung vor dem Jahre

1848 auferlegt worden ist, nach Publikation der Verfass.-Urk. nicht von der Zustimmung des Landtages abhängt. Der Gerichtshof zur Entscheidung der Kompetenzkonflikte erklärt in dem Urteile v. 14. 4. 55 (JMBl. 304) als sich von selbst verstehend, daß das Vorhandensein einer Etatsposition für die Pflicht des Staates Dritten gegenüber ohne Einfluß sei. Ebenso faßt das RG. in dem Urteile v. 9. 4. 85 (Entsch. in Zivils. XIII 258) das Etatsgesetz als rein interne Angelegenheit wischen Staatsregierung und Landtag auf. Gleiches gilt selbst in dem demokratischen Norwegen (Aschehoug, Das Staatsr. der Vereinigten Königreiche Schweden und Norwegen S. 165). Daß nach preuß. Staatsrecht das Etatsgesetz nur rein interne Angelegenheit zwischen Staatsregierung und Landtag ist, ergibt sich aus folgenden Erwägungen:

1. Nach Art. 99 soll das Etatgesetz die Einnahmen und Ausgaben „veranschlagen" und „feststellen". Art. 99 spricht nicht von einer „Bewilligung", noch bestimmt er, daß außeretatsmäßige Einnahmen zurückzuzahlen, außeretatsmäßige Ausgaben wieder beizutreiben sind.
2. Die Aufstellung eines Etats ist älter als die Verfassung; dieselbe war nur eine früher geheim zu haltende Richtschnur für die Verwaltung, keine die Untertanen bindende Rechtsnorm. Die Instruktionen für die Ober-Rechnungskammern v. 30. 5. 1768[1]) und 18. 12. 24[2]) verpflichten die Revisoren keineswegs, darauf zu sehen, daß nur die im Etat vorgesehenen, sondern daß überhaupt möglichst hohe Einnahmen erhoben werden, und in Ansehung der Ausgaben schreiben sie vor, daß für außeretats

[1]) Hertel, Die preuß. Oberrechnungskammern, 1889 S. 43 ff.

[2]) Hertel l. c. S. 147.

mäßige Ausgaben der Rendant oder die Behördr regreßpflichtig sein sollen (wenn diese Ausgaben nicht hinterher gebilligt, justifiziert werden); nicht aber bestimmen sie, daß diese Ausgaben lediglich aus dem Grunde, weil sie außeretatsmäßige sind, vom Empfänger kondiziert werden müssen.

3. Die Handlungs- und Vertretungsfähigkeit der Behörden in vermögensrechtlicher Hinsicht ist Dritten gegenüber nicht durch den Etat, sondern durch besondere Gesetze genau begrenzt, z. B. für die Regierungen durch die Geschäftsinstruktion v. 23. 10. 17 (GS. 248) §§ 12, 17, 21 a. a. O. Die Etats wenden sich nur an die Behörden, nicht an jedermann; sie haben interne, nicht externe Bedeutung und daher sollten sie bis z. J. 1821 streng verheimlicht werden.[1])

4. Die Verfassung ändert insoweit die Natur des Etats nicht; sie schreibt nur vor, daß, während früher der König allein denselben festsetzte, dies nunmehr durch Gesetz, unter Mitwirkung des Landtages, geschehen soll.

Dies alles ist anerkannt in § 8 des Ges., betr. den Staatshaushalt, v. 11. 5. 98, GS. 77 (sog. Komptabilitätsgesetz): „Durch die Etats werden Privatrechte oder Privatpflichten nicht begründet."

Auch wenn ein Etatsgesetz nicht zustande kommt, kann der Dritte den Staat auf Zahlung verklagen, kann und muß, wer immer tatsächlich, verfassungsmäßig oder verfassungswidrig, über die Staatsmittel verfügt, die dem Staate Dritten gegenüber obliegenden Verbindlichkeiten, gesetzmäßigen oder vertragsmäßigen, erfüllen, die dem Staate Dritten gegenüber zustehenden Ansprüche geltend machen und einziehen. Weigert er die grund-

---

[1]) Hertel l. c. S. 81 ff.

lose Erfüllung, so setzt er den Staat der Gefahr aus, im Rechtsstreite verurteilt zu werden; versäumt er die Geltendmachung und Einziehung staatlicher Ansprüche, so verletzt er seine Amtspflichten und macht sich der durch sie zu Schaden kommenden Staatskasse regreßpflichtig.

Der Satz, daß der Etat nicht Recht zwischen dem Staat und Dritten ausmache, wird von Laband, ReichsStaatsr. IV S. 536 als unzweifelhaft richtig aber unzweifelhaft nicht neu, als niemals in der Theorie bestritten bezeichnet; ähnlich Meyer-Anschütz S. 760 Anm. 5. Darin liegt eine totale Verkennung der Sachlage: Als z. B. die preuß. Staatsregierung, um sich Mittel für den Krieg zu verschaffen, ihr Bezugsrecht auf die Aktien der Cöln-Mindener Eisenbahn i. J. 1865 verkaufte, ohne die entsprechende Einnahmeposition zuvor in den Etat eingestellt und bewilligt erhalten zu haben, erklärte das Abgeordnetenhaus dieses Rechtsgeschäft als null und nichtig (s. auch den von Lasker angefertigten Kommissionsbericht in den StenBer. des AbgH. 1866 Anl. I S. 162 f.). Der gleichen Ansicht waren damals und später fast alle Theoretiker; so v. Rönne, John, E. Meier, Staatsverträge S. 58 a. a. O., letzterer nach Laskers Vorgang ganz allgemein bei Veräußerung von sog. Finanzvermögen, z. B. Domänen. Wenn die Staatsregierung eine Anschaffung macht oder eine Stelle besetzt, ohne daß die Mittel dazu im Etat als Ausgabeposition bewilligt sind, so ist gleichfalls oft behauptet, daß die Anschaffung oder Anstellung keine finanziellen Rechte an den Staat geben, wenigstens dann, wenn der Gläubiger (Veräußerer oder Angestellter) um die Sachlage gewußt hat, vor allem dann, wenn die Position zwar eingestellt, aber gestrichen und ihm solches bekannt war. Für das belgische und französische Recht würde eine solche Behauptung durchaus gerechtfertigt sein. Die Frage wiederholt sich beim Rechte der Kommune. Ist es da ein bloßes Internum, ob eine Etatsposition vorhanden, bewilligt oder abgelehnt ist? H. Preuß, Das städtische Amtsrecht, behauptet, daß der Magistrat zu Ausgaben, die nicht von den Stadtverordneten bewilligt sind, durch seine Rechtsgeschäfte die Stadt nicht verpflichten könne, d. h. daß bezügliche Geschäfte im Verhältnis zwischen Stadt und Dritten ungültig seien. Das ist zwar unzutreffend (ROHG. XIII 332, auch RG. in Zivils. XXXVII 244, 255; Gruchots Beiträge XXXIV 492; Striethorst. Arch. f. Rechtsfälle XXXIX 196), zeigt aber, wie bestritten der nach Labands Meinung nie bestritten gewesene Satz ist und zwar noch heute. Trotz § 8 des Komptabilitätsgesetzes ist z. B. noch die Frage, in wie weit haben die beim Etat der Universitäten gemachten Bemerkungen auch gegenüber den Professoren Wirksamkeit? Sind z. B. Alterszulagen, die im Etat vorgesehen sind, einklagbar? Für Richter ist diese Frage sogar zu bejahen. Auch Hänel, Gesetz im formellen individuellen Sinne S. 328 a. a. O., legt der Aufnahme einer Position in den Etat nicht bloß eine Bedeutung zwischen Staatsregierung und Landtag, sondern darüber eine weit hinausgehende selbständige Bedeutung bei.

b) Wie verhält es sich indes mit den Steuern? Ist der einzelne berechtigt oder gar verpflichtet, die Zahlung der gesetzlichen Steuern zu verweigern, wenn diese in den Etat nicht aufgenommen sind oder ein Etat nicht zustande kommt? die Antwort auf diese Frage ist für das preußische Staatsrecht leicht, weil sie in Art. 109 mit klaren Worten und nach der unzweifelhaften Absicht der Väter der Verfassung dahin erteilt ist: einmal bestehende Steuern kann das Abgeordnetenhaus, kann der Etat nicht aufheben; selbst dem Abgeordnetenhause gegenüber darf die Staatsregierung bestehende Steuern, auch wenn sie in den Etat nicht aufgenommen sind oder ein Etat nicht zustande kommt, forterheben. Ganz gewiß ist sie dem **Steuerzahler** gegenüber befugt (und verpflichtet), solche Steuern einziehen zu lassen. Das **letztere** muß aber auch für das **Reichsstaatsrecht** gelten, und zwar weil die Reichssteuern (zum Unterschiede von den belgischen Staatssteuern) nicht als jährliche, sondern als dauernde bewilligt sind, und weil das Etatsgesetz die einzelnen Steuerzahler unmittelbar überhaupt nicht tangiert.

Anders mag die Sache für das **belgische** Staatsrecht liegen. Art. 111 der belgischen Verfassung bestimmt: „Les impots au profit de l'état sont votés annuellement. Les lois qui les établissent n'ont de force que pour un an, si elles ne sont renouvelées.“ Aber auch hier läßt sich der Satz verteidigen: die Exekutive begeht zwar eine Verfassungsverletzung, wenn sie trotz Verweigerung einer gesetzlichen Steuer dieselbe erheben läßt; dafür kann sie aber nur durch die **Kammern** zur Verantwortung gezogen werden, und nur den Kammern gegenüber begeht sie diese Verfassungsverletzung; der einzelne dagegen darf die Zahlung der Steuern nicht verweigern. Art. 111 legt die Exekutive vor die Füße der Kammern, aber nicht vor die Füße jedes einzelnen Steuerzahlers.

Indem die Reichsverfassung eine dem Art. 111 entsprechende Vorschrift nicht, die preußische die diesem Artikel entgegengesetzte Vorschrift getroffen hat, steht fest, daß — mag das Verhältnis der Exekutive zur Legislative in Beziehung auf das Etatsrecht wie immer aufgefaßt werden — nach deutschem Reichs- und preußischem Staatsrecht (vielleicht der Reichstag) niemals ein **einzelner** (noch das preußische Abgeordnetenhaus) bestehende Steuern verweigern darf.

II. Wie aber ist das Verhältnis der **Staatsgewalten untereinander** in Beziehung auf das Budgetrecht?

Die herrschende Theorie (Fricker, Gneist, Laband, G. Meyer § 205, H. Schulze II § 200, Prazak, Arch. f. öff. R. II S. 44, Seydel, Bayr. Staatsr. II § 581, Jellinek, Gesetz und Verordnung S. 130 f., S. 276 f. a. a. O. u. a.) argumentiert: Gesetz sei herkömmlich in Preußen wie allgemein gleichbedeutend mit „Anordnung eines Rechtssatzes", der Etat sei daher kein Gesetz, sondern in Gesetzesform ein Verwaltungsakt; daraus folge, daß bei Vornahme dieses Verwaltungsaktes die Gesetze beobachtet werden müssen; das Abgeordnetenhaus sei daher nicht (auch formell nicht) befugt, auf Gesetzen oder auf gesetzlich begründeten Einrichtungen des Staates beruhende Einnahmen oder Ausgaben zu verweigern.

Diese Theorie ist in ihrem Ergebnisse für das preußische Staatsrecht und das Staatsrecht des Deutschen Reichs richtig, aber jedenfalls in ihrer Begründung unrichtig (s. Anm. 2 zu Art. 62). Wäre ihre Begründung richtig, so müßte diese Theorie, allgemein und abstrakt, wie sie ist, für jedes Staatsrecht gelten. Sie gilt aber unzweifelhaft nicht für das belgische Staatsrecht (Art. 111, 115), noch für das französische Staatsrecht, Lebon, Marquardsens Handb. S. 160. Das Budgetrecht des Landtages drückt dessen Machtanteil an der Staatsverwaltung aus. Die dem Landtage zustehende Macht ist in den verschiedenen Ländern nicht die gleiche. Das belgische wie das französische Staatsrecht gehen davon aus, daß alle Gewalt beim Volke ruht. Vertreter des souveränen Volkes sind die Kammern, während das Ministerium nur die ihm von den Kammern namens des Souveräns, d. i. des Volkes, erteilte Vollmacht ausübt. Die Vollmacht wird in und mit dem Etatsgesetz gegeben. Die Verweigerung des Budgets entzieht dem Ministerium diese Vollmacht, vorbehaltlich des Rechts, von dem Vertreter des Souveräns an den Souverän selbst durch Auflösung der Kammer zu provozieren. Das Budgetrecht ist das mächtige Mittel, welches die ganze Staatsmaschine zur Verfügung des Parlaments stellt. Die Bewilligung des Budgets bedeutet nicht nur, daß gewisse Einnahmen zu erheben oder gewisse Ausgaben zu leisten sind, sondern auch, daß das am Ruder befindliche Ministerium solches tun darf. Ohne Budget entbehrt das Ministerium den Kammern gegenüber jedweden Rechtstitels, über die Geldmittel des Landes zu verfügen, Steuern irgend welcher Art zu erheben, Ausgaben irgend welcher Art zu leisten. Die Verweigerung des Budgets ist eine res merae facultatis. Sie ist nicht gegen die Gläubiger und Schuldner des Staates gerichtet, sondern der Ausspruch, daß das Staatsministerium nicht länger über die Staatsmittel verfügen dürfe, d. h. abtreten müsse. Die Kammern haben durch das Recht, die Minister anzuklagen und zu verurteilen, auch die Macht, ihrem Ausspruche Nachdruck und Vollziehung zu verschaffen.

Dies ist wohlverstanden das belgisch-französische Recht und nicht das preußische.

Das englische Budgetrecht ist äußerlich (aber nur äußerlich) hiervon verschieden. In England herrscht das Parlament noch mehr als in Belgien, nämlich nicht bloß wie hier nur mittelbar, sondern geradezu unmittelbar. Es hat daher gar nicht nötig, seine Herrschaft im Staate, seine Macht der Exekutive gegenüber durch die nach außen hin unsinnige und nie beabsichtigte Verweigerung des ganzen Budgets zum Ausdrucke und zur Durchführung zu bringen. Das britische Parlament übt daher seit mehr als einem Jahrhunderte nicht den Brauch, das ganze Budget oder die (nicht zu entbehrenden) feststehenden Steuern zu verweigern oder ihre Appropriierung zu verschieben — obwohl es dazu berechtigt ist —, sondern begnügt sich damit, durch Verweigerung einer der nicht feststehenden

Steuern oder in mancher anderen Weise das Ministerium, seinen geschäftsführenden Ausschuß, zum Gehorsam oder zum Rücktritt zu zwingen. Dies, nichts anderes sagt Erskine May, Const. hist. I 471, nach dessen mit zahlreichen Präzedenzfällen und Erklärungen der Minister und beider Häuser belegter Darstellung jede Geldbewilligung „a free gift" des Unterhauses ist.

Was Preußen anbelangt, so ergeben der Regierungsentwurf vom 20. Mai 1848, der Kommissionsentwurf der Nationalversammlung, die Verfassungen vom 5. Dez. 1848 und 31. Jan. 1850 und die bei Beratung dieser gepflogenen Verhandlungen zunächst, daß an die Theorie von dem Verwaltungsakt in gesetzlicher Form von niemanden und in keiner Weise gedacht wurde und sodann, daß — abgesehen von den bestehenden Steuern und Abgaben — dem Landtage die Befugnis eingeräumt werden sollte, nicht bloß die Erhöhung bestehender oder die Einführung neuer Steuern abzulehnen, sondern jede, auch die auf Gesetz beruhende Ausgabe zu bewilligen, also auch zu verweigern. Mit anderen Worten: der preußische Landtag erhielt das Ausgabenbewilligungs- (also formell) und mit den unten zu erwähnenden Einschränkungen auch das Ausgabenverweigerungsrecht, nicht aber (in Ansehung der bestehenden Abgaben) das Steuerverweigerungsrecht.

Wäre die herrschende Theorie richtig, daß die Handhabung des Budgetrechts nur innerhalb und unbeschadet der bestehenden Gesetze erfolgen dürfe, daß also die auf Gesetz beruhenden Einnahmen und Ausgaben nicht erst der Bewilligung bedürfen wegen des Charakters des Etatsgesetzes als nur eines Verwaltungsaktes im bloßen Gewande eines (formellen) Gesetzes, so wären die mit so großem Nachdrucke monatelang bekämpften und verteidigten § 82 des Regierungsentwurfs vom 20. Mai 1848, bezw. Art. 109 der Verfassung vom 31. Jan.

1850 überflüssig, indem sie besonders aussprechen, daß die bestehenden Steuern und Abgaben (und diese beruhen ja und müssen auf Gesetzen beruhen) fortzuerheben sind, indem sie in Ansehung der gesetzlich bestehenden Steuern und Abgaben (vgl. Rede Stahls am 19. Nov. 1849, Verhandlungen der I. Kammer III S. 1479) und nur in Ansehung dieser und nicht in Ansehung der gesetzlich begründeten Ausgaben festsetzen, daß der Landtag im Budgetrecht die bestehenden Steuergesetze nicht erst zu bewilligen habe.

Die herrschende Theorie, abgesehen davon, daß der Landtag von einer formellen Befugnis, gesetzlich begründete Ausgaben zu verweigern, niemals und wenn selbst, dann ohne Wirksamkeit und Erfolg den Staatsgläubigern gegenüber, Gebrauch machen wird, führt auch zu unpraktischen Konsequenzen; nach ihr hätte der Landtag zwar nicht die Ausgaben für Besoldung des durch Gesetz eingeführten kirchlichen Gerichtshofes, wohl aber die Ausgaben für Besoldung der in fiskalischen Betrieben tätigen Arbeiter, angestellten Beamten sowie die Ausgaben für die dem Fiskus gemachten Lieferungen für Eisenbahnmaterial usw. ablehnen können.

Die herrschende Theorie, wonach dem Landtage in Ansehung der auf Gesetzen beruhenden Ausgaben auch formell kein Bewilligungsrecht zusteht, widerspricht der Verfassung, der Staatspraxis und der Thronrede vom 5. Aug. 1866, welche anerkannte, daß „die Staatsausgaben" (ohne Unterschied, ob sie auf Gesetz beruhen oder nicht, in specie ohne Einschränkung auf die durch die Militärreorganisation verursachten), „welche ohne Etatsgesetz geleistet sind, der gesetzlichen Grundlage entbehren".

Nach preuß. Staatsr. muß man nach vorstehendem unterscheiden: 1. die Einnahmen aus dem Staatsvermögen (Domänen, Forsten, Eisenbahnen usw.),

2. die Einnahmen aus den Steuern, 3. die Verfügung über die Ausgaben.

1. Einnahmen aus dem Staatsvermögen, gleichviel, ob dieses sog. Finanz- oder Verwaltungsvermögen, zu machen und über dieses zu verfügen, war nicht Gegenstand des Streites zwischen Krone und Kammern. Niemand hat in den Jahren 1849 und 1850 daran gedacht, die Erhebung solcher Einnahmen von der Bewilligung des Landtages abhängig zu machen. Auch die Vertreter des Budgetrechts des Landtages (Camphausen, Harkort u. a.) waren nicht anderer Ansicht. S. auch Anm. 5 zu Art. 103, Arndt im Arch. f. öff. R. 1888 S. 546.

2. In Ansehung der Steuern beschloß die zweite Kammer den Fortfall der ersten Worte des Art. 109; ebenso Anschütz, Encykl. 633, das Bewilligungs- und also auch das mehr oder weniger klar ausgesprochene Verweigerungsrecht der Steuern. Die erste Kammer faßte den umgekehrten Beschluß; es blieb also bei der unveränderten Fassung des Art. 109, d. h. die Steuern bedürfen keiner jährlichen Bewilligung, Arndt im Arch. f. öff. R. 1888 S 547; ebenso Anschütz, Encykl. 632.

Daraus folgt: ein Einnahmebewilligungsrecht bestand und besteht in Preußen nicht, wie dies auch im KomBer. des AbgH. zum Komptabilitätsges. 11. 5. 98 Nr. 102 und in den Verhandlungen dieses Hauses am 21. und 25. April 1898 betont und aufrecht erhalten ist; das Indemnitätsgesetz im Jahre 1866 bezog sich nicht auf die Einnahmen; Ueberschreitungen der etatsmäßigen Einnahmen werden dem Landtage nur zur Kenntnis, nicht zur Genehmigung mitgeteilt, Arndt, ebd. S. 547 f.

3. Als Mittel, seinen Einfluß zur Geltung zu bringen, und als Teil und Ueberrest des in der V.

v. 6. 4. 48 der Volksvertretung zugestandenen Rechts der Feststellung des Etats und der Steuerbewilligung, als Ersatz für das versagte Steuerbewilligungsrecht wurde dem Landtage von der Staatsregierung das Ausgabenbewilligungsrecht zugestanden, in der Erwartung, daß er davon einen verständigen Gebrauch machen werde (vgl. Arndt im Arch. f. öff. R. 1888 S 559 f.). Die Ansicht, daß erst die Folge des fehlenden Steuerverweigerungsrechts ein von Jahr zu Jahr sich fortsetzender Drang war, den gesuchten konstitutionellen (d. h. parlamentarischen) Einfluß, den man auf der Einnahmeseite verfehlt hatte, auf der Ausgabeseite zu finden (Gneist, Gesetz und Budget S. 174, Anschütz, Encykl. S. 633), trifft hiernach nicht zu; s. auch Brief Camphausens v. 17. 1. 49 an König Friedrich Wilhelm IV. in der Deutschen Revue 1906 S. 382 („nachdem aber durch jene Verfass. v. 5. 12. 48 und die Botschaft den Kammern zugestanden ist, frei über den Ausgabeetat zu verfügen") und die unten zit. Denkschrift des Zeitgenossen P. Reichensperger. Zwar bedürfen hiernach, wie dies auch der Praxis entspricht, selbst die gesetzlich vorgeschriebenen und die unbedingt notwendigen Ausgaben (z. B. die aus einer gerichtlichen Verurteilung des Fiskus folgenden) der vorgängigen oder nachträglichen Genehmigung des Landtages (s. besonders P. Reichensperger, Denkschrift, betr. das verfassungsmäßige Budgetrecht des Hauses der Abgeordneten in den StenBer. des AbgH. 1865/66 II S. 33 f., die den Unterschied in der rechtlichen Behandlung der Einnahmen und Ausgaben in Preußen scharf betont); andererseits ist der Landtag verpflichtet (gebunden), solche Ausgaben zu bewilligen. Die Bewilligung bedeutet in der Sache, daß die Ausgaben als gesetzlich oder notwendig anerkannt werden. Daß z. B. der Reichstag verpflichtet ist, gesetzlich feststehende Ausgaben zu bewilligen, ist z. B. bei Beratung des

Flottenges. am 1. 7. 98 von den Mitgliedern alle Parteien zugestanden (Arndt in der DJZ. 1898 S. 70). Man spricht insoweit von einer gesetzlichen Bindung, von einer moralischen Bindung dagegen, wenn es sich z. B. um eine fernere Rate einer in einer früheren Rate bewilligten Ausgabe handelt. Nach dem Satze, daß das Parlament gebunden ist, gesetzlich feststehende Ausgaben zu bewilligen, braucht die Regierung „tacked bills" oder die Abänderung bestehender Gesetze durch den Haushaltsetat sich nicht gefallen zu lassen, s. oben S. 259, s. auch Graf Posadowsky-Wehner am 20. 3. 96 (StenBer. des RT. 1896 S. 1611), Arndt, Reichsstaatsr. S. 332 f.; ebenso Bornhak, Preuß. Staatsr. I 5813, v. Stengel in Marquardsens Handb S. 291, van Calker, Bad. Budgetrecht S. 242 f., G. Anschütz, Encykl. S. 733, Meyer-Anschütz S. 755 u. a. m. Die mir von Anschütz, Encykl. S. 733 zu Unrecht imputierte Ansicht des vollen (freien) Ausgabenbewilligungsrechts vertreten u. a. Hänel und Lasker.

Für die Leistung außeretatsmäßiger Ausgaben oder für die Etatsüberschreitungen ist auch, wenn solche auf Gesetz beruhen, die Regierung dem Landtage verantwortlich; solche Ausgaben zu machen, ist ihr verfassungsmäßig verboten, d. h. sie bedarf der nachträglichen Genehmigung, welche auch in den Fällen nachgesucht wird und nachzusuchen ist, wo die Ausgabe eine gesetzliche bezw. notwendige war, also die Bewilligung nicht verweigert werden darf. Daher können neue Aemter, mit denen Gehalt verbunden ist (oder Gehälter und Remunerationen für neue Aemter oder Erhöhungen der Gehälter und Remunerationen für bestehende Aemter), nur auf Grund Gesetzes bezw. nur unter Zustimmung des Landtags eingeführt werden; s. oben Anm. 5 zu Art. 47, ferner Meyer-Anschütz S. 755, v. Rönne, Preuß. Staatsrecht I 798, v. Sarvey, Württ. Staatsr.,

Seydel, Bayr. Staatsr. I S. 493, Graf Eulenburg am 30. 1. 1869 (StenBer. des HerrH. S. 188; s. dagegen Bornhak, Preuß. Staatsr. I S. 460.

Welche rechtliche Bedeutung hat das Nichtzustandekommen des Etats in Preußen? Die Staatsregierung darf auch dem Landtage gegenüber auf Grund Art. 109 der Verfassungsurkunde (und muß, da sie die Gesetze auszuführen hat) die bestehenden Abgaben und Einnahmen forterheben lassen; Ausgaben zu leisten ist sie dem Landtage gegenüber nicht berechtigt. Nicht die Ausgabe im Einzelfalle, nicht die Verfügung über Staatsmittel Dritten gegenüber enthält eine Verfassungsverletzung; diese liegt lediglich in dem Umstande, daß die Staatsregierung überhaupt Ausgaben ohne Etatsgesetz leistet. Sie gleicht in einem solchen Falle dem nicht mehr legitimierten, aber dem tatsächlichen Verwalter fremden (des Staats-)Vermögens mit der Maßgabe, daß sie den einzelnen Gläubigern und Schuldnern des Staates gegenüber stets der allein legitimierte Vertreter bleibt. Sie kann und muß daher in solchem Falle den Gläubigern des Staates alle begründeten Zahlungen leisten, mögen diese am letzten Ende auf Gesetz beruhen oder nicht, sie muß also mit anderen Worten alle Ausgaben leisten, zu denen der Staat verpflichtet ist; sie kann und muß alle Forderungen des Staates einziehen, mögen diese sich auf Gesetze zurückführen lassen oder nicht. Dem Landtage gegenüber ist sie für alle Ausgaben verantwortlich, und sie bedarf, wie in der Thronrede am 5. Aug. 1866 auf das Feierlichste anerkannt ist, der Indemnität, eines internen Aktes der Staatsgewalten, dafür, daß sie der Verfassung zuwider ohne Etatsgesetz überhaupt irgendwelche Ausgaben geleistet hat. Dagegen darf ihr die Indemnität, soweit es sich um gesetzlich feststehende oder sonst notwendige (z. B. Löhne an Eisenbahn-, Bergarbeiter, Bezahlung von Materialien zum fiskalischen Bergbaubetrieb, von Kohlen für die Lokomotiven, Beamtengehälter) Ausgaben handelt, nicht vorenthalten werden. Mit anderen Worten: verantwortlich ist die Staatsregierung (niemals für Einnahmen, sie soll vielmehr möglichst viel und hohe machen!) nur für willkürliche Ausgaben, also insbesondere Ausgaben für nicht genehmigte Behörden und Organisationen, Kanäle, z. B. Heeresorganisationen, für nicht genehmigte Erwerbungen oder Erbauungen von Grundstücken, Bergwerken, Eisenbahnen u. dgl.

Ein Mittel, wegen eines derartigen verfassungswidrigen Handelns — welches moralisch auch dem Landtage zur Last fallen kann — das Ministerium zivilrechtlich (auf Ersatz) oder strafrechtlich verantwortlich zu machen oder es zur Niederlegung der Staatsgeschäfte zu zwingen, steht dem preußischen Landtage (s. Art. 61 Anm. 1) nicht zu. Es kann hierbei nur bemerkt werden, daß in Staaten wie in Preußen, wo drei im wesentlichen gleichberechtigte Faktoren sich gegenüberstehen, das konstitutionelle Leben auf Kompromisse angewiesen ist, keineswegs aber, wie v. Rönne, Schwartz u. a. in solchem Falle wollen, Waldeck, Duncker u. a. ausgesprochen haben, StenBer. des verfassungberatenden RT. 1867 S. 641, die unbedingte Unterwerfung der Krone und des Herrenhauses unter den alleinigen Willen des Abgeordnetenhauses eintreten muß, namentlich, wenn mehrfache Auflösungen keine andere Zusammensetzung des Abgeordnetenhauses bewirkt haben (vgl. Arndt, Reichsstaatsr. S. 332 f.); vgl. hierzu auch (mehr oder minder abweichend) Laband, Staatsr. II § 131, Bornhak, Preuß. Staatsr. III 596, v. Stengel S. 292 f., Schwartz S. 305 f., Meyer-Anschütz § 207.

Hieraus folgt indes nicht, wie Zorn, Hirths Ann. 1889 S. 371 Anm. 2, einwendet, daß das preußische Budgetrecht „Politik“ ist. Ein Mittel, den Köng zu hindern, die Verfassung ohne weiteres aufzuheben und eine andere in der Gesetzsammlung zu verkünden, gibt es auch nicht, und doch stellt die Preußische Verfassungsurkunde Rechtssätze und nicht Politik dar.

Auf dem Ausgabebewilligungsrecht beruht im wesentlichen die Stellung und die Macht des Abgeordnetenhauses.

Das Etatsgesetz bedeutet nach vorstehendem nicht und will nicht bedeuten: alle und nur die in ihm enthaltenen Einnahmen und Ausgaben sind zu leisten. Andererseits enthält es eine ganze Reihe zwingender Rechtsnormen: 1. Die Rechnungsführer müssen nachweisen und belegen, daß und warum sie weniger Einnahmen gemacht haben; 2. die Einnahmen sind nach den vorgeschriebenen Normen, insbesondere nach Vorabzug der gestatteten und belegten Verwaltungskosten (Nettoetat), einzustellen und zwar 3., um Verschleierungen zu verhüten, an den genau vorgeschriebenen Stellen; 4. auch genau dann, nicht früher und nicht später, als sie erhoben werden sollen; 5. es dürfen nur die im Etat vorgesehenen Ausgaben geleistet werden und auch diese nur, wenn sie gerechtfertigt sind; 6. werden im Etat nicht vorgesehene Ausgaben geleistet, so muß, auch wenn sie an sich notwendig waren, die nachträgliche Genehmigung des Landtags beigebracht werden; 7. die Ausgaben sind rechtzeitig, zu den angegebenen Zeiten, nicht vorher noch nachher, zu leisten; 8. sie sind aus den dazu ausgewiesenen Fonds zu leisten; 9. Fondsverwechslungen, Fondsverschiebungen, Fondsverstärkungen, Vorgriffe, Rückgriffe und Aehnliches sind verboten; 10. Ersparnisse sind außer in den besonders zugelassenen Fällen der allgemeinen Saatskasse zuzuführen, nicht unter irgendwelchem Vorwand zu verausgaben oder zur Verstärkung anderer Etatstitel zu verwenden oder als Einnahmen in den neuen Etat einzustellen; 11. Uebertragungen von Ausgaben bei verschiedenen Etatstiteln sind, außer in den besonders zugelassenen Fällen, verboten usw. Hiergegen ist nicht einzuwenden, daß diese Rechtssätze erst durch das Komptabilitätsgesetz v. J. 1898 eingeführt seien; denn sie galten schon vor diesem Gesetze, das den bestehenden Rechtszustand nur kodifiziert hat; sie gelten auch fast ausnahmslos im Reiche (Arndt, Reichsstaatsr. S. 421 f.), wo ein Komptabilitätsgesetz noch nicht ergangen ist; sie gelten nämlich, weil sie sich aus Inhalt und Wesen des Etatsgesetzes von selbst entwickelt haben.

Die Behauptung, daß die Feststellung des Etats ein Verwaltungsakt, eine an die Verwaltungsbehörden erteilte Anweisung, eine interne Instruktion darstelle, ist nur für den Etat im absoluten Preußen richtig, nicht im konstitutionellen, s. auch Arndt, Reichsstaatsr. S. 421.

Art. 99. Alle [1]) Einnahmen und Ausgaben des Staats müssen für jedes Jahr [2]) im Voraus veranschlagt und auf den Staatshaushalts-Etat gebracht werden.[3])

Letzterer wird jährlich durch ein [4]) Gesetz [5]) festgestellt.[6]) [7])

Const. belge art. 115: „Chaque année, les chambres arrêtent la loi des comptes et votent le budget.

Toutes les recettes et dépenses de l'Etat doivent être portées au budget et dans les comptes."

Art. 117: „Les traitements et pensions des ministres des cultes sont à la charge de l'Etat; les sommes nécessaires pour y faire face sont annuellement portées au budget."

Art. 114: „Aucune pension, aucune gratification à la charge du trésor public ne peut être accordée qu'en vertu d'une loi."

Die Uebernahme des Art. 114 ist nicht ohne Grund unterblieben; s. oben Anm. 5 zu Art. 47.

1. Alle, d. i. auch die auf Gesetz beruhenden, unbeschadet der Verpflichtung aller gesetzgebenden Faktoren, alle auf Gesetz beruhenden oder sonst notwendigen Einnahmen und Ausgaben in den Etat einzustellen.

2. Die Finanzperiode des preußischen Staates ist daher eine einjährige. Es ist unstatthaft, daß für mehrere Jahre durch ein Gesetz der Etat geregelt wird. Es ist dagegen nicht verboten, daß in einer Sitzungsperiode des Landtages die Etats der beiden folgenden Jahre in zwei besonderen, je ein Jahr betreffenden Gesetzen festgestellt werden. Nach dem Ges. v. 29. 6. 76 (GS. 177) beginnt das Etatsjahr in Preußen mit dem 1. April und endet am 31. März.

3. Der Landtag ist nicht frei bei der Feststellung der Einnahmen und der Ausgaben; er ist insbesondere gesetzlich gebunden, gesetzlich begründete Ausgaben zu bewilligen. Ein praktisches Resultat würde überdies die Verweigerung solcher Ausgaben nicht haben, soweit irgend wer einen Rechtsanspruch auf die bez. Staatsleistungen hat; mag dieser Anspruch, worauf die Theorie Wert legt, auf „Gesetz" oder nur auf „Vertrag" zwischen Staat und Privaten beruhen. Der Private kann seinen Anspruch einklagen; die über die Staatsmittel verfügenden Behörden tun daher wohl daran, ohne die Klage abzuwarten, diese Ansprüche zu befriedigen. Die Staatsregierung ist hierfür dem Landtage allerdings verantwortlich; allein, soweit die Ausgaben notwendige sind, kann sie diese Verantwortung leicht tragen. Ministeranklage ist in Preußen zurzeit überhaupt nicht möglich; s. Anm. 1 zu Art. 61.

4. D. i. ein einziges Gesetz (s. auch Miquel im HerrH. am 25. Mai 1892); vorbehaltlich des Rechts, für unvorhergesehene Bedürfnisse Nachtragsetats durch Gesetz festzustellen. Daß die Feststellung durch Gesetz erfolgen soll, bedeutet, daß dazu nur noch ein Souveränetätsakt (nicht mehr ein Akt der Exekutive) genügt. Erwähnt ist, daß Neuere in solchem Gesetze nur einen Verwaltungsakt im gesetzlichen Gewande sehen wollen. Andere, außer mir, die das Etatsgesetz für ein wahres Gesetz ansehen, sind u. a. Hänel, Gesetz S. 299, v. Martitz, Zeitschr. für die gesamte Staatswissenschaft, Bd. 30 S. 207 f., Schwartz, Komm. S. 300. Freilich befiehlt das Etatsgesetz wie jedes andere Gesetz nicht mehr, als der Gesetzgeber befehlen will, also nicht (in der Regel), daß Dritte daran gebunden sein sollen, daß der Rechtsgrund zur Erhebung oder Auszahlung von Geld &c. aus diesem Etatsgesetze herzunehmen ist usw., auch nicht, daß es in perpetuum gelten soll usw.

5. Der Weg der Verordnung auf Grund des Art. 63 ist grundsätzlich nicht ausgeschlossen; s. Anm. 3 zu Art. 63, derselben Ansicht Bornhak S. 511 und v. Stengel S. 289; doch entbehrlich, da der Etat die Rechte Dritter nicht berührt, die Behörden der einfachen Verordnung (Anweisung) gehorchen und die Notverordnung namentlich zu dem Zwecke bestimmt und nötig ist, auch die Gerichte zu binden, für welche das Etatsgesetz ohne Bedeutung ist. Anderer Ansicht v. Rönne I S. 594 und Schwartz S. 299; vgl. auch Verhdl. des AbgH. 1863/64 II S. 776; Arndt, Reichsstaatsr. S. 334.

6. Das Etatsgesetz verliert mit Ablauf des Jahres, für welches es gegeben ist, seine Kraft; d. h. es gilt nicht als Normaletat weiter, weil es dies nach seinem Wortlaut und Inhalt selbst so will.

7. Art. 99 spricht nicht von einer Bewilligung, sondern nur von „Veranschlagen" und „Fest-

stellen", Arndt, Reichsstaatsr. S. 405. Daß Ausgaben ohne Etatsgesetz nicht geleistet werden dürfen oder, wenn ohne solches geleistet, nachträglich genehmigt werden müssen, ist in Art. 99 selbst nicht ausgesprochen. Da indes nach der V. v. 27. 10. 10 und der KabO. v. 17. 1. 20 (GS. 21) die Minister, nach der Geschäfts-Instr. für die Regierungen v. 23. 10. 17 (GS. 248) die Regierungen und vor allem nach § 26 der Instr. für die Ober-Rechnungskammer v. 18. 12. 24 (Arndt im Arch. f. öff. R. 1888 S. 540 f.) und nunmehr nach dem sog. Komptabilitätsges. v. 11. 5. 98 (GS. 77) alle Behörden nur im Etat vorgesehene Ausgaben leisten dürfen, mögen sie auf Gesetz beruhen oder nicht, da ferner der Etat nur noch mit Genehmigung des Landtages durch Gesetz zustande kommen kann (Art. 99 der VerfassUrk.), so ergibt sich aus diesen Vorschriften, sowie aus Art. 104 der Verfass. und dem Ober-Rechnungskammerges. v. 27. 3. 72 (GS. 278), daß seit der Verfassung Ausgaben nur mit vorhergehender oder nachträglicher Genehmigung des Landtages verfassungsmäßig geleistet werden können, unbeschadet dessen Pflicht, gesetzliche und sonst notwendige Ausgaben zu bewilligen.

Art. 100. Steuern [1]) und Abgaben [1]) für die Staatskasse [2]) dürfen nur, so weit sie in den Staatshaushalts-Etat aufgenommen oder [3]) durch besondere Gesetze angeordnet sind, erhoben werden.[4]) [5])

Const. belge art. 110: „Aucun impôt au profit de l'Etat ne peut être établie que par une loi.

Aucune charge, aucune imposition provinciale ne peut être établie que du consentement du conseil provincial.

Aucune charge, aucune imposition communale ne peut être établie que du consentement du conseil communal.

La loi déterminera les exceptions dont l'expérience démontera la nécessité, relativement aux impositions provinciales et communales."

Art. 111: „Les impôts au profit de l'Etat sont votés anuellement. Les lois qui les établissent n'ont de force que pour un an."

I. Direkte wie indirekte Steuern sind Zwangsbeiträge, welche ohne spezielle Gegenleistung (im Gegensatze zu Gebühren, Art. 102) erhoben werden; unter Abgaben sind hier indirekte Steuern verstanden; nach älterem Rechte (Ges. v. 5. 6. 23) wurden nur direkte Steuern, nicht Zölle oder andere Verbrauchsabgaben, Maischraumsteuer u. a. den Ständen zur Beratung vorgelegt; oben S. 14. Im Sinne des preußischen Staatsrechts sind direkte solche, welche nach Absicht des Gesetzes den treffen sollen, der sie zahlt, indirekte solche, welche nicht den treffen sollen, der sie zahlt. Direkte Staatssteuern sind die Einkommensteuer (Fass. Ges. v. 19. 6. 06 (GS. 260), Vermögenssteuer (Ergänzungssteuergesf. Fass. v. 19. 6. 06, GS. 294), Hausiersteuer (Ges. v. 3. 7. 76, GS. 247), die Eisenbahnabgabe (Ges. v. 30. 5. 53, GS. 449, und Ges. v. 16. 3. 67, GS. 465). Die Grund- und Gebäudesteuer v. 21. 5. 61 (GS. 253 u. 317), Gewerbe- (einschließlich der Betriebs-)steuer (Ges. v. 24. 6. 91, GS. 205) und die Bergwerksabgaben (Ges. v. 12. 5. 51, GS. 261) sind durch Ges. v. 14. 7. 93 (GS. 119) dem Staate (also z. B. die Bergwerksabgabe nicht den Privatregalherren) gegenüber außer Hebung gesetzt und, abgesehen von den Bergwerksabgaben, den Gemeinden, die Betriebssteuer den Kreisen überwiesen. Den Gemeinden bezw. Kreisen stehen zu die Warenhaussteuer (Ges. v. 18. 7. 00, GS. 294) § 14 und die Wanderlagersteuer, Ges. v. 27. 2. 80 (GS. 174) § 1.

Indirekte Steuern sind die Stempel- (Ges. v. 31. 7. 95, GS. 413) und die Erbschaftssteuer (Ges. v. 30. 5. 73 und 18. 5. 91, GS. 72).

2. Also Steuern und Abgaben für Provinz-, Kreis-, Gemeindekassen können ohne Zustimmung des Landtages erhoben werden.

3. Also auch, wenn die Steuern und Abgaben nicht in den Staatshaushaltsetat aufgenommen, wohl aber durch besondere Gesetze angeordnet sind, ist ihre Erhebung gestattet; daraus folgt, daß die Staatsregierung auch dem Landtage gegenüber ermächtigt ist, die einmal gesetzlich angeordneten Steuern erheben zu lassen, ohne Rücksicht auf Vorhandensein oder Inhalt des Staatshaushaltsetats, s. Vorbemerkung zu Art. 99 und unten Art. 109.

4. Aus diesem Artikel ergibt sich, daß der Krone ein Recht, ohne Mitwirkung des Landtages Steuern und Abgaben einzuführen, nicht zusteht. Indes ist die vorläufige Einführung und Erhebung durch Notverordnung statthaft; s. Anm. 3 zu Art. 63, ebenso Bornhak, Preuß. Staatsr. S. 511 ff.; anderer Ansicht v. Rönne I S. 371 f. und H. Schulze § 174. Nach § 3 des Einkommen- und § 3 des Ergänzungssteuerges. in der Fass. v. 19. 6. 06 (GS. 260 und bezw. 294), s. auch oben zu Art. 4, sind von den fr. Steuern befreit 1. die Mitglieder des königl. und des Hohenzollernschen Fürstenhauses, 2. die des vormaligen hannoverschen Königshauses, des kurhessischen und nassauischen Fürstenhauses, 3. die beim Kaiser und König beglaubigten Vertreter fremder Mächte und die Bevollmächtigten anderer Bundesstaaten zum Bundesrate, die ihnen zugewiesenen Beamten und Bediensteten, soweit sie nicht Preußen sind, 4. die, denen sonst völkerrechtlich oder nach besonderen Staatsverträgen Steuerbefreiung zukommt.

5. Steuern oder Abgaben im Sinne des Art. 100 sind nicht Gebühren, welche der Staat als spezielles Entgelt für besonders von ihm geleistete Dienste fordert, z. B. für Desinfektion bei Choleraverdacht, welche durch

die Vorschrift in § 10 ALR. II 17 (oben Anm. 4 zu Art. 5) nötig war; s. unten zu Art. 102.

Art. 101. In Betreff der Steuern[1]) können Bevorzugungen nicht eingeführt werden.[2])

Die bestehende Steuergesetzgebung wird einer Revision unterworfen und dabei jede Bevorzugung abgeschafft.[3])

Const. belge art. 112: „Il ne peut être établie de privilège en matière d'impôts. Nulle exception ou modération d'impôt ne peut être établie que par une loi."

1. D. s. hier Staatssteuern.

2. Hiermit sollte nicht verboten werden, für gewisse Klassen der Staatsbürger Steuerfreiheiten oder Bevorzugungen durch Gesetz einzuführen, sondern nur singuläre (individuelle) Befreiungen zu erteilen. Art. 101 kann nicht durch einfaches Gesetz, also noch weniger durch einseitige Anordnung der Exekutive abgeändert werden.

3. Art. 101 enthält, s. auch Schwartz S. 308, im wesentlichen nur eine Direktive für die Gesetzgebung. Die drei Gesetze v. 21. 5. 61, betr. die Entschädigung für aufgehobene Grundsteuerbefreiungen (GS. 327), die Grundsteuer von den Liegenschaften (GS. 253), die Gebäudesteuer (GS. 317), haben die bis dahin (äußerlich wenigstens) vorhandenen Ungleichheiten in der Besteuerung der Immobilien aufgehoben.

Art. 102. Gebühren können Staats- oder Kommunalbeamte nur auf Grund des Gesetzes erheben.

Const. belge art. 113: „Hors les cas formellement exceptés par la loi, aucune rétribution ne peut être exigée des citoyens qu'à titre d'impôt au profit de l'Etat, de la province ou de la commune."

Arndt im Verwaltungsarchiv 1903 S. 432 f. über Gebühren.

Gebühren sind Abgaben, welche von der Staatsgewalt, Gemeinden oder Privaten mit staatlicher Ermächtigung einseitig, d. h. ohne Zustimmung der Verpflichteten, festgesetzt sind als spezielles Entgelt der für sie zu öffentlichen Zwecken geleisteten Dienste; dahin gehören Porti, Telegraphengebühren, Chausseegelder, Hafen-, Schleusen-, Schiffahrtsabgaben aller Art, Prüfungs-, Kesselrevisions-, Immatrikulationsgebühren usw.; vgl. OVG. XVIII 23, XXXV 102, RG. in Zivils. XXXVI 287. Ueber solche Gebühren ist in Preußen grundsätzlich der Rechtsweg ausgeschlossen; s. auch RG. in Zivils. XXXVI 287.

Solche Gebühren, wenigstens alle hier angeführten, sind nicht privatrechtlicher Natur, sondern publici iuris, ohne Rücksicht darauf, ob sie sich etwa auch aus privatrechtlichen Gesichtspunkten vielleicht hätten konstruieren lassen; sie sind tatsächlich nicht vertragsmäßig ausbedungen (Anschütz in v. Holtzendorffs Encykl. S. 628 Anm. 1), s. auch RG. in Zivils. IL 210, OVG. XXVIII 28, XXXI 56. Im Ernst wird niemand bestreiten, daß die Vorschriften, welche Kollegienhonorare, Schiffahrtsabgaben, Telegraphengebühren usw. vorschreiben, sich nicht bloß an die Behörden wenden, daß sie Rechtsnormen sind, allerdings solche, die nicht auf Grund Gesetzes in Preußen erhoben werden; s. auch Peters, Schiffahrtsabgaben S. 168, Arndt, Schiffahrtsabgaben S. 4. Sie sind nicht Gegenstand polizeilicher Regelung, OVG. XXXVIII 10, doch können sie grundsätzlich von jeder Behörde, die mit ihrer Berechnung oder Verwendung bezw. mit Leistung der Dienste, für die sie erfordert werden, betraut ist, einseitig festgesetzt werden, OVG. XXXV 102. Art. 102 wie art. 113 der const.

belge fordern nur für Sporteln, d. h. für solche Gebühren den Gesetzesweg, die in die Privattasche der sie erhebenden Beamten fließen, nicht für die, welche zu Gunsten des Staates, der Provinzen ꝛc. erhoben werden. Gebühren der letzteren Art können daher in Preußen grundsätzlich ohne Gesetz, durch Verordnung eingeführt werden, z. B. GS. 1851 S. 12, 54, 1852 S. 42, 683, 1855 S. 246, 461, 694, 719, 1867 S. 1523, 1573, 1577, 1343, 1732, 1891 usw. Peters, Schiffahrtsabgaben S. 168. Dies ist schon nach Peters 1851 durch Staatsministerialbeschluß anerkannt. Anderer Ansicht ohne Begründung das OVG. XLI 437. Eine Ausnahme machen wegen Art. 86 die von den Gerichten festzusetzenden Gebühren (für die Gerichte, Notare, Rechtsanwälte, Hypothekenbewahrer usw.). Näheres bei Arndt im Verwaltungsarchiv l. c. Soweit die Gebühren für Gemeindeeinrichtungen erhoben werden, ist gemäß Art. 105 gesetzliche Grundlage erforderlich und es ist ferner nunmehr der Verwaltungsrechtsweg hierüber offen.

Art. 103. Die Aufnahme von Anleihen[1]) für die Staatskasse[2]) findet nur auf Grund eines Gesetzes[3]) statt.[4]) Dasselbe gilt von der Uebernahme von Garantien zu Lasten des Staats.[3]) [4]) [5])

1. D. i. auch fundiertes wie unfundiertes Papiergeld. Solches kann ebenso wie eine Prämienanleihe nur noch auf Grund eines Reichsgesetzes ausgegeben werden, s. Ges. v. 18. 6. 71 (RGBl. 210), 30. 4. 74 (RGBl. 40). Auch die Aufnahme einer sog. „schwebenden Schuld“, „dette flottante“, fällt unter Art. 103; vgl. Verhandlungen der II. Kammer 1859, S. 644 ff., 703 ff., Schulze, Preuß. Staatsr. II S. 266 f.

2. Art. 103 unterscheidet nicht, ob die Anleihen zu Verwaltungs- oder Finanzzwecken gemacht

werden. Bei den ersteren mischt sich dem zivilrechtlichen Verhältnis des Staats zu seinen Gläubigern ein verwaltungsrechtliches bei, welches die zivilrechtliche Seite des Verhältnisses bedingt und beeinflußt; bei den letzteren ist dieses Verhältnis ein rein privatrechtliches. In beiden Fällen ist ein Gesetz erforderlich, mag also die Anleihe für die Anstellung von Beamten, für die Verpflegung von Truppen oder von fiskalischen Grubenarbeitern, für die Erbauung einer neuen Kaserne oder einer neuen Schachtanlage bestimmt sein. Anderer Ansicht früher u. a. Laband (Das Staatsr. des Deutschen Reichs, in Marquardsens Handb. S. 192), der annahm, daß zur Kontrahierung von Verwaltungsschulden ein Gesetz nicht nötig ist (s. auch G. Meyer § 203), G. Meyer, Verwaltungsrecht § 240. Diese Ansicht ist unrichtig; s. auch Arndt, Reichsstaatsr. S. 436. Es kommt vielmehr nur auf die Form, nicht auf den Zweck der Schuld an. Anleihen und Zinsgarantien bedürfen in allen Fällen der Zustimmung des Landtages, zu welchem finanziellen oder Verwaltungszwecke auch immer sie bestimmt sind, ob z. B. zur Errichtung von Gerichtsgebäuden, zum Ankauf von Grundstücken für Gerichtsgebäude oder etwa zum Ankauf einer Eisenbahn, eines Bergwerks; ebenso Schwartz S. 310. Anderweite Schulden darf die Staatsregierung, zu welchem Zwecke auch immer, kontrahieren, sei es durch Anstellung von Beamten und Errichtung von Staatsgebäuden zu „Verwaltungszwecken“ oder durch Annahme von Eisenbahn- und Bergarbeitern und Ankauf von Lokomotiven u. dgl. zu „Finanzzwecken“. Bei Kontrahierung derartiger Schulden wie überhaupt bei Führung der gesamten Staatsverwaltung bleibt die Staatsregierung indes dem Landtage stets dafür verantwortlich, daß sie nur im Etatsgesetze vorgesehene Ausgaben leistet; s. Art. 99 und 104. Die Hauptverwaltung der Staatsschulden wird nach Maßgabe des

Ges. v. 24. 2. 50 (GS. 57), abgeändert durch Ges. v. 29. 1. 79 (GS. 10) und 13. 2. 84 (GS. 64), durch eine von der allgemeinen Finanzverwaltung abgesonderte selbständige Behörde geführt, die ihrerseits unter der fortlaufenden Aufsicht der Staatsschuldenkommission steht. Diese besteht aus je 3 Mitgliedern beider Häuser des Landtages, welche mit absoluter Mehrheit auf 3 Jahre gewählt sind, und aus dem Präsidenten der Ober-Rechnungskammer.

3. Also ist der Verordnungsweg ausgeschlossen, nicht indes die Notverordnung (s. Anm. 3 zu Art. 63); ebenso v. Stengel. Anderer Ansicht v. Rönne I Anm. 5 zu S. 666, Schwartz S. 310 und das preuß. AbgH. gegenüber der kgl. V. v. 18. 5. 66 (GS. 227); s. Sten.-Ber. d. AbgH. 1866/67 I 398—442. Im J. 1851 hat die zweite Kammer eine solche Notverordnung in wiederholten Abstimmungen nicht für unstatthaft erklärt; s. Arndt im Arch. f. öff. R. 1889 S. 454 f. Ein Gesetz ist auch das Etatsgesetz; folglich kann innerhalb des Etats und auf Grund des Etatsgesetzes die Staatsregierung Anleihen auf- und Zinsgarantien übernehmen.

4. Art. 103 betrifft lediglich das Verhältnis der Exekutive zur Legislative. Seine Nichtbeachtung ist eine Verfassungsverletzung. Nach außen hin sind Darlehns- und Bürgschaftsschulden für den Staat verbindlich, wenn sie von der Staatsregierung kontrahiert sind; die Staatskasse kann daraus keinen Einwand übernehmen, daß Art. 103 nicht beobachtet wurde (s. Vorbemerkung vor Art. 99). v. Rönne I S. 664 hält derartige Schulden für nichtig, Schwartz S. 310 dem Staate gegenüber als unwirksam. Wäre solches die Absicht der VerfUrk. gewesen, so hätte sie zum mindestens die Form des Art. 48 gewählt: „Anleihen bedürfen zu ihrer Gültigkeit eines Gesetzes." Die

v. Rönnesche Ansicht führt auch zu unzweckmäßigen Folgerungen. Danach wäre es nichtig, wenn der Staat ohne Gesetz als Eisenbahn- und Bergwerksbesitzer oder Bankinhaber für die Einhaltung von Lieferungsfristen, Beschaffenheit von Bergwerkserzeugnissen oder durch Diskontierung eines Wechsels Garantien leistet. Auch die V. v. 17. 1. 20 (GS. 9) bedrohte die Aufnahme von Staatsanleihen ohne Mitgarantie der Stände nicht mit Nichtigkeit.

5. Nach der herrschenden Theorie, E. Meier, Ueber den Abschluß von Staatsverträgen S. 61, und in von Holtzendorffs Rechtslexikon I S. 552, Rehm bei v. Stengel III S. 60, H. Schulze in Marquardsens Handb. S. 103 a. a. O., G. Meyer, Staatsr. § 205, v. Rönne IV § 427, und dem von Lasker verfertigten Berichte der Komm. des AbgH. v. 1. 2. 66 (Anl. I S. 162 f.) bedarf es zur Veräußerung von sog. Finanzvermögen, bei Vermeidung der Ungültigkeit, eines Gesetzes bezw. des die fr. Einnahme genehmigenden Etatsgesetzes. Einzelne Schriftsteller halten die Veräußerung ohne Gesetz nur für unzulässig, nicht für ungültig, so z. B. G. Meyer; andere dagegen, z. B. so E. Meier, Lasker, für ungültig. Anderer Ansicht, mit Bezug darauf, daß die Veräußerung nur ein Verwaltungsakt sei, Laband, Preuß. Budgetrecht S. 28 ff. Die herrschende Theorie ist eingehend widerlegt von Arndt, Arch. f. öff. R. 1888 S. 533 f., dem sich v. Stengel S. 243 f., Bornhak, Preuß. Staatsr., Anschütz, Encykl. S. 628, 679 und de lege lata Schwartz S. 319 angeschlossen haben. Ein Antrag, nach dem Vorbilde der meisten deutschen Verfassungen die Veräußerung der Domänen, Forsten usw. nur auf Grund eines Gesetzes zu gestatten, ist bereits in der Kommission der Nat.Vers. abgelehnt und dadurch, implicite das Recht der Krone zur Vornahme solcher Veräußerungen anerkannt worden (s. auch Rauer, Pro-

tokolle S. 98 ff.). Der Landtag hat den Schutz, daß von allen Einnahmen aus Steuern, Anleihen, Domänen- rc. Verkäufen nichts ohne seine Genehmigung verausgabt werden darf. In einzelnen Spezialgesetzen ist ausnahmsweise für die verstaatlichten Eisenbahnen die Zustimmung des Landtages zu Veräußerungen, die Gesetzesform, vorgeschrieben worden, z. B. im Ges., betr. die Erweiterung, Vervollständigung und bessere Ausführung des Staatseisenbahnnetzes v. 3. 7. 93 (GS. 105); ebenso Anschütz l. c.

Art. 104. Zu Etats-Ueberschreitungen [1]) ist die nachträgliche Genehmigung [2]) der Kammern [3]) erforderlich. [4])

Die Rechnungen über den Staatshaushalts-Etat werden von der Ober-Rechnungskammer geprüft und festgestellt. [5]) Die allgemeine Rechnung über den Staatshaushalt jeden Jahres, einschließlich einer Uebersicht der Staatsschulden, wird mit den Bemerkungen [6]) der Ober-Rechnungskammer zur Entlastung [7]) der Staatsregierung den Kammern [8]) vorgelegt.

Ein besonderes Gesetz wird die Einrichtung und die Befugnisse der Ober-Rechnungskammer bestimmen. [9]) [10])

Const. belge art. 115: „Chaque année les chambres arrêtent la loi des comptes — —.

Toutes les recettes et dépenses de l'Etat doivent être portées — dans les comptes."

Art. 116: „Les membres de la cour des comptes sont nommés par la chambre des représentants et pour le terme fixé par la loi. Cette cour est chargée de l'examen et de la liquidation des comptes de l'administration générale et de tous comptables envers le trésor public. Elle veille à ce qu'aucun article des dépenses du budget ne soit dépassé et qu'aucun transfert n'ait lieu. Elle arrête les comptes des différentes administrations de l'Etat, et est chargée de recueillir à cet effet tout renseignement et toute pièce comptable nécessaire. Le compte général de l'Etat est soumis aux chambres avec les observations de la cour des comptes. Cette cour est organisée par une loi."

H. Schulze II § 210, v. Rönne § 117 I S. 616 f., Arndt im Arch. f. öff. R. 1888 S. 337, Arndt, Reichsstaatsr. § 42.

1. Etatsüberschreitungen im Sinne des Art. 104 sind im preußischen Rechte, abweichend vom Reichsrecht, Arndt im Recht 1903 Nr. 4, Reichsstaatsr. S. 408 und 420, Ges. v. 25. 5. 73 (RGBl. 113) § 10, Ges. v. 30. 5. 73 (RGBl. 123), Art. VII, gemäß § 19 Abs. 1 des Ges. v. 27. 3. 72 (GS. 278) nur (aber alle) Mehrausgaben, welche gegen die einzelnen Kapitel und Titel des Staatshaushalts-Etats oder gegen die von der Landesvertretung genehmigten Titel der Spezialetats stattgefunden haben, es sei denn, daß einzelne Titel in den Etats ausdrücklich als übertragbar bezeichnet sind und bei solchen die Mehrausgaben bei einem Titel durch Minderausgaben bei anderen ausgeglichen werden. Als Spezialetat in diesem Sinne ist jede Position zu verstehen, welche einer selbständigen Beschlußfassung der Landesvertretung unterlegen hat und als Gegenstand einer solchen im Etat erkennbar gemacht ist. Als Mehrausgaben gelten auch verfrühte oder verspätete Ausgaben, Komptabilitätsges. v. 11. 5. 98 § 13 a. a. O., Arndt, Reichsstaatsr. S. 492 f.

Mehreinnahmen sind nur zur Kenntnisnahme mitzuteilen, Arndt l. c. Der Antrag der Kommission des AbgH., auch die Mehreinnahmen in § 14 Abs. 1 des Ges. v. 27. 3. 72 einzuschalten, wurde mit Bezug darauf, daß der preuß. Landtag kein Einnahmebewilligungsrecht hat (oben S 336), am 17. 2. 72 abgelehnt. Bezüglich des Rechts des Monarchen zum Erlaß von Steuern, Konventionalstrafen usw. s. oben S. 184 und S. 253 f.

2. An die Nichtbefolgung einer solchen Genehmigung knüpfen sich rechtliche Folgen nicht. Der Landtag kann die Decharge verweigern; die Verweigerung oder Vorenthaltung der Decharge durch den Landtag hindert nicht die Dechargierung des Rechnungsführers durch die Ober-Rechnungskammer und die Staatsregierung, § 17 des Ges. v. 27. 3. 72, Arndt, Reichsstaatsr. S. 429; anderer Ansicht Dr. Virchow am 16. 3. 72 im preuß. AbgH.; s. auch Härtel l. c. S. 374. Der Landtag ist gebunden, die Genehmigung zu erteilen, wenn die Mehrausgabe gesetzlich oder sonst notwendig war (oben S. 337, 343 f.).

3. Also beider Häuser des Landtages; daß die beiden Häuser in derselben Session ihre Genehmigung erteilen, wird behauptet (v. Rönne Anm. 6 zu I S. 621); s. dagegen Anl. zu StenBer. des AbgH. 1863 S. 1176 f., ebenso Schwartz S. 322. Die Vorlage der Regierung um Genehmigung wie die der Rechnung kann gleichzeitig beiden Häusern, sogar dem HerrH. vor dem AbgH. zugehen, da dies Finanzvorlagen, aber nicht Finanzgesetzentwürfe (Art. 63 Abs. 3) sind, ebenso Schwartz S. 320.

4. Daß die Genehmigung in der Form eines Gesetzes erfolgen müsse, ist in der Verfassung nicht vorgeschrieben, auch nicht anzunehmen. Hiermit stimmt die Praxis überein, ebenso Schwartz S. 322. Anderer

Ansicht ist v. Rönne I S. 621 Anm. 8. Jedes Haus kann besonders und unabhängig vom anderen die Genehmigung erteilen. Die Generaldecharge kann der Landtag erst aussprechen, nachdem die Ueberschreitung von beiden Häusern genehmigt ist.

5. S. Ges. v. 27. 3. 72 (GS. 278).

6. Diese müssen enthalten (§ 18 d. Ges. v. 27. 3. 72): „1. ob die in der Rechnung aufgeführten Beträge in Einnahme und Ausgabe mit denjenigen übereinstimmen, welche in den — revidierten — Kassenrechnungen nachgewiesen sind; 2. ob und inwieweit bei der Vereinnahmung oder Verausgabung oder Verwendung von Staatsgeldern oder bei der Erwerbung, Benutzung oder Veräußerung von Staatseigentum Abweichungen von den Bestimmungen des gesetzlich festgestellten Staatshaushalts-Etats oder der von der Landesvertretung genehmigten Titel der Spezialetats (§ 19), oder von den mit einzelnen Positionen des Etats verbundenen Bemerkungen oder von den Bestimmungen der auf die Staatseinnahmen und Staatsausgaben oder auf die Erwerbung, Benutzung oder Veräußerung von Staatseigentum bezüglichen Gesetze (nicht bloß von Verwaltungsvorschriften, StenBer. d. AbgH. 1872 S. 817 ff., 1263) stattgefunden haben, insbesondere 3. zu welchen Etatsüberschreitungen im Sinne des Art. 104 der VerfassUrk. (§ 19), sowie zu welchen außeretatsmäßigen Ausgaben die Genehmigung des Landtages noch nicht beigebracht ist." Die Genehmigung eines Fehlers (einer Ausgabe) durch KabO. befreit den Beamten von seiner Ersatzpflicht, enthebt jedoch die Ober-Rechnungskammer seit Ges. v. 27. 3. 72 nicht von der Pflicht, ihr nach § 18 d. Ges. obliegende Bemerkungen dem Landtage mitzuteilen; dies gilt auch, wenn die Krone auf dem Staate zustehende Einnahmen verzichtet oder vereinnahmte Beträge zurückerstatten läßt, was in § 18 Abs. 1 des Komptabilitätsges.

v. 11. 5. 98 aufrecht erhalten ist. „Die von den Behörden rechtsgültig abgeschlossenen Verträge dürfen zum Nachteil des Staates nachträglich weder aufgehoben noch abgeändert werden. Ausnahmen sind mit königlicher Genehmigung zulässig und bedürfen, wenn der abgeschlossene Vertrag der Genehmigung des Landtages unterlegen hat, auch der Zustimmung des letzteren", § 37 Abs. 3 des Ges. v. 11. 3. 98. „Defekte" (Rechnungs- wie Kassen-) „dürfen, abgesehen von der Unmöglichkeit der Einziehung, nur auf Grund einer durch Königliche Bestimmung ertheilten Ermächtigung niedergeschlagen werden . . ." (§ 38 Abs. 1 das.). Die Bemerkungen der Ober-Rechnungskammer können den Landtag zu tadelnden Bemerkungen oder gar zur Dechargeverweigerung bestimmen; s. unten Anm. 7.

7. Zu Unrecht werden als die Wirkungen der der Regierung erteilten Entlastungen in privatrechtlicher Hinsicht die einer ordnungsmäßigen Quittung, in staatsrechtlicher Hinsicht die Entlastung (der Regierung) von der ihr bis dahin obliegenden Verpflichtung bezeichnet (Laband in Marquardsens Handb. S. 308, Seydel, Komm. S. 398). Vielmehr hat die Entlastung wie deren Versagung nur politische, nicht rechtliche Bedeutung; ebenso Anschütz, Encykl. S. 635: „greifbare staatsrechtliche Folgen hat, bei der mangelhaften Ausgestaltung der Ministerverantwortlichkeit, die Versagung der Decharge nicht." Die Dechargierung des Rechnungsführers durch die Oberrechnungskammer dagegen hat die einer Quittung in ALR. I 14 §§ 146—153 beigelegten Wirkungen, § 17 des Ges. v. 27. 3. 72, also privatrechtliche. Von der Vertretung unredlicher Handlungen oder später entdeckter Rechnungsfehler befreit sie nicht, ALR. I 14 § 146, noch weniger präjudiziert sie den Ansprüchen eines Dritten (§ 149 l. c.). Zusammenrechnungs- und Abziehungsfehler können auch noch nach 10 Jahren gegen den Rechnungsführer (nicht seine Erben) geltend gemacht werden

(§§ 130 f.). Die §§ 146—153 ALR. I 14 gelten insoweit noch nach dem Inkrafttreten des BGB. Dem Beamten ist die Decharge nicht bloß dann zu erteilen, wenn die Ober-Rechnungskammer nichts zu erinnern findet, sondern auch wenn die gezogenen Erinnerungen durch justifizierende KabO. erledigt sind (Arndt, Reichsstaatsr. S. 430). Der Beamte, dem die Decharge für Ausgaben verweigert wird, der zu Unrecht Ausgaben geleistet hat, rücksichtlich deren ihm auch keine justifizierende KabO. erteilt wird, muß für diesen Betrag aufkommen. Der Betrag wird ihm, unbeschadet der Rückforderung im Rechtswege, vom Gehalt oder der Pension abgezogen. Nicht wegen Rechnungs-, wohl aber wegen Kassendefekte, wenn der Istbestand einer Kasse, eines Magazins kleiner als der Sollbestand, ist nach der V. v. 24. 1. 44 (GS. 52) das sog. Defektenverfahren statthaft (s. OTr. 4. 2. 58, Strieth. Arch. XXIX 65). Die Verwaltung setzt das Defekt fest, zieht den Betrag ein und überläßt dem Beamten, vor den Gerichten auf Rückzahlung zu klagen.

8. v. Rönne I S. 664 f. u. H. Schulze II § 210 S. 282 behaupten, auf die Analogie des Abs. 3 Art. 62 gestützt, daß die Rechnung zuerst dem Abgeordnetenhause vorgelegt werde; s. dagegen oben Anm. 3.

9. Dieses Ges. ist v. 27. 3. 72 (GS. 278); hierzu Regl. v. 22. 9. 73 (GS. 458) nebst Nachtr. v. 27. 7. 74 (GS. 294) u. 11. 5. 77 (GS. 130); s. auch Oberrechnungskammer-Instr. v. 18. 12. 24 (v. Kamptz, Ann. IX 2), endlich Ausführungs-Anweis. z. Komptabilitätsges. v. 8. 6. 98 (BMBl. 135).

10. S. S. 173.

Titel IX.

Von den Gemeinden, Kreis-, Bezirks- und Provinzial-Verbänden.

Art. 105.[1] [2]). Die Vertretung[3]) und Verwaltung[3]) der Gemeinden, Kreise und Provinzen des Preußischen Staats wird durch besondere Gesetze näher bestimmt.[4])

Const. belge art. 108: „Les institutions provinciales et communales sont réglées par une loi. Les lois consacrent l'application des principes suivants" etc.

1. Art. 105 ist Fassung des Ges. v. 24. 5. 53, betr. die Aufhebung des Art. 105 der VerfassUrk. v. 31. 1. 50 (GS. 228). Ursprünglicher Wortlaut des Art. 105:

„Die Vertretung und Verwaltung der Gemeinden, Kreise, Bezirke und Provinzen des preußischen Staats wird durch besondere Gesetze unter Festhaltung folgender Grundsätze näher bestimmt:

1. Ueber die innern und besondern Angelegenheiten der Provinzen, Bezirke, Kreise und Gemeinden beschließen aus gewählten Vertretern bestehende Versammlungen, deren Beschlüsse durch die Vorsteher der Provinzen, Bezirke, Kreise und Gemeinden ausgeführt werden.

   Das Gesetz wird die Fälle bestimmen, in welchen die Beschlüsse dieser Vertretungen der Genehmigung einer höheren Vertretung oder der Staatsregierung unterworfen sind.
2. Die Vorsteher der Provinzen, Bezirke und Kreise werden von dem Könige ernannt.

Ueber die Betheiligung des Staats bei der Anstellung der Gemeindevorsteher und über die Ausübung des den Gemeinden zustehenden Wahlrechts wird die Gemeindeordnung das Nähere bestimmen.

3. Den Gemeinden insbesondere steht die selbstständige Verwaltung ihrer Gemeindeangelegenheiten unter gesetzlich geordneter Oberaufsicht des Staats zu.

Ueber die Betheiligung der Gemeinden bei Verwaltung der Ortspolizei bestimmt das Gesetz.

Zur Aufrechthaltung der Ordnung kann nach näherer Bestimmung des Gesetzes durch Gemeindebeschluß eine Gemeinde-Schutz- oder Bürgerwehr errichtet werden.

4. Die Berathungen der Provinzial-, Kreis- und Gemeindevertretungen sind öffentlich. Die Ausnahmen bestimmt das Gesetz. Ueber die Einnahmen und Ausgaben muß wenigstens jährlich ein Bericht veröffentlicht werden."

2. Vom Jahre 1872 bis jetzt hat eine Reorganisation der inneren Verwaltung nach den Grundsätzen der Teilnahme gewählter Laien an den Geschäften der staatlichen Verwaltung (Selbstverwaltung) und mit Einführung der Verwaltungsgerichtsbarkeit stattgefunden. Diese Reorganisation bezieht sich nur auf einen Teil der inneren Verwaltung, die sogenannte allgemeine Verwaltung; sie ist allmählich über den ganzen Staat ausgedehnt worden. Es gelten überall das Gesetz über die allgemeine Landesverwaltung v. 30. 7. 83 (GS. 195) und das (Zuständigkeits-)Gesetz über die Zuständigkeit der Verwaltungs- und Verwaltungsgerichtsbehörden v. 1. 8. 83 (GS. 237). Es gelten:

I. Für die sieben östlichen Provinzen:

a) Städteordnung v. 30. Mai 1853 (GS. 261);

b) Gesetz, betreffend die Verfassung der Städte in Neuvorpommern und Rügen, v. 31. Mai 1853 (GS. 291);
c) Kreisordnung v. 13. Dez. 1872 (Fassung GS. 1881 S. 179) und GS. 1876 S. 245 für die drei Grafschaften Stolberg;
d) Gesetz, betr. die Landgemeindeverfassungen für die sieben östlichen Provinzen der Monarchie, v. 3. Juli 1891 (GS. 233);
e) Provinzialordnung v. 29. Juni 1875 (Fassung GS. 1881 S. 176);
f) Provinzialordnung für die Provinz Posen v. 27. März 1824 (GS. 141) nebst Ergänzung v. 15. Dez. 1830 (GS. 1832 S. 9);
g) Ges. v. 19. Mai 1883 (GS. 108) über die allgemeine Landesverwaltung und Zuständigkeit in Posen.

II. Für Westfalen und die Rheinprovinz:
a) Gemeindeordnung für die Rheinprovinz v. 23. Juli 1845 (GS. 435), nebst Ges. v. 15. Mai 1856, betr. die Gemeindeverfassung in der Rheinprovinz (GS. 435);
b) Städte-Ordnung für die Rheinprovinz v. 15. Mai 1856 (GS. 406);
c) Städteordnung für Westfalen v. 19. März 1856 (GS. 237);
d) Landgemeindeordnung für Westfalen v. 19. März 1856 (GS. 265);
e) Provinzialordnung für die Rheinprovinz v. 1. Juni 1887 (GS. 252);
f) Kreisordnung für die Rheinprovinz v. 30. Mai 1887 (GS. 209);
g) Provinzialordnung für Westfalen v. 1. Aug. 1886 (GS. 256);
h) Kreisordnung für Westfalen v. 31. Juli 1886 (GS. 217).

III. Für Schleswig-Holstein:
a) Ges., betr. Einführung der Landgemeindeordnung v. 4. Juli 1892 (GS. 417);
b) Kreisordnung v. 26. Mai 1888 (GS. 187);
c) Provinzialordnung v. 27. Mai 1888 (GS. 199);
d) Ges., betr. die Verfassung und Verwaltung der Städte und Flecken, v. 14. Mai 1869 (GS. 589).

IV. Für Hannover:
a) Revidierte Städteordnung v. 24. Juni 1858 (Hann. GS. I S. 393, 409);
c) Kreisordnung v. 6. Mai 1884 (GS. 81);
d) Provinzialordnung v. 7. Mai 1884 (GS. 242);
e) Ges., betr. die Realgemeinden in Hannover, v. 5. Juni 1888 (GS. 233);
f) Verordnung, betr. die Aufnahme des Jadegebietes in den Provinzialverband, v. 10. Dez. 1873 (GS. 1874 S. 1).

V. Für Hessen-Nassau:
a) Städteordnung v. 4. Aug. 1897 (GS. 254);
b) Landgemeindeordnung v. 4. Aug. 1897 (GS. 301);
c) Gemeindeverfassungsgesetz für Frankfurt a. M. v. 25. März 1867 (GS. 401);
d) Kreisordnung v. 7. Juni 1885 (GS. 198);
e) Provinzialordnung v. 8. Juni 1885 (GS. 242).

VI. Für Hohenzollern:
a) Gemeindeordnung v. 3. Juli 1900 (GS. 189);
b) Hollenzollernsche Amts- und Landesordnung v. 2. April 1873 (Fassung 1900 S. 324).

3. Nur die „Vertretung und Verwaltung", nicht die Abgrenzung der Gemeinden, Kreise und Provinzen soll durch Gesetz Art. 106 bestimmt werden; s. Anm. 1 zu Art. 2

4. Für die allgemeine Verwaltung ist Preußen nach dem Ges. über die allgemeine Landesverwaltung v.

30. 7. 83 in Provinzen, Regierungsbezirke und Kreise eingeteilt. Provinzen und Kreise sind Staatsverwaltungsbezirke und zugleich Kommunalverbände mit selbständiger, vom Staate verschiedener Rechtspersönlichkeit. Die Geschäfte der allgemeinen Landesverwaltung werden unter Oberleitung der Minister in den Provinzen von den Oberpräsidenten, in den Regierungsbezirken (die bloß Verwaltungsbezirke sind) von den Regierungspräsidenten und den Regierungen, in den Kreisen von den Landräten geführt. Die Oberpräsidenten, Regierungspräsidenten und Landräte handeln innerhalb ihres Geschäftskreises selbständig unter voller persönlicher Verantwortlichkeit, vorbehaltlich der kollegialischen Behandlung der durch die Gesetze bezeichneten Angelegenheiten. Zur Mitwirkung bei den Geschäften der allgemeinen Landesverwaltung besteht für die Provinz der Provinzialrat, für den Regierungsbezirk der Bezirksausschuß und für den Kreis der Kreis-(Stadt-)ausschuß. Der Provinzialrat besteht aus dem Oberpräsidenten (bezw. dessen Stellvertreter, Oberpräsidialrat) als Vorsitzendem, aus einem vom Minister des Innern ernannten höheren Verwaltungsbeamten und aus fünf vom Provinzialausschusse gewählten Mitgliedern. An die Stelle der Regierungsabteilung des Innern ist mit 1. 4. 81 der Regierungspräsident getreten, dem die erforderliche Zahl der Räte beigegeben ist (Präfektensystem). Die zweite Abteilung für Kirchen- und Schulwesen, die dritte für direkte Steuern, Domänen und Forsten bestehen als kollegialisch formierte Behörden. Der Bezirksausschuß besteht aus dem Regierungspräsidenten als Vorsitzendem und sechs Mitgliedern. Zwei (ein Gerichts- und ein Regierungsassessor) werden vom König auf Lebenszeit ernannt. Die vier anderen werden durch den Provinzialausschuß gewählt. An der Spitze des Kreises steht der Landrat, der wie Ober- und Regierungspräsident jederzeit und willkürlich auf Wartegeld gesetzt

werden kann. Der Landrat führt den Vorsitz im Kreistage und Kreisausschusse. In den Stadtkreisen (Städten von 25 000 bezw. in der Rheinprovinz 40 000, in Westfalen 30 000 Einwohnern) wird ein Stadtausschuß gebildet. Die Kreise, mit Ausnahme der Stadtkreise, zerfallen in Stadt- und Amtsbezirke. Letztere bestehen aus einer oder mehreren Landgemeinden oder aus einem oder mehreren Gutsbezirken oder aus Landgemeinden und Gutsbezirken. An der Spitze des Amtsbezirks steht der Amts-, der Gemeinde der Gemeinde-, eines selbständigen Gutsbezirks der Gutsvorsteher.

Allgemeine Bestimmungen.

Art. 106. Gesetze und Verordnungen sind verbindlich,[1]) wenn sie in der vom Gesetze[2]) vorgeschriebenen Form[3]) bekannt gemacht worden sind.[4])

Die Prüfung der Rechtsgültigkeit[5]) gehörig verkündeter[6]) Königlicher Verordnungen[7]) steht nicht den Behörden,[8]) sondern nur den Kammern[9]) zu.[10])

Const. belge art. 129: „Aucune loi, aucun arrêté ou règlement d'administration générale, provinciale ou communale n'est obligatoire qu'après avoir été publié dans la forme déterminée par la loi.“

1. Und zwar nur verbindlich (s. auch ALR. Einleitung § 12). Art. 106 gilt auch für Staatsverträge, welche vom Könige abgeschlossen werden, d. h. nur für die in der Gesetzsammlung abgedruckten mit dem Zusatze, daß die Ratifikation erfolgt ist, Entsch. d. RG. v. 24. 1. 98 als Beilage zum Reichsanzeiger 1898 S. 125; Unterschrift ist nicht erforderlich; s. auch Arndt, Reichsstaatsr. S. 709, Erk. d. OTr. v. 17. 4. 79 u. Oppenhoff, Rechtsprechung XX 208, RG. v. 22. 9.

85 für Straff. XII 384; s. Art. 48, Arndt, Reichsstaatsr. S. 709; ebenso E. Meier, Ueber den Abschluß von Staatsverträgen S. 229 f. a. a. O.; anderer Ansicht v. Rönne I 693; vgl. auch Schwartz S. 335.

2. Bezw. von der Verfassung. Diese bestimmt in Art. 45, daß der König die Verkündigung der Gesetze befiehlt. Aus diesem Art. der Verfassung folgt ferner, daß die Gesetze wenigstens von einem Minister gegenzuzeichnen sind.

3. Eine Frist ist weder in der Verfassung, noch sonst vorgeschrieben worden; deshalb ist die Folgerung nicht gerechtfertigt, daß dem König mit Beginn einer neuen Sitzungsperiode des Landtages nicht mehr das Recht zustehe, gültig beschlossene Gesetze zu publizieren; s. hierzu Anm. 5 zu Art. 62. Gesetze sind in der Gesetzsammlung zu verkünden, s. Ges. v. 3. 4. 46 § 1 (GS. 151), ausgedehnt auf den ganzen Umfang der Monarchie durch V. v. 1. 12. 66 (GS. 793) § 1 u. 29. 1. 67 (GS. 139) § 1, wie durch Ges. v. 23. 6. 76 (GS. 172) § 11 (für Lauenburg). Der Rechtszustand vor dem Ges. v. 3. 4. 46 ergibt sich aus der V. v. 27. 10. 10 (GS. 1), wonach alle Gesetze und Verordnungen, welche mehr als ein einzelnes Regierungsdepartement betreffen, durch die Gesetzsammlung bekannt gemacht werden mußten, und durch die V. v. 28. 3. 11 (GS. 165), wonach alle Gesetze auch gültig in den Regierungs-Amtsblättern publiziert werden konnten (s. auch KabO. v. 24. 7. 26, GS. 73) und mindestens in bezug auf Titel, Datum und Nummer der Gesetzsammlung publiziert werden mußten.

In Ansehung der Verordnungen ist geltendes Recht, daß, sofern das Gesetz (z. B. Ges. über die Polizeiverwaltung v. 11. 3. 50 [GS. 265], Ges. über die allgemeine Landesverwaltung v. 30. 7. 83 [GS. 195] § 140, Allg. Berggef. v. 24. 6. 65 [GS. 705] § 197) nichts

Abweichendes vorschreibt, der Verordnungsberechtigte die Wahl der Art und des Orts der Publikation hat. Es ist unrichtig, wie G. Meyer § 159, Schulze, Deutsch. Staatsr. II 124, O. Mayer, Verwaltungsr. S. 124, Laband, Staatsr. II 100, v. Rönne I S. 395 Anm. 1b, Laband bei Marquardsen S. 101, Hänel, Studien II S. 66, 91 ff., Binding, Handb. d. Strafr. I S. 207, Seligmann S. 166 f., O. Gierke, Deutsch. Privatr. I 133 u. a. behaupten, daß alle Verordnungen, welche Rechtssätze enthalten, wie Gesetze, also in der Gesetzsammlung zu publizieren seien. Solche Rechtsverordnungen, z. B. Schulregulative, die unzählbaren sog. Verwaltungsvorschriften der Finanz- und Zollbehörden, sind vor wie nach der Verfassung nicht in der GS. verkündet worden (s. Arndt, Reichsverordnungsr. §§ 18 ff., bes. S. 198). Auch nach belgisch-französischem Rechte wird nicht gefordert (und geschieht nicht), daß Verordnungen wie Gesetze zu publizieren sind. Die hier bekämpfte Theorie entspringt dem Irrtum, daß Gesetz im absoluten bezw. konstitutionellen Staate Preußen schlechthin identisch mit jedweder „Anordnung eines Rechtssatzes" sei, während es nur Anordnung einer höchsten unbedingt gültigen Norm, Souveränetätsakt ist (vgl. auch oben Anm. 2 zu § 62). Wird über die Publikation einer Verordnung nichts in einem Gesetze bestimmt, so hängt diese von dem Ermessen desjenigen ab, der die Verordnung erläßt; so kann solche auch in einem besonderem Werke erfolgen; vgl. Arndt, Verordnungsr. S. 210, Arndt, Reichsstaatsr. S. 206. Dieser Ansicht hat sich das Reichsgericht angeschlossen, nicht aus „Opportunitätsrücksichten" (Laband im Arch. f. öff. R. 18, 305), sondern weil Gesetz im Sinne der Verfassung zugleich ein formeller Begriff sei, Entsch. in Zivils. XLII 314, XL 76, XLVIII 84 f. Nicht notwendig ist (anderer Ansicht Rosin, Polizeiverordnungsr. S. 173 ff.), aber es empfiehlt sich und geschieht meist bei wichtigeren

Verordnungen, daß in ihnen die Gesetzesstelle, wenn sie sich auf eine solche stützen, angeführt wird. Solches ist in bestimmten Fällen besonders vorgeschrieben (Ges. über die allgemeine Landesverwaltung v. 30. 7. 83 [GS. 195] § 140); s. im übrigen Arndt, Reichsverordnungsr. S. 210, Arndt im Recht 1905 S. 21. Es ist daher auch nicht nötig, daß im Texte der Polizeiverordnungen erwähnt wird, daß die Anhörung der Unfallberufsgenossenschaften stattgefunden hat. Entsch. des RG. in Strafs. XXXIV 368; anderer Ansicht das KG., s. auch Arndt in DJZ. 1907 S. 257.

Landesherrliche Erlasse, welche Gesetzeskraft erhalten sollen, erlangen solche nur durch Aufnahme in die Gesetzsammlung mit den in dem Ges. v. 10. 4. 72 (GS. 357) vorgesehenen Ausnahmen, für welche die Verkündung durch die Amtsblätter erfolgt. Diese Ausnahmen beziehen sich auf die Verleihung der Enteignungsbefugnis, die Verleihung des Rechts zur Entnahme von Chaussee- und Wegebau- und Unterhaltungsmaterialien, die Verleihungen des Rechts zur Erhebung von Chaussee- und Wegegeld, die Statuten der Deichverbände und der Genossenschaften zu Meliorationen durch Entwässerung und Bewässerung, die Erteilung von Konzessionen zum Bau und Betriebe von Eisenbahnen, sowie die Statuten der Unternehmer, die Reglements für die öffentlichen und Privatfeuersozietäten, die landschaftlichen und ähnliche Kreditinstitute, die Errichtung des Landarmen- und Korrigendenwesens, die Privilegien zur Ausgabe von Papieren auf den Inhaber.

Kirchengesetze der sieben östlichen Provinzen werden im Kirchlichen Gesetz- und Verordnungsblatt unter Gegenzeichnung des Präsidenten des evang. Oberkirchenrats, andere Kirchengesetze in der Gesetz-Sammlung unter Gegenzeichnung des Kultusministers (Beispiele GS. 1902 S. 43, 236) veröffentlicht, s. auch oben Anm. 2 zu Art. 44.

Ihre verbindliche Kraft erlangen Gesetze, wenn dafür im Gesetze ein anderer Zeitpunkt unmittelbar oder mittelbar vorgeschrieben ist, mit dem 14. Tage nach Ablauf desjenigen Tages, an welchem das sie enthaltende Stück der Gesetzsammlung in Berlin ausgegeben ist (Ges. v. 16. 2. 74, GS. 23); für die Konsulargerichtsbezirke, die in Europa, in Ägypten oder an der asiatischen Küste des Schwarzen oder des Mittelländischen Meeres liegen, nach zwei, in den übrigen Konsulargerichtsbezirken nach vier Monaten (Ges. über die Konsulargerichtsbarkeit v. 7. 4. 00, RGBl. 213 § 30). Es wird rechtlich fingiert, daß ein Gesetz oder eine Verordnung allen bekannt ist, wenn alle gesetzlichen Vorschriften über Promulgation und Publikation erfüllt sind. Thonissen nr. 312: „La loi est réputée connu de tous. Cette fiction se rattache à l'accomplissement de certaines formalités propres à porter a la connaissance des citoyens les décisions du législateur." Polizeiverordnungen erlangen, wenn nichts anderes bestimmt ist (es kann die verbindliche Kraft auch vom Tage der Verkündigung angeordnet werden, Erk. d. RG. v. 15. 5. 88, Entsch. in Straff. XVII 375), ihre verbindliche Kraft mit dem achten Tage nach Ablauf desjenigen Tages, an welchem das bez. Stück des Amtsblatts ausgegeben ist (Ges. v. 30. 7. 83 [GS. 195] § 141), § 4 V. v. 28. 3. 11 (GS. 165), Deklar. v. 14. 1. 13 (GS. 3), V. v. 9. 6. 19 (GS. 148).

Es kann auch bestimmt werden, daß ein Gesetz schon vor seiner Verkündigung gelten soll, s. Arndt, Reichsstaatsr. 176, woselbst Beispiele! Der Tag der Ausgabe des Stücks der Gesetzsammlung in Berlin, nach dem die 14 Tage, bezw. 2 oder 4 Monate berechnet werden, ist auf dem Stücke angegeben.

4. Gesetze und Verordnungen bleiben so lange verbindlich, als sie nicht in gehöriger Form zurückgenommen sind. Dies gilt insbesondere auch von königlichen Ver-

ordnungen auf Grund Art. 63 der VerfassUrk. (anderer Ansicht v. Rönne I S. 414), s. auch Anm. 5 zu Art. 63. Vom Könige ohne Zustimmung des Landtages abgeschlossene und gehörig, d. h. in der Gesetzsammlung bekannt gemachte Staatsverträge sind königliche Verordnungen und unterliegen daher nicht der richterlichen Prüfung, s. Anm. 1.

5. Also auch nicht die Frage, ob eine Verordnung, etwa der Verfassung zuwiderläuft.

6. Ob die Verkündung gehörig erfolgt ist, haben die Behörden, besonders die Gerichte, zu prüfen.

7. Wohl aber solcher Verordnungen, welche von Ministern, Polizeibehörden usw. erlassen sind, worüber bei Beratung des Art. 106 allseitige Uebereinstimmung herrschte (z. B. Ges. über die Polizeiverwaltung v. 11. 3. 50 [GS. 265] § 17, Allgemeines Berggef. v. 24. 6. 65 [GS. 705] § 209 Abs. 3); s. auch Arndt, Reichsverordnungsr. S. 203, Reichsstaatsr. S. 203, Bornhak S. 196, Jellinek S. 406, vor allem const. belge art. 107, ferner RG. in Zivils. XXIV 3. Dies folgt schon daraus, daß der Richter lediglich dem Gesetze, also der Verordnung nur, soweit sie auf Gesetz beruht, unterworfen ist. Jedoch hat sich die Prüfung bei Verordnungen, die zur Ausführung königlicher Verordnungen ergehen, nur darauf zu beschränken, ob sie der zu Grunde liegenden KabO. entsprechen, OVG. XXXV 102.

8. Also namentlich nicht den Gerichten mit Einschluß der Verwaltungsgerichte. Art. 106 beruht auf der Absicht, die Trennung der Gewalten zum Ausdrucke zu bringen. Bezüglich der Gesetze galt den Urhebern der preuß. Verfassung als ganz selbstverständlich, und als sich aus dem Begriffe des Gesetzes als einer (souveränen) höchsten, jedermann unbedingt bindenden Norm ohne weiteres ergebend und daher gar nicht erst mit aufgenommen. Im Wortlaut des Art. 106 ist der Aus-

schluß des richterlichen Prüfungsrechts nicht begründet, wie RG. und OVG. Entsch. XLIV 434 annehmen, s. auch Arndt im Recht 1905 S. 21 (StenBer. der II. Kammer 1849 S. 2120). Daß die Gerichte gehörig verkündete Gesetze nicht auf ihr verfassungsmäßiges Zustandekommen prüfen dürfen, s. u. a. Arndt in der DJZ. 1907 S. 257, im Recht 1905 S. 2, im Arch. f. öff. R. 1903 S. 156 f., Anschütz in v. Holtzendorffs Encykl. S. 602, 608, wo das aus der Gewaltenteilung allgemein abgeleitet wird; s. Thonissen Nr. 511, ferner G. Beltgens, La constitution belge revisée, Liège 1894 nr. 7 p. 540: „Le pouvoir judiciaire ne peut juger de la constitutionalité des lois. Une loi inconstitutionelle doit être appliquée." So auch das englische Recht, Hatschek, Englisches Staatsr. I 138 f., s. auch RG. 26. 3. 01 Entsch. in Zivils. XLVIII 84. Daß dagegen selbst die Gültigkeit königlicher Verordnungen in Preußen nicht durch den Richter geprüft werden darf, enthält eine bewußte Abweichung von der konstitutionellen Theorie, z. B. des art. 107 const. belge; s. hierzu noch Arndt im Arch. f. öff. R. 1903 S. 156 f., ebenso Anschütz in v. Holtzendorffs Encykl. S. 608.

9. Der Beschluß eines oder beider Häuser, daß eine königliche Verordnung ungültig sei, hat nach Art. 106 für die Behörden und die Untertanen unmittelbar keine Bedeutung und erlangt erst Bedeutung, nachdem die Aufhebung der königlichen Verordnung bekannt gemacht ist, s. auch Gneist, StenBer. 1864 S. 2074, Bornhak S. 325, H. Schulze, Preuß. Staatsr. II S. 56.

10. Art. 106 bezieht sich nicht auf Reichsgesetze noch auf das Verhältnis der Landesgesetze zu Reichsverordnungen. Hierfür entscheidet Art. 2 der Reichsverfassung, als eine von der höchsten, dem Landesrecht übergeordneten Stelle erlassene (souveräne) Norm; ebenso Arndt, Komm. z. Reichsverfass., 3. Aufl., S. 88, OVG.Erk. v.

22. 5. 01, Entsch. XLVIII 205, Loening im VerwArch. VIII 164, Anschütz in v. Holtzendorffs Encykl. S 598, Laband, Reichsstaatsr. II 112. Bezüglich der gehörig verkündeten Reichsgesetze ist das Prüfungsrecht der Gerichte und Behörden gleichfalls ausgeschlossen, nicht aus den von Laband l. c. angeführten Gründen, sondern weil in Art. 2 ausdrücklich gesagt ist: „Die Reichsgesetze erhalten ihre verbindliche Kraft durch ihre Verkündigung von Reichswegen", vor allem gemäß der Lehre von der Gewaltenteilung und dem Begriff des Gesetzes, als einer obersten, souveränen, jedermann mit Einschluß der Gerichte bindenden Norm; s. Arndt u. a. im Komm., 3. Aufl., z. Reichsverfass. S. 167, DJZ. 1907 S. 257, Anschütz in v. Holtzendorffs Encykl. S. 602, 608.

Art. 107. Die Verfassung kann auf dem ordentlichen Wege der Gesetzgebung [1]) abgeändert werden, wobei in jeder Kammer die gewöhnliche absolute Stimmenmehrheit [2]) bei zwei Abstimmungen, zwischen welchen ein Zeitraum von wenigstens ein und zwanzig Tagen liegen muß, genügt. [3]) [4])

Const. belge art. 130: „La Constitution ne peut être suspendue en tout ni en partie." Der Tit. III art. 131 suiv. enthält eingehende und sehr erschwerende Vorschriften de la revision de la Constitution, die in die preuß. Verfassung nicht mitübernommen sind, da diese solche Erschwerungen nicht für nötig hält.

v. Rönne I § 22, II § 158; G. Meyer § 157; H. Schulze II § 177.

1. Der ordentliche Weg der Gesetzgebung drückt den Gegensatz zu der Gesetzgebung des Art. 63 aus. Durch Art. 107 (Arndt im Arch. f. öff. R. 1889 S. 445) ist der Verordnungsweg des Art. 63 unbedingt ausgeschlossen. Das Gegenteil sagt auch nicht v. Stockmar in seinem

Aufsatze in Aegidis Zeitschr. f. deutsch. Staatsr. I S. 184 ff. Nur darin hat letzterer recht, daß, wenn der König unter Bruch der Verfassung eine die Verfassung aufhebende oder abändernde Verordnung erließe und gehörig publizierte, die Richter und die Verwaltungsbeamten solche anzuwenden hätten, s. Art. 106. Hiergegen wendet Schwartz S. 333 ein, daß mit der ganzen Verfassung auch Art. 106 Abs. 2 aufgehoben, also das richterliche Prüfungsrecht wiederhergestellt wäre. Der Einwand trifft nicht zu; jedoch kann die Frage als praktisch ganz bedeutungslos, „als „casus non dabilis" auf sich beruhen bleiben.

2. Beschlußfähigkeit vorausgesetzt, s. Art. 80.

3. Daß jedem verfassungsändernden Spezialgesetz das besondere verfassungsändernde Gesetz vorausgehen (Ansicht von G. Meyer §§ 157, 164, Beseler in den Preuß. Jahrb. 28, 1907 und v. Rönne, Preuß. Staatsr. I § 22 S. 89 f., v. Rönne, Staatsr. des Deutschen Reichs II § 65 S. 31 f.) oder daß ein solches Spezialgesetz wenigstens gleichzeitig mit dem die Verfassung abändernden Spezialgesetz beraten werden oder daß das die Verfassung ändernde Spezialgesetz ausdrücklich als ein die Verfassung abänderndes bezeichnet werden muß, erfordert Art. 107 nicht, wie denn die solennellen Vorschriften der belgischen Verfassung über Verfassungsänderungen nicht mit übernommen sind; s. jetzt auch Meyer-Anschütz § 164. Daraus folgt, daß, mag das eine oder das andere sich für die Praxis der gesetzgebenden Faktoren als empfehlenswert darstellen, gleichwohl eine jede Verfassungsänderung rechtlich als gültig erachtet werden muß, wenn sie unter Beobachtung des Art. 107, d. i. auf dem ordentlichen Wege bei zwei mindestens 21 Tage getrennt liegenden Abstimmungen, beschlossen worden ist. Diese Ansicht teilen Zorn in der 5. Ausgabe v. Rönne I § 9, S. 152, Zorn, Reichsstaatsr. I 432, Seydel, Komm. z. Reichsverfass.

S. 418, Laband, Reichstaatsr. II § 53 S. 34, O. Reinke, Komm. z. Reichsverfass. S. 328, H. Schulze, Preuß. Staatsr. II S. 55 f., Bornhak I S. 528, v. Stengel S. 171; ihr entsprechend ist bei Annahme der Verfassung für den Nordd. Bund, als preuß., die preuß. Verfassung ändernden Landesgesetzes verfahren, s. oben S. 49 f. Daß gewöhnlich die gesetzgebenden Faktoren eine ganz bestimmte Form für Verfassungsänderungen wählen, beweist nicht, daß der Gebrauch einer anderen Form die Ungültigkeit eines unter solcher Form zustande gekommenen Gesetzes nach sich ziehen würde. Bei authentischen Interpretationen und bei Entscheidung der Frage, ob eine Verfassungsänderung vorliege, kommt Art. 107 nicht zur Anwendung, vgl. Arndt, Reichsstaatsr. S. 192, Schwartz S. 335. Art. 107 kommt auch nicht zur Anwendung, wenn Zusätze zur Verfassung gemacht werden (ebenso Schwarz l. c.). Dies und allgemeine Gründe zeigen, daß in Preußen die Verfassung im wesentlichen nur ein Gesetz ist wie jedes andere und daß ihr insbesondere keine höhere Kraft zukommt wie den einfachen Gesetzen.

4. Auf verfassungsmäßigem Wege (gemäß Art. 107) kann die Verfassung in toto aufgehoben werden; ebenso Schulze II § 178, Schwartz-S. 338; anderer Ansicht v. Rönne l. c.

Art. 108. Die Mitglieder der beiden Kammern[1]) und alle Staatsbeamten[2]) leisten dem Könige den Eid der Treue und des Gehorsams und beschwören die gewissenhafte Beobachtung der Verfassung.[3])

Eine Vereidigung des Heeres[4]) auf die Verfassung findet nicht statt.

Const. belge art. 127: „Aucun serment ne peut être imposé qu'en vertu de la loi. Elle en détermine la formule."

1. Die Nichtleistung des Eides hat nicht den Verlust des Mandats zur Folge, sondern nur, daß das Mitglied von den Verhandlungen ausgeschlossen wird (vgl. v. Rönne II § 156, StenBer. des HerrH. 1855/56, Anl. S. 25 f., das AbgH. 1869/70 S. 562, Geschäftsordnung für das AbgH. § 6 Abs. 2, Schwartz S. 339.

2. Unmittelbaren wie mittelbaren. Geistliche als solche gelten auch hier nicht als Beamte, vgl. Art. 15 ff. der VerfassUrk. und Anm. 3 zum (aufgehobenen) Art. 15. Der Eid ist im Diensteid mitenthalten, s. Beschluß des Staatsminister. v. 12. 2. 50 (JMBl. 42, BMBl. 26); für die neuen Provinzen s. JMBl. 1867 S. 397, BMBl. 1867 S. 326. Form: GS. 1867 S. 715. Der früher auch in Preußen üblich gewesene allgemeine Huldigungseid (homagium plenum) findet seit Erlaß der Verfassung nicht mehr statt. Der Homagialeid, als Voraussetzung für die Erwerbung von Rittergütern und die Ausübung ständischer Rechte ist durch Ges. v. 28. 5. 74 (GS. 195) beseitigt; s. auch oben Anm. 3 zu Art. 54.

3. Weder die persönlichen Rechte und Pflichten des Beamten, noch die Beamteneigenschaft, noch die Erfüllung der Amtspflichten hängen von Ableistung des Dienst- (und Verfassungs-)eides ab, vgl. Erk. des RG. v. 15. 5. 88, Entsch. in Strafs. XVII 375.

4. Reserve- und Landwehroffiziere sind von dem Eide zu 2 nicht befreit, JMBl. 1850 S. 110. Die Zivilbeamten der Militärverwaltung (StenBer. des AbgH. 1863 Bd. II S. 1010), nicht aber die Militärbeamten — obwohl sie aktiv wahlberechtigt sind — noch die im Kriegsministerium verwendeten Offiziere, wohl aber die Kriegsminister werden auf die Verfassung vereidigt.

Art. 109. Die bestehenden Steuern und Abgaben werden forterhoben,[1] und alle Bestimmungen

der bestehenden Gesetzbücher, einzelnen Gesetze und Verordnungen, welche der gegenwärtigen Verfassung nicht zuwiderlaufen, bleiben in Kraft, bis sie durch ein Gesetz [2]) abgeändert werden.[3])

Const. belge art. 111: „Les impôts au profit de l'Etat sont votés annuellement. Les lois qui les établissent n'ont de force que pour un an si elles ne sont renouvelées."

Art. 138: „A compter du jour où la constitution sera exécutoire, toutes les lois, décrets, arrêtés, règlements et autres actes qui y sont contraires sont abrogés."

Arndt, Reichsverordnungsr. S. 220 ff.

1. Art. 109 in seiner jetzigen Fassung entstand aus der Zusammenziehung der beiden folgenden Sätze:

1. Die bestehenden Steuern und Abgaben werden forterhoben, bis sie durch ein Gesetz abgeändert sind;
2. die geltenden Gesetzbücher, Gesetze und Verordnungen bleiben bestehen, bis sie auf gesetzlichem Wege abgeändert sind.

Mit dem Satze zu 1. sollte festgestellt werden und ist festgestellt worden, daß die Forterhebung der einmal bestehenden Steuern und Abgaben von ihrer Einstellung in das Budget unabhängig ist, daß mithin dieselbe nur dann fortfällt, wenn alle drei Faktoren hierin übereinstimmen; deshalb zog man die Worte „durch ein Gesetz" der ursprünglichen Fassung „auf gesetzlichem Wege" vor, weil letzteres „so gedeutet werden könne, der gesetzliche Weg sei der, daß eine Kammer die Steuer verweigert nach Maßgabe des Art. 98". (Worte Stahls am 19. 11. 49 in der I. Kammer, StenBer. S. 1479.) Im Ergebnis stimmt auch v. Rönne I § 121 mit der vorstehenden Auffassung überein; dieselbe wird durch die Entstehung des Art. 109 und die Erklärungen derjenigen, welche diesen Artikel in seiner jetzigen Fassung geschaffen haben, als unzweifelhaft richtig dargetan; ebenso auch Schwartz S. 340. S. auch Arndt, im Arch. f. öff. R. 1888 S. 547.

Da Art. 109 nicht unter die Uebergangs-, sondern unter die allgemeinen Bestimmungen der VerfassUrk. gesetzt ist, so bezieht sich derselbe nicht bloß auf die zur Zeit der Verfassungsemanation bestehenden Steuern (ebenso selbst v. Rönne I S. 659).

2. S. Anm. 1. In Ansehung der bestehenden Gesetzbücher, Gesetze und Verordnungen läßt Art. 109 dahingestellt, wie (in welcher Form) sie abzuändern sind. Daß auch Verordnungen nicht stets durch Gesetze abzuändern sind, ist ausdrücklich bei den Beratungen festgestellt worden (s. besonders Erklärung des Justizministers Simons am 3. 11. 49 in der I. Kammer, StenBer. S. 1333). Daß das Wort „Gesetz“ statt „auf gesetzlichem Wege“ gewählt wurde, geschah erklärtermaßen nur, um das Steuerverweigerungsrecht des Abgeordnetenhauses gegenüber bestehenden Steuern und Abgaben unzweifelhaft auszuschließen. Mit vorstehenden Ausführungen stimmt überein Bornhak S. 506 Anm. 4. Ueber die Frage, wann vorverfassungsmäßige Gesetze und Verordnungen durch konstitutionelles Gesetz oder durch Verordnung abzuändern sind, entscheidet nicht der Umstand, ob solche im Gesetzblatt verkündet sind (s. Arndt, Reichs-Verordnungsr. S. 217, 218 mit zahlreichen Beispielen, Selbst. VR. S. 269 f.), sondern der Inhalt der preuß. Verfassung (also z. B., ob Strafen darin festgesetzt werden, ebenso Schwartz S. 340 f.). Das ALR. z. B. kann wegen der in Art. 86 enthaltenen Vorschrift nicht durch Verordnung abgeändert werden, weil es zur Anwendung durch die Gerichte bestimmt ist und diese nur dem

„Gesetze" unterworfen sind. S. Arndt, Reichsverordnungsr. S. 211 f. und oben S. 301 f.

3. Zwischen dem preußischen und dem belgischen Recht zeigt sich hier ein anscheinend noch nicht beobachteter, aber tatsächlich bestehender Unterschied von der allergrößten Bedeutung. In Preußen gelten, soweit sie der Verfassung nicht zuwiderlaufen, nicht bloß die vorkonstitutionellen Gesetze fort, sondern auch in solchen der Exekutive erteilte Befugnisse (Delegationen) zum Erlasse von Vorschriften. So besteht in der Praxis kein Zweifel, daß die Delegationen, welche im vorkonstitutionellen Recht, z. B. in der Regierungsinstruktion v. 23. 10. 17 (GS. 248) den Regierungen, in der KabO. v. 27. 10. 1810 (GS. 3), den Ministern zum Erlasse von Vorschriften, z. B. in Schulsachen, erteilt sind, noch nach Emanation der Verfassung ausgeübt werden dürfen, daß daher z. B. die Regierungen mit ministerieller Genehmigung auch heute noch neue Unterrichtsgegenstände einführen (Entsch. d. OVG. I S. 174, 192, III 141, XXVI 182, XXVI 146), daß die Unterrichtsminister neue Schulregulative anordnen dürfen (s. Anm. 2 zu Art. 24), Arndt, Selbst. VR. S. 148, Arndt im Arch. f. öff. R. 1886 S. 512 f. usw.; ebenso Anschütz in v. Holtzendorffs Encykl. S. 604, Jellinek, Gesetz und Verordnung S. 373. Anders in Belgien. Hier hat die Exekutive, selbst der König als deren Chef, nur dann Befugnisse dieser Art, wenn sie in solchen Gesetzen erteilt werden, die en vertu de la constitution même ergangen sind, also nicht in vorkonstitutionellen Gesetzen. Daher könnte die Exekutive in Belgien nicht Aenderungen am Unterricht vornehmen auf Grund holländischer Gesetze; jede Anordnung, die sie traf und trifft, muß ihren Ursprung finden in der belgischen Verfassung oder in einem auf Grund und nach dieser Verfassung ergangenen belgischen Gesetze. Dies ist unstreitig.

Aehnliche Verschiedenheiten werden sich auch sonst z. B. beim Gebühren-, Beamtenbesoldungswesen u. dgl., zeigen.

Bedeudete „Gesetzgebung" in Art. 62 „Rechtsetzung" schlechthin, und ist es andererseits gewiß, daß Schulregulative u. dgl., Vorschriften, die Gebühren anordnen (Schiffahrtsabgaben, Telegraphengebühren), Rechtssätze enthalten, so wäre es unstatthaft, daß nach Emanation der Verfassung solche auf Grund von solchen Ermächtigungen ergehen können, die in vorkonstitutionellen Gesetzen erteilt sind.

Art. 110. Alle durch die bestehenden Gesetze angeordneten Behörden bleiben bis zur Ausführung der sie betreffenden organischen Gesetze in Thätigkeit.

Art. 111. Für den Fall eines Krieges oder Aufruhrs können bei dringender Gefahr für die öffentliche Sicherheit die Artikel 5, 6, 7, 27, 28, 29, 30 und 36 der Verfassungs-Urkunde zeit- und distriktsweise außer Kraft gesetzt werden. Das Nähere bestimmt das Gesetz.

S. Ges. über den Belagerungszustand v. 4. 6. 51 (GS. 451), gültig für Hannover, Hessen-Nassau, Frankfurt a. M. gemäß V. v. 25. 6. 67 (GS. 923) Art. II H, Meisenheim V. v. 13. 9. und 20. 9. 67 (GS. 700, 1534), Kaulsdorf V. v. 22. 5. 67 (GS. 729). Jadegebiet Ges. v. 23. 3. 73 (GS. 107) § 2, Helgoland Ges. v. 22. 3. 91 (GS. 39) § 1 III. Dieses Gesetz ist zwar nicht, wie Schwartz S. 341 glaubt, durch Art. 68 der Reichsverfassung zum Reichsgesetz erklärt, wohl aber sollen seine Vorschriften „bis zum Erlaß eines die Voraussetzungen, die Form der Verkündigung und die Wirkung einer solchen Erklärung" (der Erklärung in Kriegszustand) „regelnden Reichsgesetzes" gelten. Art. 68 bestimmt im übrigen: Der Kaiser kann, wenn die öffentliche Sicherheit in dem Bundesgebiet bedroht ist, einen jeden Teil desselben in Kriegszustand erklären; s. Arndt, Komm. zu Art. 68 der Reichsverfass. Ebenso kann der de facto kommandierende General, der Festungskommandant, für den Fall des Aufruhrs das Staatsministerium, den Belagerungszustand bei Krieg (und Kriegsgefahr) erklären. Die Erklärung des Belagerungszustandes soll bei Trommelschlag oder Trompetenschall (am Erklärungsorte) verkündet und außerdem durch Mitteilung an die Gemeindebehörde, durch Anschlag an öffentlichen Plätzen und durch öffentliche Blätter ohne Verzug zur allgemeinen Kenntnis gebracht werden, — welche Vorschriften nur instruktionell sind, KomBer. der I. Kammer, Drucks. 1850/51 Nr. 52 S. 3, Sten.-Ber. der I. Kammer 1850 S. 173; vgl. auch Reichsstaatsr. S. 472. Bei Erklärung des Belagerungszustandes können die Art. 5, 6, 7, 27, 28, 29, 30 u. 36 der VerfassUrk. oder einzelne dieser Artikel zeit- und distriktweise durch ausdrückliche und gehörig bekannt gemachte Erklärung außer Kraft gesetzt werden, was § 30 Abs. 1 des Preßges. v. 7. 5. 74 (RGBl. 65) bezüglich der Presse aufrechterhält. Nach § 9 des Ges. über das Paßwesen v. 12. 10. 67 (BGBl. 33) kann der Kaiser, wenn die Sicherheit des Reiches oder eines einzelnen Bundesstaates oder die öffentliche Ordnung durch Krieg, innere Unruhen oder sonstige Ereignisse bedroht erscheint, die Paßpflichtigkeit überhaupt oder für einen bestimmten Bezirk oder zu Reisen aus und nach bestimmten Staaten des Auslandes vorübergehend einführen. Nach § 4 EG. z. StGB. werden die in den §§ 81, 83, 90, 307, 311, 312, 315, 322, 323, 324 des StGB. mit lebenslänglichem Zuchthaus bedrohten Handlungen, wenn sie in Gegenden, wo der Kriegszustand erklärt ist, begangen werden, mit dem Tode bestraft. Bei Suspension des Art. 7 der Verfass. können besondere Kriegsgerichte gebildet werden, für die ein besonderes Verfahren gilt. Auch wenn der Belagerungszustand nicht erklärt ist, können (§ 16 des Ges. v. 4. 6. 51) im Falle des Krieges oder Aufruhrs, bei dringender Gefahr für die öffentliche Sicherheit die Art. 5, 6, 27, 28, 29, 30 und 36 (nicht aber Art. 7, StenBer. der II. Kammer 1850/51 IV S. 803) der Verfassung oder einzelne dieser Artikel vom Staatsministerium zeit= und distriktweise außer Kraft gesetzt werden. Ueber die Erklärung des Belagerungszustandes, sowie über jede Suspension eines der bez. VerfassArt. muß den Kammern sofort bezw. bei ihrem nächsten Zusammentreffen Rechenschaft gegeben werden (§ 7 des Ges. v. 4. 6. 51). An das Mißlingen der Rechenschaft sind rechtliche Folgen nicht geknüpft. Die Ansicht v. Rönne's § 146 II (s. auch Rede Camphausens in den StenBer. der I. Kammer 1850/51 I S. 217), daß, ebenso wie eine auf Grund Art. 63 der Verfass. vorgenommene Oktroyierung nur bis zur verweigerten Zustimmung einer Kammer gültig bliebe, dies noch vielmehr von dem Falle gelten müsse, wo die Regierung sogar einen Teil der Verfass. suspendiere, findet weder im Ges. v. 4. 6. 51 noch in Art. 111 der Verfass. eine Stütze, ebenso Schwartz S. 392.

Uebergangsbestimmungen.

Art. 112 ist aufgehoben durch § 2 Ges. v. 10. 6. 06 (GS. 333) Anm. Er lautete: „Bis zum Erlaß des im Artikel 26 vorgesehenen Gesetzes bewendet es hinsichtlich des Schul= und Unterrichtswesens bei den jetzt geltenden gesetzlichen Bestimmungen."

Nicht bloß die damals gültigen Normen, sondern auch die auf Grund der damaligen Gesetzgebung be=

standenen Befugnisse der Verwaltungsbehörden, neue Normen zu erlassen, waren aufrechterhalten worden; s. die Vorbemerkung zu den Art. 20 bis 25; Arndt, im Arch. f. öff. R. 1886 S. 512 f.; s. oben Anm. 3 zu Art. 109. Auch sollte das Recht, Spezialgesetze zu erlassen, durch Art. 112 nicht aufgehoben werden; s. ebendort. Dies war aber streitig, weshalb Art. 112 durch Ges. v. 10. 6. 06 aufgehoben wurde. Art. I § 3 des Ges. v. 15. 7. 86 (GS. 185), welcher den Art. 112 der VerfassUrk. für die Provinzen Posen und Westpreußen aufgehoben erklärte, um Raum für ein Spezialgesetz zu schaffen, war unnötig gewesen.

Art. 113. Vor der erfolgten Revision des Strafrechts wird über Vergehen, welche durch Wort, Schrift, Druck oder bildliche Darstellung begangen werden, ein besonderes Gesetz ergehen.

Das Ges. über die Presse v. 12. 5. 51 (GS. 273) ist im wesentlichen ersetzt durch Ges. über die Presse v. 7. 5. 74 (RGBl. 65). Näheres s. zu den Art. 27 und 28.

Art. 114.

Art. 114 ist aufgehoben durch Art. 1 des Ges. v. 14. 4. 56 (GS. 353). Er lautete: „Bis zur Emanirung der neuen Gemeindeordnung bleibt es bei den bisherigen Bestimmungen hinsichtlich der Polizeiverwaltung."

Art. 115. Bis zum Erlasse des im Art. 72 vorgesehenen Wahlgesetzes bleibt die Verordnung vom 30. Mai 1849,[1]) die Wahl der Abgeordneten zur zweiten Kammer betreffend, in Kraft.[2])

1. S. die V. v. 30. 5. 49 unten als Anl. II. Es würde gegen die Verfassung verstoßen, wenn vor Erlaß des im Art. 72 vorgesehenen Wahlgesetzes die V. v. 30. 5. 49 außer Kraft gesetzt werden würde, und daher kann solches auch nicht durch eine gemäß Art. 63 erlassene Notverordnung geschehen; s. Anm. 3 zu Art. 63. Die Teilung der Urwähler in den Abteilungen erfolgt jetzt nach dem Ges. v. 29. 6. 93, betr. Aenderung des Wahlverfahrens (GS. 103). In § 7 dieses Ges. ist (wiederholt) bestimmt, daß bis zum Erlasse des im Art. 72 vorgeschriebenen Wahlgesetzes die Vorschriften der Art. 71 und 115, soweit sie den Bestimmungen des Gesetzes entgegenstehen, außer Kraft bleiben.

2. Art. 115 tritt, soweit er den im Ges. v. 28. 6. 1906 (GS. 318) Art. IV — oben zu Art. 72 und unten zu Anlage II — gegebenen Vorschriften entgegensteht, bis zum Erlasse des in Art. 72 versprochenen Wahlgesetzes außer Kraft; s. hierzu StenBer. d. AbgH. 1905/6 S. 37, 38, 3963, 4052, 4137, HerrH. S. 292, 432.

Art. 116. Die noch bestehenden beiden obersten Gerichtshöfe sollen zu einem Einzigen vereinigt werden. Die Organisation erfolgt durch ein besonderes Gesetz.

Dies erfolgte zunächst durch Ges. v. 17. 5. 52 (GS. 73), welches die damaligen obersten Gerichte (das Obertribunal und den rheinischen Revisions- und Kassationshof) zum Obertribunal vereinigte. Der für die 1866 erworbenen Provinzen zufolge V. v. 27. 6. 67 (GS. 1103) eingeführte höchste Gerichtshof, das Oberappellationsgericht in Berlin, wurde durch Ges. v. 6. 2. 74 (GS. 19) aufgehoben und mit dem Obertribunal vereinigt. Letzteres ist durch das AG. z. GVG. v. 24. 4. 78 (GS. 230) aufgehoben. Der höchste spezifisch preußische Gerichtshof ist jetzt das den

Namen Kammergericht führende Oberlandesgericht in Berlin, insofern dieses gemäß § 50 des zit. Ges. v. 24. 4. 78 vor den übrigen Oberlandesgerichten in gewissen Fällen ausschließlich zuständig ist; s. auch Anm. 1 zu Art. 92.

Art. 117. Auf die Ansprüche der vor Verkündigung der Verfassungs-Urkunde etatsmäßig angestellten Staatsbeamten soll im Staatsdienergesetz besondere Rücksicht genommen werden.

Das Staatsdienergesetz ist noch nicht ergangen, Anm. 1 zu Art. 97. Art. 117 entsprach art. 135 der const. belge: „Le personnel des cours et des tribunaux est maintenu tel qu'il existe actuellement, jusqu'à ce qu'il y ait été pourvu par la loi."

Art. 118. Sollten durch die für den deutschen Bundesstaat auf Grund des Entwurfs vom 26. Mai 1849 festzustellende Verfassung Abänderungen der gegenwärtigen Verfassung nöthig werden, so wird der König dieselben anordnen und diese Anordnungen den Kammern bei ihrer nächsten Versammlung mittheilen.

Die Kammern werden dann Beschluß darüber fassen, ob die vorläufig angeordneten Abänderungen mit der Verfassung des deutschen Bundesstaats in Uebereinstimmung stehen.

Dieser mit den Königreichen Hannover und Sachsen vereinbarte, eine Ueberarbeitung des Frankfurter Verfassungsentwurfs darstellende Entwurf (Weil, Quellen und Aktenstücke zur deutschen Verfassungsgeschichte S. 168) hatte keinen Erfolg.

Art. 119. Das im Artikel 54 erwähnte eidliche Gelöbniß des Königs, so wie die vorgeschriebene Vereidigung der beiden Kammern und aller Staatsbeamten, erfolgen sogleich nach der auf dem Wege der Gesetzgebung vollendeten gegenwärtigen Revision dieser Verfassung (Artikel 62 und 108).

Aus der Bezugnahme auf Art. 62 und 108 folgt, daß die Revision der Verfassung nicht durch Notverordnung, sondern durch den Weg der (ordentlichen) Gesetzgebung erfolgen sollte; s. auch Anm. 8 und 9 zur Präambel, oben S. 57. Keineswegs darf (mit Zachariä u. a.) aus dieser Bezugnahme — willkürlich — gefolgert werden, daß die Notverordnung, da Art. 63 nicht in Art. 119 mitangezogen ist, nichts enthalten darf, was einem einfachen Gesetze widerspricht; s. Anm. 3 zu Art. 63.

Urkundlich unter Unserer Höchsteigenhändigen Unterschrift und beigedrucktem Königlichen Insiegel.

Gegeben Charlottenburg, den 31. Januar 1850.

(L. S.) **Friedrich Wilhelm.**

Graf v. Brandenburg. v. Ladenberg.
v. Manteuffel. v. Strotha. v. d. Heydt.
v. Rabe. Simons. v. Schleinitz.

Anlage I. zu Art. 65—68.

Verordnung wegen Bildung der Ersten Kammer.

Vom 12. Oktober 1854 (GS. 541).

Diese Verordnung erging infolge des Ges. v. 7. 5. 53 (GS. 181); sie ist insoweit als gültig anzusehen, wie sie dem Ges. v. 7. 5. 53 entspricht (s. Anm. 4 zu Art. 65 bis 68 der VerfassUrk.). Die Gültigkeit würde, da die Verordnung gehörig publiziert ist, gemäß Art. 106 auch nur von den Kammern in Zweifel gezogen werden dürfen. Die Verordnung kann nach der im Ges. v. 7. 5. 53 (GS. 181) enthaltenen besonderen Bestimmung nur in Gesetzesform wieder aufgehoben werden. Es ist dagegen nicht anzunehmen, daß diese Verordnung als Teil der VerfassUrk. anzusehen und daher nur durch verfassungsänderndes Gesetz abgeändert werden könne, denn eine zur Ausführung oder in Ausführung der Verfassung ergehende Vorschrift ist keine Verfassungsvorschrift. Nur das Ges. v. 7. 5. 53, nicht die V. v. 12. 10. 54 ist an Stelle der Art. 65—68 der VerfassUrk. getreten. (Derselben Ansicht: Bornhak S. 368 und v. Stengel S. 75; anderer Ansicht: v. Rönne I § 57 S. 218 und H. Schulze I § 159 S. 584, derselbe in Marquardsens Handbuch S. 53.)

Wäre, wie v. Rönne und Schulze behaupten, die V. v. 12. 10. 54 Bestandteil der Verfassung, so könnte sie nur durch verfassungsänderndes Gesetz (Verfass. Art. 107) aufgehoben werden. Alsdann aber wäre es überflüssig und ohne allen Sinn, daß das Ges. v. 7. 5. 53 in Art. 1 noch besonders bestimmt hätte, daß die auf Grund dieses Artikels ergehende Verordnung nur durch ein mit Zustimmung der Kammern zu erlassendes Gesetz abgeändert werden kann. Zudem übersehen v. Rönne und Schulze, daß Art. 2 des Ges. v. 7. 5. 53 bestimmt: Art. 1 dieses Gesetzes (nicht aber die auf Grund dieses Gesetzes zu erlassende KV.) tritt an die Stelle der Art. 65, 66, 67 und 68 der VerfassUrk.; ebenso Schwartz S. 422.

§. 1. Die Erste Kammer besteht:[1])

1) aus den Prinzen Unseres Königlichen Hauses, welche Wir, sobald sie in Gemäßheit Unserer Hausgesetze die Großjährigkeit erreicht haben,[2]) in die Erste Kammer zu berufen, Uns vorbehalten;

2) aus Mitgliedern, welche mit erblicher Berechtigung,

3) aus Mitgliedern, welche auf Lebenszeit von Uns berufen sind.

1. Gemäß Ges. v. 7. 5. 53 (GS. 181) beruht die Mitgliedschaft des Herrenhauses lediglich auf der königl. Berufung. Am 12. März 1907 zählte das Herrenhaus 314 stimmberechtigte Mitglieder.

2. Also mit dem vollendeten 18. Lebensjahre, oben Anm. 1 zu Art. 54. Es ist noch kein Prinz ins Herrenhaus berufen worden.

§. 2. Mit erblicher Berechtigung gehören zur Ersten Kammer:

1) die Häupter der Fürstlichen Häuser von Hohenzollern-Hechingen[1]) und Hohenzollern-Sigmaringen;

2) die nach der Deutschen Bundes-Akte vom 8. Juni 1815 zur Standschaft berechtigten Häupter der vormaligen Deutschen reichsständischen Häuser in Unseren Landen;[2])

3) die übrigen nach Unserer Verordnung vom 3. Februar 1847 zur Herren-Kurie des Vereinigten Landtags berufenen Fürsten, Grafen und Herren.[3])

Außerdem gehören mit erblicher Berechtigung zur Ersten Kammer diejenigen Personen, welchen das erbliche Recht auf Sitz und Stimme in der Ersten Kammer von Uns durch besondere Verordnung verliehen wird. Das Recht hierzu wird in der durch die Verleihungs-Urkunde festgesetzten Folgeordnung vererbt.[4])

1. Das Haus Hohenzollern-Hechingen ist ausgestorben.

2. Die einzelnen s. bei Rönne I S. 209 (Herzog von Arenberg, Fürst Bentheim-Bentheim, Fürst Bentheim-Tecklenburg-Rheda, Herzog von Croy-Dülmen, Fürsten zu Salm-Horstmar, zu Salm-Salm, zu Sayn-Wittgenstein-Berleburg, zu Sayn-Wittgenstein-Hohenstein, zu Solms-Braunfels, zu Solms-Lich, zu Wied, zu Stolberg-Wernigerode, zu Stolberg-Stolberg, zu Stolberg-Roßla, zu Fürstenberg, von Thurn und Taxis, Fürst zu Isenburg-Birstein, Fürst zu Isenburg-Büdingen-Wächtersbach, Graf zu Isenburg-Büdingen-Meerholz, Graf zu Solms-Rödelheim, Graf von Neu-Leiningen-Westerburg, Großherzog Peter von Oldenburg wegen der Standesherrschaft Schaumburg-Holzappel). Ueber die Rechtsverhältnisse der Standesherren s. Instr. v. 30. 5. 20 (GS. 81).

3. S. § 2 der V. v. 3. 2. 47 (GS. 34); das sind die schlesischen Fürsten und Standesherren, sowie alle mit Virilstimmen begabten oder an Kollektivstimmen beteiligten Fürsten, Grafen und Herren der acht Provinziallandtage.

4. Im ganzen besaßen am 12. 3. 07 114 Familien erbliche Berechtigung.

§. 3. Als Mitglieder auf Lebenszeit wollen Wir berufen:

1) Personen, welche Uns in Gemäßheit der folgenden Paragraphen präsentirt werden;
2) die Inhaber der vier großen Landes-Aemter [1]) im Königreich Preußen;
3) einzelne Personen, welche Wir aus besonderem Vertrauen auserseher. Aus denselben wollen Wir „Kron-Syndici“ bestellen, welchen Wir wichtige Rechtsfragen zur Begutachtung vorlegen, imgleichen die Prüfung und Erledigung rechtlicher Angelegenheiten des Hauses anvertrauen werden.[2])

1. D. i. das Oberburggrafen-, Obermarschall-, Landhofmeister- und Kanzleramt (Oberlandesgerichtspräsident in Königsberg) (im ganzen 4).

2. S. auch Allerh. Erl. v. 27. 11. 54 bei v. Rönne I S. 210 Anm. 10. Aus Allerhöchstem Vertrauen waren am 12. 3. 07 62 Mitglieder.

§. 4. Das Präsentationsrecht steht zu: [1])

1) den nach Unserer Verordnung vom 3. Februar 1847 zur Herren-Kurie des Vereinigten Landtags berufenen Stiftern;[2])

2) dem für jede Provinz[3]) zu bildenden Verbande der darin mit Rittergütern angesessenen Grafen, für je einen zu Präsentirenden;

3) den Verbänden der durch ausgebreiteten Familienbesitz ausgezeichneten Geschlechter, welche Wir mit diesem Recht begnadigen;[4])

4) den Verbänden des alten und des befestigten Grundbesitzes;[5])

5) einer jeden Landes-Universität;[6])

6) denjenigen Städten, welchen Wir dieses Recht besonders beilegen.[7])

1. Aus dem Wortlaute des Ges. v. 7. 5. 53 (GS. 181) und § 3 der V. v. 12. 10. 54 geht hervor, daß die Krone in keiner Weise verpflichtet ist, einen Präsentierten in das Herrenhaus einzuberufen.

2. D. s. die Domstifter zu Brandenburg, Merseburg und Naumburg a./S.

3. Die Altmark gehört in ständischer Beziehung zur Provinz Brandenburg; es gibt nur 8 Provinzen, in denen Grafenverbände vorkommen.

4. D. s. gräflich von Königsmarcksche Familie, die Familien von der Gröben-Langheim, v. Alvensleben, v. Schwerin, v. d. Schulenburg, v. Bredow, v. Arnim, v. Below, die Verbände der pommerschen schloßgesessenen Geschlechter v. d. Osten, v. Wedell, v. Borcke, Verband des pommerschen Geschlechts v. Kleist, Familien v. Bonin, v. Zitzewitz, v. Puttkamer, v. Bülow (im ganzen 16). Jeder Verband darf ein Familienmitglied präsentieren.

5. Es gibt 56 Verbände mit 90 zu Präsentierenden.

6. Die Landesuniversitäten sind: Berlin, Bonn, Breslau, Göttingen, Greifswald, Halle, Kiel, Königsberg, Marburg, Münster (10).

7. Zurzeit Aachen, Altona, Barmen, Berlin, Bielefeld, Brandenburg, Bonn, Breslau, Bromberg, Cassel, Charlottenburg, Coblenz, Cöln, Crefeld, Danzig, Dortmund, Düsseldorf, Duisburg, Elberfeld, Elbing, Erfurt, Essen, Flensburg, Frankfurt a./M., Frankfurt a./O., Glogau, Görlitz, Greifswald, Halberstadt, Halle, Hannover, Hildesheim, Kiel, Königsberg, Liegnitz, Magdeburg, Memel, Minden, Mühlhausen, Münster, Nordhausen, Osnabrück, Posen, Potsdam, Stettin, Stralsund, Thorn, Trier, Wiesbaden, zusammen 49.

§. 5. Die von den Stiftern zu präsentirenden Vertreter werden von den Mitgliedern derselben aus ihrer Mitte, die von den Universitäten zu präsentirenden von dem akademischen Senate aus der Zahl der ordentlichen Professoren, die von den Städten zu präsentirenden von dem Magistrate, oder in Ermangelung eines kollegialischen Vorstandes von den übrigen kommunalverfassungsmäßigen Vertretern der Stadt aus der Zahl der Magistrats-Mitglieder erwählt.

§. 6. Die näheren reglementarischen Bestimmungen wegen Bildung der Verbände des alten und des befestigten Grundbesitzes — Landschafts-Bezirke — (§. 4 Nr. 4)[1]) und wegen Ausübung des Präsentationsrechts (§. 4 Nr. 1 bis 6) werden von Uns erlassen.[2])

1. Diese Bestimmungen (welche gleichfalls auf dem Ges. v. 7. 5. 53 beruhen) sind erlassen in der Verordnung, betreffend die definitive Erledigung der Vorbehalte wegen Bildung der Verbände des alten und des befestigten Grundbesitzes

— **Landschafts-Bezirke — und wegen Wahl der seitens dieser Verbände und der Provinzial-Verbände der Grafen zu präsentirenden Mitglieder des Herrenhauses.** Vom 10. 11. 65 (GS. 1077).

§ 1. Für die nach der anliegenden Nachweisung zu bildenden Landschafts-Bezirke des alten und des befestigten Grundbesitzes sind zur Präsentation zu wählen: in der Provinz Preußen 18, Brandenburg 15, Pommern 13, Schlesien 18, Posen 7, Sachsen 10, Westfalen 4, Rheinland 5.

§ 2. Zum alten Grundbesitze sind solche Rittergüter zu zählen, welche zur Zeit der Präsentation seit mindestens fünfzig Jahren im Besitze einer und derselben Familie*) sich befinden.

§ 3. Zum befestigten Grundbesitze gehören solche Rittergüter, deren Vererbung in der männlichen Linie durch eine besondere Erbordnung (Lehn, Majorat, Minorat, Seniorat, Fideikommiß, fideikommissarische Substitution) gesichert ist.

§ 4. Um an der Ausübung des Präsentationsrechts in den Landschafts-Bezirken, sowie in den Grafen-Verbänden Theil nehmen zu dürfen, sind die zur Mitgliedschaft des Herrenhauses nach § 7 der Verordnung vom 12. Oktober 1854 nothwendigen Eigenschaften mit der Maßgabe erforderlich, daß ein Lebensalter von 25 Jahren genügt.

§ 5. Die Mitglieder des Herrenhauses mit erblicher Berechtigung nehmen an den Wahlen in den Verbänden der Grafen nicht Theil, ebensowenig an denen der Landschafts-Bezirke. Dagegen sind die-

*) Der Begriff der Familie ist hier nicht aus ALR. II 3 § 1 zu entnehmen. Die Familie wechselt, wenn die Erbtochter einen Fremden heiratet und von diesem einen Gutserben gebiert.

jenigen Mitglieder der Grafen-Verbände, welche vermöge der Beschaffenheit ihres Rittergutsbesitzes zu den Wahlen in den Landschafts-Bezirken befähigt sind, berechtigt, auch an diesen Theil zu nehmen.

§ 6. Befindet sich ein Rittergut, dessen Besitz zur Theilnahme an den Wahlen in den Grafen-Verbänden oder Landschafts-Bezirken befähigt, im Mitbesitze mehrerer Personen, so haben dieselben bei der Wahl nur Eine Stimme, wogegen jede von ihnen, unter Voraussetzung der übrigen Erfordernisse, wahlfähig ist.

§ 7. Wer vermöge seines Grundbesitzes in verschiedenen Grafen-Verbänden oder Landschafts-Bezirken zur Wahl berechtigt ist, hat die Befugniß, an derselben in jedem dieser Verbände oder Bezirke Theil zu nehmen.

§ 8. Die Präsentationswahlen der Grafen-Verbände und der Landschaftsbezirke sind auf Mitglieder des betreffenden Verbandes oder Bezirks zu richten.

§ 9. Bei dem Wahlverfahren sind die Vorschriften des Reglements über das Verfahren bei den ständischen Wahlen vom 22. Juni 1842 (Gesetz-Samml. S. 213) anzuwenden. Jedoch ist eine Präsentationswahl in Zukunft nur dann für gültig vollzogen zu erachten, wenn an derselben mindestens zehn zur aktiven Wahl befähigte Rittergutsbesitzer Theil genommen haben.

§ 10. Die Aufstellung und Fortführung der Verzeichnisse der Wahlberechtigten, die Festsetzung des Ortes und Tages der Wahl und die Ernennung des Wahlkommissars liegt den Oberpräsidenten ob.

§ 11. Sind in einem Landschafts-Bezirke weniger als zehn zur aktiven Wahl befähigte Besitzer vorhanden, so wählen dieselben, vereinigt mit dem vom Oberpräsidenten zu bestimmenden nächsten Landschafts-Bezirke, in welchem sich mindestens zehn zur aktiven

Wahl befähigte Besitzer befinden, nur die von dem letzteren zu präsentirende Anzahl von Mitgliedern.

§ 12. Abänderungen der gegenwärtigen Verordnung, sowie der Verordnung wegen Bildung der Ersten Kammer vom 12. Oktober 1854, können gemäß Artikel 1 des Gesetzes, betreffend die Bildung der Ersten Kammer, vom 7. Mai 1853 fortan nur durch ein mit Zustimmung beider Häuser des Landtages der Monarchie zu erlassendes Gesetz vorgenommen werden.*)

2. Bezüglich der Präsentation durch die Stifter, die Landesuniversitäten und die Städte sind die Vorbehalte noch nicht erledigt.

§. 7. Das Recht auf Sitz und Stimme in der Ersten Kammer kann nur von Preußischen Unterthanen ausgeübt werden, welche sich im Vollbesitze der bürgerlichen Rechte [1]) befinden, ihren Wohnsitz innerhalb Preußen haben [2]) und nicht im aktiven Dienste eines außerdeutschen Staates stehen.

Ferner ist dazu — außer bei den Prinzen Unseres Königlichen Hauses — ein Alter von dreißig Jahren erforderlich.

1. StGB. §§ 33, 34. Wegen der Oberrechnungskammermitglieder s. Art. 74 der VerfassUrk. Die Mitgliedschaft ruht, solange das vorgeschriebene Alter, 30 bezw. 18 Jahre, nicht erreicht ist, solange das Mitglied seinen Wohnort nicht in Preußen hat oder im aktiven Dienst eines außerdeutschen Staates steht; s. auch § 10 der V.

---

*) die V. v. 10. 11. 65 ist ebensowenig ein Bestandteil der Verfassung, wie die V. v. 12. 10. 54. Auch für jene gilt die oben für diese gemachte Vorbemerkung.

2. Wohnsitz außerhalb Preußens im Deutschen Reiche genügt nicht, ebenso H. Schulze, Preuß. Staatsr. § 159, Bornhak, Preuß. Staatsr. I 379; anderer Ansicht Meyer-Anschütz § 98 S. 309 Anm. 3.

§. 8. Das Recht der Mitgliedschaft der Ersten Kammer[1]) erlischt bei denjenigen Mitgliedern, welche in Gemäßheit der §§. 4 bis 6 präsentirt werden, mit dem Verluste der Eigenschaft, in welcher die Präsentation erfolgt ist.[2]) [3])

1. Die Behauptung, daß ein Erlöschen des Rechtes der Mitgliedschaft zum Herrenhause in Widerspruch stehe mit dem Ges. v. 7. 5. 53 (GS. 181) (s. v. Rönne I S. 215 Anm. 1), ist unbegründet. Das Ges. v. 7. 5. 53 hat als Grundlage der Mitgliedschaft die königliche Berufung aufgestellt. Solche Berufungen sollten zwar auf Lebenszeit erfolgen, indes war dies nur vorgeschrieben, um periodische Wahl, Eintritt kraft des Amtes auszuschließen; besondere Modalitäten der Lebenslänglichkeit sollten damit nicht ausgeschlossen sein (vgl. Stahls Bericht v. 7. 5. 55 in den Anlagen Bd. II S. 220 der StenBer. des HerrH. 1854/55). Ein jus quaesitum für den vom Könige Einberufenen, in allen Fällen bis an sein Lebensende Mitglied des Herrenhauses zu bleiben, hat das Ges. v. 7. 5. 53 nicht konstituieren wollen, dessen Grundgedanke der war, die Bildung der Ersten Kammer in das Ermessen des Königs zu stellen. Ebenso Bornhak S. 365 und Meyer-Anschütz S. 306, v. Stengel in Marquardsens Handb. S. 75.

2. Z. B. ein Bürgermeister nicht wiedergewählt, ein Professor versetzt wird. Ein Mitglied, welches städtischer Beamter ist und noch im Laufe seiner Dienstzeit aufs neue zu diesem Amte gewählt wird, hört nicht auf, Mit-

glied des Hauses zu sein, wenn auch seine Bestätigung erst nach Ablauf der ersten Wahlperiode erfolgt, StenBer. des HerrH. 1866/67 I S. 400.

3. Wegen Zulässigkeit des Verzichts s. Anm. 3 zu § 9.

§. 9. Das Recht der Mitgliedschaft der Ersten Kammer geht außer den Fällen der §§. 12 und 21 des Strafgesetzbuchs[1]) verloren,[2]) wenn die Kammer durch einen von Uns bestätigten Beschluß einem Mitgliede das Anerkenntniß unverletzter Ehrenhaftigkeit oder eines der Würde der Kammer entsprechenden Lebenswandels oder Verhaltens versagt.[3])

1. Jetzt StGB. §§ 33, 34.

2. Und zwar dauernd auch bei zeitigem Ehrverlust.

3. Auf die Mitgliedschaft zum Herrenhause kann das auf Grund der Berufung eingetretene Mitglied nur mit, nicht ohne Zustimmung der Krone verzichten; da diese durch königl. Berufung verliehene, mit Pflichten verbundene Eigenschaft mit den Ausnahmen in den Fällen der §§ 8 und 9 der V. v. 12. 10. 54 eine unauslöschbare ist, Bericht der Matrikelkommission v. 6. 2. 60 in den Anl. zu den StenBer. des HerrH. 1860 S. 7 f., welcher Bericht die Wirksamkeit des Verzichts verneinte; die Staatsregierung vertrat dabei die Ansicht, daß nur die Krone entscheiden könne; s. auch StenBer. 1860 S. 127 ff., ebenso Meyer-Anschütz § 98 Anm. 4, v. Rönne-Zorn I 288, s. auch v. Rönne I S. 216, H. Schulze I § 159 S. 583, Schwartz S. 427; anderer Ansicht namentlich Bornhak, Preuß. Staatsr. S. 378, v. Stengel in Marquardsens Handb. S. 76, Jellinek, System der subjektiven öff. Rechte S. 166 f.

§. 10. Wenn die Kammer mit Rücksicht auf eine gegen ein Mitglied eingeleitete Untersuchung oder aus sonstigen wichtigen Gründen der Ansicht ist, daß demselben die Ausübung des Rechts auf Sitz und Stimme zeitweise zu untersagen sei, so ist zu dieser Maßregel Unsere Genehmigung erforderlich.

§. 11. Hat ein Mitglied der Ersten Kammer das Recht der Mitgliedschaft verloren, so wird, falls dieselbe auf erblicher Berechtigung beruht, wegen der Wahl eines anderen Mitgliedes der betreffenden Familie von Uns Bestimmung getroffen werden. Wenn ein solches Mitglied in Gemäßheit der §§. 4 bis 6 präsentirt worden ist, so werden Wir eine anderweite Präsentation anordnen.

Verordnung über die Ausführung der Wahl der Abgeordneten zur zweiten Kammer.

Vom 30. Mai 1849 (GS. 205).

Ueber die Gültigkeit dieser Verordnung s. Einleitung S. 30 ff. Auch ist sie in Art. 115 der Verfass. ausdrücklich anerkannt. Die Verordnung gilt zwar nicht als Teil der Verfassung, sodaß sie nicht durch verfassungsänderndes Gesetz abgeändert zu werden braucht, doch kann sie nicht durch Notverordnung abgeändert werden; denn Art. 115 bestimmt, daß die Verordnung bis zum Erl. des in Art. 72 vorgesehenen Wahlgesetzes in Kraft bleibt, und daraus folgt, daß eine Vorschrift, welche vor dem Erlasse dieses Gesetzes die Verordnung abändert, gegen Art. 115 verstößt. Notverordnungen aber dürfen (Art. 63) nicht der Verfassung zuwiderlaufen; vgl. auch v. Rönne I S. 224 Anm. 2a und Schwartz S. 460. Die Verordnung gilt in Hohenzollern (Ges. v. 30. 4. 51, GS. 216) und Ges. v. 2. 7. 00 (GS. 79) und (mit den zu §§ 5 und 10 aufgeführten Abweichungen) bis zum Erlaß des in Art. 72 der VerfassUrk. vorgesehenen Wahlgesetzes auch für die 1866 erworbenen Provinzen zufolge Ges., betr. die fernere Geltung der V. v. 30. 5. 49 für die Wahlen zum Hause der Abgeordneten in den durch die Ges. v. 20. 9. und 24. 12. 66 mit der preuß. Monarchie vereinigten Landesteilen v. 11. 3. 69 (GS. 481), desgleichen in Lauenburg zufolge Ges. v. 23. 6. 76 (GS. 169) und Helgoland,

Ges. v. 18. 2. 91 (GS. 11). Abänderungen sind enthalten in den Anm. 1 zu Art. 70 zitierten Gesetzen, namentlich im Ges. betr. Abänderung der Vorschriften über das Verfahren bei den Wahlen zum Hause der Abgeordneten v. 28. 6. 06 (GS. 318). S. hierzu Reglement über die Ausführung der Wahlen zum Hause der Abgeordneten v. 14. 3. 03/20. 10. 06 im BMBl. 1907 S. 2.

§. 1. Die Abgeordneten der zweiten Kammer werden von Wahlmännern in Wahlbezirken, die Wahlmänner von den Urwählern in Urwahlbezirken gewählt.

S. den strafrechtlichen Schutz des Wahlrechts in den §§ 107 bis 109, 339 Abs. 3 StGB. Die Wahl ist eine mittelbare.

§. 2.

Aufgehoben durch § 4 des Ges. v. 27. 6. 60 (GS. 357). Dieses Gesetz stellt die Wahlbezirke, die Wahlorte und die Zahl der in jedem Bezirke zu wählenden Abgeordneten gesetzlich fest. Für die 1866 erworbenen Provinzen sind die Wahlbezirke gemäß Art. 2 der V. v. 14. 9. 67 (GS. 1482) bestimmt. Dieser Art. 2 ist durch Ges. v. 11. 3. 69 (GS. 481) § 1 bis zum Erlasse des in Art. 72 der VerfassUrk. vorbehaltenen Wahlgesetzes aufrecht erhalten. So lange also gilt als Gesetz die für die 1866 erworbenen Provinzen gemäß Art. 2 der V. v. 14. 9. 67 erfolgte Bildung der Wahlbezirke. Lauenburg bildet zufolge Ges. v. 23. 6. 76 (GS. 169) einen eigenen Wahlbezirk, für Hannover und Hessen-Nassau sind die Wahlbezirke zum Abgeordnetenhaus durch § 2 der Kreisordnung für Hannover v. 6. 5. 84 (GS. 181), bezw. § 2 der Kreisordnung für Hessen-Nassau v. 7. 6. 85 (GS. 193), ferner für Westpreußen und Posen durch bezw. gemäß Ges. v. 6. 6. 87 (GS. 197) bestimmt; weitere Ergänzungen in den Ges. v. 31. 3. 95 (GS. 78), 23. 3. 96 (GS. 40), 29. 3. 97 (GS. 92), 25. 3. 99 (GS. 67), 31. 3 00 (GS. 79, 94, 99). Helgoland ist dem Kreise Süderdithmarschen bezüglich der Wahl zugeteilt, Ges. v. 18. 2. 95 (GS 103); s. endlich die Ges. v. 28. 6. 06 (GS. 313, 318).

Veränderungen solcher Gemeinde- oder Gutsbezirksgrenzen, welche zugleich Kreisgrenzen sind, sowie die Vereinigung eines Grundstückes, welches bisher einem Gemeinde- oder Gutsbezirke nicht angehörte, mit einem in einem anderen Kreise belegenen Gemeinde- oder Gutsbezirke ziehen die Veränderung der betreffenden Kreisgrenzen und, wo die Kreis- und Wahlbezirksgrenzen zusammenfallen, auch die Veränderung der letzteren ohne weiteres nach sich (§ 3 der Kreisordnungen).

§. 3.

Aufgehoben durch § 4 des Ges. v. 27. 6. 60 (GS. 357).

§. 4. Auf jede Vollzahl von 250 Seelen ist ein Wahlmann zu wählen.

Maßgebend ist die bei der letzten Volkszählung ermittelte ortsanwesende Bevölkerung. Bei Berechnung der Seelenzahl sind die zum aktiven Heere gehörigen Militärpersonen der Zivilbevölkerung hinzuzuzählen, Regl. v. 18. 9. 93 bezw. 20. 10. 06 § 2, BMBl. 1907 S. 2.

§. 5. Gemeinden von weniger wie 750 Seelen, so wie nicht zu einer Gemeinde gehörende bewohnte Besitzungen, werden von dem Landrathe mit einer oder mehreren benachbarten Gemeinden zu einem Urwahlbezirke vereinigt.

Für die 1866 erworbenen Provinzen kommt hier noch in Betracht Ges., betr. die fernere Geltung der V. v. 30. 5. 49 und 11. 3. 69 (GS. 481):

§ 2. Zu § 5 der V. v. 30. 5. 49.

1. In Urwahlbezirken, welche ganz oder theilweise aus Inseln bestehen, kann je nach der Oertlichkeit und dem Bedürfnisse von einer Wahlversammlung für den ganzen Bezirk abgesehen und können Wahlversammlungen für einen Theil desselben oder für jede einzelne Insel angesetzt werden.

Der Regel nach soll jeder Urwahlbezirk ein möglichst zusammenhängendes und abgerundetes Ganzes bilden, § 2 letzter Abs. des Regl. v. 14. 3. 03/20. 10. 06 BMBl. 1907 S. 2.

§. 6. Gemeinden von 1750 oder mehr als 1750 Seelen werden von der Gemeinde-Verwaltungsbehörde in mehrere Urwahlbezirke getheilt. Diese sind so einzurichten, daß höchstens 6 Wahlmänner darin zu wählen sind.

Kein Urwahlbezirk darf weniger als 750 und mehr als 1749 Seelen umfassen, § 2 Abs. 1 des Regl.; s. auch Anm. 1 zu § 4 und Anm. 1 zu § 9.

§. 7. Die Urwahlbezirke müssen, soweit es thunlich ist, so gebildet werden, daß die Zahl der in einem jeden derselben zu wählenden Wahlmänner durch drei theilbar ist.

§. 8. Jeder selbständige[1]) Preuße,[2]) welcher das 24ste Lebensjahr vollendet, und nicht den Vollbesitz der bürgerlichen Rechte[3]) in Folge rechtskräftigen richterlichen Erkenntnisses verloren hat, ist in der Gemeinde,[4]) worin er seit sechs Monaten seinen Wohnsitz oder Aufenthalt hat, stimmberechtigter Urwähler, sofern er nicht aus öffentlichen Mitteln Armenunterstützung[5]) erhält.

1. Im gewöhnlichen Sprachgebrauche zu verstehen (vgl. BMBl. 1849 S. 361, 362). Unselbständig im Sinne des § 8 ist, wer nicht verfügungsfähig ist (als Wahnsinniger, Verschwender), wer gefangen oder im Konkurse ist; vgl. auch StenBer. des AbgH. 1879/80 I S. 322, ebenso v. Rönne-Zorn I § 25 S. 310, H. Schulze, Preuß. Staatsr. I § 160 S. 588 Anm. 1, Meyer-Anschütz § 99 Anm. 11. Hauskinder und Dienstboten sind als solche vom Wahlrechte nicht ausgeschlossen; eigener Haushalt ist nicht zu erfordern. Gefangene können nicht fordern, daß sie zur Wahl geführt oder beurlaubt werden, Arndt, Reichsstaatsr. S. 119.

2. Wer Preuße ist, ergibt sich aus Ges. v. 1. 6. 70 (BGBl. 355). Außerpreußen haben weder aktive noch passive Wahlfähigkeit, Arndt, Reichsstaatsr. S. 51.

3. D. h. der bürgerlichen Ehrenrechte, s. StGB. §§ 32 bis 37. Selbstverständlich ist, daß, wenn der Verlust der bürgerlichen Ehrenrechte im Gnadenwege erlassen ist, auch die Wahlberechtigung von der Begnadigung an wieder eintritt; s. G. Meyer, Staatsr. § 99, Heintze in v. Holtzendorffs Handb. des Strafrechts II S. 635 Nr. 8.

4. Und zwar auch, wenn er in mehreren Gemeinden wohnt, immer nur in einer Gemeinde (die er sich wählen kann).

5. Armenunterstützung im Sinne des § 8 ist nur, was jemandem für sich oder seine Familie zur Erhaltung von Leben und Gesundheit gegeben wird, nicht Schulgeld oder Lehrmittelfreiheit (vgl. Reichstagsbeschluß v. 25. April 1872 in den StenBer. S. 1162), und auch

dann nur, wenn es zufolge öffentlich-rechtlicher Verpflichtung zur Armenunterstützung gewährt wird (also nicht Beihilfen bei Notständen), z. B. Ges. v. 3. 2. 80 (GS. 17) § 5. Armenunterstützungen sind nicht die Leistungen der Knappschafts- und Krankenkassen (Ges. v. 10. 4. 92, RGBl. 417 § 77 oder der Unfallberufsgenossenschaften und Invaliden-Versicherungsanstalten).

§. 9. Die Militairpersonen des stehenden Heeres und die Stamm-Mannschaften der Landwehr wählen an ihrem Standorte, ohne Rücksicht darauf, wie lange sie sich an demselben vor der Wahl aufgehalten haben. Sie bilden, wenn sie in der Zahl von 750 Mann oder darüber, zusammenstehen, einen oder mehrere besondere Wahlbezirke. Landwehrpflichtige, welche zur Zeit der Wahlen zum Dienste einberufen sind, wählen an dem Orte ihres Aufenthaltes für ihren Heimathsbezirk.

Nach dem Militärges. v. 2. 5. 74 (RGBl. 45) § 49 Abs. 1 ruht für die zum aktiven Heere gehörigen Militärpersonen, mit Ausnahme der Militärbeamten, die Berechtigung zum Wählen: das aktive nicht das passive Wahlrecht. Bei Berechnung der Seelenzahl (§§ 4 bis 6) sind die Militärpersonen mitzurechnen, s. oben Anm. zu § 4 der V.

§. 10. Die Urwähler werden nach Maßgabe der von ihnen zu entrichtenden direkten Staatssteuern (Klassensteuer, Grundsteuer, Gewerbesteuer) in drei Abtheilungen getheilt, und zwar in der Art, daß auf jede Abtheilung ein Drittheil der Gesammtsumme der Steuerbeträge aller Urwähler fällt.

Diese Gesammtsumme wird berechnet:

a) gemeindeweise, falls die Gemeinde einen Urwahlbezirk für sich bildet, oder in mehrere Urwahlbezirke getheilt ist. (§. 6.)

b) beispielsweise, falls der Urwahlbezirk aus mehreren Gemeinden zusammengesetzt ist. (§. 5.)

Jetzt gilt statt § 10 das als verfassungsändernd zustande gekommene Gesetz, betr. Aenderung des Wahlverfahrens, v. 29. 6. 93 (GS. 103).

§ 1. Für die Wahlen zum Hause der Abgeordneten werden die Urwähler nach Maßgabe der von ihnen zu entrichtenden direkten*) Staats-,

*) Die direkten Staatssteuern sind a) die Grund- und Gebäudesteuer nach dem Ges. v. 24. 5. 61 (GS. 253 bis 340), b) die Wandergewerbesteuer nach dem Ges. v. 3. 7. 76 (GS. 247), c) die Einkommensteuer nach dem Ges. v. 24. 6. 91 (GS. 175) jetzt Fass. v. 19. 6. 06 (GS. 260), d) die Ergänzungs(Vermögens-)steuer nach dem Ges. v. 14. 7. 93 (GS. 134) jetzt Fass. v. 19. 6. 06 (GS. 294). Die Eisenbahnabgabe nach dem Ges. v. 30. 5. 53 kann hier außer Betracht bleiben, da sie nicht von physischen Personen zur Erhebung kommt. Die Bergwerksabgaben sind durch Ges. v. 14 7. 93 (GS. 119) als Staatsabgaben außer Hebung gesetzt. In Hohenzollern sind an Stelle der direkten Kreis- und Provinzialsteuern die direkten Amts- und Landeskommunalabgaben und, wo direkte Gemeindesteuern nicht erhoben werden, die vom Staate veranlagte Grund-, Gefälle-, Gebäude- und Gewerbesteuer anzusetzen (Ges. v. 2. 7. 00 — GS. 245), in Helgoland ist nur die dort zur Erhebung kommende Einkommensteuer in Anrechnung zu bringen, s. in § 3 die beiden letzten Absätze des Wahlregl.; s. auch Anm. 1 zu Art. 100 der VerfassUrk.

Gemeinde-,*) Kreis-,*) Bezirks-*) und Provinzialsteuern*) in drei Abtheilungen getheilt, und zwar in der Art, daß auf jede Abtheilung ein Drittheil der Gesammtsumme der Steuerbeträge aller Urwähler fällt.

Für jede nicht zur Staatseinkommensteuer veranlagte Person ist an Stelle dieser Steuer ein Betrag von drei Mark zum Ansatz zu bringen.

§ 2. Urwähler, welche zu einer Staatssteuer nicht veranlagt sind, wählen in der dritten Abtheilung.

Verringert sich in Folge dessen die auf die erste und zweite Abtheilung entfallende Gesammtsteuersumme, so findet die Bildung dieser Abtheilungen in der Art statt, daß von der übrig bleibenden Summe auf die erste und zweite Abtheilung je die Hälfte entfällt.

§ 3. Wo direkte Gemeindesteuern nicht erhoben werden, treten an deren Stelle die vom Staate veranlagte Grund-, Gebäude- und Gewerbesteuer.**)

§ 4. Auch in Gemeinden, welche in mehrere Urwahlbezirke getheilt sind, wird für jeden Urwahlbezirk eine besondere Abtheilungsliste gebildet.

§ 5 ist für Staats- bezw. Landtagswahlen aufgehoben durch G. v. 30. Juni 1900 (GS. 185).

§ 6. Alle diesem Gesetze entgegenstehenden Bestimmungen, insbesondere das Gesetz, betreffend

---

*) Nach der VerfassUrk. und der V. v. 30. 5. 49 wurden nur die Staatssteuern bei der Wahl berücksichtigt. Die Grund- und Gebäudesteuer, die Gewerbesteuer wie die Warenhaussteuer sind den Gemeinden v. 1. 4. 95 ab überwiesen, Ges. v. 14. 7. 93 (GS. 119), Ges. v. 15. 7. 00 (GS. 294).

**) § 3 hat Bedeutung für die selbständigen Gutsbezirke.

Aenderung des Wahlverfahrens, vom 24. Juni 1891 (GS. 231), werden aufgehoben.

§ 7. Bis zum Erlasse des Wahlgesetzes werden die Bestimmungen der Artikel 71 und 115 der Verfassungsurkunde, soweit sie den vorstehenden Bestimmungen entgegenstehen, außer Kraft gesetzt.

§ 8. Inkrafttreten des Gesetzes.

§. 11. Wo keine Klassensteuer erhoben wird, tritt für dieselbe zunächst die etwa in Gemäßheit der Verordnung vom 4. April 1848 anstatt der indirekten, eingeführte direkte Staatssteuer ein.

Wo weder Klassensteuer, noch klassifizirte Steuer auf Grund der Verordnung vom 4. April 1848 erhoben wird, tritt an Stelle der Klassensteuer, die in der Gemeinde zur Hebung kommende, direkte Kommunalsteuer.

Wo auch eine solche ausnahmsweise nicht besteht, muß von der Gemeindeverwaltung nach den Grundsätzen der Klassensteuer-Veranlagung eine ungefähre Einschätzung bewirkt, und der Betrag ausgeworfen werden, welchen jeder Urwähler danach als Klassensteuer zu zahlen haben würde.

Wird die Gewerbesteuer von einer Handelsgesellschaft entrichtet, so ist die Steuer, behufs Bestimmung, in welche Abtheilung die Gesellschafter gehören, zu gleichen Theilen auf dieselben zu repartiren.

§ 11 ist obsolet (s. Anm. zu § 10).

§. 12. Die erste Abtheilung besteht aus denjenigen Urwählern, auf welche die höchsten Steuerbeträge bis zum Belaufe eines Drittheils der Gesammtsteuer (§. 10) fallen.

Die zweite Abtheilung besteht aus denjenigen Urwählern, auf welche die nächst niedrigeren Steuerbeträge bis zur Grenze des zweiten Drittheils fallen.

Die dritte Abtheilung besteht aus den am niedrigsten besteuerten Urwählern, auf welche das dritte Drittheil fällt. In diese Abtheilung gehören auch diejenigen Urwähler, welche keine Steuer zahlen.

Dabei sind die §§ 1 und 4 des Ges. v. 29. 6. 93 (GS. 103) zu beachten; oben S. 404 f.

§. 13. Solange der Grundsatz wegen Aufhebung der Abgabenbefreiung in Bezug auf die Klassensteuer und direkte Kommunalsteuer noch nicht durchgeführt ist, sind die zur Zeit noch befreiten Urwähler in diejenige Abtheilung aufzunehmen, welcher sie angehören würden, wenn die Befreiungen bereits aufgehoben wären.

§ 13 ist obsolet.

§. 14. Jede Abtheilung wählt ein Drittheil der zu wählenden Wahlmänner.

Ist die Zahl der in einem Urwahlbezirke zu wählenden Wahlmänner nicht durch 3 theilbar, so ist, wenn nur 1 Wahlmann übrig bleibt, dieser von der zweiten Abtheilung zu wählen. Bleiben 2 Wahlmänner übrig, so wählt die erste Abtheilung den einen und die dritte Abtheilung den anderen.

§. 15. In jeder Gemeinde ist sofort ein Verzeichniß der stimmberechtigten Urwähler (Urwählerliste) aufzustellen, in welchem bei jedem einzelnen Namen der Steuerbetrag angegeben wird, den der Urwähler in der Gemeinde oder in dem, aus mehreren Gemeinden zusammengesetzten Urwahlbezirk zu entrichten hat. Dies Verzeichniß ist öffentlich auszulegen,[1]) und daß dieses geschehen, in ortsüblicher Weise bekannt zu machen.

Wer die Aufstellung für unrichtig oder unvollständig hält, kann dies innerhalb dreier Tage nach der Bekanntmachung bei der Ortsbehörde oder dem von derselben dazu ernannten Kommissar oder der dazu niedergesetzten Kommission schriftlich anzeigen oder zu Protokoll geben.[2])

Die Entscheidung darüber steht in den Städten der Gemeinde-Verwaltungsbehörde, auf dem Lande dem Landrathe zu.

In Gemeinden, die in mehrere Urwahlbezirke getheilt sind, erfolgt die Aufstellung der Urwählerlisten nach den einzelnen Bezirken.

1. Und zwar drei Tage lang. Daß und in welchem Lokale dies geschieht, ist beim Beginne der Auslegung in ortsüblicher Weise bekannt zu machen; § 4 Abs. 1 des Regl.

2. Und zwar von jedem, quivis ex populo, nicht bloß dem zu Unrecht Ausgelassenen; s. § 4 Abs. 2 des Regl.

§. 16. Die Abtheilungen (§. 12) werden Seitens derselben Behörden festgestellt, welche die Urwahlbezirke abgrenzen (§§. 5, 6).

Eben diese Behörden haben für jeden Urwahlbezirk das Lokal, in welchem die auf den Bezirk bezügliche Abtheilungsliste öffentlich auszulegen, und die Wahl der Wahlmänner abzuhalten ist, zu bestimmen und den Wahlvorsteher, der die Wahl zu leiten hat, so wie einen Stellvertreter desselben für Verhinderungsfälle zu benennen.

In Bezug auf die Berichtigung der Abtheilungslisten kommen die Vorschriften des §. 15 gleichmäßig zur Anwendung.

§. 17. Der Tag der Wahl[1]) ist von dem Minister des Innern festzusetzen.[2])

1. Der allgemeinen Wahl. In den Fällen des § 19 des Wahlreglements, d. h. wenn die Ablehnung der Wahl schon im Wahltermin und bevor die Wahlverhandlung der betreffenden Abteilung geschlossen ist, erfolgt, nimmt der Wahlvorsteher sofort eine neue Wahl vor; erfolgt die Ablehnung später oder geht binnen 3 Tagen keine Erklärung des Gewählten ein, so setzt der Wahlvorsteher den Wahltag fest; in den Fällen des § 20 des Reglements d. h. wenn eine Wahl nicht zustande gekommen oder die Wahl für ungültig erklärt ist oder sonst Wahlmänner ausgeschieden sind (§ 18 der VO.), setzt der Regierungs- (in Berlin Ober-) präsident den Wahltag fest.

2. Daraus folgt, daß die Wahlversammlungen nur infolge Berufung der Staatsregierung (§ 19) stattfinden dürfen. Ohne solche Berufung zusammentretende Personen können eine rechtsgültige Wahl nicht vornehmen. Wenn die in Art. 51 der VerfassUrk. vorgeschriebene Frist von der Staatsregierung unbeachtet bleibt, so handelt diese verfassungswidrig. Ein Recht aber, nach Ablauf der Frist ohne Einberufung zusammenzutreten, haben die Urwähler nicht (ebenso v. Rönne I S. 253 Anm. 3b).

§. 18. Die Wahlmänner werden in jeder Abtheilung aus der Zahl der stimmberechtigten Urwähler des Urwahlbezirks[1]) ohne Rücksicht auf die Abtheilung gewählt.[2])

Mit Ausnahme des Falles der Auflösung der Kammer, sind die Wahlen der Wahlmänner für die ganze Legislaturperiode dergestalt gültig, daß bei einer erforderlich werdenden Ersatzwahl eines Abgeordneten nur an Stelle der inzwischen durch Tod, Wegziehen aus dem Urwahlbezirk, oder auf sonstige Weise ausgeschiedenen Wahlmänner neue zu wählen sind.

1. Nicht also eines anderen Urwahlbezirks. Dagegen ist es nicht erforderlich, daß die Wahlmänner gerade derjenigen Abteilung der Urwähler angehören, von welcher die Wahl ausgeht. Es kann also jede Abteilung ihre Wahlmänner auch aus der Zahl der stimmberechtigten Urwähler einer anderen Abteilung wählen.

2. Schutz des Wahlrechts im StGB. §§ 107 bis 109, 339 Abs. 3.

§. 19. Die Urwähler sind zur Wahl durch ortsübliche Bekanntmachung zu berufen.[1 2)]

1. S. Anm. 1 zu § 17. Auf den Tag, an welchem die Urwahlen stattfinden, sind hinsichtlich der Amtshandlungen und der Vornahme von Rechtsgeschäften die für Sonn- und Festtage gegebenen Bestimmungen anzuwenden, s. AE. v. 9. 7. 49 (GS. 251). Die Kosten der Urwahlen tragen die Gemeinden, die Kosten der Wahlen der Abgeordneten der Staat; vgl. Reskr. d. Min. d. Innern und der Finanzen v. 15. 1. 50 und 24. 12. 60 (BMBl. 1861 S. 42, s. auch ebendort 1851 S. 2).

2. Zu §§ 19, 21 der VO. bestimmt § 3 Ges. v. 28. 6. 06:

„In Gemeinden, deren Zivilbevölkerung nach der letzten Volkszählung mindestens 60 000 beträgt, findet die Abstimmung bei der Wahl der Wahlmänner in einer nach Anfangs- und Endtermin festzusetzenden Abstimmungsfrist (Fristwahl) an Stelle der Abstimmung in gemeinschaftlicher Versammlung der Urwähler zu bestimmter Stunde (Terminswahl) statt. Abteilungen, die 500 oder mehr Wähler zählen, können in Abstimmungsgruppen geteilt werden.

Auf den Antrag des Gemeindevorstandes kann der Minister des Innern anordnen, daß bei der Wahl der Wahlmänner die Abstimmung auch in Gemeinden mit 50 000 oder mehr Einwohnern in der Form der Terminswahl oder in Gemeinden mit geringerer Einwohnerzahl in der Form der Fristwahl vorzunehmen ist."

§. 20. Der Wahlvorsteher ernennt aus der Zahl der Urwähler des Wahlbezirks einen Protokollführer,[1] so wie 3 bis 6 Beisitzer, welche mit ihm den Wahlvorstand bilden, und verpflichtet sie mittelst Handschlags an Eidesstatt.

1. S. jetzt unten § 31 a der VO. in der Fassung v. 28. 6. 1906.

§. 21. Die Wahlen erfolgen abtheilungsweise durch Stimmgebung zu Protokoll, nach absoluter Mehrheit und nach den Vorschriften des Reglements (§ 32).

Zu §§ 21, 23, u. § 30 Abs. 3, 4 bestimmt § 2 Ges. v. 28. 6. 06:

„Haben bei der ersten Abstimmung nur zwei Personen oder, wenn von einer Wählerabteilung bei der Urwahl zwei Wahlmänner zu wählen sind, nur vier Personen, und zwar gleichviel Stimmen erhalten, so entscheidet das Los darüber, wer gewählt ist."

Nach dem Wahlreglement wird die Wahlhandlung unter Hinweis auf die gesetzlichen und reglementarischen Bestimmungen eröffnet und die Protokollführer und Beisitzer beim Beginn ihrer Tätigkeit durch Handschlag an Eidesstatt verpflichtet, werden zunächst der Wahlvorstand gebildet und sodann die nicht stimmberechtigten Anwesenden (in der Regel) zum Abtreten veranlaßt; später erscheinende Urwähler können an den noch nicht geschlossenen Abstimmungen teilnehmen. Abwesende können durch Stellvertreter oder sonst an der Wahl nicht teilnehmen (§ 13). Die dritte Abteilung wählt zuerst, die erste zuletzt (bei Fristwahl Abweichung gestattet). Sobald die Wahlverhandlung einer Abteilung geschlossen ist, werden die Mitglieder derselben, soweit sie nicht im Wahlvorstande sitzen, zum Abtreten veranlaßt, § 14. Nach Aufruf bei den Terminswahlen tritt der Urwähler an den Vorstandstisch und benennt zu Protokoll $\frac{\text{den}}{\text{die}}$ Namen $\frac{\text{des Wahlmanns}}{\text{der Wahlmänner}}$, § 15. Die Wahl erfolgt nach absoluter Mehrheit der Stimmenden. Ueber die Gültigkeit einzelner Wahlstimmen entscheidet der Vorstand, § 16; vgl. auch § 22 Abs. 2 und § 18 der Verordn., endlich für Stichwahlen § 17 des Regl., wonach, wenn absolute Mehrheit nicht erzielt (oder Stimmengleichheit) ist, die, welche die meisten Stimmen haben, in doppelter Zahl der zu wählenden Wahlmänner in die engere Wahl kommen. Tritt bei einer späteren Abstimmung Stimmengleichheit ein, sowie über die Frage, wer bei Stimmengleichheit in die engere Wahl zu bringen ist, entscheidet das durch die Hand des Wahlvorstehers gezogene Los, s. auch Art. I § 2 des Ges. v. 28. Juni 1906. „Haben bei der ersten Abstimmung nur zwei Personen oder, wenn von einer Wählerabteilung bei der Urwahl zwei Wahlmänner zu wählen sind, nur vier Personen, und zwar gleich viel Stimmen erhalten, so entscheidet das Los darüber, wer gewählt ist (§§ 21, 23, 30 Abs. 3, 4 der Verordnung)." Wo Fristwahl stattfindet, wird die Abstimmung, sofern nicht sämtliche eingetragenen Wähler zu einem früheren Zeitpunkt ihre Stimme abgegeben haben, mit dem Ablauf der festgesetzten Abstimmungsfrist geschlossen; später dürfen keine Stimmen mehr entgegengenommen werden, § 15 letzter Absatz des Wahlregl.

§. 22. In der Wahlversammlung dürfen weder Diskussionen [1]) stattfinden, noch Beschlüsse gefaßt werden.

Wahlstimmen, unter Protest oder Vorbehalt abgegeben, sind ungültig.[2])

1. Des Wahlvorstandes über das, was die Gültigkeit der Wahlen betrifft, sind hier nicht gemeint.

2. Oder auf nicht wählbare Personen, § 18 Abs. 1 der V., §§ 16 Abs. 2, 17 des Reglements. Man kann sich selbst wählen.

§. 23. Ergiebt sich bei der ersten Abstimmung keine absolute Stimmenmehrheit, so findet die engere Wahl statt.

Bei Stimmengleichheit entscheidet das Los: s. Anm. zu § 21 VO. und § 17 des Wahlregl.

§. 24. Der gewählte Wahlmann muß sich über die Annahme der Wahl erklären. Eine Annahme unter Protest oder Vorbehalt gilt als Ablehnung, und zieht eine Ersatzwahl nach sich.

Jede Ablehnung hat für die Abteilung eine neue Wahl zur Folge, §§ 18, 19 des Regl.

§. 25. Das Protokoll wird von dem Wahlvorstande (§. 20) unterzeichnet und sofort dem Wahlkommissar (§. 26) für die Wahl der Abgeordneten eingereicht.

§. 26. Die Regierung[1]) ernennt den Wahlkommissar für jeden Wahlbezirk zur Wahl der Abgeordneten und bestimmt den Wahlort.[2])

1. Die Regierungspräsidenten, in Berlin der Oberpräsident, § 23 des Wahlregl.

2. Die Vorschrift wegen Bestimmung der Wahlorte ist durch § 4 des Ges., die Feststellung der Wahlbezirke für das Abgeordnetenhaus betreffend, v. 7. 6. 60 (GS. 367) aufgehoben.

§. 27. Der Wahlkommissar beruft die Wahlmänner mittelst schriftlicher Einladung zur Wahl der Abgeordneten.[1]) Er hat die Verhandlungen über die Urwahlen nach den Vorschriften dieser Verordnung zu prüfen, und wenn er einzelne Wahlakte für ungültig erachten sollte, der Versammlung der Wahlmänner seine Bedenken zur endgültigen Entscheidung[2]) vorzutragen. Nach Ausschließung derjenigen Wahlmänner, deren Wahl für ungültig erkannt ist, schreitet die Versammlung sofort zu dem eigentlichen Wahlgeschäfte.

Außer der vorgedachten Erörterung und Entscheidung über die etwa gegen einzelne Wahlakte erhobenen Bedenken dürfen in der Versammlung keine Diskussionen Statt finden, noch Beschlüsse gefaßt werden.[3])

Zu §§ 27 u. 30 WO. bestimmt Art. I § 4 Ges. v. 28. 6. 06:

„Der Minister des Innern kann anordnen, daß in Wahlbezirken, in welchen die Zahl der Wahlmänner 500 oder mehr beträgt, die Wahl der Abgeordneten in Gruppen der Wahlmänner vorzunehmen ist, und dabei die Orte innerhalb des Wahlbezirkes bestimmen, an denen örtlich getrennte Gruppen der Wahlmänner zu versammeln sind. An Stelle dieser Bestimmungen kann unter der gleichen Voraussetzung von dem Minister auch angeordnet werden, daß in dem Wahlbezirke die Abstimmung bei der Wahl der Abgeordneten in der Form der Fristwahl (§§ 27, 30 der WO.) stattfindet.

Ueber die Gültigkeit der Wahlmännerwahlen, welche der Wahlkommissarius für ungültig erachtet hat, und über die Ausschließung der Wahlmänner, deren Wahl für ungültig erkannt wird (§ 27 Abs. 1 WO.), entscheidet, wo Gruppen der Wahlmänner gebildet sind, die Gruppe, zu welcher der Wahlmann gehört, dessen Wahl beanstandet ist, wo Fristwahl stattfindet, der Wahlvorstand mit Stimmenmehrheit. Bei Stimmengleichheit ist der Wahlmann zur Wahl der Abgeordneten zuzulassen."

1. Wenn sie nicht schon bereits im Urwahltermine durch die Wahlvorsteher geladen sind, § 25 Abs. 2 des Regl.

2. Unbeschadet des dem Abgeordnetenhause gemäß Art. 78 VerfassUrk. zustehenden endgültigen Rechtes der Prüfung und Entscheidung; s. auch StenBer. des AbgH. 1867 S. 29 ff., 69; vgl. auch Schwartz S. 467.

3. Ueber Bemängelungen der Wahlmännerwahlen durch Dritte hat nicht die Versammlung (wohl aber das Abgeordnetenhaus) zu entscheiden.

§. 28. Der Tag der Wahl der Abgeordneten ist von dem Minister des Innern festzusetzen.

Im Falle der Ablehnung oder Nichtwählbarkeit setzt der Regierungs-(in Berlin Ober-)präsident den Wahltag fest, Wahlreglement § 30 Abs. 3; wenn ein Mandat während der Sitzungsperiode erledigt wird, der Min. des Innern, vgl. BMBl. 1851 S. 277, ebenso Schwartz S. 467, nach v. Rönne I § 60 S. 253 Anm. 2 der Regierungspräsident. S. auch Anm. 1 zu § 17.

§. 29. Zum Abgeordneten ist jeder Preuße[1]) wählbar, der das dreißigste Lebensjahr vollendet, den Vollbesitz der bürgerlichen Rechte,[2]) in Folge rechtskräftigen richterlichen Erkenntnisses, nicht verloren hat und bereits ein Jahr lang dem preußischen Staatsverbande angehört.[3])[4])[5])

1. S. Ges. v. 1. 6. 70 (BGBl. 355).
2. StGB. §§ 32 bis 37; s. auch Anm. 3 zu § 8.
3. Diese letzte Bestimmung (die Dauer der preußischen Staatsangehörigkeit) bezieht sich seit der Bundes-(Reichs-)Verfassung Art. 3 nur noch auf solche Personen, welche vor Erwerb der preußischen Staatsangehörigkeit einem außerdeutschen Staatsverbande angehört haben, Meyer-Anschütz I § 99 Anm. 21, StenBer. des AbgH. 1882/83 Bd. III S. 1965 f., v. Stengel S. 80 Anm. 1, Schwartz S. 224; anderer Ansicht v. Rönne-Zorn I 312 Anm 7.

Die Selbständigkeit (wie in § 8) wird also hier nicht verlangt. Verlust der Selbständigkeit hat sonach Verlust der Mitgliedschaft nicht im Gefolge. Gleichwohl hat das AbgH. im Konkurse befindlichen Personen wegen mangelnder Selbständigkeit die Wählbarkeit zu Abgeordneten abgesprochen, s. StenBer. 1878 I S. 1392 f.,

s. auch Schwartz S. 229 und Anschütz in der DJZ. 1900 S. 181, Meyer-Anschütz S. 314.

4. Zu berücksichtigen bleibt noch, daß nach Art. 78 Abs. 4 der VerfassUrk. Mitglieder des Herrenhauses als Abgeordnete nicht wählbar sind, und daß nach dem Ges. v. 27. 3. 72 (s. Anm. 7 zu Art. 74) der Präsident und die Mitglieder der Oberrechnungskammer nicht Mitglieder eines der beiden Häuser des Landtages sein dürfen.

5. Verlust des Wahlrechts tritt ein durch Verzicht, oder wenn eines der in § 29 aufgestellten Erfordernisse in Wegfall gekommen ist. Wegen „Unwürdigkeit" (vgl. § 9 der V. wegen Bildung der Ersten Kammer v. 12. 10. 54) kann die Mitgliedschaft vom Abgeordnetenhause nicht entzogen werden.

§. 30. Die Wahlen der Abgeordneten erfolgen durch Stimmgebung zu Protokoll.

Der Protokollführer und die Beisitzer für den Wahlvorstand bei der Wahl der Abgeordneten werden durch den Wahlkommissarius aus der Mitte der Wahlmänner ernannt.[1])

Die Wahlen erfolgen nach absoluter Stimmenmehrheit. Wahlstimmen unter Protest oder Vorbehalt abgegeben, sind ungültig.

Ergiebt sich bei der ersten Abstimmung keine absolute Mehrheit, so wird zu einer engeren Wahl geschritten.

1. Abs. 2 beruht auf § 1 Ges. v. 28. 6. 06.

2. Die Abgeordneten werden gewählt durch Stimmenabgabe zu Protokoll, § 27 des Regl., und zwar hat, wenn mehrere Abgeordnete zu wählen sind, jeder Wahlmann sogleich anzugeben, wen er in erster, zweiter oder

dritter Stelle zum Abgeordneten wählt. Es ist auch zulässig, für jede Stelle denselben Namen zu nennen. Ergibt sich keine absolute Stimmenmehrheit, so findet zwischen denjenigen beiden Kandidaten, welche die meisten Stimmen haben, eine engere Wahl statt (§ 28 des Regl.). Bei Stimmengleichheit entscheidet das Los, welches der Wahlvorsteher zieht, § 28 das.

§. 31. Der gewählte Abgeordnete muß sich über die Annahme oder Ablehnung der auf ihn gefallenen Wahl gegen den Wahlkommissarius erklären. Eine Annahme-Erklärung unter Protest oder Vorbehalt gilt als Ablehnung und hat eine neue Wahl zur Folge.

§. 31a (Art. II Ges. v. 28. 6. 06). Die Urwähler sind verpflichtet, das Ehrenamt des Wahlvorstehers, des Protokollführers oder eines Beisitzers im Wahlvorstande bei der Wahl der Wahlmänner, die Wahlmänner sind verpflichtet, das Ehrenamt des Protokollführers oder eines Beisitzers im Wahlvorstande bei der Wahl der Abgeordneten zu übernehmen.

Zur Ablehnung ist berechtigt, wer das 65. Lebensjahr überschritten hat oder durch Krankheit, Abwesenheit in dringenden Privatgeschäften, durch Dienstgeschäfte eines öffentlichen Amtes oder durch sonstige besondere Verhältnisse, welche nach billigem Ermessen eine genügende Entschuldigung begründen, an der Wahrnehmung der Obliegenheiten der im Abs. 1 bezeichneten Ehrenämter verhindert ist.

Wer die Uebernahme dieser Obliegenheiten ohne zulässigen Grund ablehnt oder sich ihrer Wahrnehmung ohne ausreichende Entschuldigung entzieht, kann mit einer Ordnungsstrafe bis zu 300 Mark belegt werden.

Wird nachträglich eine genügende Entschuldigung geltend gemacht, so kann die verhängte Strafe ganz oder teilweise zurückgenommen werden.

Die Festsetzung und die Zurücknahme der Strafe steht in Landkreisen dem Landrat, in Stadtkreisen dem Bürgermeister zu. Gegen seine Verfügung ist binnen zwei Wochen nach der Zustellung Beschwerde an den Regierungspräsidenten und gegen dessen Bescheid binnen gleicher Frist Beschwerde an den Oberpräsidenten zulässig, welcher endgültig entscheidet.

§. 32. Die zur Ausführung dieser Verordnung erforderlichen näheren Bestimmungen hat Unser Staatsministerium in einem zu erlassenden Reglement zu treffen.[1])

1. Jetzt gilt Reglement über die Ausführung der Wahlen zum Hause der Abgeordneten v. 14. 3. 1903, in der Fassung des Reichstags v. 20. 10. 1906 (MBl. 1907 S 2 f.

Sachregister.

A.

B.

C.

D.

E.

G.

H.

J.

N.

O.

P.

R.

S.

Druck von Otto Walter in Berlin S. 14.

Verzeichnis

der

Guttentag'schen Sammlung Deutscher Reichs- und Preussischer Gesetze

Text-Ausgaben

mit Anmerkungen u. Sachregister

Guttentag'sche Sammlung

Deutscher Reichsgesetze.

Text-Ausgaben mit Anmerkungen. Taschenformat.

1. **Verfassung** des Deutschen Reichs. Gegeben Berlin, den 16. April 1871. Von Dr **L. von Rönne.** Neunte Auflage von Landrat **Paul von Rönne.** 1904. 2 M 40 Pf

2. **Strafgesetzbuch** für das Deutsche Reich. Nebst den gebräuchlichsten Reichs-Strafgesetzen: Presse, Entziehung elektrischer Arbeit, Personenstand, Kranken-, Unfall-, Invalidenversicherung, Gewerbeordnung, unlauterer Wettbewerb, Depot- und Börsengesetz, gewerbliche Kinderarbeit usw. Von Dr. **H. Rüdorff.** Zweiundzwanzigste Auflage von Dr. **H. Appelius,** Kammergerichtsrat. 1907. 1 M. 50 Pf

3. **Militärstrafgerichtsordnung** nebst Einführungsgesetz und Gesetz, betreffend die Dienstvergehen der richterlichen Militärjustizbeamten und die unfreiwillige Versetzung derselben in eine andere Stelle oder in den Ruhestand. Bearbeitet von Dr. **Paul Herz,** Senatspräsident am Reichsmilitärgericht. Dritte Aufl. 1902. 4 M. (Militär-**Strafgesetzbuch** s. RG. Nr. 67.)

4. **Handelsgesetzbuch vom 10. Mai 1897** unter Ausschluß des Seerechts. Mit den ergänzenden Vorschriften des Bürgerlichen Gesetzbuchs und Erläuterungen herausgegeben von **F. Litthauer,** Justizrat. Dreizehnte Aufl. herausgeg. von Geh. Justizrat Prof. Dr. **A. Mosse,** Oberlandesgerichtsrat. 1905. 3 M.

9. Sammlung **kleinerer strafrechtlicher Reichsgesetze.** Mit den Entscheidungen des Reichsgerichts bearbeitet von **M. Werner,** Geh. Ober-Regierungsrat. Zweite Auflage. 1903. 3 M.

Inhalt: Inhaberpapiere — Presse — Personenstand — Urheberrechtsgesetzgebung — Rinderpest — Nahrungs- und Genußmittel — Sprengstoff — Feingehalt von Gold- und Silberwaren — Patentgesetz — Handfeuerwaffen — Gebrauchsmusterschutz — Militärische Geheimnisse — Warenbezeichnung — unlauterer Wettbewerb — Auswanderung — Margarine — Wein — Sklavenraub — Fleischbeschau — Reichsseuchengesetz — Süßstoff — Reichskassenscheine.

10. Das **Reichsbeamtengesetz** vom 31. März 1873 und seine Ergänzungen. Erläutert von **J. Pieper,** Geh. Ober-Reg.-Rat. Zweite Auflage. 1901. 4 M. 50 Pf.

11. **Zivilprozeßordnung mit Gerichtsverfassungsgesetz** in den neuesten Fassungen. Unter besonderer Berücksichtigung der Entscheidungen des Reichsgerichts herausgegeben mit Anmerkungen zunächst von **R. Sydow,** Unterstaatssekretär, weiter bearbeitet von **L. Busch,** Reichsgerichtsrat. Zehnte Auflage. 8°. 1905. 6 M.

Dieser Band ist in größerem Format erschienen!

12. **Strafprozeßordnung und Gerichtsverfassungsgesetz** nebst dem Gesetz, betreffend die Entschädigung der im Wiederaufnahmeverfahren freigesprochenen Personen. Von Dr. **A. Hellweg,** Reichsgerichtsrat. Vierzehnte Auflage. 1907. 2 M.

13. **Konkursordnung und Anfechtungsgesetz.** Von **R. Sydow.** Weiter bearbeitet von **L. Busch.** Zehnte Auflage. 1906. 2 M. 25 Pf.

14. **Gerichtsverfassungsgesetz** mit Einführungsgesetz. Herausgegeben von **R. Sydow** und **L. Busch.** Neunte Auflage. 1905. 1 M. 50 Pf.

15. Das **Deutsche Gerichtskostengesetz** nebst den Gebührenordnungen für Gerichtsvollzieher, Zeugen und Sachverständige. Herausgegeben mit Kostentabellen von **R. Sydow.** Weiter bearbeitet von **L. Busch.** Achte Auflage. 1907.

16. **Rechtsanwaltsordnung.** Von **R. Sydow.** Sechste Auflage von Justizrat **M. Jacobsohn.** 1907. 1 M. 20 Pf.

17. Die **Deutsche Gebührenordnung für Rechtsanwälte und das Preußische Gebührengesetz** vom 27. September / 6. Oktober 1899. Von **R. Sydow** und **L. Busch.** Siebente Auflage. 1903. 1 M. 60 Pf.

18. **Reichsstempelgesetz (Börsensteuer, Frachturkunde, Kraftfahrzeuge, Personenfahrkarte, Tantieme für Aufsichtsratsmitglieder).** In der Fassung des Gesetzes vom 3. Juni 1906. Nebst Ausführungsbestimmungen, den Entscheidungen der höchsten Verwaltungsbehörden und des Reichsgerichts. Neunte Auflage von **P. Loeck,** Regierungsrat. 1906. 4 M. 50 Pf.

Dieser Band ist in größerem Format erschienen!

19. Die **Seegesetzgebung.** Von Dr. **W. E. Knitschky.** Dritte Auflage bearbeitet von Oberlandesgerichtsrat **Otto Rudorff** in Hamburg 1902. 4 M. 50 Pf.

20. **Krankenversicherungsgesetz.** Von weil. Dr. **E. von Woedtke,** Direktor im Reichsamte des Innern. Elfte Auflage bearbeitet von Dr. **G. Eucken-Addenhausen,** Geh. Reg.-Rat und vortr. Rat im Reichsamte des Innern. 1905. 3 M.

21. Die **Konsulargesetzgebung.** Von Professor Dr. **Ph. Zorn.** Zweite Auflage. 1901. 3 M.

22a. **Patentgesetz.** Nebst Ausführungsbestimmungen, völkerrechtlichen Verträgen und der Patentanwalts-Ordnung unter eingehender Berücksichtigung der Rechtsprechung des Reichsgerichts und der Praxis des Patentamts. Erläutert von Professor Dr. **R. Stephan,** Geh. Reg.-Rat, Mitglied des Kaiserlichen Patentamts. Sechste Auflage. 1904. 2 M.

22b. Gesetz zum **Schutz der Warenbezeichnungen.** Nebst Ausführungsbestimmungen. Von Dr. **R. Stephan,** Geh. Reg.-Rat, Mitglied des Kaiserlichen Patentamts. Vierte Auflage. 1899. 1 M.

23. **Gewerbe-Unfallversicherungsgesetz.** Von weil. Dr. **E. v. Woedtke.** Neunte neubearbeitete Auflage von **Franz Caspar,** Direktor im Reichsamt des Innern. 1907. 2 M. 50 Pf.

24. **Aktiengesellschaft und Kommanditgesellschaften auf Aktien.** (Handelsgesetzbuch, II. Buch, Abschnitt 3 und 4). Mit Anmerkungen von **H. Keyssner,**

Kammergerichtsrat und Dr. **H. Veit Simon,** Rechtsanwalt. Fünfte Auflage. Bearbeitet von Dr. **Hugo Keyssner** und **L. Keyssner.** 1900. 2 M. 25 Pf.

25. **Brausteuergesetz** vom 3. Juni 1906 mit Ausführungsvorschriften. Von **A. Düffe,** Obersteuerkontrolleur. 1907. 3 M.

26. Die Reichsgesetzgebung über **Münz- und Notenbankwesen,** Papiergeld, Prämienpapiere und Reichsschulden. Von Dr. jur. **R. Koch,** Präsident des Reichsbankdirektoriums. Fünfte Auflage. 1905. 3 M.

27. Die Gesetzgebung, betr. das **Gesundheitswesen** im Deutschen Reich für Behörden, Aerzte ꝛc. Von Dr. jur. **C. Goesch** und Dr. med. **J. Karsten.** 1888. 1 M. 60 Pf.

28. **Bau-Unfallversicherungsgesetz.** Vom 30. Juni 1900. Von **R. Chrzescinski,** Kaiserl. Regierungsrat. Dritte Auflage. 1900. 2 M.

29. Reichsgesetz, betr. die **Erwerbs- und Wirtschaftsgenossenschaften.** Von **L. Parisius** und Dr. **H. Crüger.** Zwölfte Auflage bearbeitet von Dr. **H. Crüger.** 1907. ca. 1 M. 50 Pf.

30. **Invalidenversicherungsgesetz** vom 13. Juli 1899. Von weil. Dr. **E. v. Woedtke.** Zehnte Auflage bearbeitet von Regierungsrat **H. Follmann.** 1906. 4 M.

31. **Gewerbegerichtsgesetz.** Von Stadtrat **L. Mugdan.** Sechste Auflage bearbeitet von **W. Cuno,** Erstem Bürgermeister zu Hagen i. W. 1906. 2 M. 20 Pf.

32. Reichsgesetz, betr. die **Gesellschaften mit beschränkter Haftung.** Von **L. Parisius** und Dr. **H. Crüger.** Neunte Auflage von Dr. **H. Crüger.** 1907. 1,40 M.

33. **Vereins- und Versammlungsrecht** in Deutschland. Von Dr. **E. Ball,** zweite, völlig neubearbeitete Auflage von Dr. **F. Friedenthal.** 1907. ca. 2 M. 50 Pf.

34 Reichsgesetz, betreffend die **Abzahlungsgeschäfte.** Vom 16. Mai 1894. Von **J. Hoffmann.** Zweite vermehrte Auflage besorgt von Dr. **E. Wilke,** Landgerichtsrat. 1901. 1 M. 20 Pf

35 Die **Reichs-Eisenbahngesetzgebung.** Von **W. Coermann,** Kaiserl. Amtsrichter. 1895. 2 M. 25 Pf.

36 Gesetze, betr. die **privatrechtlichen Verhältnisse der Binnenschiffahrt und der Flößerei.** Erläutert von **H. Makower.** Dritte Auflage bearbeitet von **F. Löwe,** Landgerichtsrat. 1903. 3 M.

37. Gesetz zur **Bekämpfung des unlauteren Wettbewerbes.** Vom 27. Mai 1896. Von Dr. **R. Stephan,** Geh. Regierungsrat. Dritte Auflage. 1903. 1 M.

38/39. **Bürgerliches Gesetzbuch nebst Einführungsgesetz.** Nach dem Tode des ursprünglichen Herausgebers Reichsgerichtsrats a. D. Dr. **A. Achilles** in Verbindung mit Professor Dr. **André,** Landrichter

Ritgen, Ober-Landesgerichtsrat **Strecker,** Ober-Regierungsrat Dr. **Unzner** herausgegeben von Geh. Ober-Justizrat **Greiff.** Fünfte Auflage. 8°. 1906. 6 M. 50 Pf.

Dieser Band ist in größerem Format erschienen!

40. Gesetz, betr. die **Pflichten der Kaufleute bei Aufbewahrung fremder Wertpapiere (Depotgesetz).** Mit Erläuterungen. Von **F. Lusensky,** Geh. Ober-Regierungsrat. Zweite Auflage. 1905. 1 M.

41. **Börsengesetz.** Vom 22. Juni 1896. Nebst Ausführungsbestimmungen. Unter Mitwirkung des Direktors im Reichsamt des Innern **A. Wermuth** bearbeitet von Regierungsrat **H. Brendel.** 1897. 1 M. 50 Pf.

42. **Grundbuchordnung** nebst den preußischen Ausführungsbestimmungen. Mit Einleitung. Von Professor Dr. **O. Fischer.** Vierte Auflage. 1906. 2 M.

43. Die Gesetzgebung, betr. die **Zwangsvollstreckung in das unbewegliche Vermögen** im Reiche und in Preußen. Mit Einleitung, Kosten- und Gebührentabellen. Von Dr. **J. Krech,** Kaiserl. Geh. Regierungsrat und Professor Dr. **O. Fischer.** Fünfte Auflage. 1907. 2 M.

44. Das Reichsgesetz über das **Auswanderungswesen** vom 9. Juni 1897 nebst Ausführungsverordnungen und Anlagen. Unter Benutzung amtlicher Quellen. Von Professor Dr. **Felix Stoerk.** 1899. 2 M. 25 Pf.

45. Das **Entmündigungsrecht** unter Berücksichtigung der für Preußen geltenden Vorschriften nebst der preußischen Justiz-Ministerial-Verfügung vom 28. November 1899. Text der zivil- und prozeßrechtlichen Bestimmungen mit Erläuterungen von Landgerichtsrat Dr. **P. Koll** in Cöln. 1900. 1 M. 50 Pf.

46. Die Gesetze des Reiches und Preußens über die **freiwillige Gerichtsbarkeit.** Mit Einleitung von **Herm. Jastrow,** Amtsgerichtsrat. Vierte Auflage. 1906. 3 M.

47. Das **deutsche Vormundschaftsrecht** und das preuß. Gesetz über die Fürsorgeerziehung Minderjähriger nebst den dazu gehörigen preußischen Nebengesetzen. Mit Einleitung und Erläuterungen von **Max Schultzenstein,** Oberverwaltungsgerichtsrat und Amtsgerichtsrat Dr. **Paul Köhne.** Zweite Auflage. 1901. 3 M.

48. Gesetze und Verordnungen, betr. den **Drogen-, Gift- und Farbenhandel** außerhalb der Apotheken. Von Dr. **Broh,** Rechtsanwalt. 1899. 1 M. 25 Pf.

49. Deutsche **Kolonialgesetzgebung.** Von Professor Dr. **Philipp Zorn.** 1901. 4 M. 50 Pf.

50. Der **Viehkauf** (Viehgewährschaft) nach dem Bürgerlichen Gesetzbuche. Mit Erläuterungen von Rechtsanwalt Dr. **H. Stölzle.** Nebst Verordn. betr. die Hauptmängel und Gewährsfristen beim Viehhandel. Von **H. Weiskopf,** Königl. Kreistierarzt in Augsburg. Dritte Auflage. 1904. 3 M.

51. **Hypothekenbankgesetz** vom 13. Juli 1899. Von Dr. **H. Göppert,** Gerichts-Assessor. 1900. 1 M. 80 Pf.

52. Gesetz, betreffend die gemeinsamen **Rechte der Besitzer von Schuldverschreibungen.** Von Dr. **Heinrich Göppert,** Gerichts-Assessor. 1900. 2 M.

53. **Reichspreßgesetz** vom 7. Mai 1874 nebst den einschlägigen Bestimmungen des Strafgesetzbuchs, der Gewerbeordnung 2c. Kommentar von **A. Born,** Polizeiassessor. 1900. 1 M. 50 Pf.

54. Die Reichsgesetzgebung über den Verkehr mit **Nahrungsmitteln, Genußmitteln** und **Gebrauchsgegenständen.** Von Dr. **Georg Lebbin,** Nahrungsmittelchemiker. 1900. 2 M. 25 Pf.

55. Das Recht der **Beschlagnahme von Lohn- und Gehaltsforderungen.** Auf Grundlage der Reichsgesetze vom 21. Juni 1869 u. 29. März 1897 und der Zivilprozeßordnung. Von Rechtsanwalt **Georg Meyer.** Zweite Auflage. 1904. 2 M.

56. Gesetz, betr. die **Bekämpfung gemeingefährlicher Krankheiten.** Nebst Ausführungsbestimmungen. Von Dr. **Bruno Burkhardt,** Regierungsrat, Mitglied des Kais. Gesundheitsamts. 1900. 1 M. 40 Pf.

57. **See-Unfallversicherungsgesetz.** Von **Dr. Max Mittelstein,** Oberlandesgerichtsrat in Hamburg. 1901. 2 M.

58. **Das Recht der unehelichen Kinder.** Ausgabe aller einschlägigen Bestimmungen des BGB. Von **Hermann Jastrow,** Amtsg.-Rat. 1901. 1 M. 80 Pf.

59. Reichsgesetz über die **Beurkundung des Personenstandes und die Eheschließung.** Von Dr. **F. Fidler,** Amtgerichtsrat. 1901. 1 M. 80 Pf.

60. Gesetz, betreffend das **Urheberrecht an Werken der Literatur und der Tonkunst.** Von Landrichter **Otto Lindemann.** Zweite Auflage. 1907. 1 M. 60 Pf.

61. Gesetz über das **Verlagsrecht.** Von Justizrat **Ernst Heinitz.** 1901. 1 M. 50 Pf.

62. Gesetz über die **privaten Versicherungsunternehmungen.** Von **H. Könige,** O.L.G.-Rat. 1901. 3 M.

63. **Gesetzestafel des Deutschen Reichsrechts.** Systematisch geordnete Nachweisung des z. Z. geltenden Reichsrechts. Ergänzungsband zu der Guttentag'schen Sammlung Deutscher Reichsgesetze. Von **Hugo Bruhns,** Syndikus. 1902. 2 M. 50 Pf.

64. Gesetzsammlung betr. den **Handel mit Drogen und Giften.** Reichsgesetzl. Bestimmungen und Anhang mit den landesgesetzl. Verordnungen sämtlicher Bundesstaaten. Von Rechtsanwalt **H. Sonnenfeld,** Syndik. d. Berl. Drogisten-Innung. 1902. 3 M.

65. Das **Weingesetz** vom 24. Mai 1901. Mit Ausführungsbestimmungen erläutert von Dr. **Georg Lebbin,** Handels- und Gerichtschemiker zu Berlin. 1902. 1 M. 50 Pf.

66. Die **Eisenbahn-Gesetzgebung.** Von **W. Pietsch,** Geh. exp. Sekretär im Reichs-Eisenbahn-Amt. 1902. 5 M.

67. **Militär-Strafgesetzbuch.** Mit den Entscheidungen des Reichs-Militärgerichts von Dr. **Paul Herz,** Senats-Präsident am Reichs-Militärgericht und Kriegsgerichtsrat Dr. **Georg Ernst.** 1903. 3 M.

68. Das **Fleischbeschaugesetz.** Vom 3. Juni 1900. Mit Ausführungsges. u. Verordnungen im Reiche und in Preußen. Von Dr. **Georg Lebbin,** Gerichtschemiker und Rechtsanwalt Dr. **Georg Baum.** 1903. 4 M.

69. Reichsgesetz über die **Naturalleistungen der bewaffneten Macht im Frieden** nebst den zugehörigen in Preußen geltenden Bestimmungen. Von Regierungsassessor Dr. **Walter v. Hippel.** 1903. 1 M. 25 Pf.

70. Das **Reichs-Haftpflichtgesetz,** betr. die Verbindlichkeit zum Schadensersatz für die bei dem Betriebe von Eisenbahnen, Bergwerken, Steinbrüchen, Gräbereien und Fabriken herbeigeführten Tötungen und Körperverletzungen, vom 7. Juni 1871. Von Regierungsrat Dr. **G. Eger.** 1903. Preis 3 M.

71. **Kinderarbeit in gewerblichen Betrieben,** v. 30. März 1903. Nebst der Preuß. Ausführ.-Anw. v. 30. Nov. u. d. **Bek.** des Reichskanzlers v. 17. Dez. 1903. Von **H. Spangenberg,** Oberverwaltungsgerichtsrat. Zweite vermehrte Auflage. 1904. 1 M. 60 Pf.

72. **Unfallversicherungsgesetz für Land- und Forstwirtschaft** vom Wirkl. Geh. Rat Dr. **E. von Woedtke,** fortgesetzt von Dr. **Alfred Radtke,** Geh. Regierungsrat und Senatspräs. im Reichsversicherungsamt. 1904. 4 M. 50 Pf.

73. **Entschädigung für unschuldig erlittene Verhaftung und Bestrafung.** Nebst Anhang, enth. die dazu gehörigen Nebengesetze über Schadensersatz. Von Dr. jur. **A. Romen,** Geh. Kriegsrat und vortr. Rat im Kriegsministerium. 1904. 2 M.

74. Die **Kaufmannsgerichte** nebst den preuß. Ausführungsbestimmungen. Von Dr. **Max Apt,** Syndikus der Korporation der Berliner Kaufmannschaft. Dritte Auflage. 1905. 2 M.

Daraus einzeln: **Preuß. Ausführungsbestimmungen.** 50 Pf.

75. Reichsgesetz über die **Konsulargerichtsbarkeit.** Erläutert von Dr. jur. **A. F. Vorwerk,** Rechtsanwalt in Schanghai. 1905. 2 M.

76. **Die Rechtshilfe im Verkehr mit den ordentlichen Gerichten nach deutschem Reichsrecht.** Zusammenstellung aller in Betracht kommenden Gesetzesstellen. Von Landrichter Dr. **A. Friedländer.** 1906. 1 M. 80 Pf.

77. **Das Reichserbschaftssteuergesetz.** Vom 3. Juni 1906. Von **Ulrich Hoffmann,** Geh. Registrator im Königl. Preuß. Finanzministerium. 1906 2 M 60 Pf.

78 **Zigarettensteuergesetz.** Vom 3. Juni 1906. Von Dr. **Cuno,** Gerichtsassessor 1906. 1 M. 80 Pf

79. **Die Militärpensionsgesetze** vom 31. Mai 1906 nebst den Ausführungsbestimmungen. Zum praktischen Gebrauch für Heer, Marine und Schutztruppe, von Dr. jur. **A. Romen,** Wirklicher Geheimer Kriegsrat und vortr Rat im Kriegsministerium.
a) I Teil: Offizierpensionsgesetz. 3 M. 50 Pf
b) II. Teil: Mannschaftsversorgungsgesetz. Im Druck.
Jeder Teil ist einzeln käuflich.

80. Reichsgesetzgebung über **gerichtliche Registerführung.** Textausgabe der einschlägigen Gesetzesbestimmungen mit Anmerkungen und Sachregister von **Otto Lindemann,** Landrichter. 1906 3 M.

81. Gesetz, betr. **Urheberrecht an Werken der bildenden Künste und der Photographie.** Von Dr. **Ludw. Fuld,** Rechtsanwalt. 1907 1 M.

Guttentag'sche Sammlung

Preußischer Gesetze.

Text-Ausgaben mit Anmerkungen. Taschenformat.

---

1. Die **Verfassungs-Urkunde** für den Preußischen Staat. Mit Einleitung, vollständigem Kommentar. Von Prof. Dr. **Adolf Arndt.** Sechste Auflage. 1907. 3 M. 50 Pf.

2. Preußische **Beamten-Gesetzgebung**. Enthaltend die wichtigsten Beamtengesetze in Preußen. Von **C. Pfafferoth.** Vierte, neubearb. Auflage. 1905. 2 M.

3. **Die Aufnahme des Nottestaments** durch die bestellten besonderen Urkundspersonen. Anweisung vom 15. März 1904. Erläutert mit Musterbeispielen und einem Abriß des Erbrechts von Amtsgerichtsrat **C. Kurtz.** 1904. 1 M. 50 Pf.

4. **Gebührenordnung** für **Notare** vom 25. Juni 1895 nebst den einschlägigen Vorschriften des Preußischen Gerichtskostengesetzes. Von **R. Sydow.** Zweite Auflage bearbeitet von Dr. **E. Mosler,** Gerichtsassessor. 1900. 1 M. 50 Pf.

5. Gesetz vom **24. April 1854 (betr. die außerehel. Schwängerung).** Von Dr. **Schulze.** 1873. 75 Pf.
Gültiges Recht siehe: Reichsgesetze Nr. 58.

6. Die Preuß. **Ausführungsgesetze und Verordnungen zu den Reichs-Justizgesetzen.** Von **R. Sydow.** Dritte vermehrte Auflage. 1895. 2 M. 40 Pf.

Siehe Seite 22, Busch, Ausführungsgesetze.

7. Allg. **Gerichtsordnung** vom 6. Juli 1793 und Preuß. **Konkursordnung** vom 8. Mai 1885. Von **F. Vierhaus,** Geh. Ober-Justizrat. Vergriffen.

8. **Vormundschaftsordnung.** Von **F. Schultzenstein.** Gültiges Recht siehe: Reichsgesetze Nr. 47.

9. Die Preußische **Grundbuchgesetzgebung.** Von Prof. Dr. **Fischer.** Vergriffen. Siehe: Reichsgesetze Nr 42.

10. **Einkommensteuergesetz.** Von **A. Fernow,** Geh. Ober-Finanzrat. Sechste Auflage. 1906. 3 M.

11. **Gewerbesteuergesetz.** Von **A. Fernow,** Geh. Ober-Finanzrat. Vierte, vermehrte Auflage. 1905. 2 M.

12. **Allgemeines Berggesetz** für die Preußischen Staaten vom 24. Juni 1865 nebst den preußischen Berggesetznovellen. Mit Einleitung, Erläuterungen und Sachregister bearbeitet von **W. Westhoff** und **W. Schlüter.** 1906. 4 M.

13. **Ergänzungssteuergesetz** (Vermögenssteuergesetz). Von **A. Fernow,** Geh. Ober-Finanzrat. Vierte vermehrte Auflage. 1907. 2 M. 40 Pf.

14. **Kommunalabgabengesetz.** Vom 14. Juli 1893 und Gesetz wegen Aufhebung direkter Staatssteuern. Von Dr. **F. Adickes,** Oberbürgermeister. Vierte Auflage. 1906. 1 M. 50 Pf.

15. Die **Kreisordnungen** für den Preußischen Staat. Von **O. Kolisch,** Landgerichtsrat. 1894. 4 M.

16. **Konzessionierung gewerblicher Anlagen.** Preuß. Ausführungs-Anweisung zu §§. 16 u. ff. der Gewerbe-Ordnung. Von Dr. **W. v. Rüdiger,** Geh. Regierungs- u. Gewerberat. Zweite Auflage. 1901. 2 M.

17. Preußisches **Gerichtskostengesetz.** Mit Kostentabellen. Von Dr. **P. Siméon,** Landrichter. Vierte Auflage. 1904. 2 M. 25 Pf.

18. Preußisches **Stempelsteuergesetz** vom 31. Juli 1895. Mit den gesamten Ausführungsbestimmungen und vollständigen Tabellen. Von **P. Loeck,** Regierungs-rat. Sechste Auflage. 1907. 6 M.

Dieser Band ist in größerem Format erschienen.

19. Das **Jagdscheingesetz.** Mit ausführlichen Erläuterungen. Von **F. Kunze,** Wirklichem Geh. Ober-Regierungsrat. Zweite Auflage. 1899. 2 M.

20. Die **preußischen Erbschaftssteuergesetze.** Unter Berücksichtigung der Novelle vom 31. Juli 1895. Von **U. Hoffmann,** Geh. Registrator im Königl. preuß. Finanzministerium. 1905. 4 M.

(Reichserbschaftssteuergesetz s. Reichsgesetze Nr. 77).

21. Gesetz über die **Handelskammern.** Vom 19. August 1897. Mit Erläuterungen von **F. Lusensky,** Geh. Regierungsrat. 1897. 3 M.

22. Gesetz, betr. **Anstellung und Versorgung der Kommunalbeamten.** Mit Ausführungsanweisung. Von Dr. **W. Ledermann,** Magistratsassessor zu Berlin. 1899. 1 M. 25 Pf.

23. **Ausführungsgesetz zum Bürgerlichen Gesetzbuche.** Von Landrichter Dr. **P. Siméon.** 2. Aufl. 1905. 1 M. 80 Pf.

24. Die **Hinterlegungsordnung** in der Fassung des Ausführungsgesetzes z. BGB. v. 20. Sept. 1899 nebst Ausführungsbestimmungen. Von Regierungsassessor Dr. **Georg Bartels.** 1900. 1 M. 50 Pf.

25. **Preußische Kommunalbeamtengesetzgebung.** Von Magistr.-Assess. Dr. **Fr. Kremski,** Berlin. 1901. 3 M.

26. Gesetze über das **Diensteinkommen der Lehrer und Lehrerinnen, Ruhegehalt und Fürsorge für Hinterbliebene.** Tabelle zur Berechnung der Ruhegehalts-, Witwen- u. Waisenbezüge. Von Dr. **Ed. Cremer,** Beigeordneter. 1900. 2 M. 40 Pf.

27. **Gesetz,** betreffend die **Warenhaussteuer.** Von Geh. Ober-Finanzrat Dr. **G. Strutz.** 1900. 1 M. 20 Pf.

28. Gesetz über die **Fürsorgeerziehung Minderjähriger.** Nebst Ausführungsbestimmungen. Von Landgerichtsdirektor Dr. **P. F. Aschrott.** Zweite umgearbeitete Auflage. 1907. 2 M. 80 Pf.

29. **Gesetz,** betr. **die ärztlichen Ehrengerichte, das Umlagerecht und die Kassen der Aerztekammern.** Von Amtsgerichtsrat Dr. **Fidler.** 1901. 1 M. 50 Pf.

30. Die das **Preußische Staatsschuldbuch** und **Reichsschuldbuch** betr. Gesetze nebst Ausführungsbestimmungen. Von Wirkl. Geh. Ober-Finanzrat **J. Mücke,** Mitglied der Staatsschuldenverwaltung. 1902. 2 M.

31a. **Die geltenden Preußischen Gesindeordnungen.** Herausgegeben in zwei Bänden von **Stephan Gerhard,** Rechtsanwalt in Berlin. 1902.

Band I: Gesindeordnung für die altpreußischen Provinzen vom 8. XI. 1810, mit Erläuterungen unter Berücksichtigung der Ergänzungsgesetze und der Rechtsverhältnisse der Gesindevermieter, sowie die Gesindeordnung für Neuvorpommern und Rügen und für die Rheinprovinz. 2 M. 50 Pf.

31b. **Band II:** Gesindeordnungen für Hannover, Schleswig-Holstein, Hessen-Nassau und den Regierungsbezirk Hohenzollern. 2 M. 50 Pf.

32. **Die Städteordnung für die sechs östlichen Provinzen** Preußens vom 30. Mai 1853 nebst ihren gesetzlichen Ergänzungen. Von **Dr. jur. Walter Ledermann,** Magistrats-Assessor zu Berlin. 1902. 6 M.

Dieser Band ist in größerem Format erschienen!

33. **Rentenguts- und Anerbenrechts-Gesetzgebung in Preußen.** Von Landgerichtsrat **M. Peltasohn** und Rechtsanwalt **Bruno Peltasohn.** 1903. 3 M.

34. Sammlung der wichtigsten **preußischen Strafgesetze** nebst Anhang: Gesetz betr. polizeiliche Strafverfügungen vom 23. April 1883. Von **Otto Lindemann,** Amtsrichter. 1903. 2 M. 50 Pf.

Inhalt: Mobiliar-Feuerversicherung — Chausseegeld — Jagdpolizei — Jagdschein — Wild-Schonzeit — Fischerei — Versammlungs- u. Vereinigungsrecht — Belagerungszustand — Gesindedienstpflichten — Mineraliengewinnung und -Aneignung — Schlachthäuser — Dampfkesselbetrieb — Wandergewerbebetrieb — Reblausverbreitung — Forstdiebstahl — Wald- u. Wassergenossenschaften — Feld- u. Forstpolizei — Lotteriespiel — Verkehrsabgaben — Landestrauer.

35. **Geschäftsordnung für Gerichtsvollzieher.** Gerichtsvollzieherordnung und Gebührensätze von Amtsgerichtssekretär a. D. **Emil Exner.** 1904. 3 M. 50 Pf.

36 Die Gesetzgebung über **Polizeiverordnungen in Preußen** von **Otto Lindemann,** Amtsrichter in Köslin. 1904. 1 M. 50 Pf.

37. Gesetz über die **Enteignung von Grundeigentum** vom 11. Juni 1874. Von Landrichter **O. Meyer.** 1905. 2 M.

38. **Kreis- und Provinzial-Abgabengesetz.** Vom 23. April 1906. Von **Fr. Schmidt,** Gemeindevorsteher. 1906. 1 M. 25 Pf.

39. Gesetz betr. die **Unterhaltung der öff. Volksschulen.** Vom 28. Juli 1906. Von **Dr. A. Marcks,** Regierungsrat. 1906. 2 M.

Guttentag'sche Sammlung von Text-Ausgaben mit Sachregister ohne Anmerkungen

---

Militärstrafgerichtsordnung nebst **Einführungsgesetz** u. Ges., betr. Dienstvergehen der richterlichen Militärjustizbeamten u. unfreiwillige Versetzung derselben usw. **Militär-Strafgesetzbuch** mit Abdruck der entsprechenden Bestimmungen des Reichs-Strafgesetzbuchs. Zweite Auflage. 1 M. 50 Pf.

Die Preußischen Ausführungsgesetze, Verordnungen und ministeriellen Verfügungen zu dem Bürgerlichen Gesetzbuche und den Reichs-Justizgesetzen nebst anderen zugehörigen Gesetzen. Textausgabe, nach Materien geordnet, mit Sachregister von **L. Busch.** Zweite Auflage von Gerichtsassessor **O. Eylau.** 8°. Preis geb. 4 M. 50 Pf.

Die Preußischen Ausführungsgesetze zum Bürgerlichen Gesetzbuche und Nebengesetze. Text-Ausgabe ohne Anmerkungen. Fünfte Auflage. Taschenformat. Preis geb. in ganz Leinen 1 M. 80 Pf.

Handbuch des Testamentsrechts

mit zahlreichen Beispielen und Formularen.

Dargestellt von **Heinrich Peiser,** Landgerichtsrat in Danzig. gr. 8°. Zweite Auflage. Im Druck.

Schlagwort-Register.

R. = Nummer der Sammlung Deutscher **Reichs**gesetze.
P. = Nummer der Sammlung **Preußischer** Gesetze.
S. = Seite.

FSC
www.fsc.org
MIX
Papier | Fördert gute Waldnutzung
FSC® C083411

Kolibri 360 GmbH
Ferdinand-Jühlke-Straße 7
99095 Erfurt, Deutschland
produktsicherheit@kolibri360.de